Sexuell gestörte
Beziehungen

Sexuell gestörte Beziehungen

Konzept und Technik der Paartherapie

Herausgegeben von
Gerd Arentewicz und Gunter Schmidt

Unter Mitarbeit von
Roswitha Bulla-Küchler, Martina Gaschae, Margret Hauch,
Friedemann Pfäfflin und Gerhard Thiessen

3., bearbeitete Auflage

Ferdinand Enke Verlag Stuttgart 1993

Dr. phil. Gerd Arentewicz
Klinik für Psychiatrie, Medizinische Universität zu Lübeck,
Ratzeburger Allee 160, 2400 Lübeck 1

Professor Dr. phil. Gunter Schmidt
Abteilung für Sexualforschung
der Psychiatrischen und Nervenklinik der Universität Hamburg,
Martinistraße 52, 2000 Hamburg 20

ISBN 3-540-09685-X 1. Auflage Springer-Verlag Berlin Heidelberg New York
ISBN 0-387-09685-X 1st edition Springer-Verlag New York Heidelberg Berlin

ISBN 3-540-16184-8 2. Auflage Springer-Verlag Berlin Heidelberg New York Tokyo
ISBN 0-387-16184-8 2nd edition Springer-Verlag New York Heidelberg Berlin Tokyo

Die Deutsche Bibliothek – CIP-Einheitsaufnahme
Sexuell gestörte Beziehungen : Konzept und Technik der
Paartherapie / hrsg. von G. Arentewicz ; G. Schmidt. Unter
Mitarb. von R. Bulla-Küchler . . . – 3., bearb. Aufl. – Stuttgart :
Enke, 1993
   ISBN 3-432-25443-1
NE: Arentewicz, Gerd [Hrsg.]; Bulla-Küchler, Roswitha

Wichtiger Hinweis

Wie jede Wissenschaft ist die Medizin ständigen Entwicklungen unterworfen. Forschung und klinische Erfahrung erweitern unsere Erkenntnisse, insbesondere was Behandlung und medikamentöse Therapie anbelangt. Soweit in diesem Werk eine Dosierung oder eine Applikation erwähnt wird, darf der Leser zwar darauf vertrauen, daß Autoren, Herausgeber und Verlag große Sorgfalt darauf verwandt haben, daß diese Angabe dem **Wissensstand bei Fertigstellung des Werkes** entspricht.

Für Angaben über Dosierungsanweisungen und Applikationsformen kann vom Verlag jedoch keine Gewähr übernommen werden. **Jeder Benutzer ist angehalten,** durch sorgfältige Prüfung der Beipackzettel der verwendeten Präparate und gegebenenfalls nach Konsultation eines Spezialisten, festzustellen, ob die dort gegebene Empfehlung für Dosierungen oder die Beachtung von Kontraindikationen gegenüber der Angabe in diesem Buch abweicht. Eine solche Prüfung ist besonders wichtig bei selten verwendeten Präparaten oder solchen, die neu auf den Markt gebracht worden sind. **Jede Dosierung oder Applikation erfolgt auf eigene Gefahr des Benutzers.** Autoren und Verlag appellieren an jeden Benutzer, ihm etwa auffallende Ungenauigkeiten dem Verlag mitzuteilen.

Geschützte Warennamen (Warenzeichen®) werden **nicht immer** besonders kenntlich gemacht. Aus dem Fehlen eines solchen Hinweises kann also nicht geschlossen werden, daß es sich um einen freien Warennamen handelt.

© 1993 Ferdinand Enke Verlag, P.O. Box 10 12 54, D-7000 Stuttgart 10 – Printed in Germany

Satz und Druck: C. Maurer, D-7340 Geislingen/Steige
Filmsatz 10/11 p Times, Linotype System 4 (300)   5 4 3 2 1

Vorwort zur dritten Auflage

Dreizehn Jahre nach der ersten (1980) und sieben Jahre nach der zweiten (1986) Auflage unseres Buches über die Paartherapie bei sexuellen Störungen legen wir hier die dritte, bearbeitete Auflage vor. Dieses Lehrbuch für PsychotherapeutInnen, PsychologInnen, Ärztinnen und Ärzte sowie Ehe- und LebensberaterInnen ist heute womöglich noch wichtiger als in den vergangenen Jahren. Die ebenso vehemente wie unkritische Medikalisierung sexueller Störungen, die Reduktion sexueller Probleme auf den Zustand von Organen, fordern das Beharren auf diagnostischen, ätiologischen und therapeutischen Alternativen heraus. Dieses Buch will Kompetenzen fördern: Das Verstehen sexueller Störungen und Probleme im biographischen und Partnerzusammenhang; profunde Erhebungen von Sexualanamnesen, die eingreifenden somatischen Diagnosemethoden vorgeschaltet werden sollen und diese oft überflüssig machen; und schließlich die Aneignung besonderer psychotherapeutischer Konzepte, hier der Paartherapie, die wieder an die Stelle fragwürdiger chirurgischer oder medikamentöser Eingriffe treten müssen.

Wir haben diese dritte Auflage noch einmal gekürzt, um dem Bedürfnis nach konkreter Unterstützung in der psychotherapeutischen und Beratungsarbeit mit Patienten und Patientinnen, die unter sexuellen Störungen leiden, entgegenzukommen. Die Kürzungen betreffen die sehr ausführliche Darstellung der Ergebnisse der Begleitforschung unserer psychotherapeutischen Arbeit in den vorherigen Auflagen sowie die gesonderte Darstellung unserer Erfahrungen mit Paargruppentherapien und unseres (inzwischen stark modifizierten) Weiterbildungskonzeptes. Diese Aspekte, denen früher eigene Kapitel gewidmet waren, behandeln wir jetzt resümierend im Rahmen des dritten Kapitels. Ein neu verfaßtes Einleitungskapitel setzt sich mit gegenwärtigen Forschungstendenzen auseinander und mit der Frage, ob sich die Erscheinungsweisen sexueller Störungen in den letzten Jahren verändert haben.

Auf weitergehende Veränderungen haben wir verzichtet. Dies gilt insbesondere auch für das ausführliche „Manual zur Paartherapie sexueller Funktionsstörungen", das sich für die Weiterbildung in dieser Therapieform besonders bewährt hat.

Durch die genannten Kürzungen dieser Neuausgabe gehören Ulrich Clement und Ingelore Wickert nicht mehr zum Autorenteam. Wir danken Ihnen für Ihr Verständnis für unser verändertes Konzept und für Ihre kritischen Diskussionsbeiträge zu den anderen Kapiteln dieses Buches.

Lübeck und Hamburg, Frühjahr 1993   GERD ARENTEWICZ, GUNTER SCHMIDT

Inhalt

Tendenzen und Entwicklungen

Einleitung zur dritten Auflage

Gunter Schmidt

Ein monatlich erscheinender Literaturdienst, der die wissenschaftlichen Publikationen zur „Human Sexuality" aus sexualwissenschaftlichen, medizinischen, psychologischen und psychotherapeutischen Zeitschriften dokumentiert, listete in den letzten 12 Monaten etwa 300 Arbeiten über sexuelle Funktionsstörungen auf.[1] Von diesen Arbeiten betreffen 90 % ausschließlich männliche, 6 % ausschließlich weibliche und 4 % sowohl männliche als auch weibliche Störungen. Von den gut 270 Arbeiten zu männlichen Störungen behandeln mehr als 90 % nur Erektionsstörungen und von diesen wiederum mehr als neun Zehntel körperliche Ursachen sowie somatische Diagnosemethoden und Behandlungsmöglichkeiten. Diese kleine Statistik spiegelt zwei dominante Tendenzen der wissenschaftlichen Befassung mit sexuellen Störungen wider: Zum einen die obsessionelle Beschäftigung mit den Erektionsstörungen als organischem Leiden, also den Prozeß, der von so unterschiedlichen Autoren wie Leonore Tiefer (1986, 1993), Eberhard Schorsch (1988) und John Bancroft (1991) als „Medikalisierung der männlichen Sexualität" beschrieben und kritisiert wurde; und zum anderen das „Verschwinden" der sexuellen Funktionsstörungen der Frau. Beiden Entwicklungen wollen wir hier nachgehen.

1 Die Somatisierung der „Impotenz" und die Verleugnung von Konflikten

Zu Beginn der 80er Jahre bewegte sich, auch für durchaus somatisch gesonnene Forscher (Wagner u. Green 1981), das „geschätzte Verhältnis von psychogenen zu organischen Erektionsstörungen zwischen 20:1 und 7:1" (S. 89; Übers. v. Verf.). Seitdem ist der angenommene Anteil organisch bedingter Erektionsstörungen in der urologischen Fachliteratur rapide gestiegen, und zwar bis auf 80 % (Foreman u. Doherty 1993). Es scheint nur noch eine Frage der Zeit zu sein, bis sich – im Stile von Erfolgs- oder Rekordmeldungen – der Anteil organischer Störungen der 100 %-Marke nähert.

Dieser Trend hat zwei Ursachen: Einerseits (und von untergeordneter Bedeutung), eine tatsächliche Unterschätzung somatischer Ursachen oder Miturschen in der Literatur bis 1980; andererseits (und sehr viel bedeutender für die „Somatik-Debatte") eine Verfeinerung der Untersuchungsverfahren und der Vermessungstechniken des Penis, die dazu führen, daß mit zunehmender Genauigkeit der Beobachtung tatsächlich auch immer mehr Auffälligkeiten gefunden werden, die dann den Rang einer organischen Ursache erhalten. Kaum

---

[1] Human Sexuality. Sheffield University Biomedical Information Service (Subis), Dezember 1991 bis November 1992. Die Statistik bezieht sich auf sexuelle Störungen im weiteren Sinne, umfaßt also auch Lustlosigkeit.

jemals ist aber untersucht worden, wie oft solche Auffälligkeiten bei Männern ohne Erektionsprobleme vorkommen. Dort, wo solche Kontrolluntersuchungen einmal durchgeführt wurden, z. B. hinsichtlich der Gefäßdarstellungen des Penis, ergaben sich in der Tat große Überlappungen der Befunde bei gestörten und ungestörten Männern (vgl. Lowe et al. 1991). Buvat et al. (1990), bemerkenswert kritische und vorsichtige „somatische" Forscher, beklagen die Neigung ihrer Kollegen (unter denen sich nur gelegentlich Kolleg*innen* befinden), „geringfügigste körperliche Abweichungen, die sich bei diagnostischen Untersuchungen ergeben, als Beweis organischer Verursachung zu nehmen" (1990, S. 267; Übers. v. Verf.). Physiologische Variationen, die ausgemacht werden können, weil die Beobachtungsmethoden verfeinert wurden, werden dingfest gemacht als Ursachen, kurz: physiologische Variationen oder Abweichungen werden pathologisiert. Dies ist der eigentliche Grund für die ständig anwachsenden Prozentsätze „somatischer" Ursachen.

Die vielfältig verfeinerten Beobachtungsmöglichkeiten des Penis umfassen wenig eingreifende Methoden (wie z. B. die Doppler-Sonographie der Penisarterien), aufwendige Methoden (z. B. die Registrierung nächtlicher Erektionen im Schlaflabor) und eingreifende Methoden, die die Patienten als „einen Angriff auf ihren Penis wahrnehmen können" (Buvat et al. 1990, S. 275). Diese Flut diagnostischer Angebote (für eine ausführliche Darstellung dieser Methoden und der Problematik ihrer Validität vgl. Buvat et al. 1990 sowie Langer u. Hartmann 1992) verändert die Situation des Patienten drastisch: Sie verführen dazu, Maßnahmen zu veranlassen und nicht mehr mit dem Patienten, geschweige denn mit seiner Partnerin, zu reden. Das ist gravierend, da das sorgfältige anamnestische Gespräch mit dem Patienten und der Partnerin eine (eingreifende) somatische Diagnostik in der Mehrheit der Fälle überflüssig macht. So gelten z. B. anamnestisch erhobene nächtliche Erektionen oder Erektionen beim morgendlichen Erwachen, bei nicht koitalen Praktiken, bei der Masturbation und/oder mit anderen Partnerinnen durchweg als hinreichende Evidenz für eine psychogene Störung (vgl. u. a. Seagraves et al. 1987; Buvat et al. 1990; D'Ardenne u. Riley 1992). Deshalb ist, „abgesehen von ganz wenigen Ausnahmen, der gegenwärtig übliche breite Einsatz dieser Diagnostik in keiner Weise gerechtfertigt und grenzt an Mißbrauch" (Bancroft 1991, S. 301). Wir sehen immer wieder Patienten, die die ganze Batterie somatischer diagnostischer Maßnahmen durchlaufen haben, obwohl anamnestisch Erektionen vorkamen, die eine organische Genese ausschließen. (Solchen diagnostischen Irrwitz bezahlen übrigens die Krankenkassen in der Regel widerspruchslos, obwohl es oft schwierig ist, sie zur Kostenübernahme sorgfältig indizierter Paartherapien zu bewegen.)

Bei der Art somatischer Vorabklärung, die heute immer üblicher wird, wird das „Psychogene" zur Ausschlußdianose, also zu dem, was nachbleibt. Den letzten Beleg für die Psychogenese einer Erektionsstörung muß dann ebenfalls ein medizinischer Test erbringen: die Injektion vasoaktiver Substanzen (z. B. Papaverin oder Prostaglandin E1) in die Schwellkörper. Erigiert der Penis nach dieser Behandlung, dann gilt die seelische Verursachung als gesichert, dann kann der Patient zu psychosomatisch oder psychotherapeutisch arbeitenden Kolleginnen oder Kollegen überwiesen werden. Das Seelische erschließt sich aus der Reaktion auf eine Spritze. Die Tatsache, daß der sogenannte Papaverin-Test in seiner Validität sehr begrenzt ist – bis zu einem Drittel der psychogenen Patienten reagiert negativ, offenbar weil die Angst vor und der Schmerz bei der Injektion die Wirkung des Medikamentes am Erfolgsorgan zunichte macht (Buvat et al. 1990) – diese Tatsache verhindert nicht, daß die Schwellkörperinjektion massenhaft als sogenannter „Screening-Test" angewendet wird.

Durch dieses Denken und dieses Vorgehen – erst die somatische Seite abklären und selbst das Psychische erst einmal somatisch sichern – wird der Patient zu einem Übersehen, einer Verleugnung psychischer und partnerschaftlicher Zusammenhänge oder Konflikte geradezu verleitet. Der Patient sieht sich, wie Schorsch (1988, S. 108) schrieb, „mit einem spezifischen ich-fernen Krankheitsverständnis im Sinne eines mechanischen, reparablen Organdefektes konfrontiert, das zu übernehmen entlastend und daher verführerisch ist. Damit kann die Basis für eine Bereitschaft, eigene Konflikte aufzuarbeiten, unwiderruflich ausgehöhlt werden". Weiterhin werden in diesem Denken somatische und psychogene Ursachen wieder zu einander ausschließenden Kategorien. Das ist überaus problematisch. Das Vorliegen tatsächlicher organischer Ursachen heißt nämlich keineswegs, daß psychische Faktoren unwichtig sind. Bancroft (1991, S. 306) stellt fest, daß „bei vielen, wenn nicht bei den meisten Fällen ‚organischer' Funktionsstörung psychische Mechanismen involviert sind, die einerseits zum Versagen beitragen und andererseits die Ergebnisse der Diagnostik verfälschen". So verarbeiten, zum Beispiel, Männer eine organisch herabgesetzte Erektionsfähigkeit (die bei einem Diabetes mellitus auftreten kann) sehr unterschiedlich. In der Regel entwickeln diejenigen Männer, die sexuell verunsichert sind, die geheime Potenzängste oder andere Sexualkonflikte haben, am ehesten oder schnellsten eine Erektionsstörung, weil die ihnen verbleibenden Möglichkeiten, sexuell zu reagieren, von Angst erstickt werden. So wird verständlich, daß psychotherapeutische Erfolge auch bei solchen Erektionsstörungen beschrieben werden, die offenbar eine klare organische Komponente haben. Buvat et al. (1990) berichten, daß 7 von 16 „offenbar arteriogenen Patienten allein mit Sexualberatung deutlich gebessert" werden konnten (S. 266; Übers. v. Verf.). Wir selber beschreiben (S. 74) eine erfolgreiche Paartherapie bei einer Erektionsstörung, die nach einem unfallbedingten Priapismus aufgetreten war.

Die Vielzahl diagnostischer Methoden und Maschinen verspricht Behandlungs- und Heilungsmöglichkeiten; „therapeutische Durchbrüche" (Bancroft 1991, S. 301) aber bleiben aus. Vier somatische Behandlungsformen werden vor allem angeboten: (1) gefäßchirurgische Eingriffe am Penis, (2) Implantationen von Penisprothesen, (3) Anwendung vergleichsweise harmloser mechanischer Hilfsmittel wie Vakuumpumpen und Penisringe und (4) die zu Hause durchgeführte Selbstinjektion vasoaktiver Substanzen in den Penis (Schwellkörper-Autoinjektions-Therapie, genannt „Skat"), also Schwellkörperinjektionen, die in der ärztlichen Praxis oder Klinik auch diagnostisch genutzt werden. Nur nebenbei möchten wir bemerken, daß wir in unserer Poliklinik immer wieder Patienten sehen, die nach der Implantation von Prothesen, nach Versuchen mit der „Skat"-Behandlung oder nach – zum Teil mehrfachen – erfolglosen Gefäßoperationen mal an den Venen, mal an den Arterien des Penis endlich zu einem psychotherapeutisch orientierten Erstgespräch überwiesen werden. Mit den Partnerinnen dieser Patienten hat bis dahin in der Regel niemand gesprochen.

Eine Kausalbehandlung intendiert allein die erste Methode (Gefäßoperationen), deren Wirksamkeit wenig systematisch untersucht wurde und umstritten ist (vgl. das Sammelreferat von Gregoire 1992). Bei den Penisprothesen (Resümee der Behandlungsergebnisse ebenfalls bei Gregoire 1992) wird die „Organsteife des Penis zum orthopädischen Problem" (Schorsch 1988, S. 107) und als solches „gelöst": Der behandelte Mann befördert mit einem Druck auf die Pumpe in seinem Hodensack eine Flüssigkeit aus dem Reservoir unter seiner Bauchdecke in die Schläuche in seinen Schwellkörpern und produziert damit einen erektions-ähnlichen Zustand seines Penis. Nach dem Geschlechtsverkehr leitet er die Flüssigkeit via Pumpe zurück in den Tank.

Mit „Skat" als Behandlungsmethode hat das Problem der somatischen Therapien eine neue Dimension gewonnen, aus mehrfachen Gründen. Anders als die operativen Maßnahmen kann „Skat" in jeder Arztpraxis verordnet werden, und es ist zu befürchten, daß es schon heute oder bald dort so häufig verschrieben wird wie früher aus Ratlosigkeit Yohimbin, Vitamin E oder Hormonpräparate. Eine flächendeckende Sexualchemotherapie der Impotenz ist zumindest von der Angebotsseite her denkbar. Schon schlagen Psychotherapeuten, offenbar in die Behandlungsdefensive geraten, allen Ernstes vor, die Nachfrageseite durch psychotherapeutische Beratung zur Erhöhung der „compliance" von „Skat" zu stärken (Kaplan 1990).

Dabei sind die unerwünschten Wirkungen des Papaverins erheblich: Bei 14 % der Patienten kommt es zu prolongierten Erektionen (4 Stunden oder länger), bei 4 % zu einem Priapismus, der, unbehandelt, zu einer Zerstörung des Schwellkörpergewebes führen kann. „In einigen Fällen", so Buvat et al. (1990, S. 276; Übers. v. Verf.), „in denen die Patienten nicht die Anweisungen befolgten, sich bei diesen Komplikationen in ärztliche Behandlung zu begeben, wurde aus einer psychogenen eine, oft unbehandelbare, organische Erektionsstörung". Papaverin wird deshalb heute seltener verwendet und durch das zehnmal so teure Prostaglandin E1 ersetzt, das seltener zu den beschriebenen Komplikationen führen soll, aber in 10 bis 30 % der Fälle nachorgastische Schmerzen verursacht, die von den Behandlern als „tolerabel" geschildert werden. Neue Medikamente werden die unerwünschten Wirkungen womöglich weiter reduzieren, nicht aber das grundsätzliche Problem der Autoinjektionsmethode: Sie ist ein somatisches Mittel gegen psychogene Störungen, d. h. sie beseitigt bei Bedarf Symptome, die auf neurotischen oder Partnerkonflikten basieren, welche zumindest prinzipiell mit einer Psychotherapie kausal behandelt werden könnten. Hier offenbart sich eine merkwürdige Logik der Medikalisierung der Erektionsstörungen: Sie ortet überall organisch bedingte Störungen, kuriert aber vor allem die in ihrem Verständnis kaum existenten psychogenen.

Den beschriebenen somatischen Behandlungsformen gerät das Symptom zum Feind, den es zu bekämpfen gilt. Eine Funktion ist gestört, sie gehört repariert wie eine Maschine. Alternativen zur Symptombeseitigung kommen nicht in den Blick. Der steife Penis muß restituiert werden, so als sei die gespritzte Erektion oder die orthopädisch hergestellte undiskutierbar nichtpenetrativen Formen der Sexualität vorzuziehen oder der Aussöhnung mit dem Potenzverlust „unter Trauerarbeit", die eine „reife Verarbeitung" und „unter Umständen auch einmal ein Ziel für therapeutische Interventionen sein kann" (Schorsch 1988,

S. 108). Leonore Tiefer (1991 a, S. 106) ahnt, warum das so ist: „In der Diskussion über die Erektion scheint es um den Penis zu gehen. In Wirklichkeit geht es jedoch um die Konstruktion von Männlichkeit. Untersucht also nicht den Penis, sondern die Männlichkeit! Männer wollen keinen steifen Penis, um ihre Socken darauf zu trocknen; sie wollen die Erektion als natürlichen Ausdruck ihrer Männlichkeit, die sich dadurch bestimmt, heterosexuellen Geschlechtsverkehr haben zu können."

Man muß befürchten, daß der medizin-technische Fortschritt bezüglich Differentialdiagnose und Therapieangebot die Versorgungssituation von Männern mit Funktionsstörungen in den letzten Jahren verschlechtert hat und sie nicht selten in ihrer seelischen und körperlichen Integrität bedroht. Die Kluft zwischen „Somatikern" und „Psychikern" hat sich dabei vertieft, wobei angemerkt werden muß, daß viele Ärzte, vor allem auch psychosomatisch orientierte Urologen, inzwischen längst zu den „Psychikern" gehören. Das Entweder-Oder beider Positionen relativiert sich, wenn man die Ebene der immanenten Argumentation verläßt. Folgende These ist dann hilfreich: *Die Patienten, die somatisch behandelt werden – also mit „Skat", Penisprothesen, Gefäßoperationen – unterscheiden sich häufig nicht in den somatischen Befunden von denjenigen, die sich psychotherapeutisch behandeln lassen.* Diese beiden Patientengruppen gehen mit dem Problem der „Impotenz" nur anders um: Patienten, die somatischen Lösungen zuneigen, schirmen sich von der Einsicht ab, daß ihr Problem auch etwas mit ihrer Seele und ihrer Partnerschaft zu tun hat und sehen im Erektionsproblem eine gestörte körperliche Funktion, die mit den Methoden der somatischen Medizin – Medikamenten, Spritzen, Operationen – behoben werden soll. Die Konfrontation mit „Angst und Unsicherheit, Wünschen, Gefühlen, Phantasien, Vorlieben, Schuld und Scham kann im Tempel, in dem die biologischen Fakten verehrt werden" (Tiefer 1993, im Druck), vermieden werden. Diejenigen Patienten hingegen, die psychotherapeutichen Lösungen zuneigen, sehen in ihrer sexuellen Störung eher ein Signal für eigene Ängste, Konflikte oder Partnerspannungen, haben weniger die Tendenz, den sensiblen Bereich Sexualität von Gefühl und Beziehung zu isolieren.

Das heißt: Die somatischen Lösungen sind für eine große Zahl von Patienten als einfache Lösungen durchaus verlockend. Auch für viele Ärzte sind diese Lösungen verlockend. Denn sie erfüllen eine geheime kollektive sexuelle Phantasie oder Utopie von Männern: den perfekten, von der Seele befreiten Phallus (vgl. Tiefer 1986), der funktioniert, unabhängig von seelischen Regungen, von der Situation, von der Gefühlslage der Partnerin. „Es geht", der Phallus ist in Aktion, egal, ob der Mann erotisch gestimmt ist oder nicht, der Partnerin zugeneigt ist oder nicht, die Frau begehrt oder nicht. So affektisoliert, so unabhängig von Gefühlen möchten Männer in ihrer Sexualität sein, und „Skat", die Penisprothese oder auch die Gefäßoperation am Penis versprechen das. Frauen ist diese „autonome" Sexualität fremd; dies drückt sich aus in der geringen Akzeptanz, die „Skat" oder Penisprothesen nach unseren Beobachtungen bei Frauen haben (vgl. dazu auch Gregoire 1992). Arzt und Patient, zwei Männer, gehen eine Allianz ein, eine Koalition für den perfekten Penis, oft, ohne es bewußt zu wollen, gegen die Partnerin. Gäbe es mehr Urologinnen und Chirurginnen, dann würde sich die „Skat"- und Prothesenproblematik schlagartig relativieren. Aber noch etwas anderes versprechen die somatischen Lösungen dem Patienten, aber auch dem Arzt: daß man sich um die Konflikte in Sexualität und Partnerschaft nicht kümmern muß, wegsehen darf. Viele Männer wollen wegsehen, von Auseinandersetzungen verschont bleiben, und niemand sollte sie dazu drängen. Das sind die vielen Männer, die, von Urologen überwiesen, nie bei uns ankommen.

Und für den Arzt könnte noch etwas anderes verführerisch sein: Lange waren Ärzte, wie die Psychotherapeuten, hilflos bei der Behandlung von Erektionsstörungen. Nun wird aus dem ohnmächtigen Arzt der mächtige Potenzgeber, und die Potenzängste, die beim Behandler, einem männlichen Behandler, durch den Patienten mit Erektionsstörungen induziert werden, sind erst einmal gebannt. Solche Phantasien, die des Potenzgebers, kommen allerdings genauso bei den Psychotherapeuten vor, die sich mit Erektionsstörungen befassen.

Der Mann, chirurgisch oder medikamentös mit dem perfekten Penis ausgestattet und von Auseinandersetzungen mit Konflikten verschont, wird dankbar sein, auch wenn seine Sexualität sich oft wie eine iatrogene Parodie auf Sexualität und Beziehung ansieht: die Spritze, die alle 8 oder 14 Tage gesetzt wird (vor häufigerer Verwendung wird gewarnt!), die oft eine stundenlange Erektion hervorruft, wie gesagt unabhängig von der Situation und dem Gestimmtsein, mit der dann die Frau traktiert wird, die ebenso „parat" liegen muß, wie die Spritze; im Nachtschrank, nebenan, die Kanüle mit dem Gegenmittel, wenn die Erektion zu lange anhält und ein Priapismus droht; schließlich, in Griffnähe, die Telefonnummer der Notfallstation, falls das Gegenmittel nicht wirkt.

Wir können, wie gesagt, nachvollziehen, daß die einfachen Lösungen für viele Patienten verlockend sind und für manche aus seelischen Gründen die einzige akzeptable Behandlungsform bilden. Diese Patienten sind einer Psychotherapie in der Regel nicht oder nur schwer zugänglich. Das Unverständnis zwischen „Somatikern" und „Psychikern" entsteht z.T. daraus, daß sie die Besonderheit ihrer Patienten in Szene setzen, die „Somatiker" das Unverstanden-Bleiben-Wollen, das Unberührt-Bleiben-Wollen der „abgewehrten" Männer, die Psychotherapeuten das Verstehen-Wollen der weniger ängstlichen Männer.

Und hier nun erschließt sich dem Psychotherapeuten – auf eine ganz andere als die intendierte Weise – im extremen Einzelfall der „Sinn" solcher Behandlungen. Er weiß, daß Sexualität mit Ängsten und Konflikten verschwistert und grundsätzlich nur in ihren Abwehrformen denkbar ist. Auch die Paartherapie, die wir in diesem Buch beschreiben, vermag kaum mehr als Abwehrstrukturen zu schaffen, die weniger einschränken als das sexuelle Symptom, die im günstigen Falle eine lebendigere Partnerbeziehung und Sexualität ermöglichen (vgl. Abschnitt 3.2). Die somatischen Eingriffe können auf eine vertrackte Art ebenfalls die Abwehr entlasten und umstrukturieren: Die symbolische Kastration durch einen operativen Eingriff an den Gefäßen des Penis oder bei der Implantation einer Prothese mag von Kastrationsangst befreien, weil der befürchtete Akt nun endlich geschehen ist und nicht mehr bevorsteht; das Ritual bei der Anwendung der Vakuumpumpe mag die Distanz zur Partnerin herstellen, um der Angst vor dem Verschlungenwerden zu entkommen; und die Schwellkörperinjektion mag auf mechanistische Weise die Autonomie schaffen, deren Verlust im hingebungsvollen Akt befürchtet wird, usw. usf. Die so absurd erscheinenden Behandlungsformen können in solchen Einzelfällen auf eine bizarr anmutende Art und Weise und zu einem hohen Preis einen Rest an Liebesfähigkeit und sexuellem Erleben retten. Sie sind dann allerdings therapeutische Verzweiflungstaten und keineswegs heroische Erfolge an der Spitze medizinischen Fortschritts, für die sie gerne ausgegeben werden.

Der somatisierende Furor, den wir in den letzten Jahren mit einer nicht mehr übersehbaren Flut wissenschaftlicher Aufsätze und Monographien, auf jährlichen Weltkongressen, in internationalen wissenschaftlichen Gesellschaften und internationalen Zeitschriften für „Impotence Research" beobachtet haben, ist zweifellos nicht nur damit zu erklären, daß die Methoden – hier neue diagnostische und therapeutische – den Wissenschaftlern die Fragestellungen diktieren und wohl noch weniger mit Empathie für das Leiden erektionsgestörter Männer. Betrachtet man die Emsigkeit, mit der Urologen, Andrologen, Chirurgen, Physiologen den „perfekten Penis verfolgen" (Tiefer 1986, S. 579), vor dem Hintergrund gesellschaftlicher Veränderungen von Sexualität und Geschlechterverhältnis in den letzten 20 Jahren (vgl. Schmidt 1992, S. 156ff.), dann könnte man auf die Idee kommen: Es geht lange nicht mehr um die Potenz des einzelnen; es geht um die Instandsetzung des beschädigten symbolischen Gesamtpenis westlicher Männer, um eine magische Beschwörung der Immunität des Phallus angesichts der als kollektive Kastration erlebten Veränderungen im realen Geschlechterverhältnis und der feministischen Offensive.

2   Das „Verschwinden" der weiblichen Funktionsstörungen und der „Aufstieg" des Lustlosigkeit

Nach dem bisher Gesagten wird es leicht nachvollziehbar sein, daß wir das eklatante wissenschaftliche Desinteresse an den sexuellen Störungen der Frau (s. S. 1) – insbesondere der somatischen Medizin – eher mit Erleichterung registrieren. Das Verschwinden der weiblichen Störungen aus der wissenschaftlichen Diskussion mag vor allem daran liegen, daß sich die sexuellen Probleme der Frau nicht so einfach somatisieren lassen und Patientinnen auch nicht so willig wie Patienten sind, bei der Medikalisierung ihrer Sexualität zu kooperieren. Die Auffassung ihrer sexuellen Schwierigkeiten (oder auch der von Männern) als gestörte Organfunktion ist Frauen fremd. Damit werden dem Zugriff der Medizin auf die weiblichen Sexualstörungen relativ enge Grenzen gesetzt (anders offenbar als bei den Fortpflanzungsstörungen, vgl. u. a. Schorsch 1988). Selbstverständlich hat es Medikalisierungsversuche durch die „männliche" Medizin gegeben: Martialische und verstümmelnde chirurgische Eingriffe – z. B. Klitorisbeschneidungen zur Steigerung der Orgasmusfähigkeit oder die operative Verlegung des Scheideneingangs zur Klitoris hin, um den koitalen Orgasmus zu befördern (vgl. Wallerstein 1989, S. 161ff. zur Geschichte dieser Eingriffe) – gehören allerdings der (jüngsten) Vergangenheit an. Hingegen berichten Frauen mit einem Vaginismus immer noch, wenn auch seltener als vor einigen Jahren, über sinnlose und – bei der psychischen Bedeutung des Symptoms – gewalttätige Vaginalschnitte oder Vaginaldehnungen in Vollnarkose. Und es gibt auch neue Versuche, den Sexualproblemen der Frau somatisch beizukommen. Ausgerechnet die Psychotherapeutin Helen Kaplan, die in den 70er Jahren Indikationen und Anwendungsmöglichkeiten der Paartherapie durch die Integration psychodynamischer, partnerdynamischer und übender Ansätze erheblich erweiterte (s. S. 59), beschreibt heute bestimmte Formen sexueller Aversion und Verweigerung als Panikreaktionen, die auf eine zentralnervös gestörte Angstregulation zurückzuführen und deshalb psychopharmakologisch zu behandeln seien (Kaplan 1988; zur Kritik vgl. Pfäfflin 1989). Die sich daraus ergebenden diagnostischen (psychiatrische Gespräche) und therapeutischen Maßnahmen (trizyklische Antidepressiva) nehmen sich gegenüber den Arsenalen der „Wachstums-Industrie" (Tiefer 1991 b, S. 14) Impotenztechnologie allerdings ausgesprochen kärglich aus.

Das Verschwinden der weiblichen Störungen aus der wissenschaftlichen Diskussion signalisiert nun keineswegs deren Seltener-Werden im realen Leben. Die Anzahl der Frauen, die professionelle Hilfe suchen, weil sie mit ihrem sexuellen Erleben unzufrieden sind, hat sich in den letzten 15 Jahren kaum verändert[2]. Aber ihre Klagen sind andere geworden oder werden anders verstanden: Sexuelle Funktionsstörungen sind den verschiedenen Formen der Lustlosigkeit (zur Definition s. S. 22 f.) weitgehend gewichen. Der Anteil der Patientinnen unserer Poliklinik/Sexualberatungsstelle, bei denen „sexuelle Lustlosigkeit" diagnostiziert wurde, ist seit Mitte der 70er Jahre von knapp 10 % auf über 70 % in dramatisch zu nennender Weise gestiegen; entsprechend sind die Erregungs- und Orgasmusstörungen von 80 % auf etwa 20 % gesunken (vgl. Fußnote 2). Diese Entwicklung wird seit Ende der 70er Jahre in den westlichen Gesellschaften allgemein beobachtet (vgl. Kaplan 1981). Man ist versucht, eine Verbindung herzustellen zwischen beiden Ereignissen: den Klagen über die geringe sexuelle Lust auf Männer und der phallozentrischen Orgie, die sich in der Impotenzbetrachtung und -behandlung ausdrückt, diesem – wie Margrit Brückner (1990, S. 198) in anderem Zusammenhang sagt – „absurden Spektakel, das Frauen um ihren Verstand und ihr Begehren" bringt.

Tatsächlich ist die einschneidende Veränderung bei der Diagnose weiblicher Sexualstörungen ein komplexes Phänomen, das bisher nur ungenügend verstanden wird. Zweifellos steckt dahinter auch ein Wechsel der Terminologie, der

---

[2] Die folgende Übersicht zeigt für den Zeitraum 1975 bis 1977 (vgl. Brand 1980) und 1992 (erste 10 Monate) die Symptome von männlichen und weiblichen Patienten, die die Poliklinik/Sexualberatungsstelle der Abteilung für Sexualforschung wegen sexueller Störungen (sexuelle Funktionsstörungen, Lustlosigkeit) konsultierten. Andere Diagnosen (z. B. Transsexualität oder sexuelle Abweichungen) werden in der Tabelle nicht berücksichtigt.

Patientinnen	1975/77 N = 384	1922 N = 87	Patienten	1975/77 N = 431	1992 N = 112
Lustlosigkeit	8 %	74 %	Lustlosigkeit	4 %	17 %
Erregungs-/Orgasmus-störungen	80 %	20 %	Erektionsstörungen	67 %	60 %
Vaginismus	12 %	7 %	Vorzeitige Ejakulation	23 %	19 %
			Ausbleibende Ejakulation	6 %	4 %

Anteil der Patientinnen 1975/77: 47 %; 1992: 44 %

Sichtweise von Fachleuten. Viele Patientinnen, deren Probleme wir in den 70er Jahren als Erregungs- oder Orgasmusstörungen klassifiziert haben, würden wir heute – so hat man den Eindruck, wenn man die alten Aufzeichnungen über Poliklinikgespräche oder Paartherapie-Protokolle liest – als „lustlos" bezeichnen. In den späten 60er und den 70er Jahren gab es eine Tendenz, die durch die Arbeiten von Masters und Johnson gefördert wurde, auch die Sexualstörungen der Frauen auf Faßbares, möglichst auf Störungen physiologischer Funktionen zu reduzieren (Erregungsstörungen als Beeinträchtigung der „Lubrikations-Schwell-Reaktion"; Orgasmusstörungen als Ausbleiben der Kontraktionen der „Orgastischen Manschette"). Die kritiklose Aufgabe, ja negative Sanktionierung, des Ausdruckes „Frigidität", für den es sehr gute Gründe gab und gibt (vgl. Fußnote S. 23), ist für die Physiologisierung weiblicher Sexualstörungen durchaus symptomatisch (ähnlich wie die Ersetzung des Begriffes „Perversion" durch den Ausdruck „sexuelle Abweichung", die die wissenschaftliche Debatte entideologisieren sollte, aber mit der liberal-verharmlosenden, affektverleugnenden Tendenz des neuen Terminus nur einer anderen Ideologisierung Vorschub leistete). In manchen alten Beschreibungen und Definitionen der Frigidität wird der ganze Körper, wird die Frau mit ihren Problemen noch sichtbar und das Spektrum sexueller Probleme wird noch nicht auf die Genitalfunktionen begrenzt, z. B. wenn es heißt: „Die Frau ist völlig ohne Interesse am Verkehr. Sie empfindet Ekel und Widerwillen und wünscht, den Verkehr so schnell wie möglich zu überstehen. Mit ihren Gedanken ist sie meistens woanders. Das Liebesspiel läßt sie völlig kalt. Die Sekretion fehlt" (Matussek 1971, S. 815). Allerdings ist nicht zu verkennen, daß auch „Frigidität" oft auf groteske Weise funktionell eingeengt und ausufernd pathologisierend benutzt wurde, z. B. in der Gleichsetzung von Frigidität und Ausbleiben des „vaginalen" Orgasmus in der psychoanalytischen Literatur (vgl. S. 30).

Die auf Genitalfunktionen zentrierte Sichtweise sexueller Probleme führte zu einer vereinfachenden und verfälschenden Parallelisierung der Sexualstörungen von Männern und Frauen. Erregungsstörungen galten als Pendant der Erektionsstörungen, Orgasmusstörungen als Pendant der Ejakulationsstörungen. Dieser Blickwinkel paßt die weibliche Sexualität der männlichen an, unterstellt, daß Frauen die gleiche Sexualität wie Männer hätten, leugnet weibliche Besonderheiten und begünstigt dadurch männliche sexuelle Interessen und Prioritäten gegenüber Frauen (vgl. dazu Tiefer 1991 b). Das vorliegende Buch tendiert durchaus zu einem solchen Parallelismus, beachtet bei der Beschreibung von Symptomatik, Ätiologie und Therapie zu wenig geschlechtsspezifische Besonderheiten sowie Unterschiede in der Sexualentwicklung von Männern und Frauen, vernachlässigt beispielsweise, um konkret zu werden, die besonderen Erfahrungen von Frauen mit sexueller Ausnutzung, sexuellen Übergriffen und sexueller Gewalt. Dieser Parallelismus ist in der Anlage des Buches verankert und durch eine Bearbeitung nicht einfach aufzuheben.

Die Reduktion auf sexuelle Funktionen hatte und hat sehr wenig zu tun mit den klinischen Beobachtungen. Frauen sprechen anders über ihre sexuellen Probleme, sie setzen andere Schwerpunkte, wenn sie beschreiben, was ihnen fehlt, was sie stört oder beeinträchtigt, worunter sie leiden. Die Probleme vieler Frauen mit ihrem sexuellen Begehren und dem anderen, fremden, bestimmen-

den, druckvollen bis gewaltsamen Begehren ihrer Männer waren nicht zu
übersehen und so wurden die Kategorien Lustlosigkeit/fehlendes Verlangen/
Abneigung gegen Sexualität (wieder) eingeführt. In der feministischen Diskus-
sion ist die Lust der Frau längst zu einem wichtigen theoretischen Topos
geworden (vgl. u. a. Brückner 1990; Benjamin 1990). Hier finden sich auch neue
Ansätze zum Verständnis von „Lustlosigkeit". So sieht Margrit Brückner im
Anschluß an Marie Langer eine Bedingung für die Entfaltung von Verlangen und
Lust in der Annahme des eigenen Geschlechts. Hierbei „stehen Frauen vor der
Schwierigkeit, einerseits ihre Zugehörigkeit zum weiblichen Geschlecht schätzen
zu sollen, andererseits die kulturell und sozial festgelegten Schranken für Frauen
überwinden zu müssen. Voraussetzung dafür scheint mir die Fähigkeit, trennen
zu lernen zwischen der Akzeptanz der eigenen Geschlechtszugehörigkeit und
gleichzeitiger Nichtakzeptanz der traditionellen Geschlechtsrolle" (S. 206). Ganz
ähnlich vermutet Jessica Benjamin, daß Frauen durch „das Streben nach
Weiblichkeit und nach sexueller Handlungsfähigkeit" oft in einen „unversöhnlichen Konflikt geraten, so daß man versucht sein könnte, Weiblichkeit genau
durch diesen unversöhnlichen Konflikt zu definieren" (S. 114). Margret Hauch
(1992) äußert Skepsis, ob solche Überlegungen zum weiblichen Begehren *an sich*
„Frauen dazu verführen, nachzuweisen, daß Frauen genauso sexuell begehren
können wie Männer" und die Bedeutung von Geschlechterkampf und -arrange-
ment in der konkreten Beziehung vernachlässigen. Lustlosigkeit heißt oft nichts
anderes, als „daß sie keine Lust hat auf das, was er will", auf „die ‚männliche'
Inszenierung von Sexualität". So gesehen imponiert „Lustlosigkeit" nicht als
„Defekt" sondern als „einigermaßen gut getarnter Widerstand gegenüber den
Erwartungen des Partners oder auch den normativen Anspruch der Frau im
Sinne von *so nicht*". Eigene Wünsche zu äußern hieße „die Machtfrage zu stellen.
Und das bedeutet in der Regel demütigende Konfrontation mit der eigenen
Ohnmacht, wenn nicht gar mit Gewalt – sei es in subtiler oder manifester Form"
von Männern.

   Übrigens: Auch bei männlichen Patienten ist in den letzten 15 Jahren eine –
allerdings leichte – Zunahme der Lustlosigkeit (vgl. Anmerkung 2, S. 8) zu
beobachten. Es läßt sich also auch bei den sexuellen Problemen der Männer eine
– wenngleich zögerliche – Tendenz erkennen, nicht mehr allein auf die Funktion
zu starren. Vielleicht beginnen auch Männer (und ihre Therapeuten), die
versiegende Lust zu spüren, die dann aus dem Erektionsproblem eine „natürliche" und folgerichtige Reaktion macht und nicht mehr ein Symptom, und schon
gar nicht mehr „Impotenz".

   Die Veränderungen „von den Funktionsstörungen zur Lustlosigkeit" sind bei
den Frauen so stark ausgeprägt, daß sie vermutlich nicht allein veränderte Sicht-
und Beobachtungsweisen von Experten/innen (oder auch Patientinnen) wider-
spiegeln, sondern auch eine tatsächliche kollektive Symptomveränderung. So
gibt es nach unserem Eindruck heute erheblich mehr Frauen, die über geringe
sexuelle Lust klagen, aber keine Orgasmusschwierigkeit haben. Vor einigen
Jahren trafen wir nur bei „einigen Fällen" (S. 23) auf diese Konstellation.
Möglicherweise haben Frauen durch die beträchtliche Zunahme der Masturbationserfahrung (vgl. Clement 1986) in den letzten Jahrzehnten weniger Schwierigkeiten mit der sexuellen Funktion, die sie sich „autonom" aneigneten; ihre

sexuellen Schwierigkeiten erleben sie nun auf einer grundsätzlicheren Ebene: der fehlenden Lust auf den Mann.

Vermutlich verweist die Zunahme der Lustlosigkeit im klinischen Bereich auf ein allgemeines Phänomen: die Abnahme sexueller Lust von Frauen in heterosexuellen Beziehungen oder ihre größere Bereitschaft, dieses offen einzugestehen. So ist es vermutlich kein Zufall, daß wir in unserer Jugendstudie (Schmidt et al. 1992) beobachten konnten, daß junge Mädchen heute Petting und Geschlechtsverkehr deutlich als weniger lustvoll und befriedigend beschreiben als noch vor 20 Jahren. Ihr größeres Bewußtsein für die gesellschaftliche Diskriminierung von Frauen, für Geschlechterauseinandersetzung und sexuelle Gewalt von Männern gegen Frauen hat sie offenbar skeptisch gemacht gegenüber dem, was von sexuellen Beziehungen mit Männern zu erwarten ist; und dieses Bewußtsein hat ihren Blick geschärft für die Risiken sexueller Beziehungen mit Männern, und ihre realen Erfahrungen mit sexuellen Übergriffen, sexueller Aggression und Gewalt von Männern (Lange u. Gaenslen-Jordan 1993) bestärken sie in ihrer Zurückhaltung und Vorsicht.

Andererseits spiegeln die vermehrten Klagen über mangelnde Lust die große Beunruhigung von Männern und Frauen über sexuelle Langeweile und Verödung in Partnerschaften oder Ehen wider, die sie als Bedrohung der Beziehung erleben (vgl. die „Vorbemerkung über Sexualität und Beziehung", S. 13 ff.). Diese Verödung wird mit geschlechtsspezifisch verteilten Rollen dargestellt. Wenn die Frau die Öde spürt und „übernimmt", dann kann der Mann die Öde verleugnen; sie verweigert, er kann erobern, Hindernisse überwinden und er wird sein Verlangen weiterhin mächtig erleben. Er konsumiert die „Frigidität" der Frau, die eigentlich eine gemeinsame ist, als Aphrodisiakum, und sichert so zugleich noch seine sexuelle Überlegenheit und Potenz. Deutlich wird dies oft in Therapien mit lustlosen Paaren, wenn sich das sexuelle Verlangen des Mannes, seine scheinbar ständige sexuelle Bereitschaft, in dem Maße relativiert, in dem die Frau zu ihren Wünschen (zurück)findet. Der Mann ist dadurch oft irritiert, ja unzufrieden, obwohl Sexualität nun häufiger möglich ist; die Frau verwundert, wo sein „allgewaltiger Trieb" geblieben ist.

Die Reflektion der gesellschaftlichen Dimensionen des Komplexes „Lustlosigkeit" ist für die psychotherapeutische Arbeit mit lustlosen Paaren eine notwendige Voraussetzung. Die Paartherapie ist dann sinnvoll, wenn die Frau die Gründe für die erlittene Einschränkung ihrer Lust und der Partner seinen Anteil und nicht selten auch sein verdecktes Interesse (vgl. S. 34) an der Lustlosigkeit der Frau verstehen wollen. Den zur Harmonie verführenden Seiten der Paartherapie muß man dazu widerstehen und ihre Disharmonien und Spannungen aufdeckenden Potenzen nutzen, um die Wut erlebbar zu machen, die oft hinter der erstickten Sexualität steht.

Literatur

Bancroft J (1991) Die Zweischneidigkeit der Medikalisierung männlicher Sexualität. Z Sexualforsch 4:294–308

Benjamin J (1990) Die Fesseln der Liebe. Stroemfeld/Roter Stern, Frankfurt a. M.

Brand T (1980) Untersuchungen zur sexualmedizinischen Versorgung in Hamburg: Bedarf und Patienten. Med. Dissertation, Universität Hamburg

Brückner M (1990) Zwischen Kühnheit und Selbstbeschränkung. Von der Schwierigkeit weiblichen Begehrens. Z Sexualforsch 3:195–217

Buvat J, Buvat-Herbaut M, Lemaire A, Marcolin G, Quittelier E (1990) Recent developments in the clinical assessment and diagnosis of erectile dysfunction. Annual Rev Sex Res 1:265–308

Clement U (1986) Sexualität im sozialen Wandel. Eine empirische Vergleichs-Studie an Studenten 1966 und 1981. Enke, Stuttgart

D'Ardenne P, Riley A (1992) Investigation of male erectile dysfunction. Sexual Marital Ther 7:227–229

Foreman MJ, Doherty PC (1993) Experimental approaches for the development of pharmacological therapies for erectile dysfunction. In: Riley AJ, Peet M, Wilson C (eds) Sexual pharmacology. Oxford University Press, Oxford

Gregoire A (1992) New treatments of erectile impotence. Brit J Psychiat 160:315–326

Hauch M (1992) Meine Lust, deine Lust, keine Lust. Überlegungen zu Lust und Sexualität im Kontext geschlechtsspezifischer Arbeitsteilung. Vortrag auf der Fachtagung der Pro Familia „Zwischen Lust und Technik: Unsicherheiten mit dem Sexuellen", vom 26. – 28. November in Göttingen

Kaplan HS (1981) Hemmungen der Lust. Neue Konzepte der Psychosexualtherapie. Enke, Stuttgart

Kaplan HS (1988) Sexualaversionen, sexuelle Phobien und Paniksyndrome. Enke, Stuttgart

Kaplan HS (1990) The combined use of sex therapy and intrapenile injections in the treatment of impotence. J Sex Marital Ther 16:195–207

Lange C, Gaenslen-Jordan C (1993) Sexuelle Belästigung und Gewalt. Erfahrungen 16- und 17jähriger Großstadtmädchen (in Vorb.)

Langer D, Hartmann U (1992) Psychosomatik der Impotenz. Bestandsaufnahme und integratives Konzept. Enke Stuttgart

Lowe MA, Schwartz AN, Berger RE (1991) Controlled trial of infusion cavernosometry in impotent and potent men. J Urology 146:783–785

Pfäfflin F (1989) Buchbesprechung „Sexualaversionen, sexuelle Phobien und Paniksyndrome" von Helen Singer Kaplan. Z Sexualforsch 2:271–273

Schmidt G (1992) Neue Verhältnisse, neue Lieben? Zum sexuellen Wandel in den westlichen Industriegesellschaften. In: Kohlhagen N, Tabubrecher. Luchterhand, Hamburg

Schmidt G, Klusmann D, Zeitzschel U (1992) Veränderungen der Jugendsexualität zwischen 1970 und 1990. Z Sexualforsch 5:191–218

Schorsch E (1988) Die Medikalisierung der Sexualität. Über Entwicklungen in der Sexualmedizin. Z Sexualforsch 1:95–112

Seagraves KA, Seagraves RT, Schoenberg HW (1987) Use of sexual history to differentiate organic from psychogenic impotence. Arch Sex Behav 16:125–137

Tiefer L (1986) In pursuit of the perfect penis. The medicalization of male sexuality. Amer Behavior Scientist 29:579–599

Tiefer L (1991 a) Sexualwissenschaft und die Beschwörung des Natürlichen. Z Sexualforsch 4:97–108

Tiefer L (1991 b) Historical, scientific, clinical and feminist criticisms of „The human sexual response cycle" model. Annual Rev Sex Res 2:1–23

Tiefer L (1993) Zur Medikalisierung der männlichen Sexualität. Ein weiterer Bericht. Z Sexualforsch 6 (im Druck)

Wagner G, Green R (1981) Impotence-physiological, psychological, surgical. Diagnosis and treatment. Plenum, New York

Wallerstein E (1989) Säkulare Beschneidung in den USA: Ein medizinischer Skandal. Z Sexualforsch 2:160–170

Vorbemerkungen über Sexualität und Beziehung

Gunter Schmidt

Ohne Frage ist es notwendig, Menschen mit sexuellen Problemen zu helfen; die Entwicklung adäquater therapeutischer Möglichkeiten ist überfällig. Hinter sexuellen Problemen steht oft ein Leidensdruck, der weit über das Vermissen von Lust und Befriedigung hinausgeht: eine Angst vor Ungeliebtsein, Verlassenwerden und Einsamkeit; eine tiefe Verunsicherung des Selbstwertgefühls; sich gedemütigt und geschunden fühlen in seiner Männlichkeit oder Weiblichkeit.

Sexuelle Störungen kommen heute vermutlich nicht häufiger oder seltener vor als früher. Aber Partnerschaften sind störbarer, verletzbarer durch sexuelle Probleme. Anders ausgedrückt: sie sind abhängiger von der Sexualität und den mit ihr verbundenen Affekten. Man könnte dies für aufklärerisch halten, für einen Fortschritt, der widerspiegelt, daß sich die Menschen der Bedeutung ihrer Sexualität bewußter geworden sind und sexuelle Probleme, sexuelle Verödung nicht mehr einfach so hinnehmen. Und zweifellos ist dies *ein* Aspekt des Problems. Die ausschließliche Betrachtung dieses Aspekts – zu der viele „Sexualtherapeuten" neigen – verliert aber die Gesamttendenz aus dem Auge, in der Sexualität und Beziehung im Moment gesellschaftlich bewegt werden, und feiert als bewußten Akt, was zu einem Teil nur blinde Reaktion auf veränderte Verhältnisse ist. Wir wollen den Hintergrund skizzieren, vor dem sich unsere psychotherapeutische Arbeit abspielt.

Zweierbeziehungen *waren* der Ausgangspunkt für konkrete, gemeinsame Lebensbewältigung und Kinderaufzucht. Die Notwendigkeit lebenslanger, unbedingter Gemeinsamkeit war im Zusammenhalt gegen Nöte und Anforderungen täglich erfahrbar und undiskutiert gültig. Ehe und Familie waren das Instrument zur Bewältigung der äußeren Zumutungen. Heute ist die Zweierbeziehung – zumindest in der Mittelschicht – zunehmend entlastet von instrumentellen oder besser materialen und existentiellen gemeinsamen Aufgaben. Für das gemeinsame Überleben ist sie entbehrlich, wenn nicht sogar überflüssig. Die Befriedigung primärer Bedürfnisse – Nahrung, Wärme, Gesundheit – und die Erfüllung gemeinsamer Aufgaben – Kinderaufzucht, Sorge für die Familienangehörigen verschiedener Generationen, gemeinsame ökonomische Leistungen – sind ohne Beziehung oder außerhalb der Beziehung durch den Konsum von Dienstleistungen möglich. Dort, wo dies geleugnet wird, kommt es zu der künstlichen Aufrechterhaltung überkommener Lebensformen: das rollenverteilte Paar, das glaubt, Kindererziehung, Haushalt und Geldverdienen seien auch heute noch am besten so zu organisieren, als gäbe es keine Wohn- und Küchentechnik, als gäbe es nicht zumindest die Möglichkeiten kollektiver Erziehung und anderer Formen der Arbeitsteilung – und dessen geheime Einsicht in die Sinnlosigkeit der Organisationsform, in der es lebt, durch ein fassadenhaft vor sich hergetragenes Glück hindurchschimmert. Der Zweierbeziehung sind materiale Gratifikationen weitgehend entzogen. Sie ist mehr und mehr auf andere, weniger verläßliche Befriedigungsmöglichkeiten angewiesen: auf emotionale und auf narzißtische. Die emotionalen Befriedigungen, also Geborgenheit, Liebe, Sexualität, Intimität, Nähe, sind aber störbar, in jedem Fall sehr viel riskanter und auch austauschbarer als die materialen.

Das gilt erst recht für die narzißtischen, Selbstwert gebenden Funktionen. Auch sie hatten von jeher ihre Bedeutung: Beziehung und Sexualität als Bestätigung, daß man der Liebe wert ist, als Bestätigung von Männlichkeit/Weiblichkeit. Aber diese Funktionen von Beziehung und Sexualität sind hypertrophiert, sie drohen aus den Fugen zu geraten. Wir können die Ursachen nur andeuten. Zu beobachten ist ein Entzug narzißtischer Befriedigungsmöglichkeiten. Es ist viel schwieriger geworden, sich etwas wert zu fühlen, zu erfahren, daß man etwas Bedeutsames leistet, zu wissen, daß man für die eigene Familie oder wenigstens für einige andere Menschen existentiell unentbehrlich ist. Ohnmacht, Abhängigkeit, innere Leere und die eigene Bedeutungslosigkeit werden radikal und gnadenlos erlebbar. Dieses narzißtische Vakuum saugt Erlebnisse an, in denen die eigene Wichtigkeit zumindest kurzfristig spürbar wird: Sekten und Drogen sind hier zu nennen, ebenso der Psychoboom mit seinen vielfältigen Warenangeboten zur Emotionsabfüllung – von Gruppendynamik und Encounter bis zur großen psychoanalytischen Kur von Leuten, die sie eigentlich nicht brauchen. Eine besonders wichtige „Erlebnisware" ist die Zweierbeziehung geworden, oder genauer die Gefühle, die die Zweierbeziehung mobilisieren kann, wie Verliebtheit, sexuelles Verlangen und Befriedigung.

Narzißtische und emotionale Ansprüche überfordern Zweierbeziehungen insgesamt und Sexualität im besonderen. Sie führen zu illusionären Hoffnungen und enden in Enttäuschung und Hoffnungslosigkeit in bezug auf Zweierbeziehungen. Die Erscheinungsformen dieses Prozesses sind vielfältig.

Da ist zunächst die unausgesprochene Illusion, Zweierbeziehungen ließen sich auf Dauer mit intensiver Sexualität, wie sie etwa in Phasen der Verliebtheit erlebt wird, vereinbaren. Das kann nicht sein, da die Nähe, die sich aus dem Zusammenwohnen ergibt, aus dem Zusammenschlafen, aus dem Zusammenessen, aus dem Zusammen-Freizeit-Machen, evtl. auch aus dem Zusammen-Kinder-Aufziehen, nicht auch noch dauernde Leidenschaft im Sexuellen aushält, sondern bestenfalls die Distanz einer vielleicht gerade noch liebevoll befriedigenden Sexualität. Mehr läßt sich nicht ertragen, es sei denn, Trennendes macht intensives sexuelles Erleben und das Gefühl der Verliebtheit wieder spürbar: Eine lange örtliche Trennung, ein gehöriger Streit oder überhaupt die Stilisierung der aggressiven Spannungen eines Paares zum Aphrodisiakum, wie es Stoller (1979) für die Perversionen beschreibt. In festen Beziehungen sind intensive sexuelle Erlebnisse nur möglich, wenn sie Ferne schaffen oder gerade geschaffene Ferne wieder überwinden. Die reduzierte Intensität der alltäglichen Sexualität in festen Beziehungen, ihre Trivialisierung, ist übrigens nicht einfach Abstumpfung, Langeweile, Gleichgültigkeit, sondern ein durchaus notwendiger und sinnvoller Schutz der eigenen Autonomie, der eigenen Identität vor „Selbstauflösung", ein wichtiges Ventil in der Nähe-Distanz-Bilanz. Außerdem setzt sie den Menschen frei für nichtprivate Aktivitäten.

Eine solche „intakte", aber im Vergleich zum Anfangsrausch etwas langweilig gewordene Sexualität beunruhigt und ängstigt viel stärker als früher. Sie setzt eine Reihe von Manipulationen in Gang, die unter dem Stichwort „freie Sexualität" ideologisch verbrämt werden: Zum Beispiel sollen Raffinement und Technik die alte Einzigartigkeit zurückholen. Die Menükarte von Comforts *Joy of Sex* — ein Buch mit Millionenauflage — und ihre genußpropagierende Akrobatik ist hierfür ebenso ein Beispiel wie die professionellen „marital enrichment" und „sexual enhancement" Programme, die auffrischende Kuren zur Belebung alltäglich gewordener Partnerschaften versprechen. Die Addition von Affären ist ein anderer geläufiger und inzwischen konventioneller Weg, mit euphorisierenden Erlebnissen die narzißtische Lücke zu schließen. Nebenbeziehungen, die die feste Partnerschaft „natürlich" nicht gefährden sollen, und die „natürlich" notwendig sind, da ja „ein Partner nicht alle Bedürfnisse befriedigen kann", sind der Stuck, der auf verblaßte romantische Vorstellungen der Zweierbeziehung geklatscht wird. Ein anderer Auffüllungsmechanismus ist die Umkehrung der Blickrichtung von Themen und Geschehnissen außerhalb der Beziehung ins Beziehungsinnere, das Bespiegeln der Partnerschaft durch pausenloses Reden über Wünsche, Probleme, Konflikte usw., als sei die Umwelt nur noch Innenwelt. Nun ist Kommunikation ein wünschenswertes Ziel; zum Selbstzweck geworden führt sie zu einer hypochondrischen Einstellung zur Partnerschaft, zum Autismus zu zweit. Beim Reden über Probleme kann eine scheinbare Intimität hergestellt werden, der ein direkterer Weg verbaut ist. Ob man dabei die Probleme löst, über die man spricht, verliert angesichts des emotionalen Gewinns des Gesprächs an Bedeutung — im Gegenteil, die Lösung ist unerwünscht, da sie das Gespräch beendet. Partnerschaft wird zum Thema der Partnerschaft, es wird über etwas geredet, anstatt etwas gemeinsam zu machen. Beziehung wird nur noch im Gerede — aus zweiter Hand — spürbar, man fühlt, was man denkt, was man fühlt. Neuerdings scheinen Heirat und das spät gezeugte Einzelkind letzte Versuche zu sein, die Eigentümlichkeit und Intensität zu beschwören, die man lange nicht mehr spürt. Gerade wenn man als „Fortschrittlicher" eine solche Verleugnung früherer Überzeugungen auf sich nimmt, dann kann das doch wohl nur bedeuten, daß es sich um die erfüllte einzigartige Beziehung handelt, die man sucht. Bei all diesen Beispielen steht die Illusion Pate, daß Beziehung und Sexualität für alles herhalten können und müssen, was an Sinnleere, Enttäuschung, Langeweile und Selbstzweifeln erlebt wird.

Schlagen solche Manipulationen und Anpassungsmechanismen in einer Partnerschaft fehl, dann werden die Illusionen auf andere Beziehungen übertragen. Das Scheitern wird persönlich, nicht strukturell gesehen. Das schmerzt, weil man selber versagt hat — oder der Partner; aber es erhält die Hoffnung auf einen neuen Versuch. Die neue Mitteschichtideologie emotional und sexuell intensiver Beziehungen, die die Phase des Verliebtseins nie überwinden, ist Ausdruck einer narzißtischen Gier, die dazu verführt, von einer Verliebtheit zur anderen nur noch zu taumeln. Sexualität trägt die Möglichkeit zu verrückenden Erlebnissen in sich. Doch wenn man solche Glücksmöglichkeiten unter der Hand als permanent reklamiert, dann ist ein Suchen ohne Ende programmiert. Die narzißtische Entwertung des Menschen macht ihn unfähig, die Desillusionierung zu ertragen, die eintritt, wenn das erhebende Gefühl des Verliebtseins

sich verliert. Er kompensiert diese Unfähigkeit mit dem beklemmend wieder-
holungszwängigen Wechsel von Beziehungen, keineswegs aus Genußsucht, sondern aus der verzweifelten Frage danach, was er eigentlich wert sei. Sexualität
und das Anfangsstadium von Beziehungen ist oft eine der wenigen Möglichkeiten, dies wenigstens kurze Zeit zu spüren, zu fühlen, daß er wichtig ist für einen
andern. Sobald sich die Vergeblichkeit erweist, kommen Depression und Langeweile auf, immer an dem Punkt, wo Verliebtheit in Liebe umschlagen könnte. Diese narzißtische Ausbeutung sexueller Beziehungen führt sich selbst ad
absurdum. Die Vielzahl der Beziehungen macht deutlich, daß man selbst und
der Geliebte als Person gar nicht gemeint ist: gemeint ist der *Zustand* der Verliebtheit, den zu erreichen der neue Partner, wie man selbst, benutzt wird. Die
Illusion einer ganz neuen Emotionalität und Sexualität ist aber faszinierend genug, um über diesen Irrtum hinwegzutäuschen, zumindest eine Zeitlang. Eine
progrediente, beinahe promiske Bereitschaft zur Verliebtheit entsteht.

Irgendwann führt die Vergeblichkeit zur aggressiven, selbstdestruktiven Abkehr von Partnerschaft — auch dies zunächst vereinnahmt von einer euphori-
siert vorgetragenen Ideologie, derzeit in der sog. „Singlebewegung". Individualität, Alleinsein, „lonesome-cowboy-Sentimentalität" und das masochistische
Genießen der Einsamkeit geben kurzfristig ein neues Gefühl der eigenen Großartigkeit. Den düsteren Endzustand dieses Syndroms umreißt Raddatz (1978)
in einer Analyse der zeitgenössischen deutschen Literatur. Danach ist mit Erotik und Sexualität immer Alleinsein, Einsamkeit, Beziehungslosigkeit, Fremd-
heit verbunden; Menschen, die nichts miteinander zu tun haben, die auf sich
selbst zurückfallen; Autoerotik, die zum Zeichen des vollständigen Zusammen-
bruchs emotionaler Verbundenheit wird; Geschlechtsverkehr als eine „um-
ständliche Variante der Onanie" (S. 35). Am Ende steht der „Selbstmord — als
Extremvariante von Selbsthaß — [als] das existentielle ‚Endspiel' der Selbstbefriedigung" (S. 34). Er faßt diese Analyse zusammen mit einem Textauszug aus
Ingomar von Kieseritzkys Buch *Trägheit oder Szenen aus der Vita activa* (1978):

> Sie lag in der sanften Haltung eines vom Tod Überraschten; die Aureolen ihrer Brüste wa-
> ren dunkelrot. Sie leckte sich oft die Lippen und sah mich mit einem halbgeöffneten Auge an.
> Ich beteiligte mich ohne einen besonderen Entschluß an dem Geschlecke. Sie duftete zart nach
> Karamellbonbon. Ihre Zähne glitzerten. . ., und es passierte ohne unser Zutun, gleichermaßen
> ohne unseren Willen, wie von selbst und ich gab einen Teelöffel voll kraftlosen Semen virile
> von mir, nicht mehr als die von Spariel in „incisum" angegebene Menge, mit einem kleinen
> Krampf in der Wade verbunden (S. 189)

Die Interpretation dieser Kälte allerdings gerät zu leicht, wenn man meint:
„Die Libertinage hat die Menschen nicht zueinander, sondern voneinander
weggeführt" (S. 34). Libertinage war wohl eher der vergebliche Versuch, die
Kälte zu überwinden, auch deshalb wurde sie ja gesellschaftlich nicht länger
sanktioniert. Den wieder einmal entrückt Verliebten trennt von den Figuren in
Kieseritzkys Roman nur, daß *er* noch an die Auffüllung durch Beziehungen
glaubt, *jene* nicht mehr. Sexualität und Beziehung versagen angesichts dieser
Überforderung.

Gemessen an dem epidemischen Ausmaß solcher Beziehungsstörungen sind
sexuelle Funktionsstörungen eine seltene Erscheinung, und wenn es gegenüber
dem Leidensdruck der Betroffenen nicht zynisch klänge, wäre man versucht zu

sagen: vergleichsweise harmlos. Rezepte wären leicht geschrieben: Einsicht, daß Liebe erst möglich wird, wenn das Glücksversprechen der Verliebtheit gebrochen ist; Versöhnung mit Enttäuschungen und unvermeidbaren Verzichten; Weigerung, Welt mit Innenwelt zu verwechseln und immer tiefer in all den privaten Partnerschaftskram abzugleiten – aber wohin denn? Ratschläge sind ohne Wert. Individuell, etwa psychotherapeutisch, sind diese Probleme lange nicht zu lösen – nicht nur wegen ihres massenhaften Auftretens. Das Bewußtsein aber, daß dies nicht möglich ist, schwindet.

1 Symptome

Gunter Schmidt und Gerd Arentewicz

Unter sexuellen Funktionsstörungen verstehen wir diejenigen Beeinträchtigungen sexuellen Verhaltens und Erlebens, die mit ausbleibenden, verminderten oder atypischen genitalphysiologischen Reaktionen (Erektion, Ejakulation beim Mann; Erregung, Orgasmus, Scheidenkrampf bei der Frau) einhergehen.

Wir betrachten sexuelle Funktionsstörungen in diesem Kapitel zunächst unter einem sehr verengten Blickwinkel und behandeln ausschließlich ihre Erscheinungsformen. Eingeengt ist dieser Blickwinkel, weil wir Symptome aus ihrem Zusammenhang herauslösen, aus der Lebensgeschichte eines Menschen, seiner Partnerschaft, seiner gegenwärtigen Lebenssituation, also Verhaltensweisen isoliert beschreiben, ohne ihre Ursachen und ihre Bedeutung zu analysieren und ohne zu fragen, wie sie erlebt werden. Wir tun dies, weil die Analyse der Symptomatik auf Verhaltensebene für die Durchführung der Therapie von Bedeutung und daher eine wichtige Aufgabe der Exploration ist. Ferner soll unsere Beschreibung der Erscheinungsweisen die Frage klären, was sexuelle Funktionsstörungen sind, d. h. wann Orgasmus*schwierigkeiten*, Erektions*probleme*, eine schnelle Ejakulation als Orgasmus-, Erektions- bzw. Ejakulationsstörungen anzusehen sind.

Wir beginnen mit kurzen Symptombeschreibungen von 12 Paaren, die ganz konkret einen Eindruck von der Heterogenität sexueller Funktionsstörungen geben sollen. Die Beispiele wurden unter dem Gesichtspunkt ausgewählt, die Variationsbreite sexueller Funktionsstörungen abzustecken:

Paar 1[1]. Eine 32jährige Hausfrau ist seit 10 Jahren mit einem 3 Jahre älteren Maler verheiratet. Sie haben ein 8jähriges Kind. Sexuelle Schwierigkeiten bestehen seit Beginn ihrer Beziehung vor 14 Jahren. Sie hat nie einen Orgasmus gehabt und nie sexuelle Erregung verspürt, weder bei Zärtlichkeiten, noch bei Petting, noch beim Geschlechtsverkehr. Sie hat nie masturbiert oder zu masturbieren versucht. Sie kann auf Sexualität verzichten, auch auf alle Zärtlichkeiten, fühlt sich dadurch nur belästigt. Lediglich mit ihrem Kind mag sie gern schmusen. Sie registriert keinerlei sexuelles Verlangen, sexuelle Beziehungen hat sie nur deshalb zu ihrem Mann, um „ihm eine bessere Frau zu sein". Ihr Mann und sie haben sich auf eine strenge Reglementierung geeinigt: Sie machen zweimal wöchentlich an bestimmten Tagen und in möglichst kurzer Zeit Verkehr. Die Frau läßt es über sich ergehen und hofft, daß „es schnell vorbeigeht". Beide Partner haben vor und während der Ehe nie sexuelle Beziehungen zu anderen Partnern gehabt.

Paar 2: Eine 31jährige Verkäuferin, seit 9 Jahren mit einem gleichaltrigen Dreher verheiratet, hat seit der Geburt ihres einzigen Kindes vor 8 Jahren jedes sexuelle Interesse verloren. Sie hat keine Lust zum Geschlechtsverkehr, versucht sexuelle Kontakte zu vermeiden und zu umgehen. Den seltenen Geschlechtsverkehr — einmal pro 2. Monat — läßt sie über sich ergehen, ist dabei gleichgültig und abgekehrt, danach reizbar und aggressiv. Nach der Geburt des Kindes ist die Sexualität „wie mit einem Schlag" weggewesen. Anfangs hat sie ihrem Mann noch „Theater vorgespielt", bis ihn das unerträglich wurde. In den 2 Jahren vor der Geburt

---

[1] In allen Fallgeschichten sind zum Schutz der Patienten die Personaldaten geändert.

hatte das Paar 2- bis 3mal wöchentlich Geschlechtsverkehr, wobei sie meist zum Orgasmus kam. Sie hat keine Masturbationserfahrung, beide Partner haben vor und während der Ehe keine sexuellen Beziehungen mit anderen Partnern gehabt.

Paar 3: Eine 23jährige Verkäuferin ist seit 3 Jahren mit einem 3 Jahre älteren Fernmeldetechniker verheiratet. Seit Beginn ihrer sexuellen Beziehungen vor etwa 5 Jahren hat sie eine starke Abneigung gegen sexuelle Beziehungen, versucht den Geschlechtsverkehr zu vermeiden und ihn auf ein Minimum zu reduzieren durch Ausflüchte oder offene Weigerung. Zärtlichkeiten erträgt sie nur, wenn sie eindeutig nicht sexuell sind und ihr das Gefühl von Geborgenheit vermitteln. Sie empfindet Ekel gegenüber den Genitalien des Mannes, aber auch gegenüber dem eigenen Geschlechtsteil. Wenn sie sich auf Geschlechtsverkehr einläßt, wird sie manchmal erregt und erlebt gelegentlich auch Orgasmen. Sie kann diese sexuellen Reaktionen aber nicht genießen, sondern läßt sie beinahe gegen ihren Willen über sich ergehen. Masturbation bis zum Orgasmus ist ihr möglich, kommt aber selten vor, da sie auch diesen Orgasmus mit innerer Ablehnung erlebt. Bei einem anderen Partner vor der Ehe hat sie sexuell genauso reagiert.

Paar 4: Eine 30jährige Literaturwissenschaftlerin ist mit einem 10 Jahre älteren Graphiker seit 2 Jahren fest befreundet. Sie hat seit etwa 10 Jahren regelmäßig Koitusbeziehungen, insgesamt mit 5 oder 6 Männern. Sie hat dabei lediglich 2mal einen Orgasmus bekommen, „das Gefühl, das ich bei der Selbstbefriedigung habe". Beim Petting kommt es ebenfalls so gut wie nie zum Orgasmus. Das war bei allen Partnern gleichermaßen so. Sie wird durch das Vorspiel erregt, kann auch den Geschlechtsverkehr angenehm finden und verhält sich nicht abwehrend und hat keine sexuellen Abneigungen. Zum Geschlechtsverkehr kommt es 3- bis 4mal die Woche. Früher hat sie sich „wahnsinnig unter Druck gesetzt, einen vollwertigen Orgasmus zu kriegen". Heute fehlt ihr der Orgasmus eigentlich nicht, sie hat aber das Gefühl, „dieser Punkt könnte eine Gefahr für unsere Beziehung darstellen". Sie onaniert regelmäßig und kommt dabei fast immer zum Orgasmus. Auch wenn sie vor ihrem Freund onaniert, erreicht sie den Höhepunkt, es dauert dann aber etwas länger.

Paar 5: Eine 24jährige Krankenschwester ist seit 2 Jahren mit einem Bauingenieur fest befreundet. Sie hat weder in dieser noch in ihren früheren Beziehungen jemals einen Orgasmus beim Geschlechtsverkehr erlebt. Sie erlebt ihr sexuelles Verlangen als sehr stark und drängt auf eine große Häufigkeit des sexuellen Zusammenseins. Sie wird dabei sehr stark erregt, kommt aber nur zum Orgasmus, wenn ihr Freund und sie sich wechselseitig mit dem Mund stimulieren und ihr Freund sie zugleich obszön anredet oder obszöne Episoden erzählt. Der Verkehr selber ist ihr nicht unangenehm, sie ist nur enttäuscht, weil sie dadurch nicht zum Höhepunkt gelangt. Sie hat nie Selbstbefriedigung gemacht.

Paar 6: Eine 27jährige Angestellte ist seit 3 Jahren mit einem 2 Jahre älteren Maschinenbauer verheiratet. Sie kennen sich seit 5 Jahren. Die Frau hatte beim Geschlechtsverkehr mit ihrem Mann nur einmal einen Orgasmus. Sie wird beim Vorspiel nie richtig erregt, hat keine Lust zum Geschlechtsverkehr; das sexuelle Zusammensein mit ihrem Mann steht ihr regelrecht bevor und sie versucht, es so gut es geht zu umgehen. Geschlechtsverkehr findet weniger als einmal im Monat statt. Der Ehemann hat seit Beginn der Beziehung vorzeitigen Samenerguß, seit eineinhalb Jahren auch Erektionsschwierigkeiten. Er hat diese Störungen in seinen früheren Beziehungen nicht gehabt. Die Frau kommt bei der Selbstbefriedigung regelmäßig und ohne Schwierigkeiten zum Orgasmus. Vor ihrer Ehe hatte sie eine Freundschaft mit einem um 20 Jahre älteren Partner. In dieser Beziehung kam sie ohne Schwierigkeiten zum Orgasmus, wurde sexuell leicht erregt, hatte starkes Verlangen und war auch sexuell initiativ. Sie hat auf diesen Freund völlig anders reagiert, als auf ihren Ehemann, dieser Mann „hat mir gezeigt, wie es sein kann".

Paar 7: Eine 28jährige Kindergärtnerin ist seit 5 Jahren mit einem etwas älteren Arzt verheiratet. Beide Partner hatten keine vorehelichen Beziehungen, weder miteinander, noch mit andern Partnern. Trotz vieler Versuche in der 5jährigen Ehe war der Verkehr nie möglich. Sie ist beim Versuch zum Verkehr verkrampft, hat am ganzen Körper ein gespanntes, unangenehmes Gefühl. Sie hat Angst vor Schmerzen, und der Versuch, den Penis einzuführen, tut sehr weh. Die Einführung eines Fingers ist möglich, sie muß sich aber sehr zusammennehmen. Sie hat dabei keine Schmerzen, aber ist „irgendwie froh, wenn der Finger wieder draußen ist". Beim Petting wird sie ohne Schwierigkeiten sexuell erregt und kommt durch Streicheln oder durch Schenkelverkehr regelmäßig zum Orgasmus. Diese Form der sexuellen Betätigung mag sie sehr gern, ergreift auch die Initiative. Bei der Selbstbefriedigung hat sie ebenfalls keine Orgasmusschwierigkeiten.

Paar 8: Eine 25jährige Verkäuferin ist seit 6 Jahren mit einem gleichaltrigen Vertreter verheiratet. Vor 5 Jahren hatte sie eine sehr schwere Geburt (Saugglocke, Dammriß). Seitdem hat sie massive Angst vor dem Geschlechtsverkehr und Angst vor Schmerzen. Die Koitusversuche sind seitdem erfolglos. Das Glied läßt sich nicht einführen, sie hat ein Krampfgefühl in der Scheide, das sich auf den ganzen Körper ausdehnt. Anfangs überkam sie dieses Gefühl schon bei jeder Zärtlichkeit. Dann, etwa ein halbes Jahr nach der Geburt, arrangierte sie sich mit ihrem Mann und sie beschlossen, den Koitus nicht mehr zu versuchen. Seitdem macht das Paar regelmäßig Petting, bei dem sie fast immer zum Orgasmus kommt. Gelegentlich haben sie auch Analverkehr, ohne Schwierigkeiten und mit Orgasmus. Vor der Geburt hatte das Paar regelmäßig Geschlechtsverkehr, dabei kam die Frau fast immer zum Orgasmus. Beide Partner haben keine außerehelichen Erfahrungen, sie hat nie masturbiert.

Paar 9: Ein 37jähriger Kaufmann ist seit 16 Jahren mit einer etwa gleichaltrigen Frau verheiratet. Sie haben 2 Kinder. Die Frau ist nicht berufstätig, sie versorgt den Haushalt. Seit seinem ersten Geschlechtsverkehr hat der Mann vorzeitigen Samenerguß. Nach der Einführung des Penis kommt der Samenerguß sehr schnell, maximal nach 20 vorsichtigen Bewegungen, meistens schon früher. In den ersten Jahren der Ehe ejakulierte er sogar oft vor dem Einführen, auch ohne direkte Berührung des Penis. Er hat das Gefühl, den Samenerguß überhaupt nicht kontrollieren zu können und erlebt den Koitus als Niederlage. Deshalb reduziert er die Häufigkeit des Geschlechtsverkehrs in den letzten beiden Jahren auf 1- bis 2mal im Monat; er möchte dem Problem aus dem Weg gehen. In einer außerehelichen Beziehung hatte er die gleiche Problematik. Bei der Masturbation, die er selten ausübt, weil er sie als „unerwachsen" ablehnt, kann er die Ejakulation solange hinauszögern, wie er möchte. Die Frau hat keine sexuellen Probleme. Sie wird erregt, kommt zum Orgasmus; allerdings hat ihre Lust am Verkehr durch die Problematik und durch die Sorgen, die ihr Mann sich darüber macht, sehr abgenommen.

Paar 10: Ein 36jähriger Kunsthistoriker ist mit einer 32jährigen Krankenschwester seit 4 Jahren verheiratet. Beide Partner gingen sexuell unerfahren in die Ehe und versuchten den Verkehr auch erst nach der Eheschließung. Diese Versuche sind regelmäßig und vergeblich. Der Mann bekommt nur eine ungenügende Erektion, beim Vorspiel wird das Glied nur sehr kurzfristig steif, die Erektion geht dann sofort wieder zurück. Spontanerektionen hat er fast jeden Morgen beim Aufwachen. Bei der Masturbation bekommt er volle Erektionen und jedesmal eine Ejakulation. Auffälligerweise zieht er beim Masturbieren nicht die Vorhaut über die Eichel zurück, sondern reibt die Eichel bei vorgezogener Vorhaut. Er hat Angst, die Eichel von der Vorhaut zu entblößen; er erlebt die Eichel als sehr empfindlich und hat starke Mißempfindungen, wenn er die Vorhaut zurückzieht.

Paar 11: Ein 26jähriger Student ist seit einem Jahr mit einer Studentin fest befreundet. Der Koitus ist nie möglich, weil der Penis nicht richtig steif oder beim Versuch der Einführung „schlagartig" schlaff wird. Beim Petting, wenn ausdrücklich kein Geschlechtsverkehr intendiert wird, und bei der Selbstbefriedigung sind Erektion und Ejakulation intakt. Er hat seit etwa 10 Jahren Koituserfahrung mit insgesamt etwa 15 Partnerinnen. Er hatte dabei immer Erektionsprobleme, allerdings nie so ausgeprägt wie in der jetzigen Beziehung. Die Freundin hat Koitusbeziehungen mit anderen Männern gehabt; sie hat keine Orgasmusprobleme.

Paar 12: Ein 40jähriger Klempnermeister, seit 18 Jahren mit einer Verkäuferin verheiratet, 2 Kinder, hatte in den ersten 13 Ehejahren nie sexuelle Probleme. Vor 5 Jahren traten nach einer Hodenentzündung Erektionsschwierigkeiten auf: Bei den 14täglichen Koitusversuchen wird das Glied nicht richtig steif. Wenn eine Einführung möglich ist, kommt er sofort zum Samenerguß. Manchmal stellt sich der Samenerguß auch schon beim Anfassen des Penis ein. Er ist beim Vorspiel oder Koitusversuch sehr aufgeregt, gerät leicht in Panik, daß es wieder nicht klappt, hat dann Herzklopfen und schwitzt sehr. Er hat gelegentlich Spontanerektionen beim morgendlichen Erwachen. Außereheliche Beziehungen hat er nicht gehabt. Die Selbstbefriedigung praktiziert er seit der Eheschließung nicht mehr. Seine Frau beteiligt sich lustlos an den Koitusversuchen, hat seit Beginn des Problems keinen Orgasmus mehr gehabt, sie schiebt das auf seine Schwierigkeiten.

Diese Vielfalt der Erscheinungsweise verführte dazu, sexuelle Funktionsstörungen in eine kaum noch zu überblickende Anzahl von Gruppen und Untergruppen einzuteilen und zu klassifizieren. Alle diese Klassifikationen, gleichgültig wie differenziert sie sind, führen zu groben Vereinfachungen, die den Einzelfall nur inadäquat beschreiben. Wir widerstehen der Versuchung, den bestehenden Einteilungen eine weitere hinzuzufügen, auch deshalb, weil jede Klassifikation fälschlicherweise den Eindruck erweckt, als handele es sich bei den sexuellen Funktionsstörungen um klar abgrenzbare, eng umschriebene, einheitliche klinische „Krankheitsbilder". Wir ersetzen die Klassifikationen durch eine Reihe von Beschreibungsmerkmalen, die eine genaue Deskription der Erscheinungsform sexueller Störungen ermöglichen. Ein solches Beschreibungssystem beendet den müßigen Streit um die sinnvollste Einteilung und ist zugleich eine detaillierte Anweisung zur Exploration von Paaren mit sexuellen Funkttionsstörungen, was die *Symptomatik* betrifft.

Aus unseren Fallbeispielen werden 2 Hauptgesichtspunkte deutlich, aus denen sich Beschreibungsmerkmale sexueller Funktionsstörungen ergeben:

1) Sexuelle Störungen lassen sich *inhaltlich* danach unterscheiden, welche Abschnitte der sexuellen Interaktion sie betreffen (vgl. 1.1). In den Beispielen haben einige Patienten überhaupt keine Lust zur Sexualität und gehen ihr aus dem Weg; andere können keine sexuelle Erregung erleben; andere können den Verkehr nicht durchführen oder haben keinen bzw. einen zu schnellen Orgasmus; und viele haben mehrere oder alle dieser Schwierigkeiten.

2) Sexuelle Störungen lassen sich formal unterscheiden nach den Umständen und Bedingungen ihres Auftretens sowie nach der Dauer ihres Bestehens, der Häufigkeit ihres Auftretens und ihrem Schweregrad (vgl. 1.2). In den Beispielen haben einige Patienten die Störung, solange sie sexuelle Beziehungen haben, bei anderen sind sie erst nach einer problemlosen Zeit aufgetreten; einige haben die Schwierigkeiten bei allen Partnern und Praktiken, andere nur bei bestimmten; bei manchen tritt die Störung jedesmal auf, bei anderen nur gelegentlich; die Störung ist bei den einen chronisch, bei andern besteht sie erst seit kurzem.

In alle bestehenden Klassifikationen sexueller Funktionsstörungen gehen in unterschiedlicher Kombination Merkmale aus beiden Ebenen ein. Unsere Beschreibungsmerkmale sind also keineswegs neu. Wir benutzen sie lediglich anders als die meisten Autoren: nicht zur Konstruktion fragwürdiger Taxonomien, sondern zur therapierelevanten Beschreibung von Einzelfällen.

1.1 Inhaltliche Beschreibungsmerkmale

Der Verlauf einer sexuellen Interaktion zwischen Partnern läßt sich vereinfacht in 5 Abschnitte unterteilen: *sexuelle Annäherung* (Initiierung sexueller Aktivität und Reaktionen auf die Initiative); *sexuelle Stimulation* (Zärtlichkeit, körperlicher Kontakt, genitale Stimulation im Vorspiel usw.); *Einführung des Penis und Koitus* (im Fall einer heterosexuellen Beziehung, die über Petting hinausgeht); *Orgasmus;* die Zeit unmittelbar *nach dem Orgasmus* (vgl. Tabelle 1).

Tabelle 1 Sexuelle Probleme in verschiedenen Abschnitten sexueller Interaktion

Abschnitt	Probleme beim Mann	Probleme bei der Frau
Sexuelle Annäherung	*Sexuelle Lustlosigkeit, sexuelle Aversion:* sexuelles Verlangen nie oder selten gespürt; Gleichgültigkeit gegenüber Sexualität, passiver Widerstand, Sich-Belästigt-Fühlen, Widerwillen, Ekel, Furcht zu „versagen" usw.; Vermeidungsverhalten	
Sexuelle Stimulation	*Erektionsstörungen:* Erektion im Hinblick auf Dauer oder Stärke nicht ausreichend für Geschlechtsverkehr	*Erregungsstörungen:* Erregung im Hinblick auf Dauer oder Stärke nicht ausreichend für Geschlechtsverkehr
Einführung des Penis, Koitus		*Vaginismus (Scheidenkrampf):* Einführen des Penis durch krampfartige Verengung des Scheideneingangs gar nicht oder nur unter Schmerzen möglich
	Schmerzhafter Geschlechtsverkehr (Dyspareunie): Brennen, Stechen, Jucken im Genitalbereich	
Orgasmus	*Vorzeitige Ejakulation:* Samenerguß schon vor dem Einführen des Penis in die Scheide, beim Einführen oder unmittelbar danach *Ausbleibende Ejakulation:* trotz voller Erektion und intensiver Reizung kein Samenerguß *Ejakulation ohne Befriedigung:* Samenerguß ohne Lust- und Orgasmusgefühl	*Orgasmusschwierigkeiten:* Orgasmus nie oder nur selten *Orgasmus ohne Befriedigung:* „physiologischer" Orgasmus ohne Lustgefühl und Orgasmuserleben
Nachorgastische Reaktion	*Nachorgastische Verstimmungen:* Gereiztheit, innere Unruhe, Schlafstörungen, Depressionen, Weinanfälle, Mißempfindungen im Genitalbereich usw.	

1.1.1 Sexuelle Lustlosigkeit, aversive Reaktionen

Lustlosigkeit und aversive Reaktionen gegenüber der Sexualität sind die wichtigsten Probleme im Abschnitt der sexuellen Annäherung. Die Lustlosigkeit kann in seltenen Fällen die gesamte Sexualität betreffen: die Betroffenen haben noch nie sexuelles Verlangen wahrgenommen, keinem Menschen gegenüber und nach keiner Form der Sexualität (vgl. Paar 1). Häufiger ist ein Nachlassen oder Versiegen früher vorhandenen sexuellen Verlangens. Die Lustlosigkeit kann sich nur auf bestimmte Partner beziehen (vgl. Paar 6), z. B. auf den Ehepartner, nicht aber auf den Geliebten, oder nur auf bestimmte Praktiken, z. B. auf den Koitus, nicht aber auf die Masturbation. Diese Formen sexueller Lustlosigkeit sind bei Frauen häufiger als bei Männern.

Einige Autoren (z. B. Matussek 1971; Eicher 1975; Kaplan 1977, 1981) verwenden den Begriff „Libidostörung" für die verschiedenen Formen sexueller Lustlosigkeit. Diese Bezeichnung erscheint uns wenig sinnvoll, da sie das Fehlen oder die geringe Ausprägung eines „Sexualtriebs" impliziert und damit die Umweltbezogenheit sexuellen Verlangens leugnet. Ebenso erscheint es uns wenig hilfreich, die vielfältigen Erscheinungsformen sexueller Lustlosigkeit unter dem Etikett „gehemmtes sexuelles Verlangen" zu einem Krankheitsbild zu erklären, wie es Kaplan (1981) tut, und sogar eine besondere Form der Therapie dafür zu kreieren („Psychosexualtherapie"; vgl. auch S. 56). Für uns ist sexuelle Lustlosigkeit *ein* Beschreibungsmerkmal sexueller Probleme, keine diagnostische Kategorie im Sinne eines spezifisch klinischen Syndroms.

Sexuelle Lustlosigkeit geht fast immer einher mit Aversionen gegen Sexualität, v. a. dann, wenn der Partner Sexualität wünscht, verlangt, fordert. Die Aversion kann sich in passivem Widerstand, Sich-Belästigt-Fühlen, Widerwillen und Ekel äußern (vgl. Paare 1, 2, 3, 6). Auch diese Reaktionen sind bei Frauen häufiger als bei Männern. Eine andere Form sexueller Aversion resultiert aus der Angst zu versagen (vgl. Paare 9, 12); sie ist bei Männern häufiger. Aversive Reaktionen gehen in jedem Falle mit Vermeidungsverhalten einher, d. h. mit dem Versuch, der Sexualität aus dem Weg zu gehen. Sexuelle Wünsche des Partners werden aggressiv abgelehnt, resignativ geduldet oder führen zu Fluchtreaktionen. Sexuelle Aversion und Vermeidung sind keine sexuellen Funktionsstörungen. Ihr Vorhandensein und ihre Ausprägung sind aber wichtige Beschreibungsmerkmale von Männern und Frauen mit sexuellen Problemen. In der Regel resultieren Aversion und Vermeidung aus den gleichen Ängsten und Konflikten, die auch die Funktionsstörung bedingen; oder sie sind − allerdings selten − Folge einer Funktionsstörung.

In einigen Fällen treten Lustlosigkeit und sexuell-aversive Reaktionen bei ungestörter physiologischer Genitalfunktion auf. Wenn diese Männer oder Frauen sich trotz Unlust und Widerwillen auf sexuelle Betätigung einlassen, so werden sie erregt und haben Orgasmen. Diese Orgasmen werden als unbefriedigend und mechanisch erlebt, bei gleichzeitiger emotionaler Sperre gegenüber dem Partner oder Abkehr von ihm (vgl. Paar 3). Von solchen Fällen abgesehen kommen Lustlosigkeit und aversive Reaktionen in Verbindung mit Funktionsstörungen im engeren Sinne (Erregungs- und Orgasmusstörungen, Vaginismus, Erektions- und Ejakulationsstörungen) vor; andererseits gibt es Funktionsstörungen, bei denen weder das sexuelle Verlangen beeinträchtigt ist noch Aversionen eine merkbare Rolle spielen.

1.1.2 Erektionsstörungen, Erregungsstörungen

Führt eine adäquate *sexuelle Stimulation* nicht zu sexueller Erregung, dann bleibt beim Mann die Erektion, bei der Frau die Lubrikations-Schwell-Reaktion (Kaplan 1974a) aus. Beim Mann sprechen wir von Erektionsstörungen, bei der Frau von Erregungsstörungen.

1.1.2.1 Erektionsstörungen[2]

Die Erektion des Penis ist im Hinblick auf Stärke und Dauer nicht ausreichend zum Geschlechtsverkehr (vgl. Paar 10, 11, 12). Der Penis bleibt völlig schlaff

---

[2] Synonym werden auch heute noch die Ausdrücke Potenzstörungen und Impotenz gebraucht (u. a. von Bancroft 1970; Masters u. Johnson 1973; Hastings 1971; Matussek 1971; Schnabl 1974). Wir gebrauchen diese Ausdrücke nicht, da sie 1) sehr uneinheitlich benutzt werden (z. B. auch zur Bezeichnung von Ejakulationsstörungen), 2) wertend und diskriminierend sind. Aus den gleichen Gründen vermeiden wir den Begriff Frigidität.

oder wird nur mäßig steif; die Erektion stellt sich überhaupt nicht ein, oder sie geht beim Versuch des Einführens bzw. kurze Zeit nach dem Einführen noch vor der Ejakulation zurück. Bei den meisten Patienten ist die Erektionsfähigkeit nur bei Koitusversuchen gestört, nicht aber bei Masturbation und/oder Petting. In den sehr seltenen Fällen des völligen Fehlens der Erektionsfähigkeit (Erektionen bei keiner sexuellen Praktik, keine „Spontanerektionen" nachts oder beim Erwachen morgens) ist in jedem Fall eine differentialdiagnostische Abklärung erforderlich. Das Ausbleiben der Erektion ist im allgemeinen mit dem Ausbleiben der Ejakulation verbunden. Manche Männer ejakulieren jedoch auch mit schlaffem Penis. Diese Orgasmen werden aber oft als schwach und wenig befriedigend erlebt.

1.1.2.2 Erregungsstörungen der Frau

Die Erregung ist im Hinblick auf Stärke und Dauer nicht ausreichend, um Petting oder Koitus lustvoll zu erleben. Die genitale Hyperämie (Blutansammlung), die durch eine adäquate sexuelle Stimulation bei Frauen ohne Erregungsstörung ausgelöst wird (vgl. Masters u. Johnson 1970) ist gering oder bleibt ganz aus. Damit entwickeln sich die Lubrikation (Feuchtwerden der Scheide), das Anschwellen der großen und kleinen Schamlippen und der Klitoris und die ballonförmige Ausweitung der hinteren Scheide nicht oder nur geringfügig. Die Beeinträchtigung dieser Lubrikations-Schwell-Reaktion (Kaplan 1974a) geht subjektiv einher mit ausbleibender Erregung und ausbleibenden Lustgefühlen. Die genitale Stimulation wird oft nur als Berührung empfunden.

Anders als Männer mit Erektionsstörungen können Frauen mit Erregungsstörungen Geschlechtsverkehr haben. Dabei treten allerdings wegen der mangelnden Lubrikation häufig Schmerzen und Mißempfindungen auf. Bei der Mehrzahl der Frauen mit Erregungsstörungen lassen sich ausgeprägte sexuell-aversive Reaktionen beobachten (vgl. Paare 1, 2). Einige wenige können dagegen Petting und Koitus als Zärtlichkeit und körperliche Nähe erleben und genießen. Nach Kaplan (1974b) haben einzelne Frauen mit Erregungsstörungen einen plötzlichen, kurzen und wenig intensiv verlaufenden Orgasmus. Dies sind aber seltene Ausnahmen: fast alle Frauen mit einer Erregungsstörung haben auch eine Orgasmusstörung.

Die Erregungsstörung ist auf den Geschlechtsverkehr und das Vorspiel beschränkt (vgl. Paar 6), oder sie betrifft auch alle anderen Stimulationsarten (Masturbation, Phantasie, erotische Geschichten, Filme usw.; vgl. Paare 1, 2). Beide Formen der Erregungsstörung sind etwa gleich häufig. Wenn eine Frau noch nie sexuell erregt wurde, spricht Kaplan (1974b) von „allgemeiner sexueller Reaktionsstörung" (vgl. Paar 1). Wenn überhaupt, dann ist der alte Terminus Frigidität[3] hier anwendbar.

1.1.3 Vaginismus, schmerzhafter Geschlechtsverkehr

Vaginismus und Schmerzen beim Koitus sind Störungen, die beim Einführen des Penis in die Scheide oder beim Koitus selbst in Erscheinung treten. (Erek-

---

[3] Vgl. Fußnote 2, S. 23

tions- und Erregungsstörungen, die manchmal erst in diesem Abschnitt der sexuellen Interaktion manifest werden, haben wir oben schon erwähnt und brauchen sie hier nicht mehr darzustellen.)

1.1.3.1 Vaginismus

Die Verengung des Scheideneingangs durch unwillkürliche Spasmen der Beckenmuskulatur und des äußeren Drittels der Scheide als Reaktion auf den realen oder vorgestellten Versuch, etwas in die Scheide einzuführen, wird als Vaginismus oder Scheidenkrampf bezeichnet (vgl. Paare 7, 8). Walthard, der diese Funktionsstörung schon 1909 präzise und heute noch gültig beschrieben hat, sieht im Vaginismus eine reflexhafte Abwehrbewegung.

Der Vaginismus tritt in unterschiedlichen Schweregraden auf. In den schwersten Fällen ist selbst eine vaginale Untersuchung beim Arzt nur unter Narkose möglich; in schweren Fällen sind Fingerinsertionen oder die Benutzung von Tampons während der Regel unmöglich; in weniger schweren Fällen können Finger oder Tampons eingeführt werden, nicht aber der Penis; und in den leichteren Fällen schließlich ist der Koitus zumindest gelegentlich möglich, allerdings nur unter Schmerzen. Die Mehrzahl der Frauen mit Vaginismus ist beim Petting orgasmusfähig. Einige von ihnen sind sexuell sogar ausgesprochen appetent und initiativ, wenn sie sicher sind, daß der Koitus nicht versucht wird.

Vom Vaginismus unterscheiden sich Koitusphobien ohne Scheidenkrampf. Die Angst vor dem Verkehr ist so groß, daß es der Frau unmöglich ist, auch nur den Versuch zuzulassen. Sie verweigert den Versuch oder reagiert mit panischen Fluchttendenzen. Die Therapie der Koitusphobien unterscheidet sich nicht von der des Vaginismus, wir werden sie deshalb nicht gesondert abhandeln.

Vaginismus ist in jedem Fall eine psychogene Abwehrreaktion. Allerdings können auch körperliche Traumen im Genitalbereich (schwere Geburt, Genitaloperationen, Krankheiten wie Endometriose) Angst vor Schmerzen beim Koitus auslösen und so die Entstehung eines Vaginismus begünstigen (vgl. Paar 8).

1.1.3.2 Schmerzhafter Geschlechtsverkehr

Bei Frauen ist schmerzhafter Koitus (Dyspareunie, auch Algopareunie) nach Masters u. Johnson (1973) am häufigsten die Folge mangelnder Lubrikation. Wenn die geringe Lubrikation nicht selbst organisch mitbedingt ist, z. B. durch eine atrophische Vaginalhaut bei Frauen nach der Menopause, sind die Schmerzen beim Koitus hier Begleiterscheinung einer Erregungsstörung.

In den übrigen Fällen von Dyspareunie ist meist eine organische Ursache oder Mitursache vorhanden (vgl. Masters u. Johnson 1973; Eicher 1975, Bancroft 19853). Die Schmerzen äußern sich sehr unterschiedlich: beim Einführen des Penis als Brennen, Stechen oder Jucken; im Innern der Scheide als dumpfer Schmerz; als wehenähnliche Krämpfe beim Orgasmus oder als diffuser Unterleibsschmerz. Die Dyspareunie macht eine gynäkologische Untersuchung erforderlich. Selbstverständlich gibt es auch „erheblich psychisch überlagerte Fälle" (Eicher 1975, S. 128), bei denen die Schmerzen auch nach der Beseitigung der organischen Ursache bestehen bleiben und psychogene Dyspareunien, die als phobische Schmerzerwartung oder Mißdeuten genitaler Empfindungen als Schmerz imponieren und von Sharpe u. Meyer (1973) „kognitive Sexualschmerzen" genannt werden. Langdauernde organische Dyspareunien beeinträchtigen i. allg. sekundär die gesamte sexuelle Funktion: diese Frauen entwikkeln Erregungs- und Orgasmusstörungen und sexuelle Aversionen.

Schmerzen beim Koitus kommen auch bei Männern vor, allerdings sehr viel seltener als bei Frauen. Ohne organische Ursache treten dyspareunische Beschwerden bei Männern mit einer ausgesprochenen Schmerzangst vor dem Berühren der (von der Vorhaut entblößten) Eichel auf. Die Schmerzerwartung führt subjektiv beim Berühren der Eichel zu Mißempfindungen. Solche „kognitiven Sexualschmerzen" lassen den Koitus oder Koitusversuch zu einem unangenehmen, schmerzhaften, „kastrierenden" Ereignis werden und gehen oft mit Erektionsschwierigkeiten oder Vermeidung des Koitus einher.

Dyspareunische Beschwerden werden wir nicht weiter erörtern. Die organischen müssen entsprechend behandelt werden, die psychogenen treten selten ohne andere Funktionsstörungen auf. Durch systematische Desensibilisierung der Schmerzangst im Rahmen der Paartherapie sind sie meistens abzubauen.

1.1.4 Ejakulationsstörungen, Orgasmusstörungen

Zu den Störungen der Orgasmusphase zählen die vorzeitige und die verzögerte oder ausbleibende Ejakulation beim Mann, sowie die Schwierigkeit, einen Orgasmus zu bekommen, bei der Frau.

1.1.4.1 Vorzeitige Ejakulation

Der Samenerguß erfolgt sehr schnell, entweder schon vor dem Einführen, des Penis in die Scheide („ante portas"), beim Einführen oder unmittelbar danach (vgl. Paar 6, 9, 12). Die Ejakulation vor dem Einführen tritt selten auf und ist ohne Schwierigkeit zu diagnostizieren. Im Extremfall handelt es sich um Männer, die schon bei der ersten Berührung oder Umarmung einer Partnerin ejakulieren, auch dann, wenn beide Partner noch angezogen sind. Andere kommen schon beim Vorspiel, durch Körperkontakt oder genitale Berührung oder aber beim ersten Berühren von Penis und Scheide beim Koitusversuch zum Orgasmus.

Sehr viel häufiger sind aber die Fälle, in denen der Samenerguß unmittelbar nach dem Einführen auftritt. Dieses „unmittelbar nach" ist nur schwer zu definieren. Manche Autoren wählen die Zeit als Kriterium und bezeichnen eine Ejakulation dann als vorzeitig, wenn sie innerhalb von 30 oder 60 s nach der Einführung erfolgt. Andere Autoren legen die Anzahl der Koitusbewegungen zugrunde; vorzeitig ist danach eine Ejakulation, die schon nach 10 oder 20 Beckenbewegungen eintritt. Diese mechanistischen Definitionen werden von anderen Autoren abgelehnt. Masters u. Johnson (1973) schlagen vor, die Reaktion der Partnerin einzubeziehen und sprechen von vorzeitiger Ejakulation, wenn der Mann den Samenerguß nicht so lange kontrollieren kann, daß die Frau zumindest jeden 2. Koitus als befriedigend erlebt. Hastings (1971) schlägt vor, die subjektive Bewertung des Mannes zu berücksichtigen und erklärt jeden Samenerguß für vorzeitig, den der Mann „ noch nicht" haben will.

Diese Definitionen weiten den Begriff des vorzeitigen Samenergusses u. E. in unzulässiger Weise aus. Nach Masters u. Johnson litte beispielsweise ein Mann an vorzeitiger Ejakulation, dessen Partnerin selbst bei ausgedehntem Koitus nur selten zum Orgasmus kommt, die aber vor oder nach dem Verkehr durch manuelle oder orale Reizung Orgasmen erlebt. Nach Hastings würde ein Mann auch bei längerem Koitus „vorzeitig" ejakulieren, weil er eine Potenznorm vertritt, nach der nur jeder halbstündige Koitus zählt. Kinsey et al. (1955) haben erstmals davor gewarnt, den Begriff des vorzeitigen Samenergusses zu überdehnen und schnelle Ejakulationen grundsätzlich als Störung oder als pathologisch anzusehen. Das Hinauszögern der Ejakulation könne zwar jeder Mann lernen, jedoch „betrachtet nur ein Teil der Männer die Erlangung solcher Fähigkeit als wünschenswerten Ersatz für direkten und schnell zustande kommenden Geschlechtsverkehr" (S. 532).

Männer, die einen schnellen Orgasmus bevorzugen und ihn intensiv erleben, haben vermutlich eine grundsätzlich andere Konzeption von Sexualität als solche, die einen lang hinausgezögerten Koitus befriedigender finden. Erstere erleben Geschlechtsverkehr eher als explosive Zunahme und Entladung körperlicher Spannungen, letztere eher als lustvolles spielerisches Umgehen mit der Erregung. Die aus einem schnellen Samenerguß sich ergebenden Partnerprobleme bei Männern der ersten Gruppe können sicherlich anders gelöst werden als durch die Umstrukturierung ihrer Sexualität, z. B. durch manuelle oder orale Stimulation der Frau vor oder nach dem Koitus, durch wiederholten Koitus usw. Wir halten eine Abgrenzung des schnellen Samenergusses von der behandlungsbedürftigen vorzeitigen Ejakulation für notwendig und sehen deshalb die oben schon erwähnten engen und mechanistischen Definitionen für die sinnvollsten an.

Shapiro (1943) hat 2 Formen von vorzeitigem Samenerguß unterschieden: Die häufigere Form kommt v. a. bei jungen Männern vor: sie sind leicht erregbar und haben schnelle und starke Erektionen. Die zweite, seltenere Form tritt vor allem bei älteren Männern auf, meist sekundär, d. h. nach einer längeren Periode ohne Probleme. Sie geht einher mit Erektionsschwierigkeiten und geringer sexueller Erregbarkeit. Die Ejakulation erfolgt bei geringer Erregung.

Die meisten Männer mit vorzeitiger Ejakulation können den Samenerguß beim Masturbieren sehr viel länger hinauszögern als beim Geschlechtsverkehr. Etliche haben auch beim intensiven Petting keine Probleme, den Samenerguß zu kontrollieren.

1.1.4.2 Ausbleibende Ejakulation

Männer mit dieser Problematik kommen trotz intensiver und anhaltender Reizung des voll erigierten Penis nicht zur Ejakulation. Die verzögerte Ejakulation, bei der es nach langer Reizung schließlich doch noch zum Samenerguß kommt, ist als leichtere Form der ausbleibenden Ejakulation anzusehen und bedarf keiner besonderen Darstellung. Männer mit dieser Störung berichten oft über Koitus von einer Stunde und länger mit heftigen Bewegungen, manchmal bis zur Erschöpfung beider Partner, bei dem sie trotz hoher Erregung und heftigem Wunsch nach orgastischer Entspannung nicht ejakulieren können. Häufig bleibt die Störung auf die intravaginale Ejakulation beschränkt. Diese Männer kommen nie beim Koitus zum Orgasmus, haben aber beim Petting oder bei der Masturbation keine Schwierigkeiten. Andere Männer kommen auch nicht beim Petting, sondern nur bei der Masturbation zum Orgasmus. In den schwersten Fällen, die selten sind, ist die Ejakulation nie willkürlich, d. h. durch gezielte Stimulation bei Koitus, Petting oder Selbstbefriedigung erreicht worden, sondern nur bei Pollutionen. Wenn auch keine Pollutionen vorkommen, handelt es sich in der Regel um eine körperlich bedingte Störung und bedarf der somatischen Untersuchung und Behandlung.

Von der ausbleibenden ist die retrograde Ejakulation zu unterscheiden (vgl. hierzu Sigusch u. Maack 1976). Dabei erfolgt der Samenerguß nicht durch die Harnröhre nach außen, sondern in die Blase, und zwar unabhängig von der sexuellen Praktik. Im Gegensatz zur ausbleibenden Ejakulation werden Orgasmus und sexuelle Entspannung erlebt. Durch eine Harnuntersuchung ist eine retrograde Ejakulation leicht zu diagnostizieren. Sie hat so gut wie immer organische Ursachen und erfordert somatische Untersuchung und Behandlung. Wir werden sie deshalb nicht weiter erörtern.

1.1.4.3 Ejakulation und Orgasmus ohne Befriedigung

In extrem seltenen Fällen ejakulieren Männer ohne jede Lust- und Orgasmusgefühle. Hinter diesem Symptom, das wir wegen dieser Seltenheit nur kurz erwähnen wollen, steht in der Regel eine Abwehr intensiver emotionaler Reaktionen bei der Sexualität; gelegentlich ist es auch Ausdruck einer Depression. Diese Störung muß deutlich abgegrenzt werden von der Unzufriedenheit, die manche Männer im Hinblick auf die Intensität ihres Orgasmus zeigen. Nach Kinsey et al. (1955) erleben mindestens 20% aller Männer den Orgasmus nicht sehr intensiv. Sie haben „wenig oder keine sichtbare Körperspannung, Orgasmus wird plötzlich ohne oder mit nur wenig Vorbereitung erreicht. Der Penis ... kann leichte Pulsation aufweisen, oder die Pulsation beschränkt sich auf die Urethra allein, Samenflüssigkeit sickert ... aus der Urethra ..., Klimax geht nur mit geringen Nachwirkungen vorüber" (S. 137). Diese Männer können ihr Orgasmuserleben häufig nicht in Einklang bringen mit ihren Vorstellungen von sexueller Lust und suchen deshalb Hilfe. Die wenig intensiven Orgasmen dürfen nicht nur − wozu Kinsey tendiert − als physiologische Variation gedeutet werden. Reich (1927) spricht von einer herabgesetzten orgastischen bei guter erektiver und ejakulativer Potenz und hat auf die psychodynamischen Wurzeln dieser Eigenart hingewiesen. In extrem seltenen Fällen berichten auch Frauen über physiologische Orgasmen ohne Lustgefühl und Befriedigung. Sehr viel häufiger ist auch bei Frauen die Unzufriedenheit mit der Orgasmusintensität. Diese Phänomene sind wie die entsprechenden der Männer einzuschätzen.

1.1.4.4 Orgasmusschwierigkeiten der Frau

Trotz sexueller Stimulation kommt die Frau nie oder nur sehr selten zum Orgasmus (vgl. Paare 1 − 6). Auf die Problematik dieses „selten" werden wir noch unten genauer eingehen. Obwohl sich der weibliche Orgasmus in keiner der Ejakulation vergleichbaren Spur manifestiert, ist er physiologisch ebenso exakt beschreib- und definierbar wie der des Mannes (Masters u. Johnson 1970, 1973; Sigusch 1970, 1973).

Orgasmusschwierigkeiten können mit einer Erregungsstörung einhergehen (vgl. Paare 1, 2), oder sie können isoliert auftreten, als eine spezielle Hemmung des Orgasmus bei hinreichender Lust und Erregbarkeit (vgl. Paar 4). Diese Frauen sind sexuell oft initiativ, leicht erregbar, genießen Petting und Koitus, bleiben aber auf einem bestimmten Niveau der sexuellen Erregung „stehen". Einige Autoren (Frick 1973; Kaplan 1974 a, b; Schnabl 1974; Eicher 1975) sprechen nur bei den isoliert auftretenden Orgasmusschwierigkeiten von Anorgasmie oder Orgasmusstörungen und bezeichnen die mit einer Erregungsstörung einhergehende Form als Frigidität bzw. als allgemeine sexuelle Reaktionsstörung. Bei Frauen, die sich wegen eines sexuellen Problems in Beratung oder Behandlung begeben, stehen die kombinierten Erregungs- und Orgasmusstörungen, die mit Lustlosigkeit einhergehen, zahlenmäßig im Vordergrund.

Die Orgasmusschwierigkeiten der Frau lassen sich weiterhin unter dem Gesichtspunkt der Häufigkeit oder der Regelmäßigkeit ihres Auftretens betrachten. Anders als bei den Männern, die − abgesehen von ungünstigen Bedingungen wie Krankheit, Müdigkeit oder starkem Alkoholkonsum − immer oder fast immer zum Orgasmus kommen, ist die Orgasmushäufigkeit der Frau zumindest beim Koitus durchschnittlich erheblich niedriger und interindividuell weiter gestreut. Legt man die Daten der größeren Untersuchungen über die Häufigkeit des Orgasmus der Frau beim *Koitus* (ohne zusätzliche manuelle Stimulation) zugrunde (Kinsey et al. 1954; Gebhard 1966; Giese u. Schmidt 1968; Schmidt u. Sigusch 1971; Schnabl 1972; Fisher 1976; Starke u. Friedrich 1984; Clement 1986), so kann man schätzen, daß in einer Population jüngerer (unter 40 Jahren) und sexuell erfahrener (mindestens 1 Jahr regelmäßig Verkehr) Frauen gegenwärtig

5 − 10% nie,
20 − 25% manchmal (in 1 − 3 von 10 Koitus)
20 − 30% oft (in 4 − 7 von 10 Koitus)
40 − 50% fast immer oder immer (in 8 oder mehr von 10 Koitus)
einen Orgasmus beim Verkehr haben. Die Orgasmusrate liegt bei der Masturbation, bei lesbischen Kontakten und auch beim Petting höher.

Zweifellos haben die Frauen der letzten Gruppe keine Orgasmusschwierigkeiten, während die erste Gruppe zumindest beim Koitus Probleme hat. Frauen, die „manchmal" oder „oft" zum Orgasmus kommen, suchen nur sehr selten eine Beratungsstelle auf und fühlen sich in der Regel nicht als „sexuell problematisch". Das Ausbleiben des Orgasmus wird für sie nur dann zu einem Problem, wenn der Mann aus einer narzißtischen Kränkung heraus sich darüber beklagt und sie unter Druck setzt, oder wenn sie selbst unrealistischen Orgasmusnormen anhängen. Die meisten Frauen entbehren den (gelegentlich) ausbleibenden koitalen Orgasmus nicht, da sie vor oder nach dem Verkehr durch Petting zum Höhepunkt kommen oder den Koitus auch ohne Orgasmus als Nähe, Zärtlichkeit, Geborgenheit angenehm und befriedigend erleben. Frauen mit unregelmäßigem Orgasmus beim Koitus sollten deshalb nicht zu „Patienten" gestempelt werden.

Ein weiterer Aspekt ist die Praktikbezogenheit von Orgasmusstörungen. Die Orgasmusschwierigkeiten können auf den Koitus beschränkt sein, mehrere (z. B. Koitus und Petting) oder alle sexuelle Praktiken (auch Masturbation, sexuelle Phantasien) betreffen. Die praktikbezogenen (vgl. Paare 4, 5, 6) und „totalen" (vgl. Paare 1, 2) Orgasmusstörungen sind etwa gleich häufig. Orgasmusschwierigkeiten beim Koitus, genauer das Problem, welche Bedeutung es hat, wo und wie der Orgasmus ausgelöst wird, ist seit Jahrzehnten diskutiert worden (vgl. die Übersichten bei Kinsey et al. 1954; Moore 1961; Masters u. Johnson 1973; Sherfey 1974; Sigusch 1970; Kaplan 1974a). Die Diskussion wurde von Freud (1905, 1916) entfacht und wird seitdem unter der Rubrik klitoridaler vs. vaginaler Orgasmus geführt. Freud postulierte, daß im Zuge der psychosexuellen Reifung eine Übertragung der erogenen Reizbarkeit von der Klitoris auf den Scheideneingang stattfindet. Orthodoxe Analytiker, insbesondere Hitschmann u. Bergler (1936) leiteten daraus die Folgerung ab, daß alle Frauen frigide seien, die einen vaginalen Orgasmus nicht erreichen. Für sie ist das Ausbleiben des Orgasmus beim Koitus das einzige Kriterium für Frigidität. Diese These ist bei Psychoanalytikern selbst umstritten. Während ihr viele männliche Analytiker (u. a. Moore 1961; Matussek 1971; Fenichel 1974) beipflichten, haben ihr v. a. weibliche Analytiker (u. a. Benedek, zit. nach Moore 1961; Deutsch 1965; Sherfey 1974; Fleck 1969) heftig widersprochen.

Die These vom klitoridalen vs. vaginalen Orgasmus postuliert 2 Orgasmusformen bei der Frau, von denen der erstere, durch die Reizung der Klitorisregion bei Petting oder Masturbation ausgelöste, minderwertiger, infantiler, unreifer und neurotischer sei als der letztere, beim Koitus erlebte. Diese Annahme ist nicht mehr aufrechtzuerhalten:

Unabhängig von der Art der sexuellen Stimulation oder Praktik äußert sich der Orgasmus der Frau in der gleichen komplexen physiologischen Reaktion. Die vaginalen motorischen Reaktionen (Kontraktion der Scheidenmuskulatur) treten beispielsweise beim Orgasmus durch Masturbation genau so auf wie beim Orgasmus durch Koitus. Physiologisch gibt es keine 2 Arten des weiblichen Orgasmus. Subjektiv erleben Frauen einen Orgasmus beim Koitus zwar oft anders als beim Petting oder bei der Masturbation; dies ist in erster Linie aber psychisch bedingt, z. B. durch das Gefühl der größeren Nähe, des Sichöffnens, des Eindringens und Aufnehmens, der Vereinigung usw. Diese Emotionen können auch die sexuelle Lust steigern und so die Auslösung eines Orgasmus erleichtern. Außer solchen emotionalen Faktoren beeinflussen nach Shainess (1975) auch Körpersensationen den Erlebnisgehalt von sexueller Erregung und Orgasmus beim Koitus: die Reizung vaginaler Nervenendigungen, die auf tiefen Druck reagieren, und Druck- und Zugempfindungen, die durch das Einführen und die Bewegungen des Penis auf Ligamente und andere Organe ausgeübt werden.

Nach Fisher (1976) geben zwei Drittel der Frauen an, daß die Klitorisreizung mehr zu ihrem Orgasmus beiträgt als die vaginale, während nur jede 6. Frau die vaginale Stimulation für die wichtigere zur Auslösung des Orgasmus hält. Die übrigen Frauen machen keinen Unterschied. Zu in etwa vergleichbaren Ergebnissen kommt auch Schnabl (1974). In diesem Zusammenhang ist auch die oben erwähnte Tatsache zu sehen, daß 50 – 60 % aller Frauen nicht regelmäßig durch den Koitus allein zum Orgasmus kommen, sondern oft einer zusätzlichen Klitorisreizung bedürfen, und daß etliche Frauen durch den Koitus allein überhaupt nie einen Orgasmus erleben. Viele Frauen brauchen manchmal oder immer die *direkte* manuelle oder orale Stimulation der Klitoris. Dahinter können im Einzelfall – v. a. wenn der Koitus negativ erlebt wird – psychodynamisch herleitbare Ängste und Abwehrreaktionen gegenüber dem Verkehr stehen. Mit Kaplan (1974 a) sind wir der Auffassung, daß es sich bei den koital „anorgastischen" Frauen in der Regel um eine normale Variante weiblicher Sexualität handelt. Diese Frauen begeben sich oft nur auf Drängen ihres Partners in psychologische oder ärztliche Behandlung, oder weil sie selbst wegen inadäquater Vorstellungen über die „natürliche" Sexualität nur den Orgasmus beim Verkehr für vollwertig halten. Diese Frauen haben keine sexuelle Störung. Wir beraten in solchen Fällen beide Partner in dem Sinne, das Angewiesensein auf die direkte Klitorisstimulation als normale Variation zu akzeptieren und die Klitoris bei, vor oder nach dem Verkehr zusätzlich zu reizen.

1.1.5 Nachorgastische Reaktion

Schwierigkeiten, die nach dem Orgasmus auftreten, sind ähnlich den oben beschriebenen sexuell-aversiven Reaktionen keine Funktionsstörungen im engeren Sinne, aber ebenfalls ein wichtiges Beschreibungsmerkmal des sexuellen Erlebens. Diese „emotionalen Störungen bei funktionsgerechtem Ablauf" (Matussek 1971, S. 793) oder Befriedigungsstörungen können sich körperlich oder psychisch äußern. Einige Männer und Frauen berichten, daß sie nach dem Orgasmus beim Koitus oder nach dem Orgasmus bei der Masturbation genitale Mißempfindungen haben, z. B. ein unangenehmes Ziehen oder Kribbeln. Manche berichten sogar, daß sie sich am Morgen danach oder am ganzen Tag danach müde, abgeschlagen und kaputt fühlen, nicht in Gang kommen. Wieder andere klagen über Kreuzschmerzen unmittelbar nach dem Orgasmus oder am Tag danach. In all diesen Fällen dürfte es sich um Störungen der Erlebnisverarbeitung des Koitus oder der Masturbation handeln. Häufiger als solche körperlichen Reaktionen sind nachorgastische Verstimmungen. Sie äußern sich sehr unterschiedlich in innerer Unruhe, Gereiztheit, Schlaflosigkeit, Depression und Traurigkeit mit Weinanfällen, innerer Leere, Ekel, dysphorisch-aggressiver Stimmung, dem Wunsch, allein zu sein, sich vom Partner abzukehren. Auch diese Verstimmungen können kurz auftreten oder noch am folgenden Tage nachklingen. Diese Verstimmungen können so belastend sein, daß der Orgasmus regelrecht gefürchtet und gehaßt wird. Regelmäßig auftretende nachorgastische Mißempfindungen oder Verstimmungen bei intakter Funktion sind ausgesprochen selten. Von ihnen zu unterscheiden sind Reaktionen wie Wut, Feindseligkeit gegen den Partner, Enttäuschung, Traurigkeit, Depression, Gereiztheit, Versagensgefühle, Minderwertigkeitserlebnisse, Gefühle des Ausgenutztseins, Widerwillen usw. nach Koitus oder Koitusversuchen bei Männern und Frauen mit Funktionsstörungen. Die Exploration dieser Reaktionen ist für die Beschreibung und das Verstehen des Problems selbstverständlich ebenfalls von großer Bedeutung.

1.2   Formale Beschreibungsmerkmale

Die wichtigsten, in der Literatur immer wieder genannten diagnostisch und therapeutisch relevanten formalen Beschreibungskriterien sollen hier kurz dargestellt werden. Diese Kriterien sind auf alle sexuellen Funktionsstörungen des Mannes und der Frau anwendbar. Einige dieser Kriterien überschneiden sich, andere schließen einander aus.

Als *primär* bezeichnen wir eine sexuelle Störung, die von Anfang an besteht (vgl. Paare 1, 7, 9, 10), als *sekundär* eine solche, die nach einer kürzeren oder längeren symptomfreien Zeit auftritt (vgl. Paare 2, 8, 12) [4].

Initiale Störungen treten bei den ersten sexuellen Erfahrungen auf. Ein Mann, der bei seinen ersten Koitusversuchen keine, keine genügende oder keine dauerhafte Erektion bekommt, hat beispielsweise initiale Erektionsschwierigkeiten. Solche sexuellen Anfangsprobleme, die von *chronischen* primären Störungen deutlich unterschieden werden müssen, gehen mit zunehmender sexueller Erfahrung meistens von selbst zurück oder sie sind durch eine Beratung leicht zu beheben.

Praktikbezogene Störungen treten nur bei bestimmten Formen sexueller Betätigung auf, z. B. beim Koitus oder bei Koitus und Petting, nicht aber bei anderen Formen der Sexualität, z. B. Masturbation, Sexualträume, homosexuelle Aktivität usw. (vgl. Paare 4, 5, 6, 10, 11). *Praktikunabhängige* Störungen treten bei allen Formen sexueller Betätigung auf, in denen der betreffende Mann oder die betreffende Frau erfahren ist (vgl. Paare 1, 2).

Partnerbezogen sind Störungen, die nur bei einem oder nur bei einigen Partnern auftreten (vgl. Paar 6). Eine Frau, die nie durch ihren Ehemann, aber durch ihren Geliebten stets heftig erregt wird, hat in diesem Sinn eine partnerbezogene Erregungsstörung. Als nicht partnerbezogen oder *partnerunabhängig* bezeichnen wir Störungen, die bei allen Partnern gleichermaßen auftreten (vgl. Paare 4, 9). Da viele Patienten mit Funktionsstörungen seit dem Auftreten ihrer Probleme nur mit einem Partner sexuelle Beziehungen hatten, läßt sich die Frage nach der Partnerabhängigkeit oft nicht beantworten.

Situationsbezogen [5] sind Störungen, die nur unter bestimmten Bedingungen auftreten oder nur unter bestimmten Bedingungen *nicht* auftreten. Eine Erektionsstörung kann sich beispielsweise nur bei festen Beziehungen, nicht aber bei flüchtigen Partnerinnen manifestieren, oder umgekehrt; sie kann im Urlaub plötzlich verschwinden oder in Zeiten auftreten, in der Berufsstreß besonders schwer oder die Partnerschaft besonders konfliktreich ist. In Einzelfällen ist die sexuelle Funktion an spezielle äußere Bedingungen gebunden (vgl. Paar 5).

---

[4] Masters u. Johnson (1973) gebrauchen die Einteilung primär/sekundär bei den Orgasmusstörungen anders und bezeichnen eine Frau nur dann als primär anorgastisch, wenn sie noch nie und bei keiner Praktik zum Orgasmus gekommen ist.

[5] Masters u. Johnson (1973) und Kaplan (1974a) verwendet den Begriff „situativ" nur bei Orgasmusstörungen und bezeichnen damit Schwierigkeiten, die in unserem Sinne partner- oder praktik- oder situationsbezogen sind oder nur fakultativ auftreten.

Der *Schweregrad* einer Störung läßt sich zunächst einmal nach der Häufigkeit oder Permanenz des Auftretens beschreiben. Eine Erektionsstörung ist partiell — der Koitus also zumindest gelegentlich möglich — oder total, d. h. der Koitus ist nie möglich. Neben diesem allgemeinen Kriterium für den Schweregrad gibt es für jede Störung noch spezielle Indikatoren: bei Erektionsstörungen beispielsweise die Stärke und Dauer der Erektion; bei vorzeitigem Samenerguß der Zeitpunkt der Ejakulation (vor dem Eindringen, beim Eindringen, nach dem Eindringen); beim Vaginismus die Stärke des Scheidenkrampfs (Einführung eines Fingers oder Tampons usw. möglich oder unmöglich).

Schließlich ist die *Dauer der Störung* ein wichtiges Beschreibungsmerkmal. In der Regel bestehen sexuelle Störungen schon sehr lange, bevor sich die Patienten in eine adäquate Behandlung begeben oder bevor sie eine adäquate Behandlungsmöglichkeit finden können. Bei den meisten von uns behandelten Patienten bestand das Symptom schon länger als 5 Jahre.

Mit der breiten Darstellung der Beschreibungsmerkmale sexueller Funktionsstörungen beabsichtigen wir nicht, neue abstrakte Wortungeheuer zur Symptomklassifizierung zu produzieren (wie z. B. sekundäre, praktik- und partnerbezogene, partielle Erregungs- und Orgasmusstörung mit sexueller Aversion und nachorgastischer Verstimmung). Vielmehr wollen wir Kriterien aufzeigen, um die Symptomatik einer sexuellen Funktionsstörung im Einzelfall genau explorieren und angemessen beschreiben zu können. Am Ende dieses Abschnitts über die Symptomatik sexueller Funktionsstörungen ist es wichtig zu betonen, daß „Funktion" nur ein kleiner Teilbereich der Erlebnissphäre Sexualität ist. Eine „intakte" sexuelle Funktion sagt wenig oder nichts aus über Intensität und Tiefe des Erlebens, über Lust und Befriedigung (vgl. Reich 1927; Shainess 1975).

2 Ursachen

Gunter Schmidt und Gerd Arentewicz

2.1 Organische Ursachen

Eine Vielzahl organischer Bedingungen kann sexuelle Funktionsstörungen verursachen oder zumindest mitverursachen. Noch am häufigsten sind organische Faktoren bei den Erektionsstörungen. Diese Tatsache führt oft dazu, einseitig auf eine somatische Diagnostik und Therapie zu setzen und biographische und Partnerkonflikte zu vernachlässigen. Wir haben diese Tendenz zur Somatisierung der Erektionsstörungen weiter oben (S. 1 ff) eingehend kritisiert.

Übersichten über organische Ursachen der Erektionsstörungen finden sich bei Hertoft (1989), Buvat et al. (1990) sowie Langer u. Hartmann (1992). Buvat u. a. unterscheiden zwischen den „klassischen" und „verdeckten" organischen Faktoren. Die „klassischen" Faktoren unterteilen sie in 1) allgemeine (Alkoholismus, Zirrhose, Diabetes, Nierenversagen); 2) iatrogene (vor allem blutdrucksenkende Mittel und Psychopharmaka); 3) hormonelle (u. a. Hypogonadismus, Über- und Unterfunktion der Schilddrüse, Cushing-Syndrom, Nebenniereninsuffizienz); 4) gefäßbedingte (Verschluß der Aortengabel; 5) neurologische (temporale Hirntumoren, Erkrankungen und Verletzungen des Rückenmarks, periphere Neuropathien).

Die „verdeckten" Faktoren, die bei einer Allgemeinuntersuchung in der Regel nicht erkannt werden können, sondern spezielle diagnostische Untersuchungen erfordern, umfassen 1) hormonelle (leichte Formen des Hypogonadismus, Hyperprolaktinämie); 2) arterielle (kleinere Verschlüsse im Beckenbereich); 3) venöse (venöse Insuffizienz der Schwellkörper); 4) neurogene (bestimmte Schädigungen/Verletzungen von Nerven im Beckenbereich, im Rückenmark oder im Hirnstamm). Von diesen „verdeckten" Faktoren kann nach Buvat u. a. nur eine „schwere venöse Insuffizienz eine Erektionsstörung hervorrufen" (S. 289, Übers. v. Verf.); alle anderen Faktoren können lediglich Mitursachen einer Erektionsproblematik sein.

Für die Diagnostik schlagen wir in Übereinstimmung mit Buvat u. a. und D'Ardenne u. Riley (1992) folgendes Vorgehen vor: Die erste Aufgabe ist die Erkennung derjenigen Patienten, bei denen mit großer Wahrscheinlichkeit psychosoziale Ursachen der Erektionsstörung vorliegen. Dies geschieht durch eine umfassende Sexualanamnese des Patienten, möglichst auch seiner Partnerin, die einerseits über biographische Sexualkonflikte und Partnerkonflikte Aufschluß gibt und andererseits die Frage nach Vorkommen oder Fehlen „voller" nächtlicher oder morgentlicher Erektionen, von Erektionen bei nichtkoitalen Praktiken, bei der Masturbation oder mit anderen Partnerinnen klärt. Sind solche Erektionen in jüngster Zeit vorhanden, dann kann schon dies als hinreichende Evidenz für eine psychogene Störung angesehen werden und eine Beratung oder Psychotherapie beginnen. Im anderen Falle sollten ärztliche Untersuchungen eingeleitet werden, die sich zunächst auf die wenig eingreifenden Methoden beschränken sollten. Das Fehlen von Erektionen in der Sexualanamnese sollte aber nicht dazu führen, auf Beratung oder Psychotherapie automatisch zu verzichten, weil (1) psychogene Ursachen damit nicht ausgeschlossen sind, weil (2) Psychotherapie auch bei organischen Ursachen oder Mitursachen hilfreich sein kann und vor allem, weil (3) die Möglichkeiten somatischer Behandlung außerordentlich unbefriedigend sind (vgl. S. 3 f). Beratung und psychotherapeutische Behandlung können parallel zu den ärztlichen Untersuchungen erfolgen oder diesen, wenn der Patient und seine Partnerin einverstanden sind, durchaus vorgeschaltet werden, wie D'Ardenne u. Riley (1992) feststellen: „Man kann wenig verlieren, wenn man eine Psychotherapie initiiert und die Patienten dann überweist, wenn eine Verbesserung innerhalb weniger Monate nicht eintritt. Bei diesem Vorgehen können nicht-sexuelle Konflikte des Paares gemildert werden, bevor es zu eingreifenden Untersuchungen kommt". Allerdings, so fügen sie hinzu, machen sich Psychotherapeuten und Psychotherapeutinnen, „die es versäumen, organische ätiologische Faktoren in Rechnung zu stellen und/oder solche Patienten, die auf psychologische Beratung oder Behandlung nicht ansprechen, zur ärztlichen Untersuchung zu überweisen, eines Kunstfehlers schuldig" (S. 228, Übers. v. Verf.).

Nach Sigusch u. Maack (1976) sowie Lawrence u. Madakasira (1992) sind organische Ursachen bei den Ejakulationsstörungen seltener als bei den Erektionsstörungen. Für die vorzeitige Ejakulation, wo sie so gut wie gar keine Rolle spielen, werden u. a. entzündliche Vorgänge im Urogenitalbereich erwähnt, für die ausbleibende Ejakulation Rückenmarksläsionen, Operationsfolgen bei Eingriffen im Abdominalbereich und Nebenwirkungen von Medikamenten (z. B. Neuroleptika und Antidepressiva).

Über organische Ursachen von Erregungs- und Orgasmusstörungen der Frau gibt es nur sehr unpräzise Hinweise in der Literatur. Organische Faktoren spielen auch hier eine geringere Rolle als bei den Erektionsstörungen. Genannt werden v. a. Krankheiten des Urogenitalbereichs, ferner Nebenwirkungen einiger Psychopharmaka, Diabetes mellitus und hormonelle Faktoren im Zusammenhang mit Ovulationshemmern oder einer Adrenalektomie (operative Entfernung der Nebennierenrinde). Außerdem können organisch bedingte dyspareunische Beschwerden sekundär zu Erregungs- und Orgasmusstörungen führen. Der Vaginismus ist eine psychogene Reaktion. Im Gegensatz dazu werden dyspareunische Beschwerden bei der Frau (soweit die Schmerzen nicht Folge mangelnder Lubrikation bei einer Erregungsstörung oder Folge eines Vaginismus sind) in der Mehrzahl der Fälle als organisch bedingt angesehen. Die wichtigsten Ursachen sind: organische Besonderheiten oder Veränderungen des Genitales (z. B. rigides Hymen, Narben nach Dammriß, Verwachsungen der kleinen Schamlippen); Infektionen der Vagina (Kolpitis, Vaginitis) durch Bakterien, Trichomonaden oder Pilze; allergische oder hypersensible Reaktionen auf intravaginale Verhütungsmittel (Cremes, Zäpfchen, Kondome, Diaphragmen); hormonell bedingte Rückbildung der Vaginalschleimhaut (nach Menopause oder Ovarektomie); Verletzungen oder Mißbildungen am Halteapparat von Uterus, Eileitern oder Eierstöcken; Endometriose; Geschwülste und Zysten im Genitaltrakt; Blasen- und Darmerkrankungen (für weitere Einzelheiten vgl. Masters u. Johnson 1973; Eicher 1975; Bancroft 1985). Für die seltenen dyspareunischen Beschwerden von Männern werden folgende organische Ursachen genannt: Reizung des Penis durch Smegma, Bakterien, Trichomonaden oder Pilze; allergische Reaktionen der Eichel auf das saure Milieu der Scheide oder auf intravaginale Verhütungsmittel; Verwachsungen der Harnröhre im Bereich des Penis, z. B. nach Gonorrhö; Infektionen oder Geschwülste der Prostata (Masters u. Johnson 1973; Bancroft 1985).

2.2 Psychosoziale Ursachen

Über die psychosoziale Genese sexueller Funktionsstörungen gibt es — genauso wie in anderen Bereichen der klinischen Psychologie — ein brückenloses Nebeneinander von Annahmen. Wie kontrovers die ätiologischen Annahmen sind, sollen zunächst 2 Aussagen über den vorzeitigen Samenerguß demonstrieren:

> Unsere Patienten mit vorzeitigem Samenerguß sind entweder direkt trainiert worden, oder sie haben sich selber trainiert, so schnell wie möglich und mit einem möglichst geringen Stimulationsaufwand zu ejakulieren. Dies kann bei der Masturbation im Jugendalter geschehen, wenn der Junge ständig Angst davor hat, von den Eltern überrascht zu werden...; oder beim vorehelichen Verkehr, ebenfalls aus Angst, ertappt zu werden, oder aus Furcht davor, daß das Mädchen es sich doch noch anders überlegen könnte. Einer unserer Klienten brachte sich selbst bei, ohne direkte genitale Stimulation zu ejakulieren... Ein anderer wurde beim Koitus im Auto ‚trainiert': seine Freunde standen draußen im Schneesturm, zitterten vor Kälte und drängten ihn, sich zu beeilen (LoPiccolo u. Lobitz 1973, S. 346; Übers. von Verf.).

> Männer mit vorzeitiger Ejakulation sind solche, welche mit starken ... Widerständen gegen die spezifisch männlichen, aktiven Leistungen behaftet sind ... [Dies] ist aber ... eine reaktive Erscheinung, ... die an die Stelle allzu heftiger, sadistisch-gewalttätiger Antriebe getreten ist (S. 49) ... In [ihren] Phantasien ist der Penis die Waffe des Sadismus ... Vorzeitige Erschlaffung und Ejakulation beseitigen diese Gefahr (S. 50) ...

> Die Patienten empfinden eine ausgesprochene Angst vor dem weiblichen Genitale. Regelmäßig bestätigt uns die Psychoanalyse, daß der Mangel des Penis am Weibe es war, der die Kastrationsangst ursprünglich hervorgerufen hat. Die körperliche Annäherung an das Weib erweckt dieses Grauen in den Patienten jedesmal von neuem ... Dieser Angst nahe verwandt ist eine zweite: durch den Geschlechtsakt selbst den Penis zu verlieren (S. 52) ... Der Patient bringt sich aus unbewußten Motiven im letzten Augenblick in Sicherheit (S. 53) ...

> Die Libido unserer Patienten verharrt in weitem Umfang im Stadium des Narzißmus. Wie der kleine Knabe die Mutter mit seinem Urin benäßt, den er noch nicht zu halten vermag, so benäßt der Neurotiker durch vorzeitige Ejakulation das Weib, in welchem wir nunmehr mit voller Deutlichkeit den Mutterersatz erkennen (S. 55) ... Der Ejaculatio praecox wohnt somit auch eine exhibitionistische Tendenz inne (S. 56) ... (D)ieses Exhibieren... [trägt] einen ambivalenten Charakter. Es ist nicht nur Liebesbeweis mit der Tendenz des Bewundert ... werden — Wollens, sondern zugleich auch Zeichen der Ablehnung des Weibes ... Die Ejaculatio praecox — und zwar kommt hier namentlich die ante portas geschehene in Frage — ist eine Besüdelung des Weibes mit einem den Urin vertretenden Stoff (Abraham 1917, zit. nach Abraham 1969).

Beide Äußerungen kommen nicht von Außenseitern ihrer Schulrichtung. Abrahams Arbeit stammt zwar schon aus dem Jahr 1917, wird aber nach wie vor als ein wichtiger psychoanalytischer Beitrag zu dieser Frage gewertet (vgl. Becker 1980). LoPiccolo u. Lobitz (1973) sind anerkannte Vertreter einer lerntheoretisch orientierten, empirisch arbeitenden klinischen Sexualforschung. Ähnliche Diskrepanzen lassen sich auch bezüglich der ätiologischen Annahmen über Erektions- und Orgasmusstörungen finden. Die diskrepanten Einschätzungen kommen u. a. dadurch zustande, daß unterschiedliche Aspekte der Störung isoliert und einseitig betrachtet werden.

Um die Ursachen einer sexuellen Störung zu verstehen, ist es nach unseren Erfahrungen sinnvoll, mit 4 Fragen an die Vorgeschichte der Patienten heranzugehen:

1) Welche Ängste und Konflikte drücken sich in der sexuellen Störung aus, welche Funktion hat die Störung für das psychische Gleichgewicht des/ der Betroffenen?
2) Welche Partnerkonflikte drücken sich in der sexuellen Störung aus, welche Funktion hat die Störung für die Partnerschaft?
3) Welche Erfahrungs- und Fertigkeitsdefizite tragen zur sexuellen Störung bei?
4) In welcher Weise tragen Erwartungsängste zur sexuellen Störung bei oder erhalten sie aufrecht?

Wir betrachten also die Psychodynamik (1) und die Partnerdynamik (2) der Störung, sowie Lerndefizite (3) und symptomverstärkende Mechanismen (4), wenn wir nach den Ursachen fragen. In der Regel tragen alle diese Faktoren zu einer sexuellen Störung bei, wenn auch mit unterschiedlichem Gewicht. Sexuelle Störungen sind vielfach determiniert. *Es gibt keine einzelne pathogene Erfahrung, und sei sie noch so traumatisch, die allein eine sexuelle Funktionsstörung auslösen könnte.* Sexuelle Störungen entstehen aus einer Kette von unterschiedlichen Erfahrungen in *verschiedenen Lebensabschnitten*, für die jede für sich nie mehr als eine Disposition bewirkt.

Aufgabe dieses Kapitels ist es — ähnlich wie bei der Darstellung der Symptomatik —, die Wahrnehmung für Exploration und Therapieverlauf zu schärfen. Es soll klären helfen, welche Fragen die Therapeuten im Hinblick auf die Ursachen stellen können, worauf sie achten müssen, wie sie Hypothesen über die Entstehung gewinnen. Allerdings bleibt das ätiologische Verständnis in der Paartherapie oft begrenzt. Wir stellten manchmal verwundert fest, wie wenig wir bei erfolgreich verlaufenden Therapien auch nach 30 – 40 Sitzungen über die tieferen Ursachen der Störung eines Paares wußten, und schließen daraus, daß dies zu einer erfolgreichen Therapie *oft* auch nicht notwendig ist. Dies mag der Grund dafür sein, warum Partnertherapeuten ätiologische Probleme in der Regel nur am Rande und oberflächlich erörtern. Masters u. Johnson (1973) beschränken sich fast ausschließlich auf die Diskussion religiös motivierter sexueller Tabus — die bei unseren Patienten eine ausgesprochen untergeordnete Rolle spielten; in dem umfangreichen *Handbuch der Sexualtherapie* von LoPiccolo u. LoPiccolo (1978) werden ätiologische Probleme so gut wie überhaupt nicht diskutiert. Dies signalisiert eine Einstellung, die wir nicht teilen und die auch nicht möglich ist, wenn man, wie wir, die Paartherapie auch bei Patienten mit ausgeprägten neurotischen und Partnerkonflikten für indiziert hält (vgl. Kap. 5). Der Therapeut sollte unserer Auffassung nach durch die Explorationen ein Grundverständnis von den Ursachen der Störung bei dem zu behandelnden

Paar haben, dieses Verständnis im Verlauf der Therapie vertiefen bzw. den neuen Erkenntnissen anpassen und v. a. in der Lage sein, in schwierigen Therapiesituationen oder beim Stagnieren der Therapie ätiologische Hypothesen zu entwickeln, die zu therapeutischen Interventionen führen, mit denen die Krise überwunden werden kann.

Eine nach Art der Störung spezifizierte Darstellung erübrigt sich, da es eine spezielle Ätiologie nicht gibt. Funktionsstörungen sind Ausdruck sexueller Hemmungen, ob sie sich als Erektions-, Ejakulations-, Erregungs-, Orgasmusstörungen oder als Vaginismus manifestieren. Dort, wo es symptombezogene Akzentuierungen gibt, werden wir sie nennen.

2.2.1 Psychodynamik

Vor allem Psychoanalytiker (u. a. Freud 1926; Menninger 1935; Moore 1961; Fleck 1969; Benedek 1974; Bieber 1974; Becker 1980; am ausdrücklichsten Fenichel 1974), aber auch verhaltenstherapeutisch orientierte Psychologen (u. a. Lazarus 1963) haben sexuelle Störungen aufgefaßt als Schutzmechanismus gegen irrationale Ängste, die mit der Sexualität verbunden sind. Sexuelle Betätigung, Erregung, Orgasmus werden — im Regelfall unbewußt — als gefährlich oder aber der Sexualpartner als bedrohlich erlebt. Die Angst vor diesen Gefahren wird abgewehrt durch „einen Verzicht auf Funktion" (Freud 1926, zit. nach Ausg. 1948, S. 114) und einen Verzicht auf Lust. Diese sexuellen Störungen sind „klinische Manifestationen und Schwerpunkte der Abwehr" (Fenichel 1974, S. 242). Das Symptom hat eine stabilisierende Funktion, weil es ein „relativ angstfreies, neurotisches Gleichgewicht" (Becker 1980, S. 19) ermöglicht. Versuche, das Symptom zu beseitigen, bedrohen dieses Gleichgewicht, aktualisieren die Ängste und mobilisieren den Widerstand gegen diese Versuche.

Sexualität ist ein *Bedürfnis*, und in ihr schlägt sich die individuelle Geschichte mit Bedürfnissen, die gesamte Bedürfniserfahrung eines Menschen von früh an nieder. Sexualität vollzieht sich — real oder in der Phantasie — in *Beziehungen* zu einem anderen Menschen, und in ihr schlägt sich die Beziehungsgeschichte eines Menschen nieder. Sexualität haben wir als Mann oder Frau, als Geschlechtswesen, und in ihr schlägt sich die individuelle Geschichte als Mann oder Frau nieder, die Erfahrung eines Menschen mit seiner *Männlichkeit oder Weiblichkeit*. Aus diesen 3 für die Sexualität (und die Persönlichkeitsentwicklung) zentralen Bereichen — Bedürfnisgeschichte, Beziehungsgeschichte, Geschlechtsgeschichte — stammen die Ängste, die mit sexuellen Hemmungen abgewehrt werden (vgl. Schorsch et al. 1985): Ängste vor den triebhaften Wünschen und (weniger bedeutsam) Gewissensängste, Beziehungsängste sowie Ängste im Zusammenhang mit der Geschlechtsidentität.

Wir können die vielfältigen, v. a. von der Psychoanalyse herausgearbeiteten Zusammenhänge hier nicht ausführlich darstellen, sondern nur anhand von Beispielen die Ängste beschreiben und auf die Bereiche kindlicher Sozialisation hinweisen, die für die sexuelle Entwicklung besonders bedeutsam sind. Für den Therapeuten ist es wichtig, die Ängste in ihrem gegenwärtigen Ausdruck zu erkennen; ihre Herleitung aus frühen Erfahrungen — wie wir es im folgenden grob zu skizzieren versuchen — ist im Einzelfall meist unmöglich und auch unnötig.

2.2.1.1 Triebängste

In der Konfrontation früher sinnlicher Bedürfnisse mit der Umwelt werden Erlebnisweisen und Ängste entwickelt, die auf die spätere Sexualität übertragen werden können. Versagungen oraler Bedürfnisse des Säuglings nach sofortiger Befriedigung des Hungers, nach Saugen, Hautkontakt und Wärme können beispielsweise ein Grundgefühl des *Zukurzgekommenseins* bedingen und auch die mißtrauische Angst, immer unbefriedigt zu bleiben, enttäuscht zu werden (Erikson 1957). Später lösen sexuelle Wünsche Angst vor „unausweichlichen" Enttäuschungen aus; sexuelle Störungen schützen vor diesen „unausweichlichen" Frustrationen. Kollidiert der Wunsch des Kindes in der analen Phase, aus seinen Ausscheidungsfunktionen durch Selbstbestimmung von Hergeben und Zurückhalten maximalen Lustgewinn zu schöpfen, mit dem Sauberkeitsanspruch der Eltern, dann wird die Polarität „Körperbeherrschung" gegen „Sichüberwältigenlassen" einseitig zugunsten der Beherrschung entschieden. Eine Hemmung des Genießenkönnens sexueller Lust und der Orgasmusfähigkeit können die Folge sein, denn diese Erlebnisweisen setzen ein „Sichüberwältigenlassen von unwillkürlichen biopsychologischen Veränderungen" voraus (Meyer 1971, S. 989). Die *Angst, die Kontrolle über Körper und Emotionen zu verlieren*, blockiert die sexuelle Funktion. Körperliche Bedürfnisse können in dieser Entwicklungsphase generell mit Schmutz und Ekel assoziiert werden; sexuelle *Ekelreaktionen und Schmutzängste* haben hier deshalb oft ihren Ursprung. Lernt das Kind in den frühen Autoritätskonflikten der analen Phase seine körperlichen Bedürfnisse aggressiv gegen seine Umwelt einzusetzen, oder erlebt es, daß die Umwelt das Ausleben dieser Bedürfnisse als feindselig wahrnimmt, dann kann es später auch Sexualität als aggressiven Akt erleben. Eine Hemmung der sexuellen Funktion wird hier durch die Angst vor der im Zusammenhang mit Sexualität *phantasierten Gewalttätigkeit* bedingt. In der phallischen Phase werden schon früher angelegte Ängste gegenüber körperlich-lustvollen Vorgängen speziell auf genitale Wünsche übertragen und durch neue Konfrontationen mit der Umwelt verstärkt. Auch hier kann das Kind körperliche Lust wieder als etwas erfahren das es mit seiner Umwelt in Konflikte stürzt, das transgressiv ist, als unerwünscht und böse gilt, zu Liebesentzug oder direkten Strafen führt. Reale oder phantasierte Strafen für sexuelle Betätigung oder Neugierde besetzen das Sexuelle mit Angst. Nach psychoanalytischer Auffassung spielen die aus frühen Strafandrohungen und -erwartungen resultierenden *Kastrationsängste* eine zentrale Rolle in der Ätiologie männlicher Funktionsstörungen.

2.2.1.2 Beziehungsängste

Das frühe Verhältnis zu seinen Bezugspersonen – Vater, Mutter – bestimmt die Möglichkeiten eines Menschen, später Beziehungen einzugehen, ohne irrationale Ängste vor dem Verlassenwerden, vor Selbstaufgabe, Selbstauflösung oder Abhängigkeit. In letzter Zeit haben Psychoanalytiker verstärkt auf die Bedeutung der frühen, präödipalen Mutter-Kind-Beziehung für die sexuellen Störungen hingewiesen (Benedek, Bychowski, beide zit. nach Moore 1961; Fleck 1969; Becker 1980). Danach führt eine inadäquate Auflösung der frühen symbiotischen Mutterbeziehung — beispielsweise durch einen frühen Mutterverlust oder durch ein besitzergreifendes, klammerndes Verhalten der Mutter — zu dem Wunsch, die frühe symbiotische Beziehung wiederherzustellen. Die regressiven Verschmelzungswünsche, die auf den Partner übertragen werden, werden vom Ich als bedrohlich erlebt; sie sind mit starken *Ängsten der Ich-Auflösung* verbunden, mit der *Angst vor Selbstaufgabe, totaler Hilflosigkeit und Abhängigkeit.* Die sexuelle Hemmung vermeidet die gefährliche zeitweilige Ich-Regression, die für das Erleben des Orgasmus Voraussetzung ist.

Andere Ängste entstehen in späteren Phasen der Eltern-Kind-Beziehung. In empirischen Untersuchungen fanden Fisher (1976) bei Frauen und O'Connor u. Stern (1972) bei Frauen und Männern mit sexuellen Störungen häufig eine ausgeprägte *Angst vor Partnerverlust.* Sie kommen aus Familien, in denen der Vater (die Mutter) tatsächlich oder „psychologisch" abwesend waren oder dem Kind feindselig und ablehnend gegenüberstanden; ferner sind sie in ihrer Kindheit häufig zwangsweise durch Krankenhausaufenthalte von ihrer Familie getrennt gewesen (Sarrel u. Sarrel 1978). Bei Frauen kommt hier der Beziehung zum Vater eine größere Bedeutung zu als der zur Mutter (ähnliche Befunde liegen für Männer nicht vor). Die daraus entstehende *Verunsicherung im Zuwendungsbereich* macht es ihnen schwer, Intimität und Nähe zu geben und zu nehmen, sich zu trauen, die Kontrolle über sich im Beisein des Partners zu verlieren. Außerdem mobilisiert jede engere Beziehung die Furcht, wieder verlassen zu werden, die alten enttäuschenden Erfahrungen zu wiederholen. Die Vorwegnahme des alten Kindheitstraumas erstickt jede sexuelle Reaktion. Der Objektverlust in der Kindheit hat gelehrt, nicht an Dauerhaftigkeit zu glauben. Fisher (1976) glaubt sogar, daß Frauen mit Ängsten vor Objektverlust Sexualität auch deshalb als so gefährlich erleben, weil die Einschränkung von Wahrnehmung und Bewußtsein im Orgasmus den Partner „verschwimmen" läßt und die zentralen Ängste damit mobilisiert.

Aber auch eine zu enge Bindung an die Eltern, insbesondere an den gegengeschlechtlichen Elternteil, ist als Ursache sexueller Störungen immer wieder betont worden (u. a. Freud 1905; Bergler 1937, 1944; Moore 1961; Fenichel 1974; Becker 1980). Die inadäquate Lösung der ödipalen Situation wurde zumindest in den früheren psychoanalytischen Beiträgen als eine der wesentlichen Ursachen sexueller Störungen angesehen. Bleibt beim Sohn eine ödipale Fixierung an die Mutter bestehen, dann werden alle späteren Partnerinnen oder potentielle Partnerinnen unbewußt mit der Mutter identifiziert. Sie wecken damit die alten *Ängste vor den inzestuösen Wünschen,* sexuelle Störungen sind dann die Folge alter Inzestverbote und Kastrationsdrohungen. Außerdem sind alle realen Partnerinnen nur ein schwacher Abglanz des „eigentlichen" Objekts; keine erscheint wirklich attraktiv. Das gleiche gilt vice versa für eine ungelöste Vaterfixierung der Frau.

2.2.1.3 Geschlechtsidentitätsängste

Unter Geschlechtsidentität verstehen wir hier in Anlehnung an Money u. Ehrhardt (1975) die Erfahrung der eigenen Individualität als eindeutig männlich, als eindeutig weiblich oder als mehr oder weniger ambivalent. Die

Geschlechtsidentität wird in den ersten Lebensjahren weitgehend festgelegt. Wichtige Voraussetzungen einer ungestörten Entwicklung der Geschlechtsidentität in der Kindheit sind: ein gleichgeschlechtlicher Elternteil (oder sonstige enge Bezugsperson), an den das Kind eine enge emotionale Bindung hat und mit dem es sich identifizieren kann; ein gegengeschlechtlicher Elternteil, der das Kind in seiner geschlechtlichen Zugehörigkeit akzeptiert und ihm ermöglicht, seine Geschlechtsidentität in der Auseinandersetzung mit dem anderen Geschlecht bestätigend zu erfahren; eine gelungene Lösung aus der frühen engen Mutterbindung.

Zum besseren Verständnis sei noch bemerkt, das eine ungestörte Geschlechtsidentität nichts aussagt über das Ausmaß, in dem ein Junge oder ein Mädchen die traditionellen Rollenvorschriften übernimmt, sondern nur darüber, in welchem Maß sie sich damit identifizieren männlich bzw. weiblich zu sein. Ein Mädchen oder eine Frau, die die traditionelle Geschlechtsrolle weitgehend ablehnen, können eine voll entwickelte Geschlechtsidentität haben; sie vertreten nur eine andere Form von Weiblichkeit.

Die Bedeutung der Geschlechtsidentität für die sexuellen Störungen ist von der Psychoanalyse unter den Stichworten „Penisneid" und „Kastrationsangst" abgehandelt worden. Wir halten das Konzept der Geschlechtsidentität in diesem Zusammenhang für brauchbarer, weil 1) Penisneid und Kastrationsangst möglicher Ausdruck einer gestörten Geschlechtsidentität nicht aber Ursache dieser Störung sind; 2) eine gestörte Geschlechtsidentität sich nicht notwendig und vorrangig in der Unzufriedenheit mit oder der Angst um die eigenen Genitalien äußert; 3) das Konzept des Penisneides sozial determinierte Ungleichheit zwischen den Geschlechtern auf die biologische Differenz reduzieren will und die subjektive Genitalminderwertigkeit der Frau nicht als Folge dieser Benachteiligung deutet.

Männer und Frauen mit einer unsicheren Geschlechtsidentität sind auch in ihrer Sexualität verunsichert. Sie haben eine tiefe Angst, kein richtiger Mann bzw. keine richtige Frau zu sein, fühlen sich wenig liebens- und begehrenswert, sexuell inkompetent und befürchten, sexuell zu versagen. Männer können Zärtlichkeit und Hingabe vermeiden, weil sie beides als schwach, passiv und weiblich erleben, oder ihre verunsicherte Identität als Mann durch eine harte, genital betonte, schnelle und explosive (vorzeitige Ejakulation) Sexualität oder durch eine nie versiegende Potenz (ausbleibende Ejakulation) überkompensieren. Verbindet sich die Unsicherheit mit der Angst um die Integrität des Genitales, so wird der Mann unbewußt befürchten, sich beim Koitus oder beim kräftigen Manipulieren bei der Selbstbefriedigung zu verletzen. Die Frau wird ihr Geschlechtsteil als Wunde, als eklig feuchte Höhlung erleben und versuchen, das Genitale aus ihrem Körperschema und damit die Sexualität aus ihrem Erleben auszublenden. Die Bedeutung der Geschlechtsidentität für das sexuelle Erleben wird deutlich an dem häufigen Auftreten sekundärer Störungen in solchen Lebenskrisen, die die Geschlechtsidentität bedrohen oder verunsichern: z. B. im Alter, nach körperlichen, die Konstitution schwächenden Krankheiten mit dem Verlust der körperlichen Attraktivität, nach Brustamputationen der Frau, nach beruflichem Mißerfolg usw.

Die Verunsicherung der Geschlechtsidentität ist zu unterscheiden von einer Ablehnung oder Ambivalenz gegenüber der Geschlechtszugehörigkeit. Letztere sind — bei der Definition der Geschlechtsrollen in unserer Gesellschaft — bei Frauen häufiger als bei Männern. Diese Frauen konkurrieren mit Männern und hassen sie wegen ihrer sozialen Vorteile. Koitus und Orgasmus werden als Anerkennung männlicher Überlegenheit interpretiert und aus Rivalität verweigert. Ihr Genitale erleben sie oft als Ziel männlicher Aggression und Dominanz, als Vollzugsort ihrer Unterwerfung und damit stark ambivalent. Solche tiefverwurzelte, oft unbewußte Rivalität aus Ablehnung der Geschlechtsidentität ist zu unterscheiden von gezieltem Protest gegen männliche Dominanzansprüche und dem Einsetzen sexueller Verweigerung gegen diese Ansprüche (vgl. S. 49).

2.2.1.4 Gewissensängste

Strafen, die das Kind im Zusammenhang mit seinen frühen Triebbedürfnissen erlebt, die „Verschwörung des Schweigens" (Meyer 1971, S. 990) im Bereich des Sexuellen, das Nichtwahrnehmen oder Verleugnen kindlicher sexueller Regungen und Interessen, die Selbstdarstellung der Eltern als sexualitätslose Wesen, das Verstecken und Geheimhalten ihrer zärtlichen und sexuellen Bedürfnisse vor den Kindern — dies sind einige Bedingungen, die die sexuelle Entwicklung in einen heimlichen, subversiven und tabuisierenden Kontext stellen. Es entstehen archaische Vorstellungen von sexueller (oder generell körperhafter) Richtigkeit, die angst- und schuldbesetzt sind. Diese Vorstellungen können durch die Sozialisation in Vorpubertät, Pubertät und Adoleszenz weiter verstärkt werden. Die Behinderung einer ungestörten sexuellen Entwicklung durch die *Tabuisierung des Sexuellen* ist von Autoren aller Schulen, die sich mit sexuellen Störungen befassen, als ätiologischer Faktor betont worden. Freuds (1908) ausführlichste Erörterung dieser Störungen befaßt sich nicht mit psychodynamischen Aspekten, sondern mit soziologischen Bedingungen, die die sexuelle Sozialisation bestimmen. Er spricht davon, daß die sexuell gestörte Frau durch „die Erziehung geradezu gezüchtet wird", weil „hohe Prämien auf die Erhaltung der weiblichen Unschuld ausgesetzt" werden (Freud 1908, zit. nach Ausg. 1941, S. 160 f.). Seitdem sind diese schädlichen Folgen der Tabuisierung immer wieder betont worden. Auch Fenichel (1974) sieht die allgemeinste Ursache weiblicher Sexualitätsstörungen in der Mädchenerziehung, die Sexualität mit Gefahr assoziiert; für Masters u. Johnson (1973) schließlich wird das sehr simple Konzept der religiösen Orthodoxie zum beinahe wichtigsten Aspekt ihres ätiologischen Verständnisses. Heute allerdings setzt sich die Tabuisierung des Sexuellen in der Kindheit häufig nicht mehr so bruchlos wie noch vor einem Jahrzehnt im Jugendalter fort (Walczak et al. 1975; Clement 1986). Die „Kindheitsmoral" wird im Jugendalter zunehmend durch liberale Konzepte überlagert. Dadurch kann es nach Becker (1980) zu einer Kollision des sexualfreundlichen Ich-Ideals mit dem überwiegend sexualfeindlichen Über-Ich der Kindheit kommen; diese Kollision mobilisiert Ängste, die mit sexuellen Störungen abgewehrt werden können.

2.2.1.5 Abgewehrte Ängste und Symptomatik

Erste Hinweise auf die mit einer sexuellen Funktionsstörung abgewehrten Ängste ergeben sich aus dem sexuellen Verhalten des Patienten bzw. aus seiner speziellen Symptomatik, z. B. aus den sexuellen Phantasien, den besonders bevorzugten sexuellen Praktiken und v. a. aus den besonderen Bedingungen, unter denen die sexuelle Störung auftritt, also bei situations- und partnerabhängigen Problemen. Diese Zusammenhänge sollen an einigen Beispielen erläutert werden.

Sexuelle Phantasien bringen in der Regel sexuelle Wünsche und Vorlieben zum Ausdruck. Nicht selten stellen sie aber auch Konflikte und mit der Sexualität verbundenen Ängste eines Patienten dar, ebenso seinen Umgang mit diesen Ängsten. Eine an Vaginismus leidende Frau, die sich bei der Masturbation vorstellt, vergewaltigt zu werden, drückt in diesen Phantasien ihre Angst vor sexueller Überwältigung, vor Gewalttätigkeit im Sexuellen aus. Die Phantasien ermöglichen ihr Erregung und Orgasmus, da sie damit ihre Angst sozusagen in eigene Regie nimmt. Dadurch, daß sie sich das Gefürchtete selber vorstellt, verfügt sie darüber. Sie kann diese Phantasien jederzeit abstellen, wenn sie zu bedrohlich werden, sie kann sich jederzeit vergewissern, daß die gefürchtete Szene nicht real ist (vgl. Stoller 1979). Eine andere Frau, die zusammen mit ihrem Partner nie einen Orgasmus erleben konnte, bei der Masturbation aber orgastisch war, phantasierte, daß sie bei der Selbstbefriedigung von Männern überrascht wurde, die „eigentlich gar nicht wissen dürfen, daß ich das tue", in der Regel Vaterfiguren, z. B. ein Onkel, ein alter Lehrer usw. Sie erlebte diesen Moment in der Phantasie als tief beschämend und zugleich als hochgradig stimulierend. Wie im vorgenannten Beispiel bemächtigt sie sich der angstauslösenden Situation — hier: als „leidenschaftliche" Frau nicht gemocht, wegen sexueller Entäußerung verabscheut zu werden — und ermöglicht sich durch diese Angstbewältigung das Erleben des Orgasmus. Ein Mann, der wegen einer primären Erektionsstörung noch nie mit seiner Ehefrau verkehren konnte, thematisierte seine tiefgreifenden Ängste vor Frauen mit folgenden Phantasien bei der Masturbation (die im übrigen funktionell völlig intakt war): er werde zärtlich zu gefesselten Frauen, die ihn nach anfänglicher Ablehnung dann unwiderstehlich finden; er befinde sich mit einer Frau in einem abgeschlossenen, dunklen Raum, versuche, die Frau zu „haschen", und lege ihr dann eine Halskette um. Er stellt sich keine weitergehenden Gewalttätigkeiten gegenüber diesen Frauen vor, sie begegnen ihm aber in einer Demutsgebärde, bevor er in der Phantasie mit ihnen verkehrt. Das durchgehende Thema dieser Phantasien — die im übrigen nach der Behebung der Erektionsstörung keine Rolle mehr spielten — ist leicht zu erkennen: die Frauen sind *ihm* ausgeliefert, sie können ihm keinen Schaden zufügen, sie sind harmlos.

Ähnlich aufschlußreich kann die Analyse bevorzugter Sexualpraktiken sein: Die Bevorzugung von Schenkeldruck als Masturbationspraktik bei Frauen deutet womöglich darauf hin, daß Sexualität bestenfalls als Ventil für Spannung und als Spannungsabfuhr, nicht aber als Genießen körperlicher Lust akzeptiert werden kann. Beim Mann zeigt eine übervorsichtige Masturbationstechnik oder das Vermeiden, bei der Selbstbefriedigung die Vorhaut über die Eichel zurückzuziehen, möglicherweise eine Angst vor der Verletzbarkeit und Empfindlichkeit oder um die Unversehrtheit des eigenen Genitales. Eine einseitige Orientierung auf Geschlechtsverkehr und Orgasmus und das Vermeiden von Vorspiel und Zärtlichkeit kann den Versuch signalisieren, die schwer zu ertragende Intimität und Nähe bei der Sexualität mit einer Flucht in hohe und selbstbezogen erlebte Erregungsstufen zu umgehen. Vermeintliche Ungeschicklichkeit, Roheit oder fehlendes Einfühlungsvermögen bei Männern gegenüber ihrer Partnerin können durch die Angst vor einer sexuell erlebnisfähigen und „potenten" Frau motiviert sein.

Wichtige Hinweise ergeben sich auch bei den situationsspezifischen Störungen. Ein Patient, der beim Petting keine Erektionsprobleme hatte, bei jedem Versuch, den Verkehr durchzuführen, aber sofort seine Erektion verlor, phantasierte die Vagina als dunkel, bedrängend, wie „eine Kohlengrube, in der der Penis in Feuchtigkeit und Stickigkeit schuften muß, und erst wieder ‚aufatmen' kann, wenn er draußen ist". Das sexuelle Sicheinlassen auf die Frau wird als beengend, kastrierend, vernichtend erlebt. Ein anderer Patient mit Erektionsproblemen bei seiner Ehefrau und bei seinen früheren festen Freundinnen fühlte sich sexuell hingezogen zu − wie er es nannte − „sozial niederstehenden, leichten Mädchen, bei denen ich selber sozial absacke". Bei diesen Frauen hat er keine Erektionsprobleme. Seine Abgrenzungsängste erlauben ihm, Sexualität nur zuzulassen wenn es außer der Sexualität sonst keine Beziehungsmöglichkeit zu den Frauen gibt.

Am deutlichsten aber lassen sich abgewehrte Ängste an den partnerbezogenen Störungen erkennen: Eine Frau mit einem strengen, sexualfeindlichen Über-Ich bleibt beispielsweise kalt und sexuell ablehnend bei gleichaltrigen, ihr nicht überlegenen Männern, ist aber orgasmusfähig und leidenschaftlich bei Partnern, die älter, dominant, „Autoritäten" sind. Diese Männer setzen die alten elterlichen Sexualverbote sozusagen außer Kraft, nehmen ihr die Verantwortung für ihr sexuelles Tun und damit die Sexualängste ab. Eine Frau dagegen, die Angst hat, von Männern unterworfen und unterdrückt zu werden, kann auf „Autoritäten" und dominante Männer nur aggressiv und feindselig reagieren und ihre sexuelle Reaktionsfähigkeit nur gegenüber einem sanften, submissiven, wenig rivalisierenden Mann entfalten, der es ertragen kann, daß eine Frau sexuell initiativ ist und „phallisch" mit ihm verkehrt. Nur solche Männer werden ihre Ängste nicht mobilisieren. Ein Mann mit einer verunsicherten Geschlechtsidentität wird durch sexuell initiative, „potente" Frauen aus Angst vor seiner Unmännlichkeit eine Erektionsstörung oder eine vorzeitige Ejakulation entwickeln und nur bei sexuell zurückhaltenden Frauen, die ihm das Gefühl geben, der potentere zu sein, sexuell problemlos reagieren usw. Nach Stekel (1921, S. 84) wird „der höchste Orgasmus ... nur ausgelöst, wenn das geheime Sexualziel des Individuums erreicht wird". Die genannten Beispiele zeigen, daß erotische Anziehung, die ein Mensch für einen anderen hat, sich entscheidend auch danach bemißt, wie weit er die geheimen Sexualängste seines Partners *nicht* mobilisiert oder aber beschwichtigt.

2.2.1.6 Abfuhr verdrängter Regungen

Sexuelle Störungen sind nicht nur — wie bisher besprochen — eine Manifestation der Abwehr, sondern gelegentlich auch — wie neurotische Symptome — eine Abfuhr verstellter Triebwünsche, ein Ausagieren z. B. masochistischer oder aggressiver Impulse (Fenichel 1974). Diese „Triebseite" sexueller Störungen ist aber i. allg. nur sekundär und hat eine weit geringere Bedeutung als die „Abwehrseite". Die vorzeitige Ejakulation kann beispielsweise durch eine Lust am Besudeln und Beschmutzen der Frau oder durch eine aggressive Genugtuung, sie zu enttäuschen, mitbedingt sein, die ausbleibende Ejakulation durch die anale Lust am Zurückhalten; der Vaginismus kann den aggressiven Wunsch ausdrücken, den Penis zu einem lächerlich wirkungslosen, seiner Potenz beraubten Organ zu machen usw.

2.2.2 Partnerdynamik

Häufigkeit und Heftigkeit, mit der Sexualität gewünscht, die Art, wie sie erlebt wird — verschmelzend oder sich abkapselnd, liebevoll oder kämpferisch, leidenschaftlich oder kalt, mit- oder gegeneinander usw. —, bestimmen sich nach der Beziehung zweier Partner und nach ihren augenblicklichen Gefühlen füreinander. Entsprechend sind sexuelle Störungen Manifestation und Vehikel von Beziehungs- oder Partnerkonflikten, in ihnen bilden sich diese Konflikte ab, oder sie sind Austragungsort und Kampfplatz für diese Konflikte. Die Trivialität dieses Zusammenhangs könnte erklären, warum die Bedeutung der Partnerdynamik für die Verursachung sexueller Funktionsstörungen bisher auffällig selten genauer analysiert wurde. Beiläufig wird von vielen Autoren lediglich erwähnt, daß fehlende Attraktion bis zum körperlichen Widerwillen, offene Ablehnung des Partners bis zur Verachtung, die Abkehr vor unfreundlichem, nachlässigem oder rohem Verhalten des Partners, permanente Meinungsverschiedenheiten, Enttäuschungen und Mißtrauen, kurz, das Erlöschen von Zuneigung und Gemeinsamkeit, sexuelles Verlangen und Erleben beeinträchtigen. Führen solche schwerwiegenden Konflikte zu Sexualproblemen, dann kann man mit Kaplan (1974a) geradezu von „funktionsgerechten" sexuellen Störungen sprechen.

In diesem Abschnitt wollen wir auf einige partnerdynamische Prozesse hinweisen, die sexuelle Störungen mitbedingen oder aufrechterhalten. Es geht uns dabei nicht um eine Aufzählung oder Typologisierung von Partnerkonflikten, die die Sexualität beeinträchtigen können. Vielmehr wollen wir nach der Bedeutung und Funktion einer sexuellen Störung für die Partnerschaft fragen und 4 Mechanismen besprechen, die für das Erkennen der Zusammenhänge von Partnerschaft und sexuellen Störungen besonders wichtig, d. h. diagnostisch und therapeutisch relevant sind: Delegation, Arrangement, Wendung gegen den Partner und Ambivalenzmanagement.

2.2.2.1 Delegation

Der „Ungestörte" kann ein Interesse an der Funktionsstörung seines Partners haben. Er braucht die Störung beispielsweise, um seine eigenen Probleme zu kaschieren: seine eigene Funktionsstörung, seine Angst vor Hingabe, enger Bindung usw. Eine Frau, deren Mann Erektionsprobleme oder eine vorzeitige Ejakulation hat, findet eine plausible Erklärung und ein Alibi für ihre Orgasmusprobleme oder für ihre mangelnde Lust zur Sexualität, sie tritt ihre Störung sozusagen an den Partner ab und erspart sich die beunruhigende Einsicht in die eigenen Sexualängste. Besonders häufig fanden wir bei Paaren, die sich wegen vorzeitiger Ejakulation des Mannes behandeln ließen, eine maskierte sexuelle Problematik der Frau. (Allerdings kann vorzeitige Ejakulation ebensogut eine ängstliche Reaktion des Mannes auf eine als besonders leidenschaftlich erlebte Frau sein, deren Ansprüchen sich der Mann durch die vorzeitige Ejakulation entzieht, deren Wünsche er durch seine Probleme verleugnet.) Das Interesse eines Mannes an der Störung seiner Partnerin kann daraus resultieren, daß eine sexuell zurückhaltende Frau seine Potenz nicht in Frage stellt, da sie nie etwas verlangen wird, was er nicht „kann". Ihr sexuelles Problem dient dem Beschwichtigen seiner Potenzängste.

Eine Frau (oder ein Mann) kann auch die sexuelle Störung des Partners als dessen Schwäche genießen, sich selber dadurch überlegen fühlen und durch ein herablassendes oder verächtliches Umgehen damit Feindseligkeit und Rache ausleben. *Sie* hat es in der Hand, ihn so oft sie will als „Waschlappen" zu „entlarven"; *er* kann seine anorgastische Frau als gefühlskalt, verklemmt und unweiblich diffamieren. Die Frau (der Mann) empfindet die Probleme des andern gelegentlich auch als Beruhigung, weil sie (er) glaubt, daß das liebevolle Verständnis dafür die Partnerschaft stabilisiert.

Das folgende Fallbeispiel zeigt das Interesse der Frau an der Symptomatik des Mannes: Sie verleugnet damit eigene sexuelle Probleme, wehrt Beziehungsängste ab und nutzt sie als Aggressionsmittel gegen ihn. Zugleich verdeutlicht dieses Beispiel, daß Delegation in der Regel nur ein Aspekt in der Ursachenkette ist und der Symptomträger für eine sexuelle Problematik besonders disponiert ist.

Paar 13: Der Mann ist Ende 20, Tischler, und klagt über vorzeitige Ejakulation und Erektionsstörungen. Seine Frau ist 8 Jahre älter, Sekretärin, in 3. Ehe verheiratet; sie leide nicht an sexuellen Problemen, habe aber seine Schwierigkeiten „satt" und wegen dieser keine Lust mehr auf ihn. Das Paar lernte sich vor 4 Jahren kennen und heiratete nach wenigen Monaten. Beide haben eine Vorgeschichte, die sie in Beziehungen verwundbar sein läßt. Sie ist unehelich geboren und bei der Mutter und dem Stiefvater aufgewachsen. Die Mutter ließ sich von diesem Mann scheiden, als sie 14 war. Die Mutter ist immer krank gewesen und hat unter dem brutalen Ehemann gelitten, der ständig Verhältnisse zu anderen Frauen hatte. Sie habe nie eine innere Beziehung zu diesem Mann gehabt und habe die Scheidung eher gleichgültig hingenommen. Mit 17 hatte sie ihren ersten Freund und trennte sich von ihm, als er Geschlechtsverkehr von ihr verlangte. Mit 18 Jahren lernte sie ihren ersten Mann kennen. Sie war jetzt zum Geschlechtsverkehr bereit, da sie ein Kind wollte, um von zu Hause wegzukommen. Die Ehe wurde nach einem Jahr geschieden. Sie war dann noch einmal verheiratet, ebenfalls nicht länger als ein Jahr. Sie habe in diesen Beziehungen keine sexuellen Probleme gehabt. Der Patient stammt ebenfalls aus schwierigen familiären Verhältnissen: sein Vater starb, als er 14 Jahre alt war. Er habe sich nie mit seinem Vater verstanden. Seine Mutter beschreibt er als harte und gefühlsarme Frau, die nie zärtlich werden konnte. Vor seiner Ehe hatte er Geschlechtsverkehr mit etwa 10–15 Frauen. Es handelte sich dabei ausschließlich um kurze Beziehungen; er schlief einige Male mit diesen Frauen, nahm aber nie eine feste Freundschaft zu ihnen auf. Er hat auch bei diesen Frauen eine Neigung zur vorzeitigen Ejakulation gehabt, aber so gut wie nie Erektionsschwierigkeiten.

Die jetzigen sexuellen Schwierigkeiten traten wenige Monate nach dem Kennenlernen unmittelbar nach der Eheschließung auf. Die Frau macht ihn in aggressiver Weise allein für die Probleme verantwortlich, er sei schuld, daß sie sexuell unausgefüllt sei und sich nicht mehr als

Frau fühle. Jeden Versuch, ihre Beteiligung zu diskutieren, lehnt sie brüsk ab. Sie verhöhnt und beschimpft ihn für sein Versagen, schon den Versuch einer sexuellen Annäherung kommentiert sie damit, daß er sich „blöd anstelle", wenn es dann wirklich nicht klappt, nennt sie ihn „Schwächling", „schwule Sau". Er beklagt, daß sie immer sofort „zur Sache kommen will" und manuelle und orale Stimulation (die sie in früheren Partnerschaften durchaus akzeptierte) nicht zuläßt. Er reagiert verstört, zieht sich zurück. Zu Beginn der Therapie läßt sie sich auf die Streichelübungen nicht ein und kommentiert: „Ich brauche einen Mann, nicht so ein Zeug." Später lehnt sie das Streicheln ab, weil ihr jede Berührung durch ihn ekelhaft sei. Sie tut weiterhin alles, um die Einsicht in ihre Problematik zu umgehen und an ihrer Sicht der „Schuldverteilung" festzuhalten. Nach wenigen Sitzungen kommt das Paar nicht mehr zur Therapie.

Die Art und Weise, wie sexuelle Störungen beim Partner induziert oder verstärkt werden, kann als Umkehrung der Prozesse verstanden werden, die bei der Behandlung sexueller Störungen eingesetzt werden, nämlich: Ausüben von Leistungsdruck; kühl-distanzierte bis feindselige Haltung beim Verkehr oder dem Versuch dazu; sexuelle Initiativen, wenn der Partner keine Lust hat; gezielte Abweisung spezieller sexueller Wünsche wie z. B. nach intensiver manueller Stimulation usw. Diese sexuelle Sabotage (Kaplan 1974a) geschieht in der Regel *unwillkürlich*. Der Widerstand gegen die Beseitigung des Symptoms bei der Therapie – bis hin zu Therapieabbruch oder Trennungswünschen – geht in diesen Fällen v. a. vom „ungestörten" Partner aus. Masters u. Johnson (1973) berichten von einer Frau, deren Therapiemotivation lediglich in dem Wunsch bestand, die Therapeuten sollten den impotenten Mann endlich von der Aussichtslosigkeit einer Besserung überzeugen; sie wollte die Unheilbarkeit der Schwäche demonstrieren und so seine Männlichkeit zerstören. Eine Therapie kann nur gelingen, wenn dem Partner die intakte Funktion des andern akzeptabel gemacht wird, wenn er seine Ängste davor oder sein Interesse daran verliert. Wird das sexuelle Symptom behoben, ohne daß dies für den „Ungestörten" akzeptabel ist, dann kann es zu Symptomen bei dem vorher scheinbar problemlosen Partner kommen: am häufigsten beobachteten wir einen Symptomwechsel, d. h. sein maskiertes Sexualproblem wird nach der „Heilung" des Partners in einer Funktionsstörung manifest; in seltenen, besonders schweren Fällen bricht sein psychisches Gleichgewicht, das durch die Störung des Partners in Balance gehalten wurde, zusammen. Solche unerwünschten Auswirkungen der Therapie sind von Kaplan u. Kohl (1972) als „adverse Reaktionen" beschrieben worden: Unmittelbar nach der erfolgreichen paartherapeutischen Beseitigung einer vorzeitigen Ejakulation (die seit 20 Jahren bestand) reagierte die Frau depressiv und mit einem Selbstmordversuch. Sie mußte stationär aufgenommen werden. In der Klinik entwickelte sie paranoide Ideen und Zwangsvorstellungen. Durch eine psychiatrische Behandlung konnten ihre Beschwerden aber bald behoben werden. Wir haben nach der erfolgreichen Behandlung einer Erektionsstörung gesehen, daß bei der Frau eine Klaustrophobie wieder auftrat, unter der sie Jahre vorher schon einmal gelitten hatte. Derart gravierende adverse Reaktionen beim vorher „ungestörten" Partner sind (wie auch Symptomverschiebungen beim „gestörten" Partner) aber ausgesprochen selten (Kaplan u. Kohl 1972; Dickeys u. Strauss 1980). Wir werden auf unsere Erfahrungen mit unerwünschten Nebenwirkungen der Paartherapie noch ausführlich zurückkommen (S. 78 ff.).

2.2.2.2 Arrangement

Die sexuelle Funktionsstörung ist u. U. ein stillschweigendes, unbewußtes Arrangement zwischen den Partnern, das beiden und ihrer Beziehung nützt. Es ist immer wieder beobachtet worden, daß Männer vaginistischer Frauen sehr häufig besonders friedlich und sanft sind, passiv, zartfühlend, scheu und manchmal bis zum Exzeß rücksichtsvoll (vgl. u. a. Mayer 1932; Mears 1958; Ellison 1968, 1972; Friedman 1962). Weiterhin sind sie oft sexuell unerfahren, geben sich „triebschwach" und sexuell unaggressiv. Vaginistische Frauen und ihre Männer wählen sich offenbar unbewußt, weil sie mit dieser Partnerwahl ihre mit der Sexualität verbundenen Ängste abwehren, insbesondere ihre Ängste vor der aggressiven Seite ihrer Sexualität. Da jeder Partner dem andern seine Angst vor der Sexualität abnimmt, fühlen sich beide in ihrem sexuellen Problem beieinander aufgehoben, und es entsteht oft ein sehr dauerhafter Status quo, der die Partnerschaft stabilisiert und nicht selten über Jahre eine harmonische Beziehung ermöglicht. In manchen Fällen ist gar nicht feststellbar, ob der „unvollzogene Koitus" auf vaginistische Reaktionen der Frau, Erektionsprobleme des Mannes oder auf beides zurückzuführen ist. Es kommt zu einem regelrechten Komplott zur Umgehung des Geschlechtsverkehrs: Zunächst wird der erste Koitus mit moralisierenden Rationalisierungen möglichst lange aufgeschoben, dann nach den ersten mißglückten Versuchen bald ganz aufgegeben; Behandlungsversuche werden gar nicht oder halbherzig unternommen oder nach Fehlschlägen beruhigt wieder aufgegeben. Konsequent wird eine Therapie oft erst nach Jahren angestrebt, z. B. wenn der Kinderwunsch sich aus Altersgründen nicht mehr aufschieben läßt. Solche Arrangements können auch aus anderen Motiven als dem der gemeinsamen Abwehr von Sexualängsten zustande kommen. Arentewicz et al. (1976) haben darauf hingewiesen, daß sexuelle Störungen eines oder beider Partner dazu benutzt werden können, andere tiefgreifende Partnerkonflikte zu verleugnen. Diese Konflikte können ein solches Ausmaß erreichen, daß massive Ängste vor Trennung und Auflösung der Partnerschaft entstehen. Durch die Konzentration auf die sexuelle Disharmonie wird der eigentliche Konflikt zugedeckt, die Angst, die er hervorruft, mit der beschwörenden Formel: „Wenn die Sexualität in Ordnung wäre, hätten wir keine Probleme und führten eine glückliche Ehe", abgewehrt.

2.2.2.3 Wendung gegen den Partner

Die sexuelle Funktionsstörung wird in diesen Fällen gegen den Partner eingesetzt, um untergründige Feindseligkeit auszudrücken oder Dominanzkonflikte auszutragen. Sexualität wird im Hinblick auf Aggression und Dominanz von Männern und Frauen unterschiedlich benutzt: Der Mann drückt Machtansprüche und Haß eher durch *Potenz* aus, z. B. durch sexuelle Forderungen, die jeder Zärtlichkeit entkleidet sind, und deren Hauptziele Durchsetzung und Unterwerfung sind. Die Frau hingegen setzt eher sexuelle *Störungen* ein, um Haß auszudrücken, Macht auszuüben oder sich Machtansprüchen auch nur zu widersetzen. Ihr bleiben dazu 2 Möglichkeiten: eine Störung beim Mann zu induzieren und zu verfestigen — darüber haben wir im Abschnitt über die Delegation schon gesprochen (vgl. S. 46) – oder selbst mit einer Störung zu reagieren – darauf wollen wir jetzt noch kurz eingehen.

Bei der ungleichen Machtverteilung zwischen den Geschlechtern sind sexuelle Störungen oft eine der wenigen Möglichkeiten der Frau, sich gegen den Mann zu behaupten. Männliche Dominanzansprüche ersticken in ihr die Möglichkeit, sich sexuell zu entfalten, oder die Frau rebelliert, „empört sich" (Stekel 1921, S. 461) mit der Störung gegen diese Ansprüche. Sexuelles „Funktionieren" würde ihr Gefühl der Machtlosigkeit noch verstärken, käme der Aufgabe des letzten Rests von Autonomie gleich. Die Zurückhaltung der Frau provoziert nun die Wünsche des Mannes nach Sexualität, Zuwendung und Durchsetzung. Er gerät mehr und mehr in die sexuelle Offensive – stellt Forderungen, startet Initiativen, wendet Gewalt an –, die Frau reagiert mit vermehrter Defensive – Rückzug, Ablehnung, Flucht. Sexualität versinkt immer stärker im Machtkampf. Am Ende stehen totale Defensive und totale Offensive als Zustände, die sich wechselseitig bedingen und perpetuieren. Lustlosigkeit und Widerwillen bei der Frau, Wut, Hilflosigkeit und Kränkung beim Mann sind die Folge. Der Aufruf bestimmter Fraktionen der Frauenbewegung, sich sexuell zu verweigern, fordert als bewußten Akt nur das, was viele Frauen stillschweigend und oft ohne recht zu wissen warum schon lange tun: Ihre Lustlosigkeit ist der psychosomatische Ausdruck dieser Verweigerung.

Paar 14: Auch die Wendung des Symptoms gegen den Partner ist in der Regel nur ein Glied in der Ursachenkette sexueller Probleme. Das Ehepaar ist seit 15 Jahren verheiratet, beide sind Anfang 40, sie haben 2 Kinder. Er ist Postangestellter, sie Hausfrau. Die Frau hat seit Jahren überhaupt keine Lust mehr zum Geschlechtsverkehr, wird nie erregt, hat dabei Schmerzen und tut es so selten wie möglich, „ihm zuliebe". Sie schildert das Elternhaus als lieblos, v. a. zum Vater habe sie nie eine Beziehung entwickelt, er sei ihr immer fremd geblieben. Alle frühen sexuellen Erinnerungen sind mit negativen Gefühlen verbunden. 7jährig wurde sie beim Doktorspiel mit einem Jungen überrascht und dafür bestraft; in den beengten häuslichen Verhältnissen bekam sie oft den elterlichen Geschlechtsverkehr mit und reagierte mit einer Mischung aus Furcht und Scham; die Mutter machte ihr nie, daß Sexualität etwas Lästiges sei; die Masturbation – die sie zwischen 14 und 20 Jahren konfliktlos praktizierte, vorwiegend um Ängste und allgemeine Unlustspannungen abzuführen – gab sie 21jährig jäh auf, als ihr ein Arzt sagte, ihre depressiven Zustände seien darauf zurückzuführen. Sie hielt sich Jungen gegenüber sehr zurück, wehrte jeden Kontakt zu ihnen ab. Sie lernte ihren Mann über eine Heiratsanzeige kennen und ging wenig enthusiastisch in die Ehe: eigentlich habe sie ihren Mann nicht gemocht, sie sei immer ganz froh gewesen, wenn er wieder fort war; zugleich habe sie aber auch das Gefühl gehabt, daß er ein Mann zum Heiraten sei und daß sie dann endlich von zu Hause wegkommen könne.

Der Mann ist von kleiner Statur, schmächtiger als sie; man gewinnt den Eindruck, daß er ständig über seine Probleme oder die Einsicht von Schwierigkeiten hinwegraisoniert. Er kann überhaupt nicht zuhören, redet nur „kursiv gedruckt", unterlegt jede Kleinigkeit mit großer Bedeutung. Er will in erster Linie das Bild eines erfolgreichen, durchsetzungsfähigen, beliebten Mannes entwerfen, der keine Konflikte hat, mit denen er nicht selber fertig wird. Entsprechend schildert er die Vorgeschichte: Das Elternhaus war „einmalig", er selber im Leben erfolgreich – Volksschule, Handwerkerlehre, schließlich Beamter. Daß hinter dieser Fassade ein erhebliches Maß an Unsicherheit verborgen ist, zeigt ein Suizidversuch mit einem kurzen Aufenthalt in einer psychiatrischen Klinik. In der Pubertät habe er sich wenig um Frauen gekümmert, da er sehr leistungsorientiert war. Wenn er gewollt habe, sei er bei Frauen aber immer sehr erfolgreich gewesen, habe eher zu viele als zu wenig Mädchen „gehabt". Demgegenüber fällt auf, daß seine Frau durch eine Annonce kennenlernte, die sein Vater für ihn aufgegeben hatte. Auch er betont, daß er seine Frau beim Kennenlernen nicht besonders gern gemocht habe.

Es fällt auf, daß der Mann die Frau nie ausreden, wenn möglich gar nicht zu Wort kommen läßt. Er liegt sozusagen ständig auf der Lauer, ihr Verhalten zu überwachen und die Führung zu übernehmen. Er überkompensiert damit seine eigene Unsicherheit; indem er für sie redet, vermeidet er, von der Frau etwas Kränkendes oder überhaupt Kritik zu hören. Sie beklagt, daß Bevormundung und Einmischung ihr gesamtes Zusammensein prägen, d. h. hinsichtlich der Kindererziehung, der Haushaltsführung, gemeinsamer Aktivitäten. Sie fühlt sich demgegenüber völlig wehrlos, da er sie bei dem Versuch, sich einmal durchzusetzen, mit endlosen, zwanghaften Monologen geradezu erstickt und sie diese Monologe nur durch ihr eigenes Schweigen schließlich beenden kann. Sie reagiert darauf mit einer Mischung aus tiefer Resignation und Wut. Die Sexualität ist der einzige Bereich, wo nicht geschieht, was er möchte.

Anders als in dieser Fallgeschichte kann das sexuelle Problem auch ausgesprochen offensiv und aggressiv eingesetzt werden; „die Wonnen des Triumphes" (Stekel 1921, S. 239) sind dann die Prämie für den Verzicht auf Sexualität. Sexuelle Störungen sind eben auch ein Vorenthalten von Lust; der Ausdruck, nicht zu lieben oder nicht geliebt werden zu wollen; das Verwehren der sexuellen Selbstbestätigung des Partners; die Verunsicherung seiner Geschlechtsidentität. Die sexuelle Störung wird zum Instrument der Aggression: „Sie wird aktiv eingesetzt, um Druck, Zwang und Gewalt auszuüben, und zwar von Individuen, die oft passiv erscheinen" (Salzman 1954, zit. nach Martino 1963, S. 318).

2.2.2.4 Ambivalenzmanagement

Jede Partnerschaft mobilisiert die frühen Beziehungskonflikte eines Menschen (vgl. Willi 1975): Wieviel Nähe kann ein Partner ertragen, ohne Angst, sich zu sehr einzulassen, zu angewiesen und zu verletzbar zu werden, zuwenig er selbst zu bleiben und sich aufzugeben; wieviel Distanz, ohne sich verlassen und einsam oder durch Trennung bedroht zu fühlen? Wieviel Schwäche kann ein Partner zulassen, ohne zu befürchten, zerstört zu werden, ausgeliefert und schutzlos zu sein; wieviel Stärke, ohne die Gleichwertigkeit des andern in Frage zu stellen? Wieviel Abhängigkeit kann ein Partner zulassen, ohne seine Autonomie zu verlieren, sich hilflos, unselbständig, gefesselt und eingeengt zu fühlen; wieviel Autonomie, um sich noch gebunden, vertraut, mit dem andern als Paar zu erleben? In all diesen Beziehungskonflikten ist die Sexualität ein wichtiges Regulativ für den Ausgleich der zwiespältigen Strebungen. Wir wollen diese Funktion der Sexualität an der Nähe-Distanz-Problematik aufzeigen, die für die Entstehung sexueller Störungen eine hervorragende Bedeutung hat.

Zunächst kann Sexualität dort, wo zuviel Distanz zum Partner erlebt wird, die bedrohliche Entfernung abbauen und Nähe herstellen. Dies ist an alltäglichen Erfahrungen abzusehen, beispielsweise an dem Paar, das nach einem heftigen Streit miteinander schläft und sich damit versichert, daß die Kluft überbrückbar ist und daß sie sie überbrücken wollen. Plötzliche Veränderungen des Nähe-Distanz-Gleichgewichts heben gelegentlich sogar chronische sexuelle Funktionsstörungen auf, zumindest kurzfristig (vgl. Paar 15). Wenn Sexualität die Funktion hat, gestörte Nähe wieder herzustellen, wird sie oft besonders intensiv erlebt.

Wichtiger für unsere Diskussion ist der umgekehrte Vorgang: sexuelle Störungen und Lustlosigkeit als Distanzierung, als Flucht vor bedrohlicher Nähe.

Männer und Frauen mit starken Nähe-Distanz-Ambivalenzen, bei denen Nähe also stark gewünscht, dieser Wunsch zugleich aber sehr angstbesetzt ist, sind besonders disponiert für sexuelle Probleme. Auf die möglichen Entstehungsbedingungen solcher Ambivalenzen haben wir oben schon hingewiesen (S. 40). Selbstverständlich mobilisieren verschiedene Partner in unterschiedlicher Weise die Näheängste, die dann mit sexuellen Störungen abgewehrt werden müssen. Der Partner kann als besonders anklammernd und „clinchig" erlebt werden und damit die Grenze des für den andern Aushaltbaren überschreiten, selbst bei jemandem mit einer großen Nähetoleranz. Willi (1975) hat darauf hingewiesen, daß Nähe-Distanz-Konflikte in Partnerschaften oft „kollusiv" behandelt werden: Die Ambivalenz, die jeder Partner in sich hat, wird sozusagen mit verteilten Rollen gespielt: ein Partner übernimmt die Distanz, der andere die Nähe. Solche Kollusionen verstellen oft den Blick für die beidseitige Beteiligung der Partner.

Es gibt eine Reihe von Situationen, die die Nähe-Distanz-Bilanz verändern und in denen sexuelle Funktionsstörungen häufig beginnen oder manifest werden: nach dem Zusammenziehen eines Paares; nach der Heirat oder nach dem Entschluß zu heiraten; bei Frauen nach der Geburt eines Kindes, wenn sie sich noch stärker an den Mann gebunden und von diesem abhängig fühlen; oder wenn eine Frau sich aus dem Berufsleben zurückzieht, um sich als Hausfrau ganz der Familie zu widmen, wenn sich ihre sozialen und emotionalen Kontakte ganz auf zu Hause beschränken und sie keine anderen Distanzierungsmöglichkeiten hat, als im *sexuellen Bereich.*

Paar 15: Beide Partner sind Ende 20, er ist selbständiger Kaufmann, sie gelernte Sekretärin, jetzt Hausfrau. Sie sind seit 7 Jahren verheiratet und haben 2 Töchter. Zu Beginn der Beziehung hatte sie keine sexuellen Schwierigkeiten: sie schlief gern mit ihm und hatte gelegentlich einen Orgasmus. Auch ohne Orgasmus fand sie den Verkehr befriedigend. Als sie sich ein halbes Jahr kannten, wurde sie schwanger und sie heirateten. Während der Schwangerschaft verschlechterte sich die sexuelle Beziehung. Ihr ist der Geschlechtsverkehr seitdem zuwider, alles sträubt sich dagegen. Den Verkehr möchte sie so schnell wie möglich hinter sich bringen, „wie das Zähneputzen". Danach möchte sie manchmal weinen, sie komme sich vor wie ein Gebrauchsgegenstand. In einer außerehelichen Beziehung war die Sexualität für sie befriedigend. Auf beide Geburten reagierte die Frau mit psychischen Problemen. Nach dem ersten Kind habe sie sehr viel abgenommen, nach dem zweiten Kind sei sie von Zwangsvorstellungen gequält worden, sie könne ihre Kinder verletzen. In dieser Zeit habe sie auch psychogene Herzanfälle gehabt, die manchmal eine ärztliche Intervention nötig machten; bis heute seien unangenehme körperliche Sensationen geblieben: Kloßgefühl im Hals, Tremor, Kribbeln im Magen.

Er hatte vor der Ehe sexuelle Beziehungen zu 3 Freundinnen, bei denen er aber nie eine Ejakulation hatte. Diese Störung verlor sich in der Beziehung zu seiner späteren Frau sehr schnell. Er versuchte in dieser Zeit sehr häufig mit ihr zu schlafen, um sich zu beweisen, „daß es doch geht".

Das Paar betrachtet die Therapie als letzten Versuch, die Ehe zu retten. Sie lassen sich aber von Anfang an nicht auf die Therapie ein, vielmehr kommt es von Beginn an zu einer Verschärfung der akuten Parnerkonflikte, der Auseinandersetzungen und fruchtlosen Vorwürfe. Nach wenigen Therapiestunden fahren sie getrennt in Urlaub. Der Mann lernt dort eine Frau kennen, kehrt zurück und teilt seiner Frau seinen Entschluß mit, sich von ihr zu trennen. Obwohl sie die Trennung selbst oft gewünscht hat, reagiert sie völlig verzweifelt, versucht ihn umzustimmen. Sie hat zum ersten Mal seit Jahren ein starkes sexuelles Verlangen gegenüber ihrem Mann; etwa 2 Wochen lang schlafen sie praktisch jeden Abend miteinander, wobei die Frau fast immer initiativ wird und auch Orgasmen erlebt. Dies ist ihre sexuell aktivste und komplikationsloseste Zeit. Ihr Mann ist nicht umzustimmen, und sie trennen sich schließlich, die Frau ist immer noch verzweifelt. Eine Nachuntersuchung 3 Monate später zeigte, daß sie sich sehr viel besser mit der Trennung arrangiert hat als er. Sie hat vor, mit ihrem ehemaligen Geliebten zusammenzuziehen. Ihr Mann unternimmt nun seinerseits den Versuch, sie umzustimmen, aber sie lehnt jetzt so konsequent ab wie er zuvor. Sie scheint zuversichtlich und mit der Entscheidung, sich zu trennen, im reinen. Er ist resigniert und voller düsterer Vorwürfe gegen die Unzuverlässigkeit von Frauen.

2.2.3 Lerndefizite

Pocs u. Godow (1976) fanden in einer empirischen Untersuchung, daß Studenten und Studentinnen die Koitusfrequenz ihrer Eltern um mehr als die Hälfte unterschätzen. Kinder nehmen ihre Eltern unsexueller wahr, und Eltern stellen sich ihren Kindern gegenüber unsexueller dar als sie es tatsächlich sind. Vielen Menschen ist die Vorstellung, daß die Eltern sexuell verkehren, nur abstrakt möglich, konkret bleibt ihnen diese Vorstellung ungreifbar. Eher werden noch die Väter als sexuell interessiert vorgestellt, die Mütter werden − v. a. von Töchtern − als Opfer der männlichen Wünsche erlebt, was der Realität oft entspricht. Wichtige Modellpersonen, die sonst das Verhalten beeinflussen, sperren also den Bereich Sexualität völlig aus. Damit bekommt die Sexualität eine ausgesprochene Sonderstellung. Kinder lernen sehr früh, daß der „normale" Erwachsene einem Beruf nachgeht, verheiratet ist, Kinder aufzieht, Freizeitinteressen hat usw. Erotische und sexuelle Beziehungen aber sind ausgeblendet, dieser Bereich bleibt im Hinblick auf Erwartungen, Verhaltensmuster oder „Skripte" (Gagnon u. Simon 1973) leer. Sexualität wird im Erziehungsprozeß entweder in einen vage-negativen (vgl. S. 42) oder in gar keinen sozialen Kontext gestellt. Das erste führt zu Angst und Schuldgefühlen, das zweite zu Unsicherheit und Verwirrung.

Der Ausfall wichtiger Modellpersonen für die Bereiche Sexualität und Erotik kennzeichnet einen wichtigen Aspekt sexueller Sozialisation in unserer Gesellschaft: den Entzug von Lernmöglichkeiten. Dadurch wird es unnötig schwierig, die sexuellen Möglichkeiten in adäquates sexuelles Handeln zu übersetzen. Die ersten sexuellen Erfahrungen in Pubertät und Adoleszenz werden zu einem riskanten Unternehmen: sie führen oft zu anfänglichen Versagenserlebnissen, die sich durch die unten zu besprechende Selbstverstärkungstendenz nicht selten verfestigen und so eine dauerhafte Funktionsstörung bedingen.

Nach Gagnon u. Simon (1973) und Gagnon (1974) hat das Vorenthalten von Lernmöglichkeiten v. a. für die sexuelle Sozialisation von Mädchen eine entscheidende Bedeutung. Klar wird dies an der unterschiedlichen Bedeutung der Masturbation für Jungen und Mädchen. In keiner sexuellen Verhaltensweise unterscheiden sich auch heute noch Jungen und Mädchen so stark wie bei der Masturbation (Sigusch u. Schmidt 1973; Clement 1986): Sehr viel weniger Frauen als Männer masturbieren überhaupt in Jugend und Adoleszenz, und ihre Masturbationsfrequenz ist sehr viel geringer. Viele Frauen beginnen mit der Masturbation erst nach der ersten partnerschaftlichen Erfahrung − im Gegensatz zu Männern, für die die Masturbation fast immer der Auslöser des ersten Orgasmus ist.

Die Ursachen dieser Unterschiede liegen auf der Hand: Die Geschlechtsrollenerziehung der Mädchen läuft von vornherein darauf hinaus, sie an Masturbation uninteressierter und zur Masturbation unfähiger zu machen; denn Masturbation fordert stärker als andere sexuelle Aktivitäten, die Initiative selbst zu ergreifen, selbst aktiv zu werden, Sexualität nicht im Rahmen einer Liebesbeziehung zu erleben, nicht auf einen Partner als „Erwecker" der Sexualität zu warten. Selbstbefriedigung ist deshalb etwas, was Mädchen sehr viel schwerer mit dem anerzogenen Bild von „weiblicher Sexualität" vereinbaren können als Jungen mit ihrem Bild von „männlicher Sexualität". Mit dem Entzug der Masturbation als Lernmöglichkeit aber wird die sexuelle Entwicklung junger Mädchen entscheidend beeinflußt: Männer erlangen durch die Masturbation eine Kompetenz über ihre Sexualfunktionen, eine Vertrautheit mit ihren körperlichen und sexuellen Reaktionen, die Mädchen nur selten haben, wenn sie sexuelle Beziehungen aufnehmen. Die Hemmung, bestimmte Bereiche ihres Körpers und dessen Reaktionsmöglichkeiten selbst zu erfahren, führt dann dazu, daß Frauen ihre Genitalregion oft als einen „weißen Fleck" im Körperschema erleben, nicht selten als etwas Unheimliches, das sie nicht gerne ansehen, berühren oder berühren lassen. Männer haben beim ersten Petting oder Koitus in der Regel schon viele Orgasmen durch Masturbation erlebt; Frauen müssen diese Fähigkeit erst allmählich lernen, nur sehr wenige haben einen Orgasmus durch Selbstbefriedigung vor dem ersten sexuellen Erlebnis mit einem Partner gehabt.

Weiterhin erfahren Männer durch die Masturbation Sexualität als etwas, was man auch autonom, als Befriedigung für sich selbst erleben kann. Dies ist für Frauen, die Sexualität ja meist erst in der Beziehung zu einem Mann kennenlernen, sehr viel schwieriger. Auch deshalb konzentriert sich die Frau mehr auf die sexuellen Bedürfnisse und Wünsche ihres Partners. Sie wird verleitet, „ohne innere Teilnahme zu kollaborieren" (Shainess 1968, S. 70), Sexualität als etwas zu begreifen, was sie in erster Linie dem Mann zu Gefallen tut, nicht sich selbst. So kann sie Sexualität leicht als eine fremdartige oder auch feindselig gegen sich gerichtete Aktivität erleben. Schließlich lernt sie im Gegensatz zu Männern Sexualität nicht als eine Betätigung kennen, die man aus einem emotionalen und sozialen Kontext gelegentlich auch lösen kann. Sie bleibt in ihrer Sexualität immer stärker als der Mann auf das Gefühl der Nähe und Intimität angewiesen und ist damit in ihren sexuellen Reaktionen sehr viel sensibler gegenüber akuten und chronischen Partnerkonflikten, auch sehr viel störbarer und verwundbarer.

Die Selbstbefriedigung hat selbstverständlich auch bei Jungen eine wichtige und einengende Funktion in der rollenspezifischen Ausrichtung ihrer Sexualität. Die unter männlichen Jugendlichen übliche Masturbationspraxis ist genital- und orgasmusfixiert, selten ein sinnliches Umgehen mit dem ganzen Körper; in den Phantasien dominieren ebenfalls genital-sexuelle über zärtliche Inhalte. Eine Sexualität, die auf Spannungsabfuhr zielt, die auf Orgasmus und genitale Stimulation und weniger auf Zärtlichkeit gerichtet ist, wird dadurch oft eingeübt und begründet massive Konflikte mit der späteren Partnerin.

Die heutigen liberalen, aber nicht nur sexualfreundlichen Normen erlauben Jungen und Mädchen Sexualerfahrungen im Jugendalter; zugleich stehen Jugendliche von der ersten sexuellen Partnerbeziehung an unter dem Druck neuer, sexuelle Kompetenz propagierender Normen. Wir machen zunehmend die

Erfahrung, daß Frauen heute unmittelbar nach der Aufnahme von Koitusbeziehungen sehr schnell unter einen starken Orgasmuszwang — durch ihren Freund oder ihre eigenen Erwartungen — geraten, der den notwendigen Lernprozeß zwischen beiden Partnern verzögert oder oft sogar abwürgt. Nach Deutsch (1965) führt der sexuelle Ehrgeiz zur „bangen Erwartung des großen Ereignisses ... [und] die verzweifelte Erwartung des ... Orgasmus tritt an die Stelle des orgastischen Versinkens" (S. 362).

2.2.4 Selbstverstärkungsmechanismus

Solange sexuelle Funktionsstörungen untersucht und behandelt werden, sind Erwartungs- und Versagensängste immer wieder als besonders effiziente Erzeuger und Konservierer sexueller Störungen angesehen worden. Für Stekel (1920) beispielsweise steht hinter Funktionsstörungen oft die Furcht vor dem Versagen, die „Furcht vor der Furcht, die Autosuggestion der Furcht" (S. 267). Nach Benedek (1974) beobachten anorgastische Frauen ihre Reaktionen beim Verkehr mit „ängstlicher Ungeduld; damit stören sie, was sie so sehnsüchtig zu erstreben scheinen" (S. 589, übers. vom Verf.). Frankl (1975) sieht in dem Forderungscharakter, den der Koitus bei Patienten mit sexuellen Problemen hat, eine wichtige Ursache der Störung, denn „Lust gehört zu den Dingen, die ein Effekt bleiben müssen und nicht intendiert werden können" (S. 119). Für Watzlawick et al. (1974) gehören Erektions- und Orgasmusstörungen zu den „Sei-spontan-Paradoxien". Es bleibt aber das eigentliche Verdienst von Masters u. Johnson (1973), diesen bis dahin mehr beiläufig erwähnten Mechanismus systematisch herausgearbeitet, in einigen eindrucksvollen Fallgeschichten (z. B. S. 86 ff., 148 ff.) detailliert beschrieben und daraus wichtige therapeutische Konsequenzen gezogen zu haben, die die Behandlungserfolge bei Patienten mit sexuellen Funktionsstörungen in einem vorher unbekannten Ausmaß verbessern.

Dabei geht es um einen überaus einfachen Sachverhalt: Das erste, vielleicht zufällige Auftreten einer Funktionsstörung führt zu Erwartungsangst, diese Erwartungsangst verhindert die intakte Funktion, und dies wiederum erhöht die Erwartungsangst. Dieser Selbstverstärkungsmechanismus (Schmidt et al. 1975) oder „sich selbst erhaltende Teufelskreis" (Lobitz et al. 1974) sexueller Störungen geht einher und wird beschleunigt durch ängstliche Selbstbeobachtung, Minderwertigkeitsgefühle und häufig auch durch eine zunehmend fordernde oder feindselige Haltung des Partners. Jede Vermeidung sexueller Aktivität, jede Unterdrückung sexueller Wünsche, also jeder Verzicht auf Lust umgeht die angstauslösende Situation und das vorweggenommene Versagenserlebnis und wird entsprechend verstärkt.

Der Selbstverstärkungsmechanismus spielt in der Ätiologie *aller* Funktionsstörungen eine wichtige Rolle. Gleichgültig, welche tieferen Ursachen eine sexuelle Störung haben mag — frühkindliche Konflikte und Ängste, Partnerkonflikte, Lerndefizite —, sie werden durch den Selbstverstärkungsmechanismus verfestigt. Die Störung kann sich durch ihn von den ursprünglichen Ursachen völlig ablösen und funktionell autonom werden. Die Auflösung des Selbstverstärkungsmechanismus spielt deshalb in der Therapie sexueller Funktionsstörungen, wie Masters u. Johnson (1973) nachgewiesen haben, eine zentrale Rolle.

Wie schnell bei einem Mann oder bei einer Frau dieser Selbstverstärkungsmechanismus einsetzt bzw. wie traumatisch gelegentliches sexuelles Versagen sich auswirkt, hängt selbstverständlich von den Faktoren ab, die wir in den verschiedenen Abschnitten dieses Kapitels behandelt haben. Ein Mann beispielsweise, der abgearbeitet und unter Alkoholeinfluß erstmalig keine Erektion bekommt, kann das als erklärbares „normales" Ereignis akzeptieren. Er kann aber auch, vielleicht weil er immer geheime Potenzängste hatte, mit Verzweiflung darauf reagieren und fürchten, daß ihn nun ein für allemal die Impotenz wie eine Krankheit heimgesucht habe. Bei ihm wird der Selbstverstärkungsmechanismus sofort einsetzen und möglicherweise seine schlimmsten Befürchtungen bestätigen. Auch die Reaktion des Partners beeinflußt die Selbstverstärkungstendenz. Ein Mann, für den der Orgasmus der Frau eine wichtige Bestätigung seiner eigenen sexuellen Intaktheit ist, wird auf Orgasmusschwierigkeiten seiner Partnerin alarmiert reagieren und sie damit womöglich regelrecht in eine chronische Störung hineintreiben. In diesem Sinne sind sexuelle Störungen der Frau oft auch eine Widerspiegelung der Potenzängste ihrer Männer, und umgekehrt.

3 Psychotherapie

Gerd Arentewicz und Gunter Schmidt

Selbstverständlich sind nicht alle psychogenen Sexualstörungen derart schwerwiegend, daß sie einer Psychotherapie bedürfen. Eine Vielzahl sexueller Probleme kann durch *Beratung* eines oder beider Partner in einer oder wenigen Sitzungen behoben, gebessert oder für den Betroffenen/das Paar verständlicher und damit erträglicher werden. Das ist beispielsweise oft der Fall bei initialen oder akut einsetzenden Störungen oder bei Problemen, die auf unrealistische Vorstellungen oder Informationsdefizite zurückzuführen sind (z. B. wenn der Orgasmus nicht allein durch den Koitus, sondern durch manuelle Stimulation ausgelöst wird, und die Frau dies für ungenügend oder anormal hält). Die bei der Sexualberatung angewendeten Techniken unterscheiden sich im Prinzip nicht von denen der Psychotherapie sexueller Störungen, sondern stellen lediglich besonders kurzzeitige und fokussierte psychotherapeutische Interventionen dar (vgl. Buddeberg 1987; Röbbeling u. Clement 1983).

Die weiteren Kapitel dieses Buches befassen sich mit der Paartherapie bei sexuellen Funktionsstörungen. In diesem Kapitel wollen wir die Vorläufer und Besonderheiten unseres Konzepts der Paartherapie besprechen.

3.1 Das Konzept von Masters und Johnson und seine Modifikationen

Den bedeutsamsten Beitrag zu einer symptomspezifischen Behandlung sexueller Funktionsstörungen leisteten Masters u. Johnson (1973). Sie behandelten von 1959−69 510 Paare; 1970 publizierten sie als Ergebnis ihrer jahrelangen Arbeit ein Therapiekonzept und dokumentierten ihre Behandlungsresultate.

Masters u. Johnson haben ihr Konzept nicht von theoretischen Prinzipien der Psychologie her entwickelt. Ihre Therapie ist vielmehr eine pragmatische Kombination von Verfahren, die bis dahin entweder einzeln oder unsystematisch angewendet worden waren. Ferner basiert der Ansatz auf ihren physiologischen Untersuchungen über die sexuelle Reaktion (Masters u. Johnson 1970). Die von Masters u. Johnson vorgeschlagene Paartherapie und ihre zahlreichen Variationen sind die heute am meisten angewendete und vermutlich auch die erfolgversprechendste Psychotherapie sexueller Störungen (O'Connor 1976). Alle späteren therapeutischen Ansätze gehen vom Konzept von Masters u. Johnson aus, sind Ergänzungen, aber keine grundlegenden Neuerungen (vgl. v. d. Lobitz u. LoPiccolo 1972; LoPiccolo u. Lobitz 1972; Kaplan 1974a, 1981; Caird u. Wincze 1977; unser Konzept vgl. S. 63 ff.).

Die Rahmenbedingungen ihres Konzepts sind mit den Begriffen *Paar-*, *Team-* und *Intensiv*therapie zu umreißen. Masters u. Johnson (1973) behandeln,

wenn immer es möglich ist — d. h. wenn eine feste Partnerschaft besteht, die
beide fortsetzen wollen, und der symptomfreie Partner kooperationswillig ist —,
das *Paar*, da „es so etwas wie einen unbeteiligten Partner in einer Partnerschaft,
in der sexuelle Funktionsstörungen aufgetreten sind, nicht gibt" (S. 2). Sexuelle Probleme manifestieren sich zwischen zwei Menschen; sollen sie behoben werden,
müssen beide Partner sich ändern und zur Veränderung ihrer (sexuellen) Beziehung beitragen. Das Paar wird von einem Therapeuten*team*, einem Mann und
einer Frau, behandelt, weil dadurch beide Partner „einen Vertreter und gleichzeitig einen Interpreten" (S. 4) haben, der sie aufgrund der eigenen primären
Erfahrungen als Mann bzw. als Frau besonders gut verstehen kann. Außerdem
kann ein Therapeutenteam mehr wahrnehmen als ein Einzeltherapeut; sie können sich gegenseitig korrigieren und kontrollieren. Schließlich werden in der
Therapie nicht zu bearbeitende Übertragungs- und Gegenübertragungsprozesse
sozusagen durch die „Paarbeziehung" der Therapeuten gebunden oder zumindest in Grenzen gehalten. *Intensiv* (massiert in unserem Sprachgebrauch) nennen Masters u. Johnson ihre Therapie deshalb, weil sie quasistationär durchgeführt wird: sie dauert bei täglichen Sitzungen 2 − 3 Wochen, während derer die
Patienten nicht arbeiten und außerhalb ihrer häuslichen Umgebung und Verpflichtungen leben, um sich der Therapie ganz widmen zu können. So hat das
Paar keine Möglichkeit, der Konfrontation mit seinen Schwierigkeiten dadurch
auszuweichen, daß es sich hinter den alltäglichen Ablenkungen, Belastungen
und Sorgen versteckt; die Paare erhalten für neue Erfahrungen sofort therapeutische Rückmeldung; während der Therapie auftretende Schwierigkeiten können umgehend bearbeitet werden; schließlich reduziert das Setting der Kurz-
therapie angeblich die Gefahr nicht zu bearbeitender Übertragungs- und Ge-
genübertragungsphänomene. Das eigentliche therapeutische Agens der Paarbehandlung nach Masters u. Johnson besteht in einer Reihe *aufeinanderfolgender
Verhaltensanweisungen* für sog. „Übungen", die das Paar zwischen den Sitzungen durchführt. Die Erfahrungen mit diesen Übungen werden in der jeweils
nächsten Therapiesitzung besprochen und ausgewertet. Der „Schwierigkeits-
grad" der Übungen steigt dabei (nach dem Symptomverständnis von Masters u.
Johnson) im Lauf der Therapie an: vom abwechselnden Streicheln des ganzen
Körpers mit Ausnahme der Genitalregion („sensate focus") über 6 − 8 Zwischenstufen (erkundendes Streicheln der Genitalien, stimulierendes Streicheln
und Spiel mit der Erregung, Petting bis Orgasmus, Einführung des Penis ohne
Bewegung, Koitus mit erkundenden Bewegungen) bis hin zur nicht mehr durch
Verhaltensanweisungen limitierten sexuellen Betätigung nach den individuellen
Wünschen der Partner[1]. Während der Therapie bleibt die Sexualität auf die jeweiligen Übungen beschränkt, d. h. es bestehen vorübergehend ein Petting- und
ein Koitusverbot. Wir werden auf die psychotherapeutische Wirkung der stufenweisen Übungen noch zurückkommen.

Masters u. Johnson ergänzen dieses Grundschema der Verhaltensanleitungen bei der Behandlung der vorzeitigen Ejakulation und des Vaginismus durch
spezielle Anweisungen (sog. „Squeezetechnik" bei vorzeitiger Ejakulation, Ein-

---

[1] Für eine genaue Beschreibung solcher Verhaltensanleitungen vgl. das Therapiemanual im
Anhang.

führen von Stäben beim Vaginismus)[2]. So geben sie für jede Funktionsstörung ein Gerüst von Verhaltensanleitungen vor, die therapeutisch eingesetzt werden. Diese standardisierten Verhaltensanweisungen müssen selbstverständlich für das einzelne Paar adaptiert, auf seine speziellen Probleme hin ergänzt werden. Dies wird aus den Behandlungsprotokollen von Lobitz et al. (1974) deutlich, die zu folgendem Schluß kommen: „*Während die Behandlungsstrategie unkompliziert, vielleicht sogar simpel ist und scheinbar von jedem angewendet werden kann, der die Literatur gelesen hat, ist der Therapieprozeß in Wirklichkeit hochkomplex und erfordert ein großes Ausmaß klinischer und intuitiver Fähigkeiten*" (S. 3; Übers. vom Verf.).

Es ist, wie gesagt, das Verdienst von Masters u. Johnson, verschiedene schon erprobte Ansätze und Interventionen zu einem systematischen Behandlungskonzept zusammenzufügen. Wir wollen auf die *therapiegeschichtlichen Wurzeln* ihres Vorgehens zumindest kurz eingehen. Stufenweise Verhaltensleitungen zum Abbau sexueller Ängste und Störungen wendeten weniger systematisch u. a. auch schon Cooper (1963, 1968, 1969b, c), Johnson (1965) und Garfield et al. (1968) an. Bis dahin hatte man stufenweise „Übungen" fast ausschließlich in der Phantasie nach dem Modell der systematischen Desensibilisierung vollziehen lassen, und zwar unter Anwendung von progressiver Muskelentspannung (u. a. Wolpe 1958; Lazarus 1963, 1965; Haslam 1965), mit medikamentöser Unterstützung (u. a. Brady 1966; Kraft u. Al-Issa 1968; Friedman 1968) oder unter Hypnose (u. a. Mirowitz 1966; Kraft u. Al-Issa 1967; Salzman 1968)[3]. Diesen Ansätzen liegt das Modell der reziproken Hemmung zugrunde. Danach sind sexuelle Erregung und Angst antagonistisch. Gelingt es, die Angst aufzulösen, dann können sich sexuelle Reaktionen entfalten.

Die psychotherapeutische Anwendung von *Stäben* zunehmender Stärke beim Vaginismus – wieder nach dem Prinzip der systematischen Desensibilisierung – wurde von Walthard schon 1909 empfohlen, um die Patientinnen von der „Irrtümlichkeit ihrer Phobie" (S. 1999) zu überzeugen. Seitdem wird das Einführen von Stäben zur graduellen Angstreduzierung beim Vaginismus immer wieder benutzt (u. a. Mayer 1932; Malleson 1942; Johnstone 1944; Frank 1948; Mears 1958; Friedman 1962; Haslam 1965; Ellison 1968; Cooper 1969a). Die „*Squeezetechnik*" zur Behandlung der vorzeitigen Ejakulation geht auf Semans (1956) zurück. Über die entlastende und psychotherapeutisch nutzbare Wirkung des *Koitusverbots* berichtete Frank schon 1948. Die *Einbeziehung des symptomfreien Partners* wurde vor Masters u. Johnson ebenso empfohlen (u. a. Gutheil 1959; Reding u. Ennis 1964; Dicks 1967; Madsen u. Ullmann 1967) wie die Behandlung durch ein *Therapeutenteam* (Reding u. Ennis 1964; Dicks 1967).

Seit 1970 sind zahlreiche *Modifikationen* des Masters-Johnson-Programms vorgeschlagen worden. Die wichtigste inhaltliche Veränderung ist der Versuch,

---

[2] Vgl. dazu das Therapiemanual, S. 194 und S. 186 ff.
[3] Wir verzichten auf eine detaillierte Literaturübersicht zur systematischen Desensibilisierung bei sexuellen Funktionsstörungen und verweisen auf die Sammelreferate von Reynolds (1977) und Sotile u. Kilmann (1977).

psychodynamische und partnerdynamische Aspekte stärker in die Therapie zu integrieren (Kaplan 1974a, 1981; vgl. auch unsere Sicht der Paartherapie, S. 63 ff.). Weniger bedeutsam, aber in der therapeutischen Praxis hilfreich, sind die zahlreichen *technischen Modifikationen* u. Ergänzungen, d. h. die Konzipierung neuer Übungselemente. Die meisten dieser Ergänzungen lassen sich zusammenfassen unter dem Stichwort „*arousal reconditioning*" (Lobitz u. LoPiccolo 1972) und zielen ausdrücklich darauf ab, die sexuelle Ansprechbarkeit und Erregbarkeit zu steigern. Das bei Masters u. Johnson implizite Modell der „verschütteten Triebe" — die „natürliche" sexuelle Funktion müsse nur von Hemmungen und Blockierungen befreit werden, um sich dann von selbst zu entfalten — greift zu kurz, da die Abwesenheit von Ängsten zwar eine notwendige, aber keineswegs ausreichende Voraussetzung für sexuelle Befriedigung ist (vgl. Gagnon 1975). Es wird ergänzt durch das Modell der „trainierbaren Erregbarkeit", demzufolge „Sexualität und Erregung . . . als machbar und manipulierbar technisch in den Griff genommen" (Pfäfflin u. Clement 1981, S. 293) werden sollen. Die zahlreichen vorgeschlagenen Techniken des „arousal reconditioning" umfassen u. a.: körperliche Selbsterfahrung und das systematische Erlernen der Masturbation bei Frauen, die noch nie einen Orgasmus hatten (LoPiccolo u. Lobitz 1972; Kohlenberg 1974); die Verwendung starker mechanischer Stimulation (Vibratoren) bei Orgasmusstörungen (LoPiccolo u. Lobitz 1972) und bei ausbleibender Ejakulation (Vogt 1974); das Einsetzen der Masturbationsphantasien, auch bizarrer oder devianter (Marquis 1970); das Einüben und den Ausbau sexueller Phantasien (Flowers u. Booraem 1975; Wish 1975); die Anwendung enthemmender Rollenspiele, z. B. das Spielen eines exaltierten Orgasmus (Lobitz u. LoPiccolo 1972). Zusammenfassend dargestellt sind diese Modifikationen bei Lobitz u. LoPiccolo (1972), LoPiccolo u. Lobitz (1973), Kaplan (1974a), LoPiccolo u. LoPiccolo (1978).

Andere Modifikationen betreffen *therapieorganisatorische Aspekte*. Die Paartherapie wurde mit einem anstatt mit 2 Therapeuten und ambulant (verteilt) — 15 — 40 Sitzungen bei 1 — 2 Sitzungen wöchentlich — anstatt quasistationär (massiert) durchgeführt (vgl. u. a. Lobitz u. LoPiccolo 1972; McCarthy 1973; Kaplan 1974a) und sogar als zweieinhalbtägiges „Marathon" (Blakeney et al. 1976). In den wenigen Vergleichsuntersuchungen (Ersner-Hershfield u. Kopel 1979; Crowe et al. 1981) ist eine unterschiedliche Wirksamkeit dieser Therapiesettings nicht nachweisbar. Unsere Ergebnisse bestätigen diese Ansicht: Wir erzielten mit der intensiven (massierten) Behandlung gleichwertige Ergebnisse wie mit der ambulanten (verteilten) und mit einem Therapeuten gleichwertige Ergebnisse wie mit einem Therapeutenteam (S. 67 f.).

Weiterhin ist versucht worden, Prinzipien der von Masters u. Johnson entwickelten Therapie in *Paargruppen* anzuwenden. Kaplan et al. (1974), McGovern et al. (1976) und Golden et al. (1978) behandelten jeweils Gruppen von 3 — 4 Paaren, bei denen die Männer unter vorzeitiger Ejakulation litten, mit gleichem Erfolg wie in Einzelpaartherapien. Über Gruppenarbeit mit Paaren unterschiedlicher Symptomatik berichten Leiblum et al. (1976), Baker u. Nagata (1978) und Price et al. (1980). Die empirischen Befunde deuten auf eine vergleichbare Wirksamkeit der Paargruppen- und der Einzelpaartherapien hin (vgl. Übersicht bei Mills u. Kilmann 1982). Unsere Erfahrungen (S. 68) bestätigen dieses Bild[4].

Schließlich ist die Paartherapie auch bei *männlichen* (McWhirter u. Mattison 1978; Masters u. Johnson 1981) und bei *weiblichen homosexuellen Paaren* (Masters u. Johnson 1981) angewendet worden. Die Behandlungsergebnisse entsprechen in etwa denen bei heterosexuellen Paaren. In ihrem letzten Buch berichten Masters und Johnson (1981; vgl. Schwartz u. Masters 1984) auch über den Versuch, bisexuelle und homosexuelle Männer und Frauen, die mit ihrer sexuellen Orientierung nicht klarkommen, paartherapeutisch mit einem Partner des anderen Geschlechts (in der Regel dem Ehepartner) zu behandeln. Das ausdrückliche Ziel dieser Therapie ist die „Umpolung" zur Heterosexualität. Wir lehnen einen solchen Ansatz ab. Jeder Versuch, die sexuelle Orientierung zu verändern, d. h. Homosexuelle in Heterosexuelle zu „verkehren", bedeutet nichts anderes, als die Verlagerung des Vorurteils gegen Homosexuelle von der moralischen auf die medizinische oder psychotherapeutische Ebene und bleibt Diskriminierung.

Die Paartherapie sexueller Störungen setzt eine feste Beziehung voraus und kommt deshalb für die vielen *alleinstehenden Männer und Frauen* mit sexuellen Störungen nicht in Frage. Sie leistet zum Beispiel keine Hilfe für Männer, die durch ihre Erektions- und Ejakulationsstörungen derartig entmutigt sind, daß sie nicht einmal mehr Kontakt zu Frauen aufnehmen mögen. Masters u. Johnson versuchten auch bei diesen Männern eine Paartherapie, indem sie mit sog. „Surrogatpartnern" arbeiteten, d. h. mit Frauen, die gegen Bezahlung die Rolle der Partnerin in der Therapie übernahmen. Diese Form der Therapie stellten Masters u. Johnson wegen juristischer Bedenken ein. Sie ist seitdem − abgesehen von Einzelfällen − auch in anderen seriösen Therapieeinrichtungen nicht wieder angewendet worden, vermutlich wegen der damit verbundenen, nicht verantwortbaren psychologischen Risiken für den Mann (starke Bindung an die Partnerin) und wegen der therapeutischen Schwächen dieses Ansatzes (die Kontaktproblematik, oft das Grundproblem, wird nicht bearbeitet). Heute bevorzugt man bei dieser nicht kleinen Patientengruppe in Einzel- oder Gruppentherapien (Männergruppen) folgendes Vorgehen (vgl. u. a. Obler 1973, 1975; Kockott et al. 1973; Zilbergeld 1975; Auerbach u. Kilmann 1977; Arentewicz et al. 1978; Zeiss et al. 1978; Price et al. 1981; Regnolds et al. 1981; Literaturübersicht bei Mills u. Kilmann 1982): Formen des assertiven Trainings, um die Fähigkeit zu fördern, Kontakte zu Frauen zu knüpfen und Freundschaften aufzubauen; Beratungsgespräche über die stufenweise Entfaltung zärtlicher und sexueller Kontakte in einer neuen Partnerschaft; systematische Desensibilisierung − „in vitro" − von Erwartungs- und Versagensängsten; Antizipation ungestörter sexueller Kontakte in den Masturbationsphantasien, um angstfreie reale sexuelle Beziehungen in der Vorstellung vorzubereiten. Ein solches Vorgehen kann

---

[4] Gruppen mit Paaren ohne sexuelle Funktionsstörungen führten u. a. LoPiccolo u. Miller (1975a, b), Kaufman u. Krupka (1975) und Kilmann et al. (1978) mit dem Ziel durch, die „normale" Sexualität „erlebnisreicher" und aufregender zu machen (sog. „sexual enhancement" oder „marital enrichment" Gruppen). Hier werden, so Pfäfflin u. Clement (1981) in einer Kritik an diesen Programmen, Therapien zur „sexuellen Massage", die einem „Konzept des optimalen Lustkonsums" (295 f.) folgen.

die sexuellen Schwierigkeiten oft beseitigen oder aber den Mann zumindest in
die Lage versetzen, sich wieder zuzutrauen, eine Partnerschaft aufzubauen.

Bei Frauen, die noch nie einen Orgasmus erlebt haben und die nicht bereit
sind, die Behebung ihrer Probleme von einer Beziehung zu einem Mann abhängig zu machen, wird einzeln (LoPiccolo u. Lobitz 1972), aber mit besonders gu-
ten Ergebnissen in Frauengruppen mit weiblichen Therapeuten (Barbach 1974;
Wallace u. Barbach 1974; Schneidman u. McGuire 1976; Leiblum u. Ersner-
Hershfield 1977; Literaturübersicht bei Mills u. Kilmann 1982) eine Beratung
oder Behandlung durchgeführt, die auf den Ausbau des Selbstvertrauens, die
Entwicklung eines positiven Verhältnisses zum eigenen Körper, den Abbau von
Ängsten und die Herbeiführung des Orgasmus durch Masturbation zielt. Diese
Frauengruppen können bei primären Orgasmusschwierigkeiten auch dann eine
Alternative zur Paartherapie sein, wenn die Frau in einer festen Partnerschaft
lebt (Ersner-Hershfield u. Kopel 1979; Mills u. Kilmann 1982). Bei Frauen mit
Vaginismus kann die Anwendung von Dilatoren (durch die Frau selbst oder
durch eine ärztliche Therapeutin) verbunden mit psychotherapeutischen Gesprächen auch ohne Einbeziehung eines Partners erfolgreich sein (Friedman
1962).

Auch im Hinblick auf die *Therapieergebnisse* ist die Arbeit von Masters u.
Johnson (1973) von besonderem Interesse, und zwar wegen der großen Zahl der
behandelten Patienten und wegen des langen Nachuntersuchungszeitraums von
5 Jahren. Sie berichten über eine Mißerfolgsrate bei Therapieabschluß von
19%, d. h. 81% aller ihrer Patienten waren gebessert. Die Rückfallquote nach 5
Jahren − bei 313 nachuntersuchten Patienten − betrug lediglich 5,1%. Eine weitere Statistik der Masters-Johnson-Gruppe, die auch die 1970−1977 behandelten Paare berücksichtigt und auf 1872 behandelten Patienten beruht, zeigt „bemerkenswert übereinstimmende Ergebnisse" mit der Publikation aus dem Jahr
1970 (Kolodny 1981, S. 312). Leider fehlen auch bei Masters u. Johnson differenzierte Angaben über das Ausmaß der Besserung. Mißerfolg bei Therapieabschluß definieren sie sehr uneindeutig als Fehlschlag, „während der 2wöchigen
Intensivtherapie eine Rückbildung der Basissymptomatik einzuleiten" (1970,
S. 352 f.; Übers. vom Verf.).

Zilbergeld u. Evans (1980) haben die Forschungsmethodik von Masters u. Johnson systematisch kritisiert. Sie bemängelten u. a. die ungenauen Angaben über die Auswahl der Patienten,
über die Dauer der Therapie, über die Durchführung der Nachuntersuchung, über die Anzahl
der Therapieabbrecher, v. a. aber die ungenügend klare Definition der Erfolgskriterien. Insgesamt klassifizieren sie die Untersuchung von Masters u. Johnson als nicht replizierbar und deshalb als wissenschaftlich fragwürdig. In einer Stellungnahme der Masters-Johnson-Gruppe auf
diese Kritik gibt Kolodny (1981) eine Reihe von zusätzlichen Informationen über das methodische Vorgehen. Danach haben Masters u. Johnson nur einen von 50 Therapiebewerbern abgelehnt, also keine Auswahl der Paare nach psychopathologischen oder Eheproblemen vorge-
nommen; bei den meisten Patienten dauerte die Therapie 13 Tage, nur 10% blieben länger als
2 Wochen; die Nachuntersuchung wurde in Form von telefonischen Interviews von den Therapeuten durchgeführt; 3,2% der Patienten brachen die Therapie in der ersten Woche ab. Hingegen gelingt es Kolodny nicht, wie Evans u. Zilbergeld (1983) mit Recht feststellen, die Kritik
an den vagen Erfolgskriterien zu entkräften. Er wiederholt die alte Definition des Therapieer-
folgs als „eindeutige Rückbildung der sexuellen Symptomatik".

Die Kritik von Zilbergeld u. Evans (1980) an Masters u. Johnson hat 10 Jahre nach Erscheinen ihres Buches über die Fachöffentlichkeit hinaus eine große Resonanz gefunden. Die

berechtigten Kritikpunkte waren, obwohl längst bekannt, noch nie so rigoros vorgetragen worden. In der Forderung nach Replizierbarkeit der Arbeit von Masters u. Johnson offenbart sich allerdings ein beschränktes Methodenverständnis von Zilbergeld u. Evans. Diese Arbeit ist nicht replizierbar, aber nicht wegen methodischer Mängel, sondern weil sie eindeutig in der sozialen Situation des amerikanischen Mittelwestens der 50er und 60er Jahre verankert ist. Zilbergeld u. Evans (1980) sitzen der Fiktion auf, eine optimal elaborierte Meßmethodik könne alle Probleme der Psychotherapieforschung lösen, während doch deren Entwicklung in den letzten 15 Jahren gezeigt hat (u. a. LoPiccolo u. Steger 1974; Arentewicz et al. 1975; LoPiccolo u. LoPiccolo 1978), daß eine Präzisierung der Methodik das Problem der Quantifizierbarkeit von Therapieergebnissen keineswegs lösen kann. Vielmehr läuft sie Gefahr, durch statistisches und instrumentelles Raffinement von dem grundsätzlichen Problem der Begrenztheit empirischer Psychotherapieforschung abzulenken.

Die überwiegende Mehrzahl der Forschungsberichte über die Psychotherapie sexueller Funktionsstörungen − es sind mindestens 60 seit der Publikation von Masters u. Johnson − sind methodologisch außerordentlich unbefriedigend: sie stützen sich auf kleine Stichproben, beschreiben Hintergrunddaten, Symptomatik und Auswahlkriterien der Patienten ungenau oder unzureichend, basieren auf globalen, vage definierten Erfolgskriterien, beschränken sich auf die Einschätzung des Therapieergebnisses durch die Therapeuten oder auf Selbsteinschätzungen der Partner, sind fixiert auf Veränderungen der sexuellen Symptomatik und lassen andere Bereiche (Partnerschaft, psychisches Befinden, Sexualverhalten) außer acht, verzichten auf Kontrollgruppen, selbst auf Wartelistenkontrollen (Eigenkontrollgruppen) oder auf die systematische Erhebung von Daten vor der Therapie, beschränken sich auf kurze Nachuntersuchungszeiträume[5]. Untereinander sind die Studien aus diesen Gründen und weil sie im Hinblick auf die Erfolgskontrolle völlig unterschiedlich vorgehen nicht vergleichbar.

Wir verzichten hier deshalb ausdrücklich auf eine Übersicht über die Ergebnisse dieser Arbeiten, verweisen diesbezüglich auf neuere Sammelreferate (Reynolds 1977; Sotile u. Kilmann 1977; Hogan 1978; Kilmann 1978; Kilmann u. Auerbach 1979; Marks 1981; Bancroft 1985) und begnügen uns mit einer globalen Zusammenfassung: Die Paartherapie bei sexuellen Funktionsstörungen führt nach den meisten Untersuchungen bei 70−80% aller Patienten zu einer Milderung der Symptomatik, und zwar sowohl bei der Behandlung einzelner Paare als auch bei der Behandlung von Paargruppen, sowohl bei massierten als auch bei verteilten Therapien, sowohl mit Einzeltherapeuten als auch mit Therapeutenteams. Bei Vaginismus und vorzeitiger Ejakulation liegt die Besserungsquote etwas höher, bei den sekundären Erregungs- und Orgasmusstörungen niedriger.

---

[5] Nach den Kriterien: Anwendung einer mehrere Bereiche umfassende Vor- und Nachuntersuchung und/oder Verwendung von Kontrollgruppen und/oder systematische Kontrolle mindestens einer Therapievariablen sind folgende Untersuchungen methodisch hervorzuheben: Obler 1973, 1982; Husted 1975; Kockott et al. 1975a, b; McGovern et al. 1975; Everaerd 1977; Decker u. Everaerd 1983.

3.2 Zu unserem Konzept der Paartherapie

Unsere Ausführungen über die Ursachen machen deutlich, daß Psychotherapie sexueller Störungen folgendes anstreben muß: Sie muß 1) den Selbstverstärkungsmechanismus auflösen, 2) sexuelle Lerndefizite beheben, 3) die Bedeutung der sexuellen Störung für die Paarbeziehung verstehbar machen und zugrundeliegende Partnerkonflikte bearbeiten, 4) ursächliche psychodynamische Konflikte und Ängste verstehbar machen und bearbeiten, damit „die Gefahren ausgeräumt oder zumindest entschärft werden, die dem Ich des sexuell Gestörten aus der sexuellen Betätigung ... drohen" (Becker 1980, S. 13 f.). Diese Ziele sind je nach individueller Problematik bei jedem Paar von unterschiedlicher Bedeutung. Die Paartherapie ist ein hinlänglich flexibles Verfahren, diesen Zielen gerecht zu werden.

Da der *Selbstverstärkungsmechanismus* jede sexuelle Störung verfestigt und funktionell autonom werden läßt (s. S. 54), ist seine Auflösung ein erstes Ziel der Therapie. Die in der Paartherapie angewendeten Verhaltensanleitungen sind besonders geeignet, Versagensängste und Vermeidungsverhalten abzubauen. Sie beziehen beide Partner ein, da der Selbstverstärkungsmechanismus Teil des sexuellen Interaktionsmusters eines Paares ist. Sie ermöglichen dem Paar oft nach vielen Jahren der Enttäuschung und Quälerei, wieder oder zum ersten Mal ohne Angst vor Versagen oder Überforderung körperlich zusammenzukommen. Durch das Verbieten anderer sexueller Handlungen als es die Übungen vorsehen (z. B. Koitusverbot) wird eine weitere Verstärkung der Störung durch Versagenserlebnisse verhindert. Das Betonen der Bedeutung nichtfordernder und nichtgenitaler Sexualität und (zu Beginn der Therapie) der Vorrangigkeit von Entspannung und Sichwohlfühlen gegenüber Erregung lockert die Fixierung der Patienten auf sexuelles Funktionieren, Orgasmus und Leistung.

Wir haben schon darauf hingewiesen (S. 54), daß durch den Selbstverstärkungsmechanismus sexuelle Störungen auch dann weiter bestehen können, wenn die ursächlichen Konflikte oder Paarprobleme psychotherapeutisch bearbeitet oder behoben sind. Diese Erfahrung schlägt sich nieder in der Klage der Psychoanalytikerin Deutsch (1965): „Ich war ... bitter enttäuscht über die psychoanalytischen Behandlungsergebnisse der Frigidität. Ich habe Fälle gesehen, in denen eine schwere neurotische Erkrankung psychoanalytisch beseitigt werden konnte, ohne die Frigidität der Patientin auch nur im geringsten zu beeinflussen" (S. 358; Übers. vom Verf.). Die funktionelle Autonomie sexueller Störungen ist die Erklärung für die Unzufriedenheit vieler Psychoanalytiker darüber, daß „ihre therapeutischen Resultate bei diesen Problemen nicht schrittgehalten haben mit ihren theoretischen Formulierungen" (Lorand 1939, zit. nach Zuitenbeck 1966, S. 244; Übers. vom Verf.).

Die Therapie dient weiterhin der Behebung von Informationslücken und der Korrektur behindernder Vorstellungen über die Sexualität. Nach unserer Erfahrung hat die Behebung solcher *Lerndefizite* bei den heutigen aufgeklärten Patienten, die zu uns zur Behandlung kommen, nur eine sehr begrenzte Bedeutung, sicher eine weitaus geringere als bei den ersten von Masters u. Johnson therapierten Paaren, die aus einem besonders sexualkonservativen und sehr prüden Umfeld kamen. Die Therapeuten können – kraft ihrer Expertenstellung besonders wirksam – Informationslücken füllen, aufklären, falsche Vorstellungen und Mißverständnisse über Anatomie, Physiologie oder Psychologie der Sexualität korrigieren. Sie können hemmende Einstellungen – z. B. Nacktheitstabus, ablehnende Einstellungen zur Masturbation oder zur manuellen oder oralen Reizung, Geschlechtsrollenklischees im Sexuellen – modifizieren. Wichtiger aber ist, daß die Patienten durch das genaue Besprechen sexueller Erfahrungen lernen, sich offener über sexuelle Erlebnisse und Wünsche zu äußern, unterschiedliche sexuelle Wünsche zu erkennen und ihre Auseinandersetzung und Verständigung im Sexuellen zu verbessern.

Die Auflösung des Selbstverstärkungsmechanismus und die zusätzliche Vermittlung freizügigerer Einstellungen zur Sexualität und befriedigenderer sexueller Praktiken – Ziele, die Masters u. Johnson ganz vorrangig betonen – genügen bei den meisten Patienten, die wir zu behandeln haben, *nicht*, um die Störung zu beheben. Unsere ersten Erfahrungen mit der Paartherapie vor mehr als 10 Jahren zeigten, daß wir sehr viel mehr Sitzungen für die Behandlung benötigen als Masters u. Johnson, weil hinter den meisten sexuellen Störungen virulente *neurotische und Partnerkonflikte* standen. Die Bearbeitung dieser Konflikte im Rahmen der Partnertherapie erwies sich als notwendig und auch als möglich. Für uns ist die Sexualität nicht so sehr das Symptomzielgebiet, sondern der rote Faden, an dem entlang sich Therapie vollzieht – anders ausgedrückt: das Feld für therapeutische Arbeit. Konkrete sinnliche Erfahrungen ermöglichen den Patienten, ihre Ängste, ihre Konflikte und dahinter ihre Gelüste, ihre Feindseligkeit, ihre Unterdrückungsmechanismen und auch ihre Probleme miteinander Schritt für Schritt zu erkennen, zu erleben und zu bearbeiten. Dazu fragen wir: Was bedeuten eine bestimmte Übung und die Erfahrungen, die dabei gemacht werden, für den psychischen Haushalt der Betroffenen? Welche Beziehungsmuster des Paares spricht die Übung an und welche drücken sich in den Erfahrungen mit der Übung aus? Die therapeutische Arbeit mit den sexuellen Erfahrungen ermöglicht *auch* einen besonders unmittelbaren Zugang zum Unbewußten, sie arbeitet ja im Zentrum von Affekt und Abwehr.

Die Verhaltensanleitungen ermutigen die Partner, sich in Situationen zu begeben, die sie ängstigen. Die Übungen produzieren dadurch ein reichhaltiges psycho- und partnerdynamisches Material, das therapeutisch genutzt werden kann (ähnlich wie andere Therapien freie Assoziationen, Träume oder die Übertragung hierfür nutzbar machen). Welche Bedeutung eine Verhaltensanleitung unter psycho- oder partnerdynamischen Aspekten hat, hängt von der besonderen Problematik der Partner und des Paares ab und muß im Einzelfall geklärt werden. Wir geben einige Beispiele aus der Fülle der Möglichkeiten: Das ausgedehnte nichtfordernde Streicheln (vgl. Manual im Anhang) des ganzen Körpers ohne die Möglichkeit, sich in Aktivität oder Erregung zu flüchten, konfrontiert die Partner mit ihren Grenzen, *körperliche Nähe* zu ertragen, und gibt ihnen die Möglichkeit, die Grenzen allmählich zu erweitern. Das abwechselnde Streicheln und v. a. die Grundregel, „nein" zu sagen, wenn man etwas nicht möchte, „selbstsüchtig" bei der Sexualität zu sein, sich auf die eigenen Gefühle zu konzentrieren, führen zu der Erfahrung, in Hingabesituationen *autonom* bleiben und sich *abgrenzen* zu können wenn es nötig ist, also wenn Verschmelzungsängste zu groß werden. Wetteifer- und Konkurrenzhaltung bei den Übungen machen *Dominanzkonflikte* deutlich oder das Einsetzen von Sexualität zur Bestrafung oder Belohnung des Partners. Die strenge Trennung von Aktivität und Passivität provoziert Geschlechtsidentitätsängste – sexuelles *Passivsein* beim Mann, sexuelles *Aktivsein* bei der Frau. Koitus- und Pettingverbot bringen eine Entlastung von der Genitalität und ermöglichen Regression auf *prägenitale Sexualität,* aktualisieren Partialtriebängste vor der Schaulust, vor dem Sichzeigen, dem Sichanfassen. Das Verteilen der Scheidenfeuchtigkeit beim erkundenden Streicheln, die Anwendung von Spucke zur Befeuchtung der Genitalien weckt und beschwichtigt *Schmutzängste.* Übungen zur körperlichen Selbsterfahrung, das ausgiebige Betrachten des ganzen Körpers im Spiegel konfrontieren (und versöhnen vielleicht) mit der körperlich-narzißtischen Kränkung der *eigenen Unvollkommenheit;* das Ansehenlassen des Körpers macht das Angenommenwerden in *körperlichen Schwächen* erlebbar. Das Betrachten und Betrachtenlassen der Genitalien, ihre gezielte manuelle Reizung nimmt die Angst vor – in der Phantasie – *beschädigten oder verletzbaren Genitalien.* Die Aufforderung, Sexualität auch ohne Erektion zu genießen, nimmt Angst vor Impotenz, besänftigt *Kastrationsängste.* Das Einführen des Penis, ohne dann gleich koitale Bewegungen durchzuführen, macht durch die Mischung prägenitaler und genitaler Anteile *regressiv-geborgene Erlebnisqualitäten* des Koitus erfahrbar. Wenn die vaginistische Frau Hegar-Stäbe in die Vagina einführt, widerlegt sie sich selbst ihre *Angst vor Verletzung,* Zerbersten oder Durchbohrtwerden. Die „magische" Wirkung der Expertenrolle der Therapeuten kann archaische Ängste aus *frühen Sexualverboten* überwinden helfen und das kindliche Über-Ich modifizieren usw. Nach Reiche (1981, S. 379) ist „gerade bei einer auf Masters u. Johnson aufbauenden Paartherapie eine konzentrierte und fokale, deutende Arbeit am unbewußten Konflikt des Paares gut möglich; sie drängt sich sogar … auf, weil am Umgang des Paares mit den Anweisungen stets der zentrale Konflikt des Paares sichtbar wird und geradezu nach fokaler Bearbeitung ruft."

Es ist nun keineswegs immer notwendig (und möglich), die hinter dem Symptom stehenden Konflikte und Ängste aufzulösen, um Sexualität und Beziehung lebendiger zu machen. Durch eine Umstrukturierung der Abwehr kann erreicht werden, die destruktiven Auswirkungen der Konflikte auf die Sexualität zu mildern oder zu beseitigen[6]. Der therapeutische Rahmen bewirkt eine Über-Ich-Entlastung („die Therapeuten erlauben es ja") und eine Ich-Entlastung („die Therapeuten passen schon auf, daß mir nichts passiert"), die nach Reiche (1981) dazu führen können, daß die Abwehrprozesse, die zur sexuellen Störung geführt haben, „vorübergehend gelockert und suspendiert werden und sich so, unter therapeutisch erlaubter Umgehung alter Abwehren, neue Abwehrkräfte formieren können, die – … im optimalen Fall – die Einzelperson und das Paar als Ganzes nicht mehr so stören, vielleicht sogar angemessener und reifer sind" (S. 377).

---

[6] Kaplan (1974a) spricht in diesem Zusammenhang von „Umgehungsmechanismen", die dazu führen, „die verletzbare sexuelle Funktion vor dem destruktiven Einfluß der Neurose und der Eheschwierigkeit zu schützen" (S. 151; Übers. von Verf.).

Um ein Beispiel zu nennen: Ein Mann, Mitte 30, seit 3 Jahren verheiratet, konsultiert uns, weil er wegen Erektionsschwierigkeiten den Koitus noch nie ausüben konnte. Miturachen der Störung sind eine starke Mutterbindung und ebenso massive wie diffuse Ängste, beim Verkehr verletzt zu werden. Er hat seine Eichel noch nie angefaßt, da sie in seiner Phantasie eine schwärende Wunde ist, und er glaubt, sie würde bei der Berührung unerträglich schmerzen. Er masturbiert mit halbsteifem Glied, ohne die Vorhaut zurückzuziehen. Die Desensibilisierung dieser umschriebenen Angst im Rahmen einer Paartherapie durch praktische Übungen des Mannes (Ansehen der Eichel, Berühren der Eichel usw.) beseitigte seine phobische Reaktion und war eine wichtige Voraussetzung für die Behebung seiner Erektionsstörung durch die Paartherapie, ganz sicher ohne ihm seine tiefliegenden Kastrationsängste zu nehmen oder seine Mutterproblematik aufzuarbeiten. Das Ausufern dieser Ängste auf die sexuelle Funktion, auf den Koitus oder das Manipulieren des Penis waren sozusagen eingedämmt worden. Ein weiteres Beispiel: Eine Frau, Ende 20, seit 7 Jahren verheiratet, hat wegen eines schweren Vaginismus noch nie verkehren können. Eine Ursache des Vaginismus sind starke masochistische Wünsche, die massive Angst auslösen, durch den Verkehr zerstört zu werden. Nach den wenigen Besuchen beim Frauenarzt oder bei der Frauenärztin bekam sie jedesmal Weinkrämpfe, fühlte sich geschunden, vergewaltigt, verwundet und reagierte mit heftigen Unterleibsschmerzen. In der Therapie lernte sie in einem Desensibilisierungsprozeß, Hegar-Stäbe zunehmender Dicke selbst in die Scheide einzuführen, und sie konnte dabei immer wieder die Erfahrung machen, daß ihre Phantasien nicht wahr wurden. Daraufhin konnte sie auch den Koitus akzeptieren; er war aus ihren masochistischen Konflikten zumindest teilweise herausgenommen worden, ohne das Masochismusproblem aufzulösen. Ganz ähnlich berichtet Friedman (1962), um ein drittes Beispiel zu geben, über eine Frau, deren Vaginismus durch Übungen mit Stäben geheilt wurde: „Sobald sie den Penis des Ehemannes mit dem harmlosen Instrument gleichsetzen konnte, das sie selbst benutzt hatte, konnte sie die Furcht, verletzt zu werden, aufgeben. Auch die Erfahrung, daß sie die Dilatoren einführen und wieder entfernen konnte, half ihr, die Phantasievorstellungen aufzugeben, die Vagina sei eine grundlose, alles verschlingende Höhle" (Friedman o. J., S. 119). Die Erfahrungen mit den Übungen dämmen die überdimensionale Auslegung der Ängste ein, machen ihre Realitätsprüfung möglich und so ihre Irrationalität erlebbar.

Nach unserem Therapieverständnis lehnen wir die Unterscheidung Kaplans (1981) von „Sexualtherapie" (die sich weitgehend auf die Anwendung und das Besprechen der Übungen beschränkt) und „Psychosexualtherapie" (in der auch neurotische und Partnerkonflikte bearbeitet werden) als artefiziell und unsinnig ab. Paartherapie, wie wir sie verstehen, beinhaltet *in jedem Fall* psychodynamische und partnerdynamische Überlegungen und daraus abgeleitete Interventionen. Ebenso künstlich und falsch erscheint uns die Abgrenzung der Zürcher Paartherapieschule (Willi 1981; Buddeberg 1983) von „sexualtherapeutischer Übungsbehandlung" und „vertiefter Paartherapie" nach dem Kollusionsprinzip (Willi 1975, 1978). Bei Sexualstörungen sei eine Paartherapie nach dem Kollusionsprinzip (aber keine „Sexualtherapie") indiziert, wenn „neben der sexuellen Symptomatik noch andere neurotische oder psychosomatische Symptombildungen bestehen" (was bei langwierigen Störungen − und nur die bedürfen einer Therapie − immer der Fall ist) und wenn bei „den Partnern ein tiefgreifendes Mißtrauen oder Feindseligkeiten" (Buddeberg 1983, S. 76), also gravierende Partnerkonflikte vorliegen (was bei chronischen sexuellen Störungen ebenfalls immer der Fall ist). *Demgegenüber praktizieren wir diese Therapie bei allen Paaren, die ihr sexuelles Problem in den Vordergrund stellen, gleichgültig wie stark der neurotische oder Partnerkonflikt hinter dem Symptom ist* (vgl. auch S. 97 f.). Zweifellos kann man mit diesen Paaren auch nach anderen psychotherapeutischen Konzepten arbeiten; aber das ist eine *subjektive Option,* keine *objektive Indikation.* Subjektiv von seiten der Patienten: sie müssen bereit sein, zusammen als Paar behandelt zu werden und akzeptieren können, mit verordneten Übungen konkrete Erfahrungen zu machen. Subjektiv aber auch von seiten der Therapeuten: sie müssen die Zumutung akzeptieren können, so eng an der sexuellen Erfahrung der Patienten zu arbeiten; und sie müssen mit dem andersartigen Autoritätsverhältnis umgehen können, das direkter und unverstellter, aber nicht ausgeprägter ist als bei anderen Therapieformen.

3.3 Therapieergebnisse

Im Rahmen eines Forschungsprojektes mit 202 Paaren haben wir untersucht, wie sich die Partner durch die Paartherapie verändern, und zwar im Hinblick auf ihre sexuellen Symptome, ihr sexuelles Verhalten, ihre Partnerschaft und ihr allgemeines seelisches Befinden. Die Ergebnisse sind bei Clement und Schmidt (1986) ausführlich dokumentiert, differenziert nach vier Diagnosegruppen: Erregungs- und/oder Orgasmusstörungen der Frau (einschließlich Lustlosigkeit); Vaginismus; Erektionsstörungen; vorzeitige Ejakulation. Der Katamnesenzeitraum betrug 2½ bis 4 Jahre. Die Datenerhebung umfaßte Ratings der Therapeuten, Ratings von an der Therapie nicht beteiligten Fachleuten, Selbstbeurteilungen der Patienten und Patientinnen sowie psychologische Testverfahren. Wir fassen die wichtigsten Ergebnisse hier kurz zusammen.

Bei Therapieabschluß ist bei drei Viertel der Paare die sexuelle Störung zumindest gebessert, bei gut einem Drittel völlig behoben; knapp ein Fünftel bricht die Therapie vorzeitig ab (zum Problem des Therapieabbruchs und von Trennungen vgl. Kapitel 5). Die Behandlung von Erregungs- und/oder Orgasmusstörungen erwies sich im Hinblick auf die Besserung oder Behebung der Symptomatik als schwieriger als die der anderen Diagnosegruppen. Die Patienten und Patientinnen beschreiben, ebenso wie ihre Partnerinnen und Partner, in der überwiegenden Mehrheit nach der Therapie ihre Beziehung als besser, weniger feindselig, offener und kommunikativer, ihre Sexualität als aktiver, befriedigender und zärtlicher, ihre sexuellen Störungen als gemindert oder behoben. Die genannten positiven Veränderungen – sowohl in den Therapeutenratings als auch in den Selbstbeurteilungen der Paare – erwiesen sich im Katamnesezeitraum über 2½ bis 4 Jahren als hinreichend stabil.

Systematisch untersucht wurde die therapeutische Wirksamkeit verschiedener Therapiesettings. Generell ergaben sich nur geringe und praktisch bedeutungslose Differenzen in den Therapieergebnissen:

- bei massierten Therapien (tägliche Sitzungen über drei Wochen, dem „klassischen" Masters und Johnson-Setting entsprechend) und verteilten Therapien
(zwei Sitzungen in der Woche, insgesamt 30–40 Sitzungen);
- bei Therapien mit einem/einer Therapeuten/in und Teamtherapien (Therapeut
und Therapeutin);
- bei Einzelpaartherapien und Paargruppentherapien (5 Paare, eine Sitzung pro
Woche, insgesamt etwa 30 Sitzungen; vgl. Wickert et al. 1986).

Das formale Setting ist offenbar weitgehend unerheblich für die Wirksamkeit der
Paartherapie bei sexuellen Störungen, wenn folgende Grundregeln beachtet
werden:

- massierte Therapien und Paargruppen sollten ausschließlich von einem Therapeutenteam durchgeführt werden;
- bei Therapien mit einem Therapeuten bzw. einer Therapeutin sollten Thera-
peut/in und Symptomträger/in das gleiche Geschlecht haben;
- eine Teamtherapie ist dann dringend vorzuziehen, wenn ein/e Therapeut/in in
der Paartherapie noch unerfahren ist.

3.4 Weiterbildung in Paartherapie

Für uns ist die Paartherapie eine Sonderform von Psychotherapie, nicht dagegen
eine eigene Technik oder Schulrichtung neben anderen psychotherapeutischen
Verfahren. Praktisch bedeutet dies, daß wir eine abgeschlossene oder zumindest
weit fortgeschrittene Ausbildung in einer der anerkannten Psychotherapierichtungen (Psychoanalyse bzw. psychoanalytisch orientierte Therapie, Gestalt-,
Verhaltens-, Gesprächspsychotherapie) für die Weiterbildung voraussetzen.
Ebensowenig wie die genannten Psychotherapieschulen über spezielle Konzepte
zur Behandlung sexueller Störungen verfügen, genügt die bloße Anwendung von
„Techniken" zur Behebung der meist psychisch tief verwurzelten Symptome.

Unser Weiterbildungskonzept umfaßt drei Ebenen: 1) Die Vermittlung
theoretischer Grundlagen über Sexualität, sexuelle Störungen und Behandlungsmöglichkeiten; 2) Durchführung einer Teamtherapie mit einem erfahrenen
gegengeschlechtlichen Therapeuten bzw. einer erfahrenen Therapeutin; 3) regel-
mäßige Teilnahme an einer Supervisionsgruppe, die von einem/einer erfahrenen,
mit dem Paarkonzept vertrauten Therapeuten oder Therapeutin geleitet wird.
Unsere Erfahrungen mit diesem Weiterbildungskonzept sind ausführlich bei
Pfäfflin et al. (1986) beschrieben.

4 Schwierige Patienten, unerwünschte Nebenwirkungen

Friedemann Pfäfflin, Gerhard Thiessen und Roswitha Bulla-Küchler

Im Prinzip gilt für jede Form der Psychotherapie, daß sie je nach den Ausgangsbedingungen der Patienten oder auch der Therapeuten individuell modifiziert werden muß und daß kein noch so ausgefeiltes Programm die Auseinandersetzung mit den eigenen und den Besonderheiten der jeweiligen Patienten entbehrlich macht. Ein solcher Gemeinplatz verdiente nicht, erwähnt zu werden, hätten nicht die Erfolge des Paartherapiemodells von Masters u. Johnson und der in ihrem Gefolge entwickelten Modifikationen längst Sexualberater, Psychologen und Ärzte dazu verleitet, diese therapeutische Grundregel und methodische Selbstverständlichkeit außer acht zu lassen und die Verhaltensanleitungen als leicht rezeptierbares Therapieschema mit hoher Wirksamkeit mißzuverstehen.

Wir wollen in diesem und dem nächsten Kapitel die bisherige Darstellung der Ergebnisse durch Kasuistik ergänzen, um solchen Mißverständnissen entgegenzutreten und auf besondere Bedingungen hinzuweisen, die eine Therapie erschweren können, Modifikationen des Vorgehens verlangen, den Therapieerfolg gefährden oder von vornherein als zweifelhaft erscheinen lassen. Schwierige Therapieverläufe führen nicht automatisch zu einem „negativen" Ergebnis. Ihr Ausgang ist offen. Wenn unsere Statistiken auch dazu verleiten, die Therapieergebnisse global zu überschätzen, so unterschätzen sie diese im Einzelfall auch, besonders bei jenen Paaren, deren sexuelle Funktion durch die Therapie nur teilweise gebessert wurde oder die sich während oder nach der Therapie trennten. Bei den Therapien steht mehr auf dem Spiel als eine reparaturbedürftige sexuelle Störung, die mit ein paar Handgriffen zurechtgebogen werden könnte.

4.1 Schwierige Patienten

Die Aufnahme von Paaren in das Projekt war, von der Diagnose „sexuelle Funktionsstörung" abgesehen, an weitere Bedingungen geknüpft, die uns unerläßlich für die Durchführung der Therapie erschienen (vgl. S. 106 ff.). Die Aufnahmebedingungen waren weiter gesteckt als in anderen Studien und schlossen z. B., anders als bei Masters u. Johnson, ausdrücklich psychiatrische Patienten nicht generell aus. Das führte dazu, daß wir viele Patienten sahen, bei denen die sexuelle Funktionsstörung nur eines unter vielen Symptomen war.

Aus mehreren Gründen hatten wir die Aufnahmekriterien so weit gefaßt: Es handelte sich nicht um ein völlig neu zu entwickelndes Therapieprogramm. Im quasistationären Setting von Masters u. Johnson hatte es sich an einer großen Patientenstichprobe bewährt. Wir wollten es in einem ambulanten Setting auch jenen Patienten zugänglich machen, die sonst aus praktischen Gründen ausgeschlossen gewesen wären. Zwingende Gründe, psychiatrische Patienten auszuschließen, lagen nicht vor, sieht man von Patienten ab, die akut psychotisch oder akut süchtig sind. Die Entschärfung sexueller und partnerdynamischer Konflikte konnte möglicherweise zur generellen Stabilisierung dieser Patienten und damit zur Rückfallprophylaxe beitragen. Als Abteilung der Psychiatrischen Klinik fühlen wir uns auch diesen Patienten und ihrer Versorgung verpflichtet und trauten mit zunehmender Erfahrung dem Paartherapiekonzept und uns mehr zu. Die größere Offenheit auch für schwierige Patienten wurde zweifellos nicht zuletzt dadurch erleichtert, daß wir die stationäre Einrichtung im Hintergrund wußten. Ohne diesen Hintergrund hätten wir vermutlich einige Paare nicht aufgenommen. Wir möchten dies betonen, um nicht den Eindruck zu erwecken, als hätten wir einfach herumexperimentiert oder als würden wir dazu auffordern. Im übrigen ist das Spektrum schwieriger Ausgangsbedingungen nicht auf psychiatrische Patienten beschränkt.

Es soll hier nicht verschwiegen werden, daß trotz der beabsichtigt offen gehaltenen Aufnahmekriterien das Therapeutenteam nicht selten sinnbildlich erschrocken die Hände über dem Kopf zusammenschlug, wenn es zum ersten Mal mit dem Paar zusammentraf, das vom Erstinterviewer in der Poliklinik zur Aufnahme ins Projekt vorgeschlagen und vom Team angenommen war. Auf den ersten Blick erschienen zu viele Bedingungen einem positiven Therapieverlauf und -ausgang entgegenzustehen, z. B. daß einer der Partner erheblich alkoholgefährdet war oder unter einer ausgeprägten Zwangssymptomatik litt, daß chronische psychosomatische Erkrankungen vorlagen oder ausgefeilte sexuell deviante Phantasien und Praktiken, daß die Partnerbeziehung einen desolaten Eindruck machte oder die hochdosierte neuroleptische Medikation jede Gefühlsregung der Patienten zu ersticken drohte, um nur einige Beispiele zu nennen. Nebenbei sei bemerkt, daß selbst die formalen Aufnahmebedingungen bei weitem nicht immer erfüllt waren: die Empfängnisverhütung war nicht geregelt; es bestanden akute sexuelle Außenbeziehungen; die Therapiesitzungen konnten nicht ungestört verlaufen, da manche Paare glaubten, ihre Kinder nicht anderweitig unterbringen zu können und sie zu den Sitzungen mitbrachten.

Nicht selten führten solche unklaren Ausgangsbedingungen unter den Teammitgliedern zu Aggressionen und gegenseitigen Vorwürfen, die dann als Hypothek in die Therapie mitgenommen wurden. Obwohl das Manual eine erneute Überprüfung der vom Erstinterviewer gestellten Indikation nach den Explorationen mit den Therapeuten vorsieht, wurden zu diesem Zeitpunkt weniger als 10 Paare aus dem Projekt herausgenommen. Dabei ist die Formulierung „herausgenommen" noch nicht einmal korrekt. Genaugenommen trifft sie für kein einziges Paar zu und es müßte eher heißen, daß nach Abschluß der Explorationen knapp 10 Paare aus dem Projekt ausschieden, weil sie entweder im Poliklinikgespräch nicht richtig über die Therapiebedingungen informiert worden waren oder diese nicht richtig registriert hatten und sich erst jetzt herausstellte, daß sie es z. B. unmöglich einrichten konnten, regelmäßig zu den Terminen zu kommen. In ganz wenigen Fällen erklärten Patienten auch das gesamte Setting oder Teile, wie z. B. das Koitusverbot, für „Quatsch" und wollten sich darauf nicht einlassen. Man kann also sagen, daß die Therapeuten nach den Explorationen die Indikation nie mehr so grundsätzlich in Frage stellten, daß sie die Therapie von sich aus nicht begonnen hätten. Wir überließen diese Konsequenz den Patienten. Das hatte verschiedene Gründe. Einmal gab es keine sicheren Vorhersagekriterien für Therapieverlauf und -ausgang. Weiterhin wollte man Patienten, denen eine Therapie nun einmal fest zugesagt war und die daran große Hoffnungen knüpften, nicht einfach wieder wegschicken. Daneben mag auch eine Rolle gespielt haben, daß einzelne Therapeuten eine Herausforderung darin sahen, auch unter solchen erschwerten Bedingungen die Tragfähigkeit des therapeutischen Modells unter Beweis zu stellen.

Unter dem Stichwort „schwierige Patienten" wollen wir hier allerdings nur über solche Paare berichten, bei denen zu Beginn der Behandlung zusätzlich zur sexuellen Funktionsstörung aktuell manifeste psychiatrische, neurologische oder psychosomatische Krankheiten, Neurosen, deviante Verhaltensweisen, körperliche Behinderungen und Zustände nach entstellenden Operationen vorlagen. Dies trifft etwa für jedes 4. Paar zu. Das Spektrum reicht von entstellendem Minderwuchs mit Trichterbrust und Gibbusbildung über Erblindung, schwere, kurz vorher entzogene Alkoholabhängigkeit, Enzephalomyelitis disseminata, Neurodermitis, Colitis ulcerosa und phasische Depressionen bis hin zu sadomasochistischen Partnerkonstellationen und sadomasochistischen oder fetischistischen Phantasien und Verhaltensweisen sowie Sexualstraftaten (zu letzterem vgl. insbesondere Schorsch et al. 1985). Paare, bei denen lediglich formale Kriterien nicht erfüllt waren, lassen wir hier unberücksichtigt.

Mit den folgenden Ausführungen wollen wir die notwendige und mögliche Variationsbreite des therapeutischen *Konzepts* unterstreichen, die Aufmerksamkeit für die ohnehin vorausgesetzte Besonderheit des Einzelfalls schärfen und demonstrieren, daß Therapie sexueller Funktionsstörungen nach dem hier beschriebenen Konzept tatsächlich oder scheinbar von der Sexualität losgelöste Symptome nicht unbeeinflußt läßt. Eine statistische Aufschlüsselung nach einzelnen „Zusatzdiagnosen" werden wir nicht vornehmen. Erstens wäre dies angesichts des breiten Spektrums und der kleinen Fallzahlen sowieso ein sinnloses Unterfangen. Darüber hinaus wollen wir der Tendenz keinen Vorschub leisten, spezielle Kapitel über sexuelle Funktionsstörungen und deren Behandlung bei Psychotikern, Alkoholikern usw. zu schreiben. Weit davon entfernt, darüber gesicherte Erkenntnisse zu haben, erscheint uns eine solche Subspezialisierung überflüssig und im Ansatz falsch. Bei den 6 nachstehenden Fallgeschichten werden wir das Gewicht auf die Besonderheiten der Ausgangssituationen legen und die Konsequenzen für die Therapie anschließend zusammenfassend diskutieren.

Paar 20: Das Paar ist 10 Jahre verheiratet, beide sind Ende 20. Der Mann arbeitet als Glaser, die Frau aushilfsweise als Phonotypistin. Sie haben eine 10jährige Tochter. Die Frau hat noch nie, weder bei Petting noch bei Geschlechtsverkehr, Orgasmus gehabt und noch nie masturbiert. Sie sagt, ihr Körper sei sexuell völlig gefühllos, durch Geschlechtsverkehr fühle sie sich nur belästigt und belastet oder gelangweilt. Sie könne dabei Zeitung lesen. Manchmal habe sie Schmerzen beim Geschlechtsverkehr. Die Patientin kennt ihre Mutter nicht, da jene wegen einer endogenen Psychose chronisch hospitalisiert war. Die Patientin selbst ist als Kind vergewaltigt worden, hat dann nur mit ihrem Ehemann sexuelle Erfahrungen gemacht und sich mit ihm nur eingelassen, weil sie froh war, daß überhaupt jemand bei ihr bleiben wollte, sozusagen als Entschädigung für seine Anwesenheit. Nach kurzer Zeit wurde sie schwanger, noch während der Schwangerschaft schwermütig. Seit fast 10 Jahren ist sie in ständiger, vorübergehend auch stationärer, psychiatrischer Behandlung. Besonders schwere depressive Phasen mit paranoischen Episoden liegen 2 und 3 Jahre zurück. Seit 9 Jahren wird die Patientin hochdosiert neuroleptisch und antidepressiv medikamentös behandelt. Bei Therapiebeginn nimmt sie schon seit Monaten folgende Medikation: Dapotum 3 ml 14tgl.; daneben Haldol 3×30 Tr. tgl.; Tavor 3×1 mg tgl.; Librium Tabs 3×1 Tbl. tgl.; Akineton 2×1 Tbl. tgl. Ihre zusätzliche Symptomatik bei Therapiebeginn: Antriebslosigkeit bis zur Apathie, Schlafstörungen, schwere depressive Verstimmungen, Neigung zu weinerlichen Dekompensationen, ausgeprägte extrapyramidale Symptome, die z. T. auch medikamentös induziert sind. Der Mann hat in der Vorgeschichte eine Neigung zu verzögerter bzw. ausbleibender Ejakulation. Die Beziehung ist geprägt durch eine anspruchsvoll-unselbständige Haltung der Frau gegenüber dem Mann, der sie bemuttert und betütelt.

Paar 21: Das Ehepaar ist Mitte 50, der Mann Dachdecker, die Frau war früher in einer Wäscherei beschäftigt, ist jetzt halbtags als Verkäuferin tätig, verheiratet seit 20 Jahren. Die Frau wird wegen eines Alkohol- und Schlafmittelentzugsdelirs in ein anderes Hamburger Krankenhaus eingeliefert. Sie ist seit 3 Jahren abhängig, in den letzten Monaten hat sie neben zahllosen Tabletten täglich mindestens einen halben Liter klaren Schnaps getrunken. Bei der Anamneseerhebung stellt sich heraus, daß sie wegen sexueller Schwierigkeiten zu trinken angefangen hat, und der Stationsarzt überweist sie nach der Entlassung an uns. Eine Entziehungskur im engeren Sinne war nicht durchgeführt worden. Die Frau hatte sich bei ihrer Arbeit in der Wäscherei vor 10 Jahren verbrüht und sich dabei schwere Verbrennungen am gesamten Unterleib zugezogen, die jahrelang schlecht verheilten und ausgedehnte Vernarbungen auch im Genitalbereich zurückließen. Geschlechtsverkehr ist seit dem Unfall vor 10 Jahren wegen der Vernarbungen nicht mehr möglich. Die Frau ist in ihrer Jugend von Verwandten und anderen viel ausgenutzt worden, hat lange Zeit ein ablehnendes Verhältnis zur Sexualität gehabt und jahrelang als Prostituierte gearbeitet. Die Frau heiratete aus dem Bordell heraus, „weil sie netter als andere Prostituierte war". Die kinderreiche Ehe verlief bis zum Unfall glücklich und lebte hauptsächlich vom täglich mehrmals ohne viel Zärtlichkeiten vollzogenen Geschlechtsverkehr. Für beide stand die Befriedigung des Mannes im Vordergrund. Die Frau vermißte schon damals etwas mehr Zärtlichkeit, doch erwuchs daraus nie ein Problem. Mit dem Unfall wird alles anders. Die Frau hat Schmerzen, der Mann ekelt sich vor ihr, geht öfter zu anderen Frauen. In der allgemeinen Beziehung war sie bis zum Unfall die Aktive, die Vorschläge machte, die vor allen Dingen viel redete und so viel redete, daß es gar nicht auffiel, wenn er schwieg. Nach Streitereien war sie diejenige, die schnell verzieh, während er tagelang mucksch war. Auch dies ändert sich nach dem Unfall: beide werden durch die langen Komplikationen sehr mürbe, sprechen kaum noch miteinander, die Ehe wird stumm. Jeder redet höchstens noch einzeln zu den Kindern. Jeder hat große Angst vor einer Trennung. Denn beide mögen sich nach wie vor, sehen aber keine Möglichkeit mehr, sich dies mitzuteilen und auszudrücken, da Geschlechtsverkehr nicht mehr möglich ist, der früher das wichtigste Ausdrucksmittel für Zuneigung war.

Paar 22: Die Frau, Sekretärin, bei Therapiebeginn arbeitsunfähig, der Mann, Kfz-Meister, beide etwa 35 Jahre alt, sind seit 15 Jahren kinderlos verheiratet und kommen mit dem Wunsch nach Therapie wegen totalen Appetenzverlustes, Erregungs- und Orgasmusstörungen bei ihr und vorzeitiger Ejakulation bei ihm. Nachdem sie jahrelang wie „Brüderchen und Schwesterchen" gelebt haben, wollen sie nun doch noch etwas an ihrer Situation ändern. Über Jahre hatten sie nur 1- bis 2mal im Jahr Geschlechtsverkehr versucht, und beide haben keine Masturbations- und Pettingerfahrungen und keinerlei Erfahrungen mit anderen Partnern. Beide stammen aus extrem konservativen, sexualtabuisierenden Elternhäusern und haben deren Vorstellungen voll übernommen (z. B. sprach die Frau 2 Jahre lang nicht mit ihrem Vater, nachdem sie Präservative in dessen Pyjamajacke gefunden hatte). Beide haben nur minimale Kenntnisse auf sexualanatomischem Gebiet: für sie heißt alles zwischen Nabel und Knie „Schoß"; er glaubt, daß Frauen durch die Scheide urinieren. Die Frau konnte sich nie vom Elternhaus lösen, wohnt mit ihrem Mann noch dort und ist von Eltern und Mann gleichermaßen abhängig. In Zeiten besonderer Belastung hatte sie lange amenorrhöische Phasen, Herz- und Kreislaufbeschwerden, Zwangsgrübeln und Zwangsgedanken, schließlich endlose Unterleibsbeschwerden, die zu einer Totaloperation führten. Dann wird aus ihrer ängstlich-hypochondrischen Grundstimmung schließlich eine manifeste Agoraphobie. Der Mann leidet seit Jahren an rezidivierenden Fieberschüben, ohne daß deren Ursache letztlich abgeklärt ist.

Paar 23: Der Mann, 30 Jahre, Zollbeamter, leidet seit seinen ersten Erfahrungen mit Geschlechtsverkehr an gelegentlichen Erektionsstörungen und verzögerter bis ausbleibender Ejakulation. Seit 3 Jahren hat sich die Erektionsstörung so verstärkt, daß Geschlechtsverkehr trotz regelmäßiger Versuche nicht mehr möglich ist. Er glaubt, seit seiner Kindheit sexuell gestört, wenig appetent und attraktiv zu sein. Seit seinem 7. Lebensjahr masturbiert er regelmäßig, dabei tritt nach seinem Eindruck die Ejakulation nicht verzögert auf. Er ist jedoch darauf angewiesen, „wie ein Embryo eingerollt" auf der linken Seite in der Kuhle seines Bettes zu liegen, den Penis nach unten zwischen die Oberschenkel zu klemmen und sich sadistische Vergewaltigungsszenen auszumalen. Jede andere Position, manuelle Stimulation oder der Verzicht auf die Phantasien erregen ihn nicht. Seine gleichaltrige, nicht berufstätige Frau, mit der er seit 4 Jahren verheiratet ist und die keine sexuelle Funktionsstörung hat, hat er über ein Eheanbahnungsinstitut kennengelernt; er suchte eine Lebensgefährtin, an sexuellen Kontakten lag ihm nicht eigentlich. Mit der Zeit findet er Gefallen am Petting, Geschlechtsverkehr macht er eher widerwillig und der Frau zuliebe, sofern überhaupt eine Erektion zustande kommt. Es gelingt ihm dabei nicht, zum Samenerguß zu kommen. Das ganze Unternehmen wird für beide quälend und artet in Arbeit aus. Um beim Geschlechtsverkehr überhaupt etwas erregt zu werden, muß er sich vorstellen, daß er zu seiner Frau brutal ist. Einmal hat er sie gebissen und gewürgt. Im beruflichen Bereich ist er unterwürfig, kann sich nicht durchsetzen. Auf Auseinandersetzungen mit seinem Vorgesetzten reagiert er mit Konzentrationsstörungen und seit einigen Jahren mit Zwölffingerdarmgeschwüren, die bisher konservativ behandelt werden konnten, sich aber in regelmäßigen Abständen bemerkbar machen. Seit er dieses Leiden hat, hat er jeden Geschlechtsverkehrversuch unterlassen. Zur Beziehung, die beide Partner im übrigen übereinstimmend als gut bezeichnen, sagt er, er müsse froh sein, daß seine Frau ihn wegen der sexuellen Schwierigkeiten bislang nicht verlassen hat.

Paar 24: Beide Partner sind Anfang 40, der Mann Schneidermeister, die Frau Diätassistentin. Sie sind schon fast 20 Jahre verheiratet und haben ein Kind. Sie sind überaus motiviert zu einer Therapie, bei der es vordergründig um Erektionsstörungen und die Neigung zu vorzeitigem Samenerguß geht, Beschwerden, die etwa seit 3 Jahren auftreten. Entstehung und genaue Umstände sind jedoch nicht explorierbar, da beide schon seit vielen Jahren höchstens 2- bis 3mal im Jahr Geschlechtsverkehr miteinander machen bzw. versuchen. Die sexuellen Schwierigkeiten werden durch eine erdrückende Anzahl somatischer und psychischer Störungen und eine desolate Partnersituation überschattet. Seit seiner Kindheit war der Mann viel krank, hat mehrere Jahre im Krankenhaus verbracht. Als junger Mann wurde er einmal in eine schwere Schlägerei zwischen Betrunkenen verwickelt und dabei so in die Hoden getreten, daß einer davon amputiert werden mußte. Der andere wurde danach atrophisch. Der Patient leidet ferner an Hypertonus, Herzbeklemmungen und krampfartigen Magen- und Darmbeschwerden, derentwegen bereits eine Billroth-Operation ins Auge gefaßt wurde. Wegen zystischer Veränderungen in der Niere wurde er schon operiert. Er hat in den letzten Jahren 25 Pfund abgenommen, nachts kaum noch geschlafen. Ausgeprägte Minderwertigkeitsgefühle lassen sich bis in die Kindheit zurückverfolgen und wurden auf das Schärfste aktualisiert, nachdem er einen Hoden verloren hatte. Dies verunsicherte ihn in seiner Identität so, daß er zum Trinker wurde und zusätzlich wahllos alle Tranquilizer und Analgetika, deren er habhaft werden konnte, konsumierte. Er war deswegen mehrfach psychiatrisch untergebracht. Im Rahmen der Drogenabhängigkeit kam es zu heftigen ehelichen Auseinandersetzungen, auf die er mit Suiziddrohungen und einmal mit einem spektakulären Suizidversuch reagierte. Die Frau, auf den ersten Blick wesentlich robuster wirkend, weist ebenfalls in der Vorgeschichte eine Reihe von Krankheiten auf: sie hat Gelenkbeschwerden, ist deswegen seit Jahren bei mehreren Fachärzten gleichzeitig in Behandlung, ohne daß sich eine nennenswerte Besserung eingestellt hätte. Sie hat außerdem ein ziemlich entstellendes, großes Lipom am Rücken und ist schon 15 Monate vor Therapiebeginn wegen schwerer Bronchitis als arbeitsunfähig krankgeschrieben. Die beiden lernen sich in einer Kur kennen. Beide wollen unter ihre unglücklichen Vorgeschichten einen Schlußstrich ziehen und heiraten schnell. Die Ehe ist von Anfang an durch Krisen und Krankheiten, Versöhnungen und Zusammenbrüche gekennzeichnet. Sexualität ist rein funktional und auf die Fortpflanzung hin orientiert. Mit Hilfe von Hormonsubstitution und künstlicher Insemination ist wenigstens diese Funktion ausfüllbar. Das gemeinsame Kind kann die Beziehung jedoch nur unzulänglich kitten. Die Probleme gehen weiter in der typischen Konstellation: sie die leidende und hilfsbereite Mutter und Frau, die sich für Mann und Tochter kaputt macht; er der Todkranke, der voller Minderwertigkeitskomplexe und in der Vorstellung, bei solch einer Frau überflüssig zu sein, sich mit Medikamenten und Alkohol vollstopft, bis er im Delir am eigenen Erbrochenen zu ersticken droht, jeweils im letzten Augenblick aber von seiner Frau gerettet wird.

Paar 25: Das Ehepaar ist Mitte 40 und hat gerade seine silberne Hochzeit gefeiert, die 3 erwachsenen Kinder sind bereits aus dem Haus. Seitdem ist die Beziehung zwischen den Ehepartnern, die von Anfang glücklich und auch in sexueller Hinsicht befriedigend war, noch enger und besser geworden. Der Mann, Fluglotse, ist ein begeisterter Modellbauer und bringt mit diesem Hobby viele Stunden zu. Dabei zieht er sich eine schwere Verletzung zu, die bei Therapiebeginn 2 Jahre zurück liegt und deren Folgen die bisher glückliche Ehe überschatten und zu zerbrechen drohen. Der Mann hatte beim Modellbauen mit einer Eisenstange hantiert, war dabei abgerutscht und hatte sich die Stange in den Damm zwischen Skrotum und Anus gestoßen. Er hat zunächst starke Schmerzen und die Stelle verfärbt sich blau, er geht jedoch nicht zum Arzt. In den nächsten 2 Wochen bildet sich eine immer stärkere Erektion heraus. In dieser Zeit hat er auch noch 2mal Geschlechtsverkehr ohne Beschwerden. Nach 4−5 Wochen, als die Erektion zur Dauererektion geworden ist, landet er schließlich in einer urologischen Klinik mit der Diagnose „Priapismus unklarer Genese". In der Klinik wird eine umfangreiche Diagnostik durchgeführt, der Patient wird danach heparinisiert und es wird ihm angekündigt, daß er in den nächsten Wochen operiert werden muß. Die Operation wird wenig später hinausgeschoben und statt dessen eine Marcumar-Behandlung begonnen, die über ein Jahr laufen soll. Der Mann ist stationär untergebracht. Nach 4wöchigem Aufenthalt ist die Erektion einseitig abgebaut: der Penis wird krumm. Erst nach Monaten normalisiert sich schließlich das Volumen beider Schwellkörper. Bei der Nachuntersuchung in der urologischen Ambulanz nach etwa einem halben Jahr kommen zum ersten Mal die Erektionsstörungen zur Sprache. Dem Wunsch des Patienten nach einer Hormonbehandlung wird nicht entsprochen, statt dessen wird ihm eine Penisprothesenoperation in Aussicht gestellt, falls die Potenzstörungen anhalten sollten. Bei der zweiten Nachuntersuchung etwa ein Jahr nach dem Unfall wird das Marcumar abgesetzt. Im Bereich des proximalen, dorsalen Penisschaftes besteht immer noch eine seitengleiche, geringgradige Induration. Ansonsten gibt es keine weiteren Befunde mehr − bis auf die Erektionsstörungen, die unvermindert vorhanden sind. Um sie zu beheben, wird der Patient jetzt in die Urologische Klinik des Universitätskrankenhauses Hamburg zur Penisprothesenoperation geschickt. Von dort wird das Ehepaar jedoch zu einer konsiliarischen Untersuchung an unsere Abteilung überwiesen. Der Mann fühlt sich hingehalten, versteht überhaupt nicht, „was das ganze Theater soll". In mühevollen Gesprächen wird dem Paar nahegelegt, sich zunächst einer Paartherapie zu unterziehen. Seit dem Unfall sind beide so zermürbt und deprimiert, daß sie begierig nach dem Angebot der Penisprothese greifen und sich so darauf versteifen, daß sie ärgerlich, aggressiv und enttäuscht auf den Therapievorschlag unserer Abteilung reagieren. Sie fühlen sich verschaukelt und haben zunächst gewaltige Widerstände, überhaupt über diese Alternative nachzudenken. Schließlich lassen sie sich − immer noch skeptisch − mehr oder weniger breitschlagen, wohl nicht zuletzt mit der Perspektive, bei einem Fehlschlag immer noch die Penisprothese bekommen zu können. Unter diesen Umständen beginnt die Therapie.

Die zitierten Fallgeschichten sind exemplarisch für besonders schwierige Bedingungen bei Therapiebeginn. An ihnen dürfte deutlich werden, wie unsinnig es wäre, die Sexualität der Patienten isoliert zu betrachten und ohne Berücksichtigung der übrigen Lebensumstände therapeutisch beeinflussen zu wollen. Angemessener ist eine *Zieldefinition*, die sich an der subjektiven Befriedigung der Patienten bemißt. Zwar gilt dieses Postulat für alle Patienten in unserem Projekt, man vergißt es aber als Therapeut allzu leicht und wird nirgends so sehr daran erinnert wie bei Patienten mit schwierigen Ausgangsbedingungen. Bei Paar 20 wurde als Ziel nicht „Orgasmus bei Geschlechtsverkehr", sondern die Entfaltung „prägenitaler" sexueller Aktivitäten angestrebt, um der Patientin die Möglichkeit zu geben, sich in der Beziehung zu ihrem Mann geborgener zu fühlen und damit die ständig präsente Gefahr einer erneuten Exazerbation der Psychose zu mildern und die Partnerproblematik zu entlasten. Bei Paar 21 konnte schon aus rein technischen Gründen das Therapieziel nicht darin bestehen, dem Paar zu befriedigendem Geschlechtsverkehr zu verhelfen, da dies aufgrund der Verbrennungsfolgen unerreichbar war. Beide Partner mußten angeleitet werden, alternative sexuelle Praktiken (z. B. Petting) für sich überhaupt erst einmal als sinnvoll zu akzeptieren, da sie diese in der Zeit vor dem Unfall für allenfalls nebensächlich, im Grunde genommen aber für überflüssig und kindisch gehalten hatten. Für Paare, bei denen deviante Phantasien und Praktiken (vgl. Paar 23) von Bedeutung waren, mußte in der Zieldefinition auch bedacht werden, daß der Partner als Person erlebbar, vor vitaler Gefährdung bewahrt und aus der Rolle des reinen Objekts gerückt wurde. Die notwendigen Abwandlungen, Erweiterungen oder Begrenzungen der Therapieziele mußten mit den Patienten gemeinsam erarbeitet werden und ergaben sich nicht automatisch aus den besonderen Ausgangsbedingungen.

Wichtig und zugleich schwer zu beantworten ist die Frage, welche *Modifikationen* des therapeutischen *Vorgehens* im Einzelfall notwendig und vertretbar sind. Wir haben diese Frage im Verlauf des Projekts an vielen Fallbeispielen und nicht nur bei Paaren mit schwierigen Ausgangsbedingungen diskutiert, und die Meinungen dazu waren im Team oft kontrovers. Nachträglich kann man sagen, daß sich die fast puristisch anmutende Forderung nach möglichst großer methodischer Konsistenz bewährt hat. Bis auf 2 Ausnahmen, auf die wir gleich noch zu sprechen kommen werden, waren bei allen Therapien, die unter erschwerten Ausgangsbedingungen begonnen worden waren, keine grundsätzlich anderen therapeutischen Interventionen notwendig als die im Manual beschriebenen. Dem widerspricht nicht, daß einzelne Schritte mehr Zeitaufwand und inhaltlich eine größere oder kleinere Gewichtung erforderten, oder in noch detailliertere Schritte zerlegt werden mußten. Um dies an 2 Beispielen zu zeigen: Die Therapeuten meinten bei Paar 21, es sei für die Patienten eine Überforderung, sofort mit den Streichelübungen zu beginnen. Das Paar hatte seit zehn Jahren jeden körperlichen Kontakt, einschließlich Blickkontakt, vermieden, die verbale Kommunikation war fast völlig versiegt. Hier wurden die Sitzungen anfangs in zeitlich größeren Abständen vereinbart und die Patienten wurden aufgefordert, sich zunächst über Tagesereignisse zu unterhalten, gemeinsam spazieren zu gehen und sich dabei an der Hand zu fassen usw. Streichelübungen wurden erst empfohlen, nachdem sich überhaupt wieder eine Basis für gemeinsame Kommunikation etabliert hatte. Bei Paar 23 lag ein Schwerpunkt therapeutischer Intervention auf der Veränderung der zwanghaft eingeschränkten Masturbationspraktik des Mannes und auf der damit verbundenen Scham und Abkapselung von der Partnerin.

Die Vorgeschichten der beiden Paare, bei denen wir uns schließlich doch zu grundsätzlicheren Modifikationen entschlossen, sind in den Fallbeispielen 22 und 24 dokumentiert. Auf den Verlauf dieser beiden Therapien soll hier kurz eingegangen werden:

Bei Paar 22 war die agoraphobische Symptomatik extrem ausgeprägt und für den Behandlungsablauf beeinträchtigend, weil das Paar deswegen nur mit mehrwöchigen Unterbrechungen zu den Therapiesitzungen kommen konnte. Die Therapie dauerte bei 85 Sitzungen insgesamt mehr als 3 Jahre. Schon bei den ersten Streichelübungen verschärfte sich die Problematik. Zusätzlich zur Agoraphobie traten Herzanfälle und Zwangssymptome auf. Angesichts der schweren agoraphobischen Symptome entschlossen sich die Therapeuten schließlich nach Absprache im Team, die Patientin parallel zur Paartherapie zur verhaltenstherapeutischen Behandlung (Flooding) an eine andere Arbeitsgruppe im Hause zu überweisen. Die Parallelbehandlung erfolgte zwischen der 8. und 16. Therapiesitzung. Danach waren wenigstens die äußeren Bedingungen für die Fortsetzung der Paartherapie erleichtert, in der aber auch weiterhin die sexuellen Verhaltensanleitungen nur am Rande eine Rolle spielten und die allgemeine Partnerdynamik im Mittelpunkt stand. Mit dem allmählichen Wegfall der psychiatrischen Symptome besserte sich auch die sexuelle Symptomatik, die Frau konnte Geschlechtsverkehr lustvoll erleben und bei zusätzlicher manueller Stimulation zum Orgasmus kommen. Beim Mann bestand auch am Ende der Behandlung noch eine leichte Tendenz zu vorzeitiger Ejakulation.

Während sich bei diesem Paar die Abweichungen als hilfreich erwiesen und insofern als nachträglich gerechtfertigt angesehen werden können, bewirkten sie bei Paar 24 eher eine Verschärfung der chaotischen und desolaten Partnerschaft. Der Mann, der sich in den Therapiesitzungen vor Leibschmerzen krümmte, schien den Therapeuten allzu verletzlich. Öfter kam er betrunken zu den Sitzungen, man thematisierte dann dieses Verhalten und den daraus resultierenden Partnerkonflikt. Einmal kam er angetrunken und mit Taschen vollgestopft mit Tabletten, drohte sich das Leben zu nehmen, wollte jedoch nicht in der Klinik bleiben und mußte schließlich zwangseingewiesen werden. Ein anderes Mal mußte die Therapie vorübergehend ausgesetzt werden, weil er kurzfristig bereit war, sich einer stationären Alkoholentziehungskur zu unterziehen, anschließend jedoch wieder rückfällig wurde. Die spezielle Therapie kam lange nicht recht in Gang, das Chaos des Paares griff auf die Stimmung der Therapeuten über und verleitete sie zu immer neuen Aktionen. Erst als in der Supervisionsgruppe die auch für die Therapeuten quälende Situation besprochen wurde und als Konsequenz mit dem Paar klar abgemacht wurde, daß sich die Therapeuten in Zukunft ausschließlich auf die Bearbeitung der spezifischen sexuellen Problematik einlassen würden, bahnte sich eine Besserung an. Die Partner konnten nach 34 Sitzungen, verteilt über ein Jahr, für beide zufriedenstellend Geschlechtsverkehr ausüben; dies war ein wichtiger stabilisierender Faktor in der noch keineswegs problemlosen Partnerschaft.

Was ist im *weiteren Verlauf* aus den Paaren geworden, deren Therapien unter besonderen Ausgangsbedingungen begonnen wurden? Ungeachtet der ätiologisch-kausalen Verknüpfung von sexueller und allgemeiner oder Partnerproblematik, die Veränderung des Verhaltens und Erlebens im sexuellen Bereich bedeutete so gut wie immer auch eine (in der Regel positive) Veränderung der Partnerbeziehung, was sich in den Testergebnissen auch in einer durchgängigen Abnahme psychovegetativer und emotional-labiler Werte niederschlägt. Dies wird eindrücklich sichtbar bei den Paaren mit psychiatrischer Vorgeschichte, die uns häufig auch schon mit der Absicht überwiesen wurden, durch Besserung des sexuellen Problems die psychiatrische Problematik zu entlasten. Bei Paar 20 achteten wir darauf, daß einer der Kotherapeuten Psychiater war und die Reduktion der Medikamente kontrollierte. Die Reduktion mußte auch schon deshalb erfolgen, weil die Medikation die affektive Spannungsbreite der Patientin in Ergänzung zu anderen kausalen Faktoren extrem eingeengt hatte. Bei Therapieende nahm die Patientin nur noch eine sehr niedrige und angesichts der vorausgehenden 8 Jahre fast kosmetisch zu nennende Dosierung (5 Tr. Haldol; je ½ Tabl. Tavor und Librium Tabs tgl.). Bis zu den Nachuntersuchungen nach 3 Jahren brauchte die Dosis nicht erhöht zu werden. Die Patientin hatte während der ganzen Zeit nicht an Depressionen gelitten, war belastbarer, leistungsfähiger und lebhafter und fühlte sich ausgeglichen wie nie zuvor. Auch nach dem Urteil des Ehemanns hatte sich seine Frau und die gemeinsame Beziehung „um 180 Grad gedreht". Daß die Frau beim Geschlechtsverkehr regelmäßig Orgasmus hatte, erwähnte sie nur nebenbei, weil der Orgasmus für sie weniger wichtig war als die generelle Verbesserung der Beziehung.

Es bleibt aber hinzuzufügen, daß dieser positive Verlauf nicht für alle Patienten mit erschwerenden psychiatrischen Ausgangsbedingungen typisch ist. Es gab hier auch Patienten, bei denen wir kaum Veränderungen erreichten oder nach beeindruckenden und rasanten Fortschritten bei den Nachuntersuchungen mit ebenso markanten und schweren Rückfällen konfrontiert wurden. Selbst wenn hier die Aussichten auf Therapieerfolg im langfristigen Effekt geringer als bei nichtpsychiatrischen Patienten sein sollten, ist der Versuch einer Paartherapie für viele Patienten hilfreich und für die Therapeuten lohnend. Selbst wenn nur jedem 2. oder 3. Patienten aus dieser Gruppe geholfen werden kann und sich auf dem Wege einer Verbesserung der sexuellen Beziehung eine generelle Stabilisierung einstellt, dann bedeutet das für diesen speziellen Patientenkreis eine große Verbesserung der sonst desolaten Versorgungssituation. Es bedarf wohl nicht mehr besonderer Erwähnung, daß wir nicht dazu ermutigen wollen, solche Therapien allein, ohne Team, ohne Supervision und ohne psychiatrisches Fangnetz leichtfertig zu übernehmen.

Auf die veränderte Zieldefinition bei Patienten mit devianten Phantasien und Verhaltensweisen wurde bereits hingewiesen. Die technische Verwirklichung war durchaus schwierig. Wir versuchten, die devianten Inhalte möglichst interaktionell zu verankern, ohne daß der Partner dadurch gefährdet oder zum reinen Objekt degradiert wurde. Tatsächlich ist ja die unfreiwillige Einbeziehung in ein deviantes Ritual für den Partner, der sich in eine wechselseitige Liebesbeziehung einlassen will, eine schwere Kränkung. Dies ist auch den Patienten klar und deshalb sind sie oft nur zögernd bereit, ihre Phantasien und Wünsche preiszugeben. Eine Reduktion devianter Tendenzen war am ehesten noch bei primär erektionsgestörten und generell gehemmten Männern zu erzielen, für welche z. B. sadistische Phantasien hauptsächlich die Funktion hatten, die als gefährlich phantasierte Partnerin zu entwaffnen und dadurch der eigenen Angst Herr zu werden. Je mehr sie die Gegenseitigkeit der Beziehung und ihre eigene sexuelle Kompetenz erleben konnten, desto eher konnten sie solche Ängste ablegen, und die devianten Praktiken verloren an Bedeutung.

Am wenigsten Behandlungsprobleme machten somatisch oder psychsomatisch begründete erschwerende Ausgangsbedingungen. Vor allem für die letzteren war es wichtig, sie als gegeben vorauszusetzen und den Patienten gegenüber dezidiert zu vertreten, daß sexuelles Erleben und sexuelle Befriedigung unabhängig davon neu entfaltet werden können, selbst wenn somatische oder psychosomatische Faktoren früher symptomauslösend gewirkt haben mochten. In aller Regel bedeutete dies eine enorme Entlastung der Patienten. Angesichts der speziellen Problematik von Paar 25, das in seinen Erwartungen auf eine Penisprothesenoperation eingeengt und festgelegt war, bedeutete es für das gesamte Team und speziell für die Therapeuten eine besondere Genugtuung, in einer Therapie von nur 16 Sitzungen die volle Funktionsfähigkeit wieder hergestellt zu haben. Am Ergebnis freuten sich natürlich auch die Patienten. Auch 3½ Jahre nach der Therapie konnte das Paar so oft und so befriedigend wie vor dem Unfall Geschlechtsverkehr machen.

Besonders erschwerende Ausgangsbedingungen fanden sich − darauf wurde bereits hingewiesen − bei etwa jedem 4. Paar, bei Erektionsstörungen statistisch signifikant häufiger als bei den anderen Diagnosegruppen. Im Hinblick auf Therapieerfolg und Stabilität der Ergebnisse ergibt der Vergleich zwischen Paaren mit besonderen Ausgangssituationen und der Reststichprobe keine statistisch signifikanten Unterschiede, doch nivelliert dieses Ergebnis die tatsächliche Problematik.

4.2 Unerwünschte Nebenwirkungen

Schwierige Ausgangsbedingungen waren von vornherein erkennbar, die Therapeuten konnten sich darauf einstellen und in groben Zügen planen, wie weit sie mit ihren Interventionen darauf eingehen wollten oder mußten. Anders dagegen sah es aus, wenn sich im Verlauf der Therapie schleichend oder manchmal auch aus heiterem Himmel zusätzliche Beschwerden und Konflikte bei den Patienten einstellten, die offensichtlich mit der Behandlung in Zusammenhang standen. Wir erfassen diese zusätzlichen Symptome unter dem Stichwort „unerwünschte Nebenwirkungen" und nehmen einen Zusammenhang mit der Behandlung an, obwohl die Kausalität nicht in jedem Fall sofort erkennbar war und in vielen Fällen bis zuletzt hypothetisch blieb. Die folgenden Ausführungen stützen sich auf Fallgeschichten und nachträgliche Interviews mit den Therapeuten. Auf eine statistische Auswertung müssen wir daher verzichten. Grob geschätzt fanden sich etwa bei jedem 5. Paar unerwünschte Nebenwirkungen. Sie lassen sich nach folgenden Gesichtspunkten ordnen:

1) *Wechsel des Symptomträgers.* Damit ist gemeint, daß im Verlauf der Behandlung und typischerweise dann, wenn sich die Funktionsstörung bessert oder wenn sie behoben ist, der bisher „ungestörte" Partner nun seinerseits eine Funktionsstörung entwickelt, die wiederum den Geschlechtsverkehr behindert oder unmöglich macht. Abzugrenzen davon sind die sog. Doppelstörungen. Bei diesen besteht zu Therapiebeginn bei beiden Partnern eine sexuelle Funktionsstörung, z. B. Erektions- und Orgasmusstörung. Solche manifesten Doppelstörungen fanden sich relativ selten. Viel häufiger traten sie in verdeckter Form

auf und wurden erst im Verlauf der Behandlung erkennbar, etwa wenn sich nach Heilung eines Vaginismus herausstellte, daß der Mann regelmäßig sofort nach Einführen des Penis zur Ejakulation kam, dies aber aus Mangel an sexuellen Vorerfahrungen bisher nie aufgefallen war. Zunächst verdeckt waren Doppelstörungen auch dann, wenn die Funktionsstörung eines der beiden Partner zum zentralen Thema in der Beziehung geworden war, das alle Aufmerksamkeit absorbierte und von der Störung beim anderen Partner ablenkte. Als Wechsel des Symptomträgers bezeichnen wir hier nur jene Fälle, in denen der bisher nachweislich (in früheren Partnerschaften oder früher in der jetzigen Partnerschaft) ungestörte Partner die Funktionsstörung akut als Antwort auf die Beseitigung der Störung beim Symptomträger entwickelt und zumindest für einige Zeit (also nicht nur beim ersten potentiell möglichen Geschlechtsverkehr) behält, so daß in der Therapie die neue Störung ausführlicher bearbeitet werden muß.

Paar 26: Das Paar ist 15 Jahre verheiratet; der Mann 50 Jahre, Versicherungsangestellter, die 10 Jahre jüngere Frau bis zur Eheschließung Verkäuferin, seitdem Hausfrau. In den ersten 3 Ehejahren fanden regelmäßig sexuelle Kontakte statt, die beide als wenig aufregend, aber doch als befriedigend erlebten. Danach entwickelt sich beim Mann zunächst eine Neigung zu vorzeitiger Ejakulation, dann eine sekundäre Erektionsstörung. Gleichzeitig wird die Frau immer appetenter. Bald werden sexuelle Aktivitäten als quälend empfunden und zunehmend aversiv besetzt. Seit 10 Jahren ist wegen der Erektionsstörung Geschlechtsverkehr nicht mehr möglich, seit 3 Jahren finden keine diesbezüglichen Versuche mehr statt. Auch Zärtlichkeiten werden nicht mehr ausgetauscht. Die Beziehung wird im übrigen von beiden als sehr harmonisch, liebevoll und freundschaftlich erlebt. Während zu Beginn der Ehe der Aufbau der wirtschaftlichen Existenz im Vordergrund stand, wünschen sich jetzt beide, „bevor es zu spät ist", ein Kind. Zwei künstliche Inseminationen waren erfolglos. Über den Kinderwunsch hinaus sind beide Partner sehr motiviert, ihre sexuelle Beziehung zu verbessern. Sexuelle Vorerfahrungen haben beide nicht. Die Frau ist in einem prüden Elternhaus aufgewachsen. Als ihr jetziger Mann sie zum ersten Mal küßte war das ein Eheversprechen und für sie eine Verpflichtung zur Eheschließung („Die Liebe von seiner Seite war wohl größer"). Erst nach 3jähriger Verlobungszeit versuchen sie in der Hochzeitsnacht den ersten Geschlechtsverkehr, können sich aber über die Empfängnisverhütungsmethode nicht einigen, so daß „eine Vereinigung nicht möglich ist". Der Mann hat bis zur Hochzeit im Ehebett bei der verwitweten Mutter geschlafen, die sich ganz darauf eingestellt hatte, daß ihr Sohn immer bei ihr bleiben wird, und die die Schwiegertochter ablehnt. Beim sexuellen Zusammensein sind beide von Anfang an sehr schüchtern, fassen sich nur an den Oberkörpern an („für Streicheln am Unterleib ist ja das Glied da"). In der Therapie lassen sich die Hemmungen relativ schnell bearbeiten. Der Mann bekommt Erektionen. Bis dahin ist seine Frau die aktive; jetzt ist sie auf einmal wie zugeschnürt, findet den ganzen Körper ihres Mannes und insbesondere seinen Penis viel zu hart und groß, ekelt sich davor, möchte lieber zarte Babyhaut streicheln, mag selber nicht mehr angefaßt werden. Die Lubrikation versiegt; wenn ihr Mann das Glied einführen will, hat sie Schmerzen, schließlich kann sie nicht einmal mehr ihren eigenen Finger einführen.

Interessanterweise fand sich ein so markanter Wechsel fast ausschließlich bei jenen Störungen, die Geschlechtsverkehr nicht zulassen: bei primären Erektionsstörungen oder vorzeitiger Ejakulation mit sekundären Erektionsstörungen (Reaktion der Partnerin: Dyspareunie und Vaginismus) und bei Vaginismus (Reaktion des Partners: Erektionsstörung), nicht dagegen bei Orgasmusstörungen und nur in einem Fall von vorzeitiger Ejakulation ohne Erektionsstörung.

Nirgends wird so eindrucksvoll wie beim Symptomträgerwechsel die für die Partnerschaft potentiell gleichgewichtserhaltende Funktion der Störung dokumentiert. Gelingt es den Therapeuten nicht, die spezifische Bedeutung des Symptoms (vgl. Kap. 2, insbesondere S. 45 ff.) in der individuellen Partnerschaft zu bearbeiten, kann sich das alte pathologische Gleichgewicht unter vertauschten Vorzeichen wieder einpendeln. Bemerkenswert scheint uns, daß bei 4 der ursprünglich erektionsgestörten Männer und ihren Partnerinnen, die im Verlauf der Behandlung mit dyspareunischen bis vaginistischen Beschwerden reagierten, eine besonders enge, latent inzestuöse Beziehung zur Mutter bzw. zum Vater bestand. Die Funktionsstörung könnte hier der Wahrung des von den Eltern auf den Partner übertragenen Inzesttabus gedient haben, das beide Partner unbewußt aufrecht erhalten wollten. Alle 4 Behandlungen führten zwar formal zum Abschluß und Erfolg, bei der Nachuntersuchung nach einem Jahr berichteten aber 3 der Paare, daß sie nach dem Therapieabschluß, von oberflächlichen Zärtlichkeiten abgesehen, so gut wie jede sexuelle Aktivität eingestellt hatten. Die Beziehungen hatten sich stabilisiert und boten das Bild jener asexuellen, harmonischen Elternehen, wie sie sich Kinder in ihren Phantasien ausmalen oder auch real erleben.

In der Regel ist der Symptomträgerwechsel ein so dramatisches Ereignis, daß die Patienten selber zu fragen beginnen, welchem Konflikt sie mit dem Symptom aus dem Wege gehen. Damit ist ein wichtiger Schritt zu dessen Bearbeitung getan. Bei manchen Paaren war der Übergang des sexuellen Symptoms von einem auf den anderen Partner eher situativ bedingt und als Signal zu verstehen, mit dem der vorher ungestörte Partner seine eigene Verunsicherung im Hinblick auf die neue Situation zum Ausdruck brachte, bzw. daß er sich vernachlässigt fühlte, da die Therapeuten zugunsten spezieller Übungen (z. B. Hegar-Stäbe) die Behandlung der Beziehungsstörung aus den Augen verloren hatten.

2) *Psychische Beeinträchtigungen* fanden sich im Laufe der Behandlung bei beiden Partnern. Bei den bislang „*ungestörten*" *Partnern* traten sie immer wieder dann auf, wenn sich eine Besserung der Funktionsstörung beim Symptomträger abzeichnete. Der Ausprägungsgrad war weit gestreut und reichte von wenige Tage anhaltenden Hodenschmerzen beim Partner einer zuvor vaginistischen Frau bis zu schweren depressiven Verstimmungen.

Paar 27: Der untersetzte Mann, 35 Jahre, Architekt, und die mächtig wirkende Frau, 32 Jahre, Hausfrau, sind 10 Jahre verheiratet, haben einen 5jährigen Sohn. Seit Anfang der Beziehung leidet der Mann an Erektionsstörungen. Geschlechtsverkehr ist nur sehr selten möglich, wenn er, sozusagen aus dem Schlaf heraus, sofort die morgendliche Erektion ausnutzt. Sie lernen sich beim Tanzen kennen, es ist Liebe auf den ersten Blick. Beide haben keine Vorerfahrungen, leben eher scheu zurückgezogen, die Frau eingebunden in den sozialen Rahmen des Elternhauses, der Mann völlig absorbiert von seiner Ausbildung über den zweiten Bildungsweg. Es dauert Wochen bis zum ersten Körperkontakt und Monate bis zum ersten Geschlechtsverkehr, der nicht gelingt, weil die Erektion ausbleibt. Der Mann reagiert darauf depressiv, will die Beziehung abbrechen, traut sich aber nicht, weil er seine Verlobte liebt und sie der einzige Mensch ist, von dem er sich bisher akzeptiert fühlt. Es entwickelt sich daraufhin ein langer Briefwechsel zwischen den Partnern, in dem minutiös und fast vertragsmäßig die weitere Lebensgestaltung, Zahl der Kinder, Hausbau usw. geplant werden. Die Eheschließung erfolgt einen Tag nach Abschluß der Wehrpflicht, 2 Tage später tritt der Mann eine befristete Stelle in einer entfernten Stadt an. Weil es sich nicht lohnt, nimmt man sich dort keine gemeinsame Wohnung, die Frau bleibt bei den Eltern, man sieht sich nur zum Wochenende. Der Mann ist ein unermüdlicher Schaffer und ständig auf Anerkennung aus. Dabei ist er mißtrauisch, kann nichts annehmen, muß alles kontrollieren, weiß alles besser, ist pingelig im Umgang mit Geld. Seine Frau ist ihm eher passiv ergeben, fühlt sich aber auch nicht akzeptiert, geschweige denn glücklich, und weiß auch, wie sie sich wehren kann: sie zieht sich in ihr Elternhaus zurück. Der Mann reagiert überaus eifersüchtig auf die enge Beziehung zwischen Schwiegermutter und Ehefrau und später auf die zwischen Ehefrau und Sohn. Beide möchten viel häufiger zärtlich und miteinander sexuell aktiv sein, doch finden sie keine Zeit dafür, weil sie sich über die Bedingungen nicht einigen können. Wenn es doch dazu kommt, ist die Frau beim Petting orgastisch, der Mann hat immer eine Erektionsstörung. Im Beisein der Frau kann er einfach nicht passiv sein und strengt sich ständig vergeblich an, Erektionen zu produzieren. Ist er dagegen allein, z. B. wenn er entspannt in der Bahn sitzend zur Arbeit fährt, stellt sich ohne sein Zutun leicht eine Erektion ein. Mit dem Paar wird eine massierte Therapie mit weiteren ambulanten Terminen von insgesamt 30 Sitzungen durchgeführt. Die anfangs gespannte und feindselige Atmosphäre lockert sich bei den Streichelübungen schnell, der Mann bekommt regelmäßig Erektionen, seine Frau bringt ihn manuell und oral zur Ejakulation und er sie zum Orgasmus, obwohl der entsprechende Therapieabschnitt dies noch nicht vorsieht. Beide sind erstaunt und glücklich und gleichzeitig auch etwas irritiert darüber, daß der jahrelange Zankapfel Sexualität plötzlich gegenstandslos geworden sein soll. Zögernd kann der Mann etwas von seiner Kontrolliertheit und Leistungsorientiertheit abrücken, setzt aber seine Frau insofern unter Druck, als er sich und ihr ausmalt, wie er die neu gewonnene Kompetenz möglicherweise in anderen Partnerschaften gebrauchen könnte. Die Frau reagiert darauf zunächst mit Müdigkeit, dann mit Kopfschmerzen und Rückenschmerzen. Während sich im sexuellen Bereich entlang der Übungen immer größere Fortschritte zeigen und schließlich auch Geschlechtsverkehr wieder möglich wird, kapselt sich die Frau innerlich immer mehr ab, weint in den Therapiesitzungen oder sitzt wie geistesabwesend apathisch da, läßt sich vom Hausarzt Psychopharmaka verschreiben, was sie gegenüber den Therapeuten zunächst verschweigt, und verfällt dann in eine schwere, lang anhaltende depressive Verstimmung. Sie ist antriebslos, schafft den Haushalt nicht mehr, kommt nicht aus dem Bett, will allein sein, kann den Sohn und den Mann nicht mehr ertragen und quält sich durch den Tag.

Ähnlich vehement verlaufende Symptomentwicklungen fanden sich auch bei anderen zunächst ungestört erscheinenden Partnerinnen von Männern, die an vorzeitiger Ejakulation oder Erektionsstörungen litten, wohingegen entsprechend schwere Dekompensationen bei den Partnern von Symptomträgerinnen nicht beobachtet wurden. Zur Bedeutung solcher Reaktionen verweisen wir auf Kap. 2.

Für die psychischen Beschwerden, die sich *bei den Symptomträgern selbst* im Verlauf der Behandlung einstellten, läßt sich eine so klare Trennung nach Geschlechtern nicht behaupten. Generell fanden sie sich bei männlichen und weiblichen Symptomträgern, wobei es allerdings den Anschein hat, daß Frauen häufiger betroffen waren als Männer.

Paar 28: Beide Partner sind Mitte 30 und kaufmännische Angestellte. Sie kennen sich seit 15 Jahren und sind 13 Jahre verheiratet. Wegen Vaginismus konnten sie noch nie Geschlechtsverkehr machen. Beim Mann treten seit 3 Jahren zusätzlich Erektionsschwierigkeiten beim Petting auf. Die Frau hat, solange sie denken kann, eine diffuse Angst vor dem Geschlechtsverkehr. Als junge Frau brach sie mehrere Beziehungen abrupt ab, sobald sie merkte, daß die Männer mehr wollten als sie nur küssen. Auch bei ihrem späteren Ehemann lehnte sie voreheliche Sexualität kategorisch ab. Nach der Hochzeit bleiben alle Versuche, den Verkehr durchzuführen, erfolglos: sie hat große Angst vor Schmerzen und Schwangerschaft, kann kaum den Koitusversuch zulassen und preßt in panischer Angst ihre Schenkel zusammen. Die Versuche werden dann im Verlauf der Ehe immer weniger und nach einigen Jahren völlig eingestellt. Beim Petting, das das Ehepaar einmal wöchentlich macht, kommt sie zum Orgasmus. Mit dem Ehepaar wird eine verteilte Therapie mit insgesamt 31 Sitzungen durchgeführt. Beide Partner sind von Anfang an sehr kooperativ und motiviert. Beim Streicheln fällt es ihr zunächst schwer, die Beine in seiner Gegenwart zu öffnen. Durch Wiederholungen verliert sich ihre Hemmung. Das gleiche Problem entsteht noch einmal mit dem Ansehen der Genitalien. Auch hier kann sie sich nur schrittweise überwinden, sich von ihrem Mann ansehen zu lassen. Danach ist das Einführen der Stäbe kein besonderes Problem, so daß das Ehepaar nach 19 Sitzungen die Aufgabe bekommt, den Penis einzuführen. Beim 1. Versuch hat er Erektionsschwierigkeiten, beim 2. und 3. Mal kann das Glied eingeführt werden. An dieser Stelle ergeben sich 2 Schwierigkeiten: erstens eine massive irrationale Angst der Frau vor Schwangerschaft, obwohl sie die Pille nimmt; zweitens ist die Frau nach den ersten gelungenen Koitusversuchen irritiert, weil sie sich gar nicht richtig freuen kann. Daraus wird in den nächsten Tagen eine ausgeprägte depressive Verstimmung, die etwa 14 Tage anhält. Die Frau fühlt sich wie gelähmt, mag nicht zur Arbeit gehen, weint, wenn sie allein ist, fühlt sich „fertig und leer".

Bei den Paaren, die im Rahmen des Projekts behandelt wurden, waren schwere depressive Verstimmungen die beeindruckendsten und gravierendsten unerwünschten Nebenwirkungen der Behandlung. Bei einem Paar aus der Voruntersuchung wurde darüber hinaus das Wiederaufleben einer alten Agoraphobie beobachtet. Psychotische Dekompensationen, wie Kaplan u. Kohl (1972) sie beschreiben, haben wir nicht gesehen. Dickes u. Strauss (1980) berichten über weitere Fälle „adverser Reaktionen".

3) *Somatische und psychosomatische Beschwerden.* Bei vielen Therapien spielten Klagen der Patienten über plötzlich auftretende somatische Beschwerden eine Rolle: anhaltende Kopfschmerzen, gastritische Beschwerden, Ausfluß, Kreislaufdysregulation im Sinne einer anamnestisch nicht bekannten vegetativen Dystonie mit Kollapsneigung, Herzstiche, die in den Arm ausstrahlten. Das Auftreten solcher Beschwerden, die hier in der unvollständigen Aufzählung harmlos klingen mögen, bedeutete für den Therapieverlauf meist einen markanten Einschnitt und eine dramatische Änderung der Interaktion zwischen den Partnern. Die Erkrankung absorbierte alle Aufmerksamkeit, der eigentliche Anlaß für die Behandlung, das sexuelle Problem, rückte an den Rand des Interesses, Übungen konnten nicht mehr durchgeführt werden, je nach Schweregrad kam es zu mehrfachen und/oder längerdauernden Unterbrechungen der Behandlung.

Nach den Einschätzungen der Therapeuten kann gesagt werden, daß in keinem einzigen Fall eine eindeutig als psychosomatisch zu bezeichnende Krankheit vorkam, die sozusagen als Neuerwerbung im Rahmen der Behandlung aufgetreten oder als Ersatz im Sinne einer Symptomverschiebung interpretierbar wäre. Allenfalls läßt sich von unspezifischen somatischen Reaktionen sprechen.

Wir haben in diesem Abschnitt die Fallbeispiele bewußt nur bis zum Auftreten der Nebenwirkungen geschildert und auch auf die Darstellung der therapeutischen Interventionen verzichtet: In einer Fallgeschichte kann ohnehin nur ein sehr verkürztes und im Hinblick auf die besondere Fragestellung verzerrtes Bild entworfen werden. Entsprechend verzerrt und verkürzt muß folglich auch die Intervention beschrieben werden und bekommt dann allzu leicht einen unangemessen exemplarischen Charakter. Das Ziel war in jedem Fall, die Bedeutung zu verstehen und mit dem Paar zu bearbeiten. Konkret konnte dies auch so aussehen, daß sich die Therapeuten weigerten, weiter auf die Nebenwirkungen einzugehen, dort nämlich, wo sie als Ausdruck von blandem Vermeidungsverhalten zu verstehen waren und dieser Zusammenhang mit dem Paar besprochen war.

Die Therapien, in denen markante unerwünschte Nebenwirkungen auftraten, lassen sich nach dem weiteren Verlauf in 3 Gruppen einteilen. Bei den Paaren der 1. Gruppe gelang es, die Konflikte so zu bearbeiten, daß die zusätzlichen Beschwerden bis zum Therapieabschluß verschwanden und bis zu den Nachuntersuchungen nach 1 bzw. 3 Jahren nicht wieder auftraten. Bei der 2. Gruppe hatten sie sich erst im Verlauf des Jahres nach Therapieabschluß verloren. Bei den übrigen traten die Nebenwirkungen zum Teil erst nach Therapieabschluß auf oder waren bei den Nachuntersuchungen noch vorhanden. Obwohl die Art der nachträglichen Datenerhebung eine statistische Auswertung nicht erlaubt und überhaupt methodisch fragwürdig ist, scheint uns wichtig, auf einige Beobachtungen hinzuweisen: Nebenwirkungen häufen sich bei jenen Paaren, für die die derzeitige Partnerschaft die erste längerdauernde Beziehung und meist auch die erste sexuelle Beziehung überhaupt ist. Bei dauerhaftem Symptomträgerwechsel und bei anhaltenden depressiven Verstimmungen findet sich regelmäßig bei beiden Partnern eine ausgeprägte Trennungsangst, der sie sich nicht stellen können, weil der bloße Gedanke an Trennung schon zu bedrohlich ist. Die Bearbeitung und Beseitigung der Funktionsstörung mobilisiert die tiefverwurzelte Angst, alleingelassen zu werden; die Beseitigung der Funktionsstörung wird als Gefahr, nicht als Erleichterung erlebt. Die Patienten nehmen daher lieber eine wie auch immer geartete Symptomatik als stabilisierende Klammer in Kauf.

Abschließend noch eine Bemerkung zu dem unglücklichen Begriff „unerwünschte Nebenwirkungen" und zur Therapietechnik in diesen Fällen. Als unerwünscht kann man die beschriebenen Phänomene nur klassifizieren, wenn sie persistieren und das Paar in einem konfliktbeladenen und unbefriedigenden Arrangement gefangen bleibt. Es wäre aber nicht richtig, unerwünschte Nebenwirkungen mit schädlichen Effekten einfach gleichzusetzen. Im Gegenteil sind ihr Verständnis und ihre Bearbeitung häufig eher ein wichtiger Schritt auf dem Weg zum Therapieerfolg und es kann daher gar nicht Ziel der therapeutischen Technik sein, das Auftreten von Nebenwirkungen zu vermeiden oder zu unterbinden. Selbst wo die Bearbeitung nicht gelingt, bringen sie Bewegung in die oft jahrelang festgefahrene Problemdefinition des Paares und können damit auch aus der Stagnation der anvisierten Lösungen herausführen. Auch Trennung und Therapieabbruch (vgl. dazu 5.1 und 5.2) sind bei Therapiebeginn für so gut wie alle Paare unerwünschte mögliche Effekte der Behandlung und eröffnen doch auf lange Sicht, zumindest für einige Paare, die Perspektive für alternative Lösungen. Für die Therapeuten ist das Auftreten von Nebenwirkungen ein Hinweis darauf, daß Dynamik in die festgefahrene Partnerschaft geraten ist und daß eine kritische Phase erreicht ist, die besondere therapeutische Sorgfalt erfordert. Sie ist weniger kalkulierbar als eine ähnlich kritische Phase, mit der in fast jeder Paartherapie zu rechnen ist und die für die einzelnen Diagnosegruppen in unterschiedlichen Behandlungsabschnitten liegt, die Phase nämlich, in der die neu erworbene Kompetenz sozusagen zum ersten Mal auf die Probe gestellt wird und die alten Ängste entsprechend stark mobilisiert werden. Wir fanden keine Anhaltspunkte, die schon bei Therapiebeginn das spätere Auftreten unerwünschter Nebenwirkungen abzuschätzen erlaubten. Selbst wenn wir diese Vorhersage machen könnten, als Grundlage für die Begründung einer Kontraindikation wäre sie unzureichend.

5 Therapieabbrüche, Trennungen

Friedemann Pfäfflin, Roswitha Bulla-Küchler und Gerhard Thiessen

Therapieabbruch ohne Heilung ist für Patienten und Therapeuten unbefriedigend. Das Mißerfolgserlebnis beraubt die Patienten der Hoffnung auf eine Besserung der sexuellen Schwierigkeiten. Bei den Therapeuten aktiviert es Rat- und Hilflosigkeit und Zweifel an der beruflichen Kompetenz, sofern sie den Mißerfolg nicht einfach den Patienten anlasten. Die verhältnismäßig hohen Erfolgsquoten der Paartherapie bei vergleichbar geringem Aufwand bedeuteten zunächst allerdings für die Therapeuten eine immense Bestätigung, die es fast überflüssig machte, den Therapieversagern allzuviel Beachtung zu schenken, bzw. es erlaubte, mehr oder weniger stillschweigend über sie hinwegzusehen. Detaillierte Darstellungen von Therapieabbrüchen bei der Behandlung sexueller Funktionsstörungen fehlen in der Literatur fast völlig. Sofern überhaupt Angaben vorhanden sind, werden meist nur harte Daten mitgeteilt, z. B. wie viele Paare, aufgeschlüsselt nach Alter, Art der Funktionsstörung usw., die Therapie nicht erfolgreich beendeten. Die an Erfolg und Effektivität orientierte Mitteilung eigener therapeutischer Programme verbannt die Therapieabbrecher aus dem Text in die Tabelle. Auf diese Weise wird die narzißtische Kränkung der Therapeuten, die aus dem Mißerfolg resultiert, als Prozentsatz eingefangen und in Grenzen gehalten, darüber hinaus aber verschwiegen. Wir halten diese Kränkung für einen wesentlichen Grund dafür, daß die systematische Untersuchung von Mißerfolgen bislang ein Stiefkind der Therapieforschung blieb. Dies ist um so bedauerlicher, als gerade aufgrund der Untersuchung von Mißerfolgen am ehesten eine Verbesserung des Therapiekonzepts wie des praktischen Therapeutenverhaltens zu erwarten wäre. Auch bei uns tauchten solche Überlegungen relativ spät auf. Wir waren zunächst vom Erfolg beeindruckt und widmeten dem Mißerfolg weniger Aufmerksamkeit. Beispielsweise verzichteten wir darauf, Abbrecherpaaren bei den Nachuntersuchungsterminen Tests auszuhändigen und beschränkten uns auf Interviews, die sich inhaltlich auf die Verarbeitung des unerwünschten Therapieergebnisses konzentrierten. Das hatte allerdings auch sachliche Gründe: weitere Testungen schienen uns eine unzumutbare Belastung und Ausbeutung dieser Patienten.

Von 202 Paaren brachen 38 die Therapie vorzeitig ab. Dies entspricht 19% der Gesamtstichprobe. Unter Abbrechern verstehen wir jene Paare, die 1) nicht sämtliche im Manual beschriebenen Schritte durchlaufen haben und 2) gleichzeitig, gemessen am Kriterium „Beseitigung der Funktionsstörung", zum Zeitpunkt des Therapieendes erfolglos blieben. Zehn Paare (= 26% der Abbrecher) brachen die Therapie ab, weil sie sich trennten; ein Jahr nach der Therapie waren rund 40% aller Abbrecher getrennt. Das Kontingent der Paare, die sich trennten, unter den Abbrechern ist so groß, daß es eine gesonderte Betrachtung verdient (s. unter 5.2). Wir werden hier zunächst die Daten nicht getrennter Abbrecher mit denen von Therapiebeendern vergleichen und im Anschluß daran anhand von kasuistischem Material weitere Fragen erörtern.

5.1   Therapieabbrüche

Bei den Abbrechern sind Orgasmusstörungen und vorzeitige Ejakulation über-repräsentiert. Im übrigen ergab die statistische Auswertung der bei Therapiebeginn erhobenen Daten hinsichtlich Alter, Beruf, Schulbildung, Berufsausbildung, Dauer der Beziehung, Dauer der Symptomatik, Merkmalen des aktuellen Sexualverhaltens und Einstellung zur Sexualität keine signifikanten Unterschiede zwischen Therpiebeendern und Therapieabbrechern.

Die Auswertung der von den Therapeuten verfaßten Fallgeschichten erlaubt keine strenge Klassifizierung der Therapieabbrecher nach den Gründen für den Abbruch. Dagegen lassen sich wiederkehrende Merkmale der Patientenpaare beschreiben, die einzeln oder in verschiedenen Kombinationen auffällig häufig in den Fallgeschichten genannt werden.

Die *Therapiemotivation* scheint bei Abbrecherpaaren auffällig häufig problematisch zu sein. Bei zahlreichen Paaren mit Orgasmusstörungen der Frau geht die Initiative zur Behandlung eindeutig vom Mann aus. Die Frauen dagegen erklären, daß sie an der Therapie nur „dem Mann zuliebe" teilnehmen; sie wollen dem Partner „eine gute Frau sein", vertreten die Meinung: „Ich kann doch meinem Mann auf Dauer nicht vorenthalten, was alle anderen Männer von ihren Frauen bekommen." Diese und ähnliche Formulierungen sind weiterhin kombiniert mit dem Wunschbild einer „intakten Familie", „zufriedener Eltern" bzw., sofern das Paar noch kinderlos ist, mit dem Wunsch nach einem Kind. Dagegen wird ausdrücklich die mangelnde sexuelle Erlebnisfähigkeit in bezug auf die eigene Person als unproblematisch beschrieben. Nur im Zusammenleben mit dem Partner werde sie für diesen und schließlich für beide zur Quelle ständiger Unzufriedenheit. Im übrigen findet sich auch die umgekehrte Konstellation, nämlich daß die Parnterinnen männlicher Symptomträger die Initiative zur Behandlung ergreifen und die Männer „nur der Frau zuliebe" usw. mitmachen, wenn auch insgesamt seltener. Solche sekundären Motivationen sind nicht immer schon bei Therapiebeginn erkennbar, oft auch für die Patienten in dieser Klarheit nicht formulierbar, sondern schälen sich erst im Verlauf der Behandlung heraus.

Bei einigen Paaren, die später die Therapie abbrachen, war zu Beginn der Behandlung die *Empfängisverhütung* nicht geregelt, obwohl dies im Vorgespräch zur Bedingung für die Behandlung gemacht worden war. Unverträglichkeiten oraler oder mechanischer Kontrazeptionsmittel wurden zum Leitthema der ersten Sitzungen; die „objektiven" Nebenwirkungen des Antikonzeptionsmittels waren so beeinträchtigend, daß es für die Therapeuten schwer auszumachen war, welcher Anteil an diesen Beschwerden dem Widerstand der Patienten zuzuschreiben war. Bei einem Paar (Orgasmusstörung) stellte sich im Verlauf der Behandlung heraus, daß die Patientin trotz der Einnahme oraler Antikonzeptiva schwanger geworden und bereits im 4. Schwangerschaftsmonat war. Beide Partner freuten sich darüber, da sie sich prinzipiell ein Kind wünschten.

Die Therapie wurde zunächst fortgesetzt, stagnierte aber bald, weil das Paar ganz von der Aussicht auf die bevorstehende Elternschaft erfüllt war. Die Patientin hatte keinerlei Verlangen nach sexuellen Kontakten mehr, wollte die Übungen nicht mehr machen.

Äußere Störfaktoren spielten oft eine wesentliche behindernde Rolle. Erkrankung von Kindern, Verschickung in früher beantragte Kuren, Urlaub und beruflich bedingte Abwesenheit waren solche Störfaktoren. Die Charakterisierung als „äußere" Faktoren soll der Art und Weise Rechnung tragen, wie sich die Störfaktoren nach der Schilderung der Patienten darstellten. Wie eng solche Faktoren mit *inneren Barrieren* verknüpft sein können, war am auffälligsten bei Erkrankungen zu sehen, die zu mehrfachen und längerdauernden Unterbrechungen der Therapie zwangen. Bei etwa jedem 3. Abbrecherpaar kam es zu solchen Unterbrechungen infolge von Erkrankungen, bei denen der Verdacht nahelag, daß es sich um psychosomatische Reaktionen handelte. Nicht ausschließlich, aber überwiegend erkrankte der Symptomträger. In der Regel kam es zu einer Aggravation anamnestisch bekannter Beschwerden. Sofern die Patienten sich dann in hausärztliche Behandlung begaben, führte die von dort veranlaßte medikamentöse Therapie zu keiner wesentlichen Besserung.

Neben den häufigen psychosomatischen Reaktionen und dem ausgeprägten Vermeidungsverhalten fällt bei Abbrechern auf, daß sie besonders häufig Konflikte ausagieren. Agieren ist hier weit gefaßt und meint alle Handlungen, die Patienten miteinander, mit den Therapeuten oder mit Dritten inszenieren, um dem erklärten Therapieziel entgegenzuarbeiten. Die technische Bedeutung von Agieren in der Übertragungsbeziehung ist nur ein Aspekt davon. Tatsächlich findet sich bei Abbrecherpaaren ausgeprägtes Agieren. Um einige Beispiele zu nennen: Der Mann einer orgasmusgestörten Frau geht nach 4 Sitzungen fremd; als seine Frau nicht so eifersüchtig reagiert, wie er erwartet hatte, verweigert er die Fortsetzung der Behandlung. In ein weiteres Gespräch darüber läßt er sich nicht mehr ein. – Die orgasmusgestörte Partnerin eines Mannes mit vorzeitiger Ejakulation nimmt häufig Beruhigungstabletten oder Alkohol zu sich und verfällt dann in einen tranigen Zustand. In provozierender Absicht tut sie dies auch an Tagen, an denen beide Übungen verabredet haben. Der Mann schlägt sie daraufhin mehrfach zusammen. Sie möchte sich danach nicht mehr in sexuelle Aktivitäten mit ihm einlassen. – Ein Mann, der sich von seiner orgasmusgestörten Partnerin abgelehnt fühlt, will, daß die Therapeuten klar seine Partei ergreifen und ihn unterstützen in seinem Versuch, seine Freundin zur Patientin zu stempeln. Als ihm dies nicht gelingt und auch seine eigene Beteiligung zur Sprache kommt, bringt er zur nächsten Therapiesitzung Freunde zur Stärkung seiner Position mit.

Man kann sich an dieser Stelle fragen, was das Agieren, Krankwerden und die anderen bereits erwähnten Faktoren bedeuten, da sie doch letztlich zum Scheitern der Behandlung beitragen. Welchen Gewinn können die Patienten aus einer abgebrochenen Therapie ziehen? Im Hinblick auf diese Fragestellung wurden Teilstichproben (Paare mit Orgasmusstörungen der Frau) bereits früher untersucht und die Ergebnisse andernorts veröffentlicht (Arentewicz 1977; Arentewicz et al. 1976). Danach lassen sich 3 charakteristische Gruppierungen unter den Abbrecherpaaren unterscheiden:

1) Paare, für welche die sexuelle Funktionsstörung die Rolle eines stabilisierenden Faktors in einem neurotischen Gleichgewicht zwischen den Partnern spielt; der Therapieverlauf bei solchen Paaren ist gekennzeichnet durch massive Widerstände der Patienten gegen die Instruktion, ausgeprägtes Vermeidungsverhalten und Agieren eines oder beider Partner.

2) Paare, bei denen die sexuelle Disharmonie das gewissermaßen harmloseste und oberflächlichste Symptom darstellt, hinter dem sich weitere Konflikte mit großer Zündkraft verbergen; beide Partner konzentrieren ihre ganze Aufmerksamkeit auf die sexuelle Funktionsstörung und erliegen der Illusion, daß schon alles in Ordnung wäre, wenn nur die sexuellen Schwierigkeiten behoben wären. Bei den Paaren dieser Gruppe sind die untergründigen Probleme so massiv, daß die Beseitigung der sexuellen Funktionsstörung dem Abbrennen einer scheinbar harmlosen Zündschnur am Pulverfaß gleichkäme. Um dieser Gefahr aus dem Wege zu gehen, bleiben die Patienten schließlich der Therapie fern.

3) Paare, für welche die sexuelle Funktionsstörung zum einzigen Inhalt der Beziehung geworden ist; in diesen Fällen kann die Therapie eine Hilfe zur Trennung als Resultat eines gemeinsamen Entscheidungsprozesses werden. Dies gilt auch dann, wenn die Trennung zeitlich nicht mit dem Therapieabbruch zusammenfällt.

In der Tat lassen sich die Fallgeschichten der Abbrecher in diese 3 Rubriken einteilen. Auch kann man nirgends so gut wie bei Therapieabbrechern beobachten, wie sehr der „ungestörte Partner" an der Aufrechterhaltung der Funktionsstörung beteiligt ist: Bei etwa jedem 2. Paar, das die Therapie abbrach, hatte der „ungestörte" Partner die weitere Mitarbeit verweigert und damit den Abbruch erzwungen.

Eine *solche Einteilung* unter dem Gesichtspunkt, welche Bedeutung der Therapieabbruch für die Patientin hat, ist verführerisch. Sie entlastet die Therapeuten und suggeriert gleichzeitig dem Leser, zumal wenn sie durch eindrucksvolle Fallbeispiele untermauert ist, daß hier „eben nichts zu machen" ist, daß die Patienten ihr Symptom brauchen und sich deshalb mit aller Kraft daran klammern. Darüber hinaus scheint sie einen Beitrag zur Indikation zu liefern, indem sie Konstellationen auf seiten der Patienten beschreibt, die eine Therapie als wenig aussichtsreich erscheinen lassen. Am ehesten mag eine solche Einteilung noch bei solchen Paaren gerechtfertigt sein, die die Therapie in den ersten Sitzungen abbrechen, sich sozusagen von vornherein auf einen Veränderungsprozeß nicht einlassen. Für die Mehrzahl der Abbrecher trifft dies jedoch nicht zu. Ihre durchschnittliche Behandlungszeit liegt bei 14 Wochen bzw. 19 Sitzungen und reicht von Behandlungen, die nach 2 Sitzungen abgebrochen wurden, bis zu Therapien, die länger als ein halbes Jahr dauerten. Die meisten Paare investieren viel Zeit und Energie, und der Therapieabbruch bedeutet, selbst wenn er aktiv betrieben wird, eine Enttäuschung und, sofern keine Trennung erfolgt, eine Stabilisierung des Status quo.

Man muß sich daher die Frage stellen, inwieweit das *Therapeutenverhalten* den Abbruch begünstigt oder gar provoziert haben könnte. In den Fallgeschichten wird das nicht thematisiert und es entsteht der Eindruck, als hätte diese Frage die Therapeuten kaum beschäftigt. Eklatant ist folgendes Beispiel:

Paar 29: Der Mann, kaufmännischer Angestellter, Mitte 30, seit 3 Jahren mit einer 9 Jahre jüngeren Frau, Sekretärin, verheiratet, hat seine erste Ehefrau nach 6jähriger glücklicher Ehe und gegen Ende der 1. Schwangerschaft Hals über Kopf zugunsten der jetzigen Ehefrau verlassen. Nach einer anfänglich trotz ausbleibendem Orgasmus befriedigenden sexuellen Beziehung verlor die Frau etwa um die Zeit der Eheschließung zunehmend die Lust zu sexuellen Aktivitäten, hatte Schmerzen beim Geschlechtsverkehr, machte eigentlich nur dem Mann zuliebe mit.

Über den Therapieverlauf ist der Fallgeschichte folgendes zu entnehmen: „Beide Partner sind hochmotiviert für die Therapie. Im Vorgespräch und in den Explorationen entsteht der Eindruck, daß sie eine ziemlich reife Form der Kommunikation miteinander haben. Nach der ersten Anweisung zu den Streichelübungen kommt das Paar in die nächste Sitzung, hat nicht geübt, weil die Frau sich nach eigenen Angaben sehr heftig in einen Arbeitskollegen verliebt hat. Der Ehemann ist sehr betreten und durch dieses Ereignis ebenso überrascht wie wir, da bis dahin keinerlei Anzeichen in dieser Richtung vorhanden waren. Wir haben den Eindruck, daß die Frau darauf in gewisser Hinsicht stolz ist und von ihrem Mann nun Verständnis erwartet, weil er doch mit ihr in einer ähnlichen Situation war, als sie sich kennenlernten. Sie gesteht ihm eigentlich keine Trauerreaktion zu, sondern erwartet nur Verständnis und Unterstützung von ihm. Wir haben den starken Eindruck eines neurotischen Agierens, um sich mit ihrem Mann sexuell nicht einlassen zu müssen – dies um so mehr, als die Beziehung zu dem andern Mann wenig real erscheint, die Frau z. B. nicht die Absicht äußert, mit ihm zu schlafen. Wir brechen die Therapie mit der Bemerkung ab, daß sich das Paar wieder melden kann für den Fall, daß die Konflikte wieder bereinigt sind oder daß sie in der Verarbeitung der Situation Hilfe brauchen."

Wenn überhaupt, können wir das Verhalten der Therapeuten nur so erklären, daß sich diese möglichst eng an die formale Therapiebedingung halten wollten, nämlich daß während der Behandlung keine sexuellen Außenbeziehungen bestehen sollen. Vergleichbar der pietistisch-verinnerlichten „Sünde in Gedanken" konnte die aufflackernde Verliebtheit der Patientin dann als Grund für den Abbruch herhalten. Das Paar hat sich nicht mehr gemeldet und auch auf die Einladungen zu den Nachuntersuchungen nicht reagiert.

An den Fallgeschichten über abgebrochene Therapien ist auffällig, wie häufig davon die Rede ist, daß in der Behandlung zusätzliche Programme (Mitgabe von Tonbändern zu Entspannungsübungen, unsystematisch verteilte häufige Einzelgespräche, kommunikationstherapeutische Übungen usw.) eingeschoben werden mußten. Man gewinnt den Eindruck, daß es sich dabei weniger um gezielte und systematisch kontrollierte Interventionen handelte, als vielmehr darum, daß die Therapeuten dem Sog nachgaben, der vom Agieren der Patienten ausging. Gelegentlich mutete das therapeutische Vorgehen wie ein aktivistisches Umgehen mit der eigenen Ratlosigkeit und Angst an, wie G'schaftelhuberei und mangelndes Vertrauen in das eigene Konzept.

Erwähnt sei schließlich, daß bei einigen abgebrochenen Therapien ausgesprochene oder unausgesprochene Disharmonie zwischen den Therapeuten herrschte, die den Patienten in keinem Fall verborgen geblieben sein dürfte. In Supervisionssitzungen kam dies zur Sprache; in den Fallgeschichten ist so gut wie nie die Rede davon. Hier kann nur festgestellt werden, daß wir über die den Abbruch begünstigenden Variablen auf seiten der Therapeuten wenig gesicherte und differenzierte Aussagen machen können. Das vorhandene Material enthält aber viele Hinweise darauf, daß man ihnen einen nicht geringen Einfluß zumessen muß.

Therapieabbruch bedeutet das Ende der spezifischen Paartherapie, jedoch nicht zwangsläufig das Ende einer Behandlung. Ungefähr die Hälfte der Paare setzt gemeinsam oder einzeln die Behandlung in anderer Form fort; manche Paare, denen dies nahegelegt wird, lehnen den Vorschlag ab. Verfolgt man das weitere Schicksal der Patienten bis zur 4. Nachuntersuchung, dann fällt auf, daß die weitaus größte Gruppe Paare bilden, die sich bei Therapieabbruch, kurz danach oder im weiteren Verlauf trennen. Bei der Nachuntersuchung 3, ein Jahr nach Therapieabbruch, sind 40% der Abbrecherpaare getrennt. Drei Jahre später dürften es ungefähr zwei Drittel sein. Exakte Daten liegen nicht vor, die Fallgeschichten von Abbrechern, die die Nachuntersuchung 4 verweigerten, gestatten nur eine grobe Schätzung. Auf die Paare, die sich trennten, werden wir im nächsten Abschnitt näher eingehen. Die übrigen Abbrecherpaare lassen sich unter dem Gesichtspunkt des weiteren Verlaufs in 4 Gruppen einteilen:

1) Die Funktionsstörung verliert sich ohne weitere therapeutische Hilfe. Dieser Verlauf scheint extrem selten. Wir beobachteten ihn z. B. bei dem auf S. 85 beschriebenen Paar (Orgasmusstörung), das sich infolge der trotz Empfängnisverhütung eingetretenen Schwangerschaft ganz auf die bevorstehende Elternschaft konzentrierte und vorübergehend keinerlei Verlangen nach sexueller Aktivität hatte. Bereits bei der Einjahresnachuntersuchung bot sich ein völlig verändertes Bild: nach mehrmonatiger Karenzzeit vor und nach der Entbindung hatten beide von sich aus die Streichelübungen wieder aufgenommen und konnten nach einiger Zeit befriedigend Geschlechtsverkehr mit Orgasmus erleben. Trotz Abbruch hatte die Therapie die Grundlage für eine positive Weiterentwicklung gelegt, die bis zur Nachuntersuchung 3 Jahre nach Therapieende konstant blieb.

2) Die Funktionsstörung besteht weiter, sie muß aber nicht mehr als Ursache aller anderen Partnerkonflikte herhalten. Die Partner haben sich in „angemessener Resignation" (Giese 1962) auf einen Kompromiß geeinigt.

Paar 30: Das Paar, beide Mitte 30, ist seit 10 Jahren verheiratet, sie haben 2 Kinder im Alter von 7 und 5 Jahren. Der Mann leidet seit seinen ersten sexuellen Kontakten an vorzeitigem Samenerguß. Seine Frau ist sexuell sehr appetent. Wiederholt hat sie sich bei anderen Männern geholt, was ihr Mann ihr nicht „bieten" kann bzw. „vorenthält", wie sie sich ausdrückt. Wenn ihr Mann sie mit oraler oder manueller Stimulation zum Orgasmus bringt, erlebt sie den Orgasmus eher „neben ihm" oder sogar „gegen ihn". Beim Geschlechtsverkehr ist er von vornherein so verspannt und auf die Kontrolle seiner Ejakulation fixiert, daß er regelmäßig nur seinen Mißerfolg wiederholen kann. Abwechselnd drohen beide mit Trennung; das Thema ist ständig an der Tagesordnung. Etwa 3 Jahre nach Therapieabbruch kommt das Paar zur Dreijahresnachuntersuchung. Die Frau eröffnet das Gespräch mit der Feststellung: „Wir sind noch zusammen." Eine Woche zuvor hatten sie ihren 12. Hochzeitstag. Jetzt sehe alles so aus, als könnten sie auch ihren 25. erleben. Das Zusammenleben sei viel positiver. Es gebe nach wie vor Krisen, aber sie würden diese nicht mehr so verbissen sehen, könnten darüber sprechen und hätten v. a. nicht mehr das Gefühl, daß jede Krise ihre Ehe in Frage stelle. „Wir freuen uns wieder aufeinander." Die Tochter habe neulich festgestellt, daß sie ja ein „glückliches Ehepaar" seien. Das habe ihnen gutgetan. Die Frau schildert, daß sie innerlich stärker zur Ruhe gekommen und zufriedener sei. Dazu habe sicher auch beigetragen, daß sie nun halbtags arbeite und ihren Führerschein gemacht habe. Sie sei inzwischen 2mal operiert worden, da sie monatelang Blutungen gehabt habe. Der Mann empfindet immer noch einen Rest von Unsicherheit gegenüber seiner Frau. Er sehe, daß sie sich viel Mühe gebe und auch auf

ihn eingehe; er frage sich aber immer wieder, ob sie das aus Überzeugung oder nur ihm zuliebe mache. Ihn bedränge schon manchmal die Frage, ob sie wieder ausbrechen werde, wenn
sich die Gelegenheit dazu bietet. Er wisse nicht, ob sie auch in solchen Situationen zu ihm stehen werde. Beide berichten übereinstimmend, daß sich an der Sexualität wenig geändert hat.
Es komme mal vor, daß sie 4 Wochen nicht und dann wieder mehrere Wochen 2- bis 3mal
miteinander schlafen. Die Kontrolle des Samenergusses gelinge gelegentlich etwas besser; es
dauere dann vielleicht 2 Minuten bis zur Ejakulation. Aber selbst wenn damit formal die vorzeitige Ejakulation nicht mehr vorhanden sei, dann sei dies, so sagt der Mann, immer noch zu
kurz, er komme sich vor wie jemand, der früher DM 800,– verdiente und jetzt DM 1000,–
und dem diese DM 1000,– immer noch zu wenig sind. Außerdem belaste ihn nach wie vor,
daß seine Frau eigentlich nie initiativ und aktiv sei. Er beklagt auch ihre geringe Bereitschaft
zur Abwechslung und ihre Phantasielosigkeit im Sexuellen. Insgesamt könne er jetzt damit jedoch besser leben. Das sexuelle Problem sei nicht mehr so quälend für ihn. Er komme sich vor
wie ein Patient, der wegen eines Tics zum Psychiater geht, der nach der psychiatrischen Behandlung den Tic völlig unverändert hat, sich daran aber nicht mehr stört.

*3) Gemeinsame sexuelle Aktivitäten werden so gut wie ganz eingestellt und
von beiden Partnern nicht vermißt.* Insofern spielt die Funktionsstörung keine
Rolle mehr. Unter Verzicht auf Sexualität stabilisiert sich die Beziehung.

Paar 31: Die Partner sind nicht verheiratet, beide Mitte 30 und bei derselben Versiche-
rungsgesellschaft angestellt. Sie kennen sich seit 8 Jahren, leben seit 4 Jahren zusammen. Der
Mann hatte bisher bei allen sexuellen Kontakten vorzeitigen Samenerguß, was ihn schon immer sehr belastete. In den letzten Jahren war eine sekundäre Erektionsstörung hinzugekom-
men. Die Frau hatte beim Geschlechtsverkehr noch nie einen Orgasmus, beide haben eine
sehr enge und ambivalente Beziehung zum Elternhaus; zum jeweiligen andersgeschlechtlichen
Elternteil bestehen inzestuös gefärbte Beziehungen. Beide haben große Schwierigkeiten, sich
in eine Beziehung einzulassen. Die Vorerfahrungen des Mannes beschränken sich auf unbefriedigende Kontakte im Bordell; die Frau hatte sich nur in Pettingkontakte über der Kleidung und bei Dunkelheit eingelassen, da sie ihren Körper unattraktiv und unappetitlich fand.
Mit ihren jeweiligen Schwierigkeiten kommen sie sich gegenseitig sehr entgegen. Es braucht
lange, bis sie eine sexuelle Beziehung wagen. Die Freundschaft ist durch mehrere längere
Trennungen unterbrochen. Anlaß waren meist Streit über die Sexualität oder die Elternverbin-
dungen. Seit einem Jahr finden keine gemeinsamen sexuellen Aktivitäten mehr statt. Jeder hat
aber eine entfaltete sexuelle Phantasiewelt, die er dem Partner weitgehend verheimlicht. Die
Frau stellt sich Geschlechtsverkehr mit Partnern vor, zu denen ihr realer Partner geradezu den
Antityp verkörpert. Der Mann hat eine streng ritualisierte Masturbationspraktik, in der das
überdimensional phantasierte bzw. zeichnerisch entworfene Hinterteil einer Frau den wichtigsten Reiz darstellt. Ohne vorher gezeichnet und sich in die Phantasie verloren zu haben, kann
er nicht zur Ejakulation kommen. Als seine Freundin per Zufall einmal Zeugin des Rituals
wird, kommt es zu einer schweren Krise. Die Frau beginnt zu fasten, vernachlässigt ihren Körper, um ja nicht seinem phantasierten Ideal zu entsprechen. In der Therapie versuchen beide,
ihre Wünsche und Phantasien voreinander geheim zu halten, verbünden sich gegen die Therapeuten, indem sie schon nach der 1. Sitzung (zum ersten Mal seit fast einem Jahr) Geschlechtsverkehr, im übrigen aber so gut wie nie Übungen machen. Schließlich gelingt es nach mehreren Einzelgesprächen, einen Teil der Phantasien gemeinsam zu besprechen. Danach stellt sich
ein Gefühl der Vertrautheit und des Verliebtseins ein. Die Frau wird beim Streicheln sehr erregt, hat Orgasmen. Der Mann reagiert darauf mit Angst. Er wird eifersüchtig und macht der
Frau deren Phantasien zum Vorwurf. Es entwickelt sich ein Machtkampf, der darauf abzielt,
den anderen zu entwerten um dann das Gefühl der eigenen Minderwertigkeit besser ertragen
zu können. Im technischen Sinne macht das Paar trotzdem Fortschritte in der 3wöchigen massierten Therapie. Es wird vereinbart, nach dem Urlaub des Paares in verteilter Form die Behandlung fortzusetzen. Aus dem Urlaub kommt das Paar glücklich und zufrieden zurück. Sie
haben die Zeit ohne jede sexuelle Aktivität verbracht und sind selbst erstaunt darüber, daß sie
nichts vermissen. Zur nächsten Sitzung kommt der Mann allein. Seine Freundin sei nicht bereit, weiterzumachen, Gründe könne sie dafür nicht angeben. Zu einem weiteren Termin kommen beide nicht mehr.

Bei der Nachuntersuchung nach 3 Jahren berichtet die Frau, daß sie so gut wie kein sexuelles Verlangen mehr hat und daß ihr das nicht fehlt. Nur wenn ihr Freund nicht zu Hause ist, sehnt sie sich gelegentlich nach Geschlechtsverkehr. In den letzten 3 Jahren fand dieser bzw. der Versuch aber nur 2mal statt. Über ihre Phantasien sprechen sie so gut wie nie, weil die an Bedeutung verloren hätten und kein Streitpunkt mehr seien. Während sie früher geglaubt habe, die geringe sexuelle Frequenz sei allein Schuld ihres Partners, sehe sie heute, daß sie selber eigentlich kein Bedürfnis nach sexuellen Kontakten habe. Ihren Körper könne sie inzwischen akzeptieren, brauche auch nicht mehr zu fasten, um sich von den Phantasien des Partners abzuheben. Der Mann bezeichnet die Beziehung jetzt als sehr gut und besser als je zuvor. Seit sich beide darauf geeinigt haben, keine Sexualität mehr miteinander zu haben, sei der Sprengstoff zu dauernden Streitereien genommen. Er selber fühle sich so, als habe er eine Spritze bekommen, so daß seine Sexualität in Tiefschlaf gefallen sei. Zu seiner Selbstbefriedigungspraktik stehe er. Er erinnert sich gar nicht, bei Therapiebeginn darum gebeten zu haben, seiner Freundin nichts davon zu erzählen. Die spezialisierten Praktiken haben heute aber an Reiz verloren. Er mache sie höchstens noch 1- oder 2mal im Jahr, weniger aus Lust, als um zu prüfen, ob er überhaupt noch darauf reagiere. Er finde aber keine Befriedigung mehr darin.

4) Die sexuelle Funktionsstörung besteht unverändert fort, ebenso wie die quälende Konfliktspannung, die sich auf die gesamte Partnerschaft erstreckt.

Paar 32: Das Ehepaar, beide Ende 20, ist seit 3 Jahren verheiratet, hat ein 2jähriges Kind. Der Mann ist Bäcker, die Frau Hausfrau. Seit der Eheschließung lehnt die Frau jede körperliche Zärtlichkeit total ab. Zwar findet gelegentlich Geschlechtsverkehr statt, aber die Frau wird dabei nie erregt, ekelt sich und macht nur dem Mann zuliebe mit. Sobald dieser sich mit sexuellen Wünschen an sie wendet, wird sie entweder wütend oder traurig, woraufhin er beleidigt abzieht. Nur ganz selten läßt er sich nicht abweisen. Vor der Eheschließung war das anders, da fand 2- bis 3mal in der Woche Geschlechtsverkehr statt. Orgasmus hatte die Frau auch damals nicht, fand die Sexualität aber „ganz aufregend, weil er mir sonst nicht viel gab". Die Beziehung ist gekennzeichnet durch regelrechte Haß- und Wutausbrüche der Frau gegen den Mann. Er reagiert darauf hilflos oder aber provozierend nüchtern. Der Machtkampf zieht sich schon über Jahre hin: die Frau fühlt sich schon vor der Eheschließung vom Mann finanziell ausgenutzt, „zwingt" ihn andererseits durch eine ungeplante Schwangerschaft zur Verlobung und Hochzeit, erkrankt danach an einer schweren Depression und entwickelt dann einen Putzwang, der zur Ritualisierung des gesamten Familienlebens führt.

Bei den Streichelübungen während der Therapie kommt das Paar nie über den Anfang hinaus, nach wenigen Minuten gibt es Krach, sie liegen sich in den Haaren und gehen sich dann tagelang verärgert aus dem Weg. Die Frau schließt den Mann aus der Wohnung aus, öffnet auf sein Klingeln hin nicht. Wochenlang reden sie nicht miteinander. Es ist ein einziger Terror, dem die Therapeuten völlig hilflos gegenüberstehen. Als sich der Mann schließlich trennen will und das zum ersten Mal in der Therapiesitzung erwähnt, reagiert die Frau mit einem Haßausbruch. Obwohl beide nur ein Auto haben und weit außerhalb wohnen, will sie ihn nicht mehr mit nach Hause nehmen, auch nicht für eine Nacht. Der Mann ist zu einer weiteren Behandlung nicht mehr bereit. In den nächsten Tagen versucht die Frau dann, den Mann zu bewegen, doch noch bei ihr zu bleiben. Er läßt sich schließlich überreden, wenigstens noch einen Monat dazubleiben, bis sie Arbeit gefunden hat. Vier Wochen später kommt die Frau zu einem Einzelgespräch und berichtet, daß sie sich jetzt plötzlich wieder viel besser verstünden, regelmäßig Geschlechtsverkehr hätten und daß sie dies auch ganz gut fände.

Bei der Nachuntersuchung 1 Jahr nach Therapieabbruch schildern beide ihre Situation wie zu Beginn der Behandlung. Man geht sich aus dem Wege, beschimpft sich gegenseitig haßerfüllt und zieht sich dann in Resignation und Depression zurück. Der Putzwang besteht nach wie vor. Die Frau äußert aber den Wunsch, für sich eine Therapie zu machen. Bis zur Nachuntersuchung drei Jahre nach Therapieabbruch geht die Frau 2mal monatlich zu stützenden psychotherapeutischen Einzelgesprächen. Bei der Nachuntersuchung äußert sie ihren Wunsch, gemeinsam mit ihrem Mann einen neuen Therapieversuch unternehmen zu wollen, „um Leben in die tote Beziehung zu bringen". Vier Wochen später hören die Therapeuten noch einmal telefonisch von der Patientin: nach dem Termin habe sich die Situation zu Hause zugespitzt wie nie zuvor. Der Mann habe sich zunächst völlig zurückgezogen, nicht mehr geredet, ihr dann brieflich eine Trennung vorgeschlagen, woraufhin sie zuerst sehr erschrocken sei, Psychopharmaka in sich hineingestopft habe, nicht mehr schlafen konnte. Jetzt, 3 Tage später, sei sie aber wieder ruhiger, freue sich auf den Besuch einer Fastnachtsveranstaltung. Es bleibt völlig offen, ob das Paar die Kraft zu einer Trennung haben oder sich — wie gehabt — weiterhin in einem Leben neben- und gegeneinander aufreiben wird.

Offen bleibt schließlich, welches Schicksal jene Paare nahmen, die die letzte Nachuntersuchung, 3–4 Jahre nach Therapieabbruch, verweigerten.

5.2 Trennungen

Zehn Paare trennten sich während der Therapie, 13 weitere im Jahr danach. Insgesamt beendeten also 23 Paare (11%) ihre Beziehung im engen zeitlichen Zusammenhang mit der Therapie. Da nicht alle Paare 1 Jahr nach Therapieabschluß nachuntersucht werden konnten, handelt es sich um eine Mindestschätzung. Rechnet man die Zahlen für die nicht nachuntersuchten Paare hoch, kann man davon ausgehen, daß sich 15% oder jedes 7. Paar im Verlauf der Therapie oder im Jahr nach Therapieende trennte[1].

Die statistische Aufschlüsselung der 23 getrennten Paare ergibt folgendes: die Diagnosegruppen unterscheiden sich nicht im Hinblick auf die Trennungswahrscheinlichkeit. Dies war überraschend für uns, da Orgasmusstörungen und vorzeitige Ejakulation erfahrungsgemäß besonders oft mit schweren Partnerkonflikten einhergehen. Überraschend war ebenfalls die Tatsache, daß der Anteil der Verheirateten unter den getrennten Paaren unproportional hoch ist (p = 0,01); jedes 5. Ehepaar trennte sich. Diese Paare sind in der Regel verhältnismäßig jung, kinderlos, erst kurz verheiratet, ohne viel Vorerfahrungen mit anderen Partnerschaften und hatten ihre Beziehung nach dem Eindruck der Therapeuten oft überstürzt und wenig kritisch formalisiert. Ebenfalls überzufällig häufig (p = 0,001) trennten sich Paare, von denen mindestens ein Partner noch studierte. Sie gehören einer Gruppe an, in der Partnermobilität relativ einfach ist und einstellungsmäßig wenig sanktioniert wird; Heiratsabsichten, die bei anderen ledigen Paaren eine beträchtliche Rolle in der Therapiemotivation spielten, waren bei ihnen aktuell oder prinzipiell nicht vorhanden, d. h., sie waren im Hinblick auf die Perspektive ihrer Beziehung weniger festgelegt als vergleichbare junge, nichtstudentische Paare.

Die Wahrscheinlichkeit, sich im Jahr *nach* der Therapie zu trennen, ist bei Therapieabbrechern erwartungsgemäß höher (p = 0,05) als bei -beendern (vgl. S. 84). Die übrigen Paare, die sich nach der Therapie trennten, sind hinsichtlich der sexuellen Funktion als „deutlich gebessert" oder „geheilt" eingestuft worden; sie trennten sich also trotz Beseitigung oder entschiedener Besserung der Funktionsstörung.

---

[1] Zwischen den Nachuntersuchungen 3 und 4 trennten sich 12 von 99 nachuntersuchten Paaren. Da diese Trennungen nicht mehr in einem nachweisbaren Zusammenhang mit der ursprünglichen (sexuellen) Problematik und Therapie stehen, werden die betreffenden Paare hier nicht berücksichtigt.

Trennungen sind eine besonders schwerwiegende Folge einer Therapie. Sie generell als Therapie*erfolg* anzusehen, ist genauso kurzschlüssig und vorschnell wie ihre generelle Klassifizierung als „Mißerfolg". Nur die Analyse des Einzelfalles kann ergeben, ob die Trennung eine konstruktive Lösung eines Partnerproblems war oder Flucht vor Auseinandersetzung und Veränderung der Beziehung. Nach Durchsicht der von den Therapeuten verfaßten Fallgeschichten lassen sich folgende 3 Gruppen unterscheiden:

1) Es gab Trennungsprozesse, die untergründig schon so weit fortgeschritten waren, *daß die Trennung in der Therapie praktisch nur noch vollzogen werden konnte.* In diesen Fällen wurde die Therapie von den Patienten oder einem der Partner nur zur Bestätigung der Richtigkeit der (oft noch vor dem Partner verheimlichten) Trennungsabsicht begonnen, sozusagen um offiziell bestätigt zu bekommen, daß es keine andere Lösung gibt, und damit der noch bestehenden Reste von Ambivalenz oder Schuldgefühlen enthoben zu werden. Oder der trennungsunwillige Partner bestand darauf, noch einmal eine letzte Anstrengung zur Rettung der Beziehung zu unternehmen. Diese Paare lassen sich trotz vordergründig nicht selten hoher Motivation auf die Therapie nicht richtig ein. Die Behandlung kann daher lediglich den längst gelaufenen Trennungsprozeß beenden und die Trennung explizit machen. Die Therapie kann hier durchaus sinnvolle Trennungshilfe sein, z. B. wenn sie den Partnern eine Auseinandersetzung über die Trennung ermöglicht oder trennungsunwilligen Partner zur Einsicht verhilft, daß ein weiteres Festhalten an der Beziehung sinnlos ist. Beratungsgespräche könnten für solche Paare oft ausreichen. Manchmal ist aber einer der beiden Partner so fixiert auf die sexuelle Störung, daß die Paartherapie mit ihrer Fokussierung auf die Sexualität ein guter Ansatzpunkt für die Beratung ist. Gelegentlich ist die Therapie allerdings nur ein Alibi für den trennungswilligen Partner, und er absolviert sie wie eine letzte lästige Pflicht.

Paar 33: Beide Partner sind Anfang 20, angestellt im gleichen Betrieb. Sie kennen sich seit 1¼ Jahren und leben seit fast einem Jahr zusammen. Der Mann leidet unter vorzeitiger Ejakulation und in den letzten Monaten auch unter Erektionsschwierigkeiten. Das Zusammenleben beider gestaltet sich zunehmend schwieriger, sie berichten von dauernden Streitereien über Ordnung im Haushalt, die Frau fühlt sich bevormundet, an das Haus gebunden und kontrolliert, möchte gern unabhängig von ihm Freizeitinteressen nachgehen und fühlt sich von anderen Männern angezogen. Die Partnerkrise ist so stark, daß erwogen wird, die Therapie nicht zu beginnen, um so mehr, da die Frau einmal äußert, sie wolle ihm noch helfen, seine sexuellen Störungen zu überwinden und sich dann trennen. Die Therapie wird dennoch begonnen, um beide nicht mit ihren Problemen allein zu lassen und zunächst mit dem Ziel, zu einer Klärung der Trennungsabsichten zu kommen. Nach wenigen Stunden kommt die Frau zu der Einsicht, daß sie an der Therapie nur noch aus Mitleid mit ihm teilnimmt und daß dies keine ausreichende Basis ist. Er ist darauf sehr deprimiert, traurig und hilflos; entgegen ihren Befürchtungen akzeptiert er aber ihre Entscheidung und versucht nicht, sie mit Gewalt oder Bitten daran zu hindern. Dem Mann werden als Krisenhilfe einige Stunden Gesprächspsychotherapie angeboten, er macht von diesem Angebot aber keinen Gebrauch.

2) Es trennten sich Paare, bei denen in der Therapie *ein virulenter Partnerkonflikt nicht bearbeitet werden konnte* und möglicherweise durch die Behandlung aktualisiert wurde. Die Trennung war in diesen Fällen ein Ausagieren des Konflikts, eine Flucht vor der Auseinandersetzung und aus der Therapie, eine vorschnelle, oft angst- und haßgetönte „Lösung" mit der Gefahr für beide Part-

ner, in späteren Partnerschaften wieder in ähnliche Mechanismen zu verfallen und gleiche Konflikte zu erleben. Widerstände der Partner gegen die Bearbeitung ihrer Konflikte und Hilflosigkeit der Therapeuten oder Fehleinschätzung der Bedeutung eines Konflikts wirkten in unterschiedlichem Ausmaß zusammen. In 4 Fällen ist therapeutisches Versagen nach Meinung des Teams unübersehbar, doch dürfte es auch in anderen Fällen eine nicht unwesentliche Rolle gespielt haben. In den Fallgeschichten ist wenig davon dokumentiert und eher eine Tendenz erkennbar, die konstruktive Seite von Trennungen überzubetonen.

Paar 34: Beide Partner sind Anfang 30, verheiratet seit 8 Jahren, er ist Polizist, sie Sekretärin, seit der Geburt des Kindes Hausfrau. Er hat seit 4 Jahren Erektionsprobleme. Wenn er das Glied einmal einführen kann, kommt er nur schwer oder gar nicht zur Ejakulation. Seit 2 Jahren hat er kaum noch Lust, mit seiner Frau zu schlafen und mag auch ihre Zärtlichkeit nicht mehr. Die Frau leidet sehr unter dem sexuellen Problem, weil sie sich von ihm nicht akzeptiert fühlt und körperliche Nähe und Zärtlichkeit entbehrt. Wegen des Schichtdienstes ihres Mannes wird eine massierte Therapie vereinbart. Bei der Exploration berichtet der Mann, daß er seit einigen Monaten heimlich eine Freundin hat, mit der es sexuell keine Probleme gibt. Er ist nicht bereit, dieses Problem mit seiner Frau oder in der Therapie anzusprechen. Die Therapeuten sind in einer Zwickmühle: sie sind zu Mitwissern geworden und können andererseits, durch ihre Schweigepflicht gebunden, der Frau keine plausible Erklärung für eine plötzliche Verschiebung der lange geplanten und aufwendig vorbereiteten (Krankschreibung, Unterbringung des Kindes bei Verwandten) Therapie geben. Während der Therapie kommt es zu einer weitgehenden Aufhebung der sexuellen Funktionsstörung. Am Ende der Behandlung zeigen sich beide ganz zufrieden; der Mann beklagt aber, daß er nicht so verliebt sei wie am Anfang der Ehe. Eine Woche nach Abschluß der Therapie ruft die Frau völlig aufgelöst an und teilt mit, daß ihr Mann ausgezogen sei. Sie fühlt sich von ihm und den Therapeuten gleichermaßen hintergangen, die Trennung trifft sie völlig unerwartet und sie ist verzweifelt. – Die Therapie aktualisierte ganz offenbar die Ängste des Mannes vor Intimität und Nähe. Die Therapeuten hatten übersehen, daß er sich zu Beginn der Ehe dieser Problematik durch Alkoholsucht, später durch seine Erektionsstörung entzogen hatte. Jetzt, wo die Störung behoben ist und die Ansprüche der Frau nach Zärtlichkeit wieder anwachsen, löst er den Konflikt durch die Trennung. Er meldet sich im Laufe des nächsten Jahres noch einige Male zu Einzelgesprächen. Dabei wird deutlich, daß er völlig gefangen ist in einem Ambivalenzkonflikt zwischen Zusammenziehen mit der Freundin und Zurückgehen zur Ehefrau und sich damit in Distanz zu beiden halten kann.

3) Die Mehrheit der Trennungen, nämlich 15, wurde von den Therapeuten als *konstruktiv* eingeschätzt; die Trennung beendete eine einengende, leer gewordene, die Wünsche beider Partner nicht mehr befriedigende oder quälende Partnerschaft und eröffnete die Aussicht, eine neue Partnerschaft befriedigender und weniger neurotisch zu gestalten. Der Übersichtlichkeit halber werden wir die Dynamik dieser Trennungen nach 3 Gesichtspunkten gruppieren, wobei eine solche Einteilung der Vielfalt der Probleme natürlich nur in sehr begrenztem Ausmaß gerecht werden kann.

Es gibt bei einer Reihe von sexuell gestörten Patienten eine symptomabhängige neurotische Partnerwahl in dem Sinne, daß ein Partner ausgesucht wird, der die eigenen Sexualängste wenig aktiviert, indem er erotisch und sexuell als besonders „ungefährlich" erlebt wird. Werden bei diesen Patienten durch einen Reifungsprozeß während der Therapie die Sexualängste reduziert, dann werden die unbewußten Motive der Partnerwahl hinfällig und der Partner wird jetzt zum netten sympathischen Freund, von dem aber keine Anziehungskraft als Intimpartner ausgeht. Die Patienten nehmen auffällig oft noch während der

Therapie oder unmittelbar danach eine neue Beziehung auf, in der die alte
Funktionsstörung überhaupt keine Rolle mehr spielt und wie weggeblasen ist.
Hier kann die Bereitschaft, sich einem anderen Partner zuzuwenden, nicht als
Widerstand gegen und Flucht aus der Therapie angesehen werden, sondern als
Ausdruck der Befreiung von alten, hemmenden Ängsten. Die Patienten nehmen
ihre sexuellen Wünsche jetzt wahr und stehen dazu.

Paar 35: Beide Partner sind Anfang 30, seit 2½ Jahren verheiratet, beide in kaufmänni-
schen Berufen tätig. Wegen Vaginismus hatte die Frau noch nie Geschlechtsverkehr machen
können, weder mit dem jetzigen Partner noch vor der Ehe mit anderen Männern. Die Frau
lernt in der Therapie zunehmend, ihre körperlichen Abneigungen und Ekelgefühle gegenüber
dem Mann wahrzunehmen und zu äußern. Zugleich hat sie immer weniger Probleme, die Hegar-Stäbe in die Scheide einzuführen und zu akzeptieren, daß sich „etwas" in ihrer Scheide
befindet. Etwa 2 Monate nach Beginn der Therapie, beginnt die Patientin sich für einen anderen Mann zu interessieren und verliebt sich dann in ihn. Es wird ihr immer schwerer, mit ihrem Ehemann die Streichelübungen durchzuführen, und sie verweigert diese schließlich ganz.
Dann läßt sie sich auch sexuell mit dem anderen Mann ein und kann Geschlechtsverkehr ohne
Probleme durchführen. Sie zieht dann sehr schnell und ohne besondere innere Konflikte in
eine eigene Wohnung und trennt sich von ihrem Mann. Der Ehemann leidet sehr darunter und
versucht, die Trennung rückgängig zu machen, aber für sie ist die Entscheidung eindeutig und
endgültig.

Bei anderen Paaren hat sich ein neurotisches, ehemals die Partnerschaft sta-
bilisierendes Abhängigkeitsverhältnis zwischen Mann und Frau überlebt. Meist
schon vor der Therapie ist die Frau selbstbewußter geworden, oder sie wird es
im Verlauf der Therapie. Sie durchschaut das Ausmaß unnötiger Abhängigkeit
von ihrem Mann, seine Dominanzansprüche, artikuliert ihre Wünsche und Ansprüche, auch die sexuellen, begehrt auf. Ihr Protest, der sich bisher stumm und
unbewußt in der sexuellen Verweigerung ausdrückte, wird explizit. Die Macht-
struktur der Partnerschaft wird von der Frau nicht mehr akzeptiert. Will oder
kann der Mann das veränderte Selbstbewußtsein der Frau nicht akzeptieren,
versucht er, die alten Verhältnisse zu restaurieren oder mißlingt es dem Paar,
allein oder mit therapeutischer Hilfe ein neues, der Entwicklung der Frau ge-
mäßes Gleichgewicht herzustellen, dann kommt es zur Trennung.

Paar 36: Beide Partner sind Anfang 20, seit 2 Jahren kinderlos verheiratet, in kaufmänni-
schen Berufen tätig. Der Mann hat eine Erektionsstörung, die Erektion geht immer schon vor
dem Samenerguß zurück; weiterhin klagt er über sexuelle Lustlosigkeit gegenüber seiner Frau.
Die Frau hat noch nie bei Petting oder Verkehr Orgasmus gehabt. Seit einem halben Jahr masturbiert sie ohne Probleme bis zum Orgasmus. Beide Partner berichten, daß die Spannungen
zwischen ihnen in den letzten Monaten zugenommen haben. Sie hat ihn durch Widerspruch
zweimal so gereizt, daß er sie schlug. Sie beklagt, daß immer alles nach seinem Willen gehen
müsse, sonst fange er an zu brüllen. Sie fühlt sich unterdrückt, ihrer Freiheit beraubt. Er
macht ihr auch in Kleinigkeiten, z. B. beim Kleiderkauf, Vorschriften, obwohl sie ebensoviel
verdient wie er. Sie gibt oft nach, weil sie Angst hat. Mit dem Paar wird eine massierte
Therapie durchgeführt. Im Verlauf dieser Therapie können die Erektionsprobleme weitgehend behoben werden und die Frau erlebt beim Petting regelmäßig Orgasmus. Bei einem
Nachgespräch 2 Monate nach Therapieabschluß schildert die Frau, daß sie sehr viel selbständiger geworden ist, sowohl ihrem Mann als auch anderen Menschen gegenüber. Sie kann sich
jetzt besser durchsetzen und auf ihren Wünschen bestehen. Daraus erwachsen weitere Spannungen in der Beziehung, doch setzt sie sich jetzt mehr zur Wehr und schluckt nicht mehr alles. Aber sie fühlt sich immer mehr wie in einem Käfig und wünscht sich manchmal auszuprobieren, wie es wäre, wieder frei zu sein. Ein halbes Jahr später trennt sich das Paar. Die Frau
geht eine neue Beziehung ein. Der Mann versucht auch jetzt noch, „Herr" der Situation zu
bleiben und reicht postwendend die Scheidung ein − behält so die Initiative und gefällt sich
noch in der Pose gönnerhafte Großartigkeit bei den Scheidungsverhandlungen.

Schließlich gibt es Patienten, die sich zu Beginn der Therapie subjektiv wenig trennungsgefährdet sehen. Sie verleugnen alle Partnerprobleme und glauben, daß sie mit der Behebung der sexuellen Störung aller Sorgen ledig seien. Konflikte und Spannungen in der Partnerschaft sehen sie ausschließlich als Folge der sexuellen Schwierigkeit. Die Therapie bringt hier technisch oft rasche Fortschritte, doch erkennt das Paar bald, daß mit dem Wegfall der sexuellen Schwierigkeiten gravierendere Partnerprobleme sichtbar werden, die durch die sexuelle Störung nur kaschiert waren; oder sie erkennen, daß sie auch bei intakter Sexualität die gegenseitigen Wünsche an eine Partnerschaft nicht erfüllen können, daß ihre Beziehung unbefriedigend bleibt und die an die Beseitigung der sexuellen Störung geknüpften Hoffnungen auf Veränderung der Beziehung unrealistisch waren. Die Aufhebung der Funktionsstörung gibt den Blick frei für die eigentlichen Probleme, und wenn diese nicht bearbeitet werden können oder die Motivation dafür fehlt, kann es zur Trennung kommen.

Paar 37: Die Partner sind Anfang 30, seit 9 Jahren verheiratet und haben eine 8jährige Tochter. Er ist selbständiger Geschäftsmann, sie seit Geburt der Tochter Hausfrau. Beide betonen bei den Explorationen unabhängig voneinander die Harmonie ihrer Ehe, das gute Verständnis und wie sehr sie sich mögen. Das gute Verhältnis werde nur durch die sexuelle Problematik gestört: der Mann leidet an vorzeitiger Ejakulation, kommt immer schon beim Einführen zum Samenerguß. Für sie ist der Verkehr deshalb völlig unbefriedigend, sie hat dabei nie nie Orgasmus, wird seit Jahren überhaupt nicht mehr erregt und hat keine Lust mehr zum Verkehr. Sie ist fest davon überzeugt, daß sie gern und befriedigend mit ihrem Mann schlafen würde, wenn er seine Ejakulation besser kontrollieren könnte. Die zunächst unkompliziert verlaufende Therapie tritt in eine kritische Phase, als der Mann bei der manuellen Stimulation lernt, die Ejakulation hinauszuzögern. Jetzt hat die Frau plötzlich keine Lust mehr zum Üben, bleibt jedesmal unerregt und anorgastisch beim stimulierenden Streicheln. Beide Partner erkennen, daß ihre Probleme hinter den sexuellen Störungen versteckt waren, und beginnen darüber nachzudenken: Die Frau wird kritischer, will unabhängiger werden, richtet sich in der Wohnung ein eigenes Zimmer ein, besteht auf Trennung der Schlafzimmer und vorläufiger Einstellung der sexuellen Kontakte. Er registriert diesen Rückzug betroffen, versucht seine und ihre Reaktionen zu verstehen und nicht mehr durch ein sunnyboyhaftes Verhalten zu verleugnen und vom Tisch zu wischen. Die Partner beschließen auseinanderzuziehen, sich erst einmal zu trennen, wollen dabei aber ihre Auseinandersetzung weiterführen und schließen ein späteres Zusammengehen nicht aus. Therapeutische Hilfe wollen sie nicht in Anspruch nehmen, weil sie meinen, sie können sich selbst über ihre Situation klarwerden.

Die hier als „konstruktiv" bezeichneten Trennungen sind es oft nur für einen Partner. Der Partner einer Frau, die sich vom alten Machtverhältnis durch Trennung befreit, hat in der Regel nicht die Chance, mit ihr zu lernen, andere Beziehungsstrukturen auszuhalten, und wird womöglich wieder eine gleichgeartete Partnerschaft mit gleichgearteten Konfliktpotentialen eingehen. Nur bei drei Paaren wurde die Trennung von beiden Partnern gewünscht und akzeptiert, geschah also „einvernehmlich". In den anderen Fällen geht die Initiative meistens von einem Partner aus und ist mit erheblichem Leiden des anderen Partners verbunden, das therapeutisch kaum abzumildern und in zahlreichen Fällen auch ein Jahr nach Abschluß der Therapie noch nicht überwunden war. Vor allem die Männer leiden, oder anders ausgedrückt: Die Initiative ging in 17 von 20 Trennungen, also fast immer, von der Frau aus, und zwar völlig unabhängig davon, ob sich die sexuelle Störung bei ihr oder bei ihrem Partner manifestiert hatte. Das mag einfach daran liegen, daß Frauen häufiger als Männer ihre Situation in der Partnerschaft als unbefriedigend erleben, oder aber auch eher bereit sind, eine unbefriedigende Partnerschaft aufzugeben – vielleicht, weil sie weniger bereit sind und/oder weniger Gelegenheit haben, Frustrationen aus der Partnerschaft auf anderen Gebieten zu kompensieren.

5.3 Zum Problem der Indikation

Als wesentlicher Beitrag zur Frage der Indikation läßt sich aus unserer Untersuchung ableiten, daß es bisher keine neurosenpsychologischen oder partnerdynamischen Gesichtspunkte gibt, die von vornherein als zwingende Kontraindikationen geltend gemacht werden könnten. Die offene und fast ausschließlich an formale Bedingungen geknüpfte Indikationsstellung hat sich bewährt. Selbst wo einzelne formale Bedingungen nicht erfüllt waren und eine Therapie z. B. trotz bestehender, im Erstgespräch aber verschwiegener sexueller Außenbeziehung begonnen wurde, führte dies nicht zwangsläufig zum Scheitern der Behandlung. Auch bei Patienten, die an Psychosen litten, war die Therapie nicht von vornherein aussichtslos, wobei vorausgesetzt ist, daß die Behandlung nicht im Stadium der akuten Erkrankung begonnen wurde. Wir vertreten dies hier offensiv, obwohl wir uns bewußt sind, daß diese These die Gefahr in sich birgt, als Aufforderung zum Experimentieren und Vernachlässigen diagnostischer Überlegungen mißverstanden zu werden. Worauf es uns hier ankommt, ist zu betonen, daß eine allzu enge Indikationsstellung im Endeffekt einem Ausschluß von Patienten gleichkommt, für die eine Behandlung durchaus sinnvoll und erfolgversprechend sein kann, wenn man sie nicht nur in Sekundendauer der Ejakulationskontrolle, plethysmographisch quantifizierbarer Peniskontumeszenz, Penetrationsdiameter oder Plateaudauer und Atemfrequenz usw. bemißt. Eine der wichtigsten Erfahrungen für uns war zu erleben, daß völlig unkompliziert scheinende Paare die Therapie nicht gebessert verließen und von vornherein aussichtslos erscheinende Paare sie mit guten Ergebnissen beendeten.

Wir halten es im übrigen für eine Illusion zu glauben, daß die Erfolgsvorhersage bei der Behandlung sexueller Funktionsstörungen jemals mit einer statistischen Sicherheit getroffen werden könnte, die den Ausschluß einzelner Paare moralisch rechtfertigen würde. In diesem Zusammenhang ist Willis' (1978) Hinweis von Bedeutung, daß gezielte Indikationsstellung in der Psychotherapie ganz wesentlich für die Psychohygiene der Therapeuten ist, ein Mittel, die Grenzen der eigenen therapeutischen Möglichkeiten realistisch einzuschätzen und zu respektieren.

Abschließend sollen noch einige Fragen gestreift werden, die sich uns im Umfeld der Problematik von Indikation und Prognose während der Arbeit am Projekt aufdrängten.

1) Therapeuten. Obwohl es ein Gemeinplatz ist, daß Psychotherapie neben Patient und therapeutischer Methode auch die Variablen Therapeut und die Interaktion zwischen diesem und dem Patienten zu berücksichtigen hat, sind wir noch weit davon entfernt, die zuletzt genannten Faktoren systematisch erfassen zu können. Ein Blick in das Inhaltsverzeichnis dieses Buches zeigt, daß dem Thema Therapeut nicht mehr als 2% der Druckerschwärze gewidmet werden.

Wir wollen hier nicht die einzelnen Äußerungen zu diesem Thema zusammentragen und halten es für vertretbar, die Frage der differentiellen Indikation beim Vergleich standardisierter Methoden unter Vernachlässigung von Therapeutenvariablen zu untersuchen. Was aus Not legitimierbar sein mag, sollte jedoch nicht dazu verleiten, notwendige Fragen zu unterdrücken. Teamsdiskussionen, Fallbesprechungen und Supervisionsgruppen haben uns deutlich vor Augen geführt, wie sehr die Person des Therapeuten bzw. die Interaktion des Therapeutenteams den weiteren Verlauf der Behandlung beeinflußt. Wie weit beeinflußt das eigene sexuelle Verhalten und Normensystem der Therapeuten, was sie bei Patienten fördern oder umgehen? Wie weit spielt die Dynamik der eigenen Partnerschaft für den Ausgang der Behandlungen eine Rolle? Häufen sich tatsächlich Trennungen bei Patientenpaaren, wenn sich die Therapeuten selber mit diesem Problem herumschlagen? Spielt die Prima-vista-Prognose als „selffulfilling prophecy" eine Rolle oder mobilisiert eine zunächst besonders ungünstig erscheinende Ausgangssituation entsprechende Sorgfalt im Umgang mit Schwierigkeiten? Welche Rolle spielen der Überweiser bzw. die überweisende Institution und das Klima der Zusammenarbeit in der eigenen Institution? Inwieweit wirkt sich die Mitarbeit an einem ehrgeizigen Forschungsprojekt fördernd oder hemmend für die therapeutische Beziehung aus? Was veranlaßt einzelne Therapeuten, sich nach unterschiedlich langer Dauer aus dem Felde der Paartherapie zurückzuziehen und sich anderen Schwerpunkten zuzuwenden? – Dies sind nur einige von vielen Fragen, die sich nicht am grünen Tisch, sondern aus der Interaktion im Team gestellt haben und denen nachzugehen möglicherweise ergiebiger oder mindestens ebenso ergiebig ist, wie der Versuch einer immer differenzierteren Beschreibung der behandelten Paare. Sie sind freilich methodisch schwerer in den Griff zu bekommen, weil sich Forscher und Forschungsgegenstand vermischen und die heilige Kuh distanzierter und distanzierender Objektivität geschlachtet werden muß.

2) Patienten ohne Partner. Paartherapie schließt definitionsgemäß Patienten ohne Partner aus (vgl. S. 60). Entsprechend sind diese in unserem Therapieprojekt nicht behandelt und in diesem Buch nicht beschrieben worden. Der formale Ausschluß solcher Patienten verschleiert jedoch ein wichtiges therapeutisches Problem, das sich u. E. von Paartherapie sexueller Funktionsstörungen inhaltlich nicht trennen läßt:

In den USA wurde eine heftige Kontroverse über die Arbeit mit sog. Surrogatpartnern geführt. Die Extreme reichen von strikter Ablehnung, Propagierung der Arbeit mit bezahlten, trainierten bzw. kotherapeutisch geschulten Surrogatpartnern, Massagepraktiken durch den Therapeuten bis zur Propagierung sexueller Beziehungen zwischen Patient und Therapeut. Die einzig akzeptable Antwort auf solche Praktiken scheint uns die strikte Ablehnung zu sein, und zwar weniger wegen rechtlicher oder moralischer Bedenken, sondern wegen ethischer, man könnte auch sagen wegen therapieimmanenter methodischer Bedenken. Nach unserem Eindruck ist bei Alleinstehenden, die an einer sexuellen Funktionsstörung leiden und diese behandeln lassen wollen, „weil sonst jede neue Beziehung von vornherein zum Scheitern verurteilt ist", wie sie sagen, und weil sie deshalb jeder Kontaktaufnahme aus dem Wege gehen, die Funktionsstörung ein absolut peripheres Problem gegenüber der sozialen Gehemmtheit und Beziehungsunfähigkeit. Das Herumdoktern an der Funktionsstörung in einer unrealistischen, „gemieteten" Beziehung wirft die Patienten, sollte es dabei zu einer momentanen Beseitigung der Störung kommen, anschließend um so tiefer in ihr Elend zurück. Unter den Alleinstehenden sind es überwiegend Männer mit oder ohne sexuelle Funktionsstörung, aber mit ausgeprägter Beziehungsproblematik, die in unsere Poliklinik kommen. Diesen Patienten können wir mit der Paartherapie nicht helfen.

Um ein Beispiel eines nicht funktionsgestörten Patienten zu nennen: Ein 26jähriger, knapp 1,50 m großer, etwas fülliger und ungepflegter Arbeiter, der noch bei der Mutter wohnt, sehnt sich seit Jahren nach einer Beziehung zu einer Frau und möchte auch sexuelle Kontakte haben. Er hält sich selbst für unattraktiv, wird auch oft verlacht, von den Arbeitskollegen nicht für voll genommen und ist sozial völlig isoliert. Sein Problembewußtsein hat sich im Laufe der Jahre immer mehr auf die mangelnde Möglichkeit zu sexuellen Begegnungen eingeengt; Tag und Nacht träumt er vom Geschlechtsverkehr und davon, ein von Frauen begehrter Popsänger zu werden. Er hat keinerlei befriedigende soziale Kontakte und fühlt sich ständig gequält von seinen sexuellen Wünschen. Nachts findet er keinen Schlaf, masturbiert bis zu 8mal hintereinander. Ab und zu ist er zu Prostituierten gegangen, die ihn manuell befriedigten, 2mal hat er auch Geschlechtsverkehr gehabt. Das waren für ihn die glücklichsten Momente seines Lebens und doch getrübt durch das Bewußtsein, daß die „Beziehung" nur kurz dauern würde. Seine Hilflosigkeit wurde ausgenutzt, unter dem Betrag von DM 1 000,– wollte ihn keine der Frauen mit aufs Zimmer nehmen. Bei seinen mageren Einkünften sah er keinen anderen Weg als Kredite aufzunehmen. Für 10 Prostituiertenbesuche hat sich mit über DM 20 000,– verschuldet. Jetzt ist sein Lohn bis auf ein Existenzminimum auf Jahre hinaus gepfändet. Er ist lebensüberdrüssig, sieht kein Land und empfindet sein starkes sexuelles Verlangen als Qual. Deviante Wünsche oder Phantasien hat er nicht, möchte aber operiert werden, „wie Jürgen Bartsch", oder wenigstens Tabletten „gegen den Trieb" bekommen.

Der Patient kann sich schlecht ausdrücken und sein Situation nur stockend beschreiben. Der psychiatrische Konsiliar hält die Suizidgefährdung für nicht so groß, daß eine stationäre Aufnahme notwendig wäre. Eine Überweisung an die verhaltenstherapeutische Arbeitsgruppe zum Sozialtraining führt ebenfalls nicht zu einer Behandlung, da man befürchtet, daß der Patient dort nur noch mehr in seine Außenseiterposition gedrängt wird. Antiandrogenbehandlung zur „Triebdämpfung" ist vorübergehend ein fragwürdiger Notbehelf, der Patient wird darunter jedoch zunehmend depressiver und nimmt außerdem stark an Gewicht zu.

Bei diesem und ähnlichen Schicksalen könnte man sich fragen, ob man den rigorosen methodischen Standpunkt nicht verlassen und doch eine Behandlung mit einer Surrogatpartnerin einleiten soll. Daß ein solcher Gedanke überhaupt aufkommt, dürfte einmal Ausdruck von Hilflosigkeit, zum anderen aber auch der Effekt jahrelanger Beschäftigung mit Paartherapie und der daraus resultierenden Einschränkung des Blickwinkels sein: Als Institution, die sich mit sexuellen Problemen befaßt, wird man zur Anlaufstelle für Patienten, die ihre Schwierigkeiten als sexuelle Schwierigkeiten begreifen und vorbringen, und läuft Gefahr, diese Definition zu übernehmen und inadäquate Behandlungen zumindest zu erwägen.

3) *Alternative Behandlungsformen.* Für Patienten ohne Partner, darauf wurde eben hingewiesen, müssen alternative Behandlungsformen entwickelt werden, in denen Schwierigkeiten bearbeitet werden, die im Vorfeld jeder Situation liegen, in der die sexuelle Funktionsstörung von Belang sein könnte. Für die Behandlung männlicher Störungen gibt es dazu nur wenige Ansätze (vgl. S. 60).

Für weibliche Störungen dagegen hat sich im Zuge der Frauenbewegung ein von der Paartherapie in der Intention abweichendes Konzept etabliert. Bereits in der Problemformulierung wird dies sichtbar, indem nämlich nicht mehr von Orgasmus*störung* die Rede ist, sondern Frauen, die bislang keinen Orgasmus erlebt haben, als präorgastisch beschrieben werden. Damit wird dem Umstand Rechnung getragen, daß ausbleibender Orgasmus nicht als *Funktions*störung, als reparaturbedürftiger Defekt gesehen wird, sondern als eine noch nicht ausgefaltete Erlebnisdimension, die prinzipiell jeder Frau zugänglich ist. Im Gegensatz zur Paartherapie steht die Behandlung (man muß sich allerdings fragen, ob dieses Wort hier nicht ebenso fehl am Platze ist wie das Wort Therapie, vielleicht wäre teilnehmende Erfahrung oder Erfahrungsaustausch besser) nicht nur den Frauen offen, die einen festen Partner haben, der bereit und in der Lage ist, die Therapie mitzumachen, sondern auch all denen, die keinen Partner haben, keinen festen Partner wollen, trotz festem Partner etwas für sich allein wollen, und lesbischen Frauen mit entsprechenden Schwierigkeiten.

Das Programm der Gruppen setzt sich aus Elementen verschiedener therapeutischer Techniken zusammen und hat sich nach ersten, eher professionellen Versuchen in den USA (Barbach 1974) inzwischen dort, in der BRD und in anderen Ländern in vielen Frauenselbsthilfegruppen bewährt. In den feministischen Frauengesundheitszentren gibt es neben Selbstuntersuchungsgruppen auch Selbsthilfegruppen präorgastischer Frauen. Es geht dabei nicht um die Bearbeitung sexueller Defizite, sondern um die sinnliche Erfahrung der eigenen Körperlichkeit. Die bisherigen Erfahrungen lassen vermuten, daß sich hier eine wichtige Alternative entwickelt, die für viele Frauen hilfreicher sein könnte als das Paartherapiemodell.

Die Frage nach Indikation und Prognose bewegt sich im Spannungsfeld zwischen 2 Alternativen: die eine wird markiert durch die Hoffnung, eines Tages eine Welt vorzufinden, in der man Therapeuten nicht mehr braucht; die andere durch die Meinung, es gäbe keine unheilbaren Patienten, sondern nur inkompetente Therapeuten. Die Hoffnung auf die Welt ohne Therapeuten ist ein Traum, dem man nachhängen mag, die Vision des jederzeit kompetenten Therapeuten dagegen ein Alptraum. Vor diesem Hintergrund erstaunt es, mit welcher Akribie und Hingabe heute vielerorts an der Perfektionierung therapeutischer Programme gearbeitet wird und wie wenig Aufwand im Vergleich dazu getrieben wird, jene Bedingungen in der Arbeitswelt und sozialen Organisation zu ändern, die schließlich als ätiologische Faktoren der individuellen Pathogenese sexueller Funktionsstörungen wirksam werden. Man gewinnt den Eindruck, als werde eifriger an der Verwirklichung des Alptraums als an der Realisierung des Traums gearbeitet.

Anhang. Manual zur Paartherapie sexueller Funktionsstörungen

Margret Hauch, Gerd Arentewicz und Martina Gaschae

Inhaltsübersicht

I. Übersicht

Unser Manual für die Paartherapie sexueller Funktionsstörungen kann sinnvoll und ohne Schaden anzurichten nur von *psychotherapeutisch ausgebildeten* und *psychotherapeutisch erfahrenen* Kollegen aus den helfenden Berufen benutzt werden, die *ständige Supervisionsmöglichkeiten* durch Kotherapeuten oder durch ein Arbeitsteam haben.

Zur *Selbsthilfe* ist dieses Manual *ungeeignet*. Die Verhaltensanleitungen sind nur ein Teil des psychotherapeutischen Prozesses und führen bei der Selbstanwendung ohne therapeutische Kontrolle im günstigsten Fall zu Enttäuschung, im ungünstigen Fall aber zu einer Verschärfung der Konflikte und der Symptomatik.

Die Anwendung des Manuals setzt die *genaue Kenntnis von Kap. 1–3* (Symptome; Ursachen; Therapie) zwingend voraus; sie sind die theoretischen Grundlagen der Therapie.

Bevor anhand des Manuals die erste Therapie durchgeführt wird, ist es notwendig, das Manual schon einmal *ganz durchgearbeitet* zu haben. Die einzelnen Interventionen (Exploration, Verhaltensanleitungen, Besprechen der Erfahrungen) sollten mit dem Kotherapeuten im *Rollenspiel* erprobt sein.

Das Manual behandelt v. a. die *technischen Seiten* der Paartherapie, es beschreibt die einzelnen Verhaltensanweisungen im Detail und ihre Abfolge, es lehrt, wie die Verhaltensanweisungen erteilt und die Erfahrungen mit den Übungen in der Therapie besprochen werden. Psycho- und partnerdynamische Interventionen werden nur am Rande behandelt. Die Beherrschung der Technik ist eine wichtige Voraussetzung für das Gelingen der Therapie.

1 Überblick über den Therapieverlauf

Mit der Paartherapie sexueller Funktionsstörungen können nur Patienten behandelt werden, die in einer festen Partnerschaft leben, und deren Partner bereit ist, an der Therapie teilzunehmen.

Nach der Indikationsstellung (S. 106) wird zunächst entschieden, in welchem Setting die Therapie durchgeführt werden soll: Sie kann als *verteilte Therapie* durchgeführt werden, und zwar mit einem Therapeuten*team* (bestehend aus einem weiblichen und einem männlichen Therapeuten) oder aber mit nur *einem* Therapeuten, der dann möglichst das gleiche Geschlecht wie der Symptomträger haben sollte. In diesem Setting werden etwa 1–3 Wochen nach dem Vorgespräch (S. 109) die Einzelexplorationen (S. 111) durchgeführt und in der nächsten Sitzung gemeinsam mit dem Paar besprochen (S. 182). Anschließend kommt das Paar in der Regel 6–8 Monate lang (30–40 Sitzungen) 2mal wöchentlich zu Therapiesitzungen, und die Partner führen je 2mal zwischen den Sitzungen nach Verhaltensanleitungen der Therapeuten zu Hause bestimmte Übungen durch.

Sie kann als *massierte Therapie* mit einem Therapeuten*team* und einer Behandlungsdauer von 3 Wochen bei täglichen Sitzungen (6mal die Woche) durchgeführt werden. Um neben den täglichen Therapiesitzungen noch Zeit für jeweils 2 Übungen zu haben, müssen sich die Partner für die Dauer der Behandlung entweder beurlauben oder krankschreiben lassen. Auswärtige Patienten müssen sich am Ort eine Unterkunft suchen. Um die knappe Therapiezeit nicht mit Organisationsproblemen zu belasten, ist es sinnvoll, das Vorgespräch in diesem Setting etwa 1 – 2 Monate vor Therapiebeginn anzusetzen, um derartige Fragen abzuklären. An den ersten beiden Tagen der 3 Wochen werden die Einzelexplorationen durchgeführt, am 3. Tag findet die Besprechung der Explorationsergebnisse statt. Die restlichen 15 Sitzungen stehen dann zur Bearbeitung des Programms zur Verfügung.

Das Konzept ist für beide Settings[1] gleich und umfaßt die Schritte Streicheln I (S. 131), Streicheln II (S. 144), erkundendes Streicheln im Genitalbereich (S. 147), stimulierendes Streicheln (S. 158), Einführen des Penis (S. 165), Koitus mit erkundenden und stimulierenden Bewegungen (S. 169), Koitus in verschiedenen Stellungen (S. 172) und das Abschlußgespräch (S. 175).

Dieses Grundkonzept gilt für alle Paare. Da Funktionsstörungen Ausdruck sexueller Konflikte, Ängste, Hemmungen und Lerndefizite sind, ob sie sich als Erektions-, Ejakulations-, Erregungs-, Orgasmusstörungen oder als Vaginismus manifestieren (Kap. 2), gehen wir davon aus, daß alle Patienten, unabhängig von der Art der Störung, einen gleichartigen Prozeß des Neu- und Umlernens durchlaufen müssen, um ihre Schwierigkeiten abzubauen.

Das Gundkonzept wird ergänzt durch therapeutische Interventionen bei speziellen Problemen. Dazu liegen vor: Anleitung zur körperlichen Selbsterfahrung (S. 181 bzw. 186) sowie Zusatzinterventionen bei Vaginismus (S. 186), vorzeitiger Ejakulation (S. 192) und ausbleibender Ejakulation (S. 194). Die Anleitungen zur körperlichen Selbsterfahrung sind für Männer und Frauen wichtig, denen ihr eigener Körper fremd ist, die Schwierigkeiten haben, ihren Körper zu akzeptieren oder die keine Masturbationspraxis haben. In diesen Fällen werden sie ab dem Abschnitt Streicheln II in die Grundübungen integriert. Die speziellen Interventionen bei Vaginismus, vorzeitiger Ejakulation und ausbleibender Ejakulation sind obligatorisch.

Der *zeitliche Aufwand für die Bearbeitung der einzelnen Abschnitte* soll sich an den inhaltlichen Kriterien orientieren, die für jeden Abschnitt angegeben sind. Es erscheint uns aufgrund unserer praktisch-therapeutischen Erfahrung sinnvoll, nur den unumgänglichen Minimalaufwand zu präzisieren, da je nach Art der Störung und der individuellen Problematik des Paares hinsichtlich der Zahl der Sitzungen zur Bearbeitung der verschiedenen Abschnitte beträchtliche Schwankungen auftreten. Die Therapeuten müssen jeweils im Einzelfall entscheiden, wann die Ziele eines Abschnitts erreicht sind und weitergegangen werden kann. Tabelle 2 kann also nur ungefähre Orientierungswerte liefern. Insgesamt hat in unseren Paartherapien die ausführliche Bearbeitung der ersten Stufen an Bedeutung gewonnen.

Bei der Durchführung von massierten Therapien muß die Zeit für die Bearbeitung der einzelnen Stufen insgesamt knapp kalkuliert werden. Es hat sich jedoch gezeigt, daß es notwendig ist, dem Paar für die ersten grundlegenden Er-

---

[1] Die Verhaltensanleitungen des Konzepts gelten grundsätzlich auch für die Gruppentherapie.

Tabelle 2 Zeitliche Folge der Therapieabschnitte

Therapieabschnitt	Anzahl der Sitzungen			
	Minimal		Maximal	
	Einzelner Abschnitt	Gesamt	Einzelner Abschnitt	Gesamt
Streicheln I	2	2	10	10
Streicheln II	1	3	4	14
Erkundendes Streicheln im Genitalbereich	3	6	6	20
Stimulierendes Streicheln	3	9	8	28
Einführen des Penis	2	11	6	34
Koitus mit erkundenden und stimulierenden Bewegungen	3	14	6	40
Koitus in unterschiedlichen Positionen	1	15	5	45

fahrungen genügend Zeit zuzugestehen, und zwar unabhängig von der Diagnose. Aus unseren Erfahrungen hat sich als sinnvolle Richtzeit ergeben, daß etwa Mitte der 2. Woche das erkundende Streicheln im Genitalbereich abgeschlossen sein sollte. In Ausnahmefällen können die Therapeuten dem Paar für die Bearbeitung der abschließenden Abschnitte noch 2−3 Ergänzungstermine anbieten.

2 Qualifikationsvoraussetzungen der Therapeuten

Voraussetzung für die verantwortungsvolle Durchführung der Paartherapie ist eine *abgeschlossene Ausbildung in einer der anerkannten Psychotherapierichtungen,* z. B. Verhaltenstherapie, Gesprächspsychotherapie, Psychoanalyse oder psychoanalytisch orientierte Therapie, Gestalttherapie. Bei der Paartherapie geht es nicht um die vordergründige Vermittlung von Techniken, sondern in erster Linie um die Bearbeitung von Einstellungen, Hemmungen, Ängsten und Konflikten im Zusammenhang mit der Sexualität und von Beziehungsproblemen. Die Therapeuten müssen in der Lage sein, eine tragfähige Beziehung herzustellen und in kritischen Situationen angemessen zu intervenieren, bzw. das von den Patienten angebotene Material in Hinblick auf die Therapieziele sinnvoll therapeutisch zu nutzen.

Unser Therapiekonzept basiert auf verhaltenstherapeutischer Grundlage und arbeitet mit Verhaltensanleitungen. Zur adäquaten Durchführung der Therapie ist es daher notwendig, sich mit den *lerntheoretischen Grundlagen der Verhaltenstherapie auseinanderzusetzen.*

Für die Durchführung der Paartherapie ist eine *ständige Supervision* notwendig, gerade auch im Hinblick auf die besonderen Probleme, die sich aus der affektiven Besetzung und den normativen Aspekten der Sexualität ergeben. Wir halten es für *unabdingbar, daß die ersten Paartherapien sexueller Störungen als Teamtherapien* durchgeführt werden, so daß eine gegenseitige Supervision und Besprechung nach jeder Sitzung gewährleistet ist und die Kotherapeuten gemeinsam das weitere Vorgehen planen können. Die gegenseitige Supervision von Kotherapeuten ersetzt keineswegs die Supervision durch eine Gruppe oder einen nicht an der Therapie beteiligten Kollegen.

3 Indikation

a) Indikation nach Funktionsstörung

Die Paartherapie ist indiziert bei Patienten mit folgenden sexuellen Störungen:

Beim Mann	*Bei der Frau*
– Erektionsstörung,	– Erregungsstörung,
– vorzeitiger Samenerguß,	– Orgasmusstörung,
– ausbleibender Samenerguß,	– Vaginismus,
– sexuelle Lustlosigkeit ohne Funktionsstörung	– sexuelle Lustlosigkeit ohne Funktionsstörung

Sie ist selbstverständlich auch anwendbar, wenn beide Partner eine Funktionsstörung haben, d. h. wenn eine Doppelstörung vorliegt. Für die Indikation ist es unerheblich, ob es sich um primäre oder sekundäre Störungen handelt. Die Therapie ist aber nur bei chronifizierten Funktionsstörungen indiziert. Bei initialem und passagerem Auftreten reicht in der Regel eine Beratung aus.

b) Notwendige Rahmenbedingungen

Folgende Voraussetzungen müssen zusätzlich erfüllt sein, bevor die Indikation für die Paartherapie gestellt werden kann:

– Da das Konzept grundsätzlich die Behandlung beider Partner voraussetzt, können nur Patienten behandelt werden, die einen festen Partner haben. Die Partnerschaft soll insofern intakt sein, als beide sie fortsetzen möchten und bereit sind, gemeinsam etwas dafür zu tun.
– Es muß abgeklärt sein, daß die sexuelle Funktionsstörung nicht somatisch bedingt ist.
– Es sollten keine anderen Psychotherapien parallel laufen, damit sich die Partner voll und ganz auf die neuen Erfahrungen konzentrieren können.
– Es sollten während der Therapie keine sexuellen Außenbeziehungen bestehen, da solche Konstellationen erfahrungsgemäß ein Sicheinlassen auf die Therapie und auf die neuen Erfahrungen verhindern.
– Die Empfängnisverhütung muß sichergestellt sein (z. B. durch orale Antikonzeptiva, Intrauterinpessar, Diaphragma), da die Angst vor Empfängnis die Durchführung der Übungen beeinträchtigt und eine tatsächlich eintretende Schwangerschaft erfahrungsgemäß zum Therapieabbruch führt.

Schwere Alkohol- und Drogenabhängigkeit sowie akute Psychosen stellen Kontraindikationen dar. Eine Indikationsstellung nach neurosenpsychologischen Gesichtspunkten ist auch nach unseren Erfahrungen und Ergebnissen nicht notwendig. Deshalb erscheint es uns sinnvoll, sich vorerst auf die Indikationstellung nach den oben genannten, formalen Gesichtspunkten zu beschränken. Die Indikation ist nicht altersgebunden.

c) Indikation nach Setting

Die Entscheidung, in welchem Setting die Therapie durchgeführt wird, orientiert sich hauptsächlich an praktischen Kriterien. Wenn folgende Voraussetzungen erfüllt sind, führen wir in der Regel eine *verteilte* Therapie durch: Die Partner sind zeitlich in der Lage, 2mal in der Woche zu den Therapiesitzungen zu kommen und sich zwischen den Sitzungen jeweils 2mal etwa eine Stunde Zeit für die Durchführung der Übungen zu nehmen; sie haben einen Raum oder eine Wohnung, wo sie ungestört zusammensein können; es ist gewährleistet, daß während der Therapiezeit (etwa 6–8 Monate) keine langen oder häufigen Unterbrechungen auftreten (z. B. Kuren, Dienstreisen).

Ob die Therapie von einem *Therapeutenteam* oder einem *einzelnen* Therapeuten durchgeführt wird, hängt von der zur Verfügung stehenden Versorgungskapazität ab. Unerfahrene Therapeuten sollten unter keinen Umständen ohne Kotherapeuten arbeiten.

Eine *massierte* Behandlung bieten wir in der Regel nur auswärtigen Paaren an, in Ausnahmefällen aber auch Patienten, die aus anderen Gründen (z. B. Schichtarbeit, häufige beruflich bedingte Abwesenheit von zu Hause) nicht an einer verteilten Therapie teilnehmen können. Die Durchführung einer massierten Therapie ist nur dann indiziert, wenn sichergestellt ist, daß sich die Partner für den geplanten Therapiezeitraum von 3 Wochen von allen anderen Verpflichtungen freimachen können, d. h. außer Beurlaubung oder Krankschreibung beispielsweise auch die Möglichkeit haben, sich familiärer Verpflichtungen wie der Kinderversorgung zu entledigen. Bei auswärtigen Paaren muß geklärt werden, ob sie überhaupt die Kosten für die Unterkunft tragen können. Wir führen massierte Therapien immer mit 2 Therapeuten durch, nicht nur wegen der großen Belastung der Therapeuten, sondern auch aus praktischen Überlegungen. Wegen der knapp kalkulierten Zeit kann ein auch nur kurzfristiger Ausfall des Therapeuten (z. B. durch Krankheit) die Behandlung scheitern lassen; dies ist besonders auch im Hinblick auf die organisatorischen Vorleistungen der Patienten unzumutbar.

4 Therapieziele

Ansatzpunkte der Paartherapie sind das sexuelle Erleben und die sexuelle Beziehung des Paares. Die Partner erhalten durch die Therapie die Möglichkeit, Ursachen und Bedeutung ihres sexuellen Problems besser zu verstehen und zu erkunden, ob und wie sie ihre sexuelle Beziehung befriedigender, lebendiger und frei von behindernden Symptomen erleben können.

Wie wir weiter oben (S. 63) ausgeführt haben, hat die Therapie folgende Ziele: Sie soll 1) den Selbstverstärkungsmechanismus auflösen, 2) sexuelle Lerndefizite beheben, 3) die Bedeutung der sexuellen Störung für die Partnerbeziehung verstehbar machen und zugrunde liegende Partnerkonflikte bearbeiten; 4) ursächliche psychodynamische Konflikte und Ängste verstehbar machen und bearbeiten. Diese Ziele sind je nach individueller Problematik bei jedem Paar von unterschiedlicher Bedeutung.

II. Therapeutisches Vorgehen

Vorbemerkung

Die Darstellung der einzelnen Therapieabschnitte ist folgendermaßen geglie-
dert: Ziele; Vorgehen; Besprechung der Erfahrungen (bei Einheiten, bei denen
es um Verhaltensanleitungen geht); weiteres Vorgehen; besondere Probleme;
Kriterien für die Beendigung des Abschnitts. An einigen Stellen halten wir es
für sinnvoll, das therapeutische Vorgehen durch Transkripte zu illustrieren.

Diese Gliederung hat folgende Gründe: Es erscheint uns wichtig, daß sich
die Therapeuten zunächst mit den *Zielen* jedes einzelnen Abschnitts auseinandersetzen. Die Abschnitte *Vorgehen* und *Besprechung der Erfahrung* stellen die
therapeutischen Techniken im einzelnen dar. Die *Therapietranskripte* sind gedacht zur Veranschaulichung *einer* möglichen Durchführungsform; sie stellen
weder die einzig richtige noch die optimale Form dar. Wir haben versucht, unterschiedliche Vorgehensstile zu verdeutlichen, indem wir die Transkripte verschiedener Therapeuten ausgewählt haben. Auf die *besonderen Probleme* können wir in diesem Rahmen nur beispielhaft eingehen und einige typische her-
ausgreifen. Die Bearbeitung im individuellen Fall muß − auf der Basis einer
sorgfältigen Exploration der Probleme − der Kreativität der Therapeuten bzw.
der Patienten überlassen bleiben.

Es entspricht unserer Intention, daß durch diese Form der Gliederung bestimmte Anleitungen und Hinweise häufig wiederholt werden. Dies soll die
Therapeuten darin unterstützen, das Prinzip, daß Übungen und Erfahrungen
ständig wiederholt werden müssen, um das Lernziel „Verhaltensänderung" zu
erreichen, auch verbal durchzuhalten.

1 Indikationsgespräch

Indikationsstellung und Therapie werden häufig von unterschiedlichen Perso-
nen, teilweise sogar in verschiedenen Institutionen durchgeführt. Die Indikationsstellung ist kein Bestandteil der Therapie, sondern ein notwendiger vorbe-
reitender Schritt.

a) Ziele

In dem Gespräch soll geklärt werden, ob eine chronifizierte sexuelle Funktionsstörung vorliegt, für die die Paartherapie indiziert ist, oder ob es sich um andere Formen sexueller Probleme (Informationsdefizite, sexuelle Deviationen
usw.) bzw. um Partnerkonflikte ohne sexuelle Störungen handelt, die andere Interventionen erforderlich machen. Ist eine behandlungsbedürftige sexuelle
Funktionsstörung diagnostiziert, müssen noch die notwendigen Rahmenbedingungen für die Paartherapie abgeklärt und organische Ursachen sowie mögliche Kontraindikationen ausgeschlossen werden (S. 106).

b) Vorgehen

Patienten sprechen sexuelle Probleme oft indirekt an und verstecken sie hinter
anderen Problemen. Es ist für die Patienten erleichternd und hilfreich, wenn

der Berater direkt und konkret nachfragt, wenn er sexuelle Schwierigkeiten vermutet. Das Vorgehen entspricht grundsätzlich demjenigen bei den Explorationen (S. 111), mit Verlegung des Schwerpunkts auf die Diagnose der sexuellen Problematik und der gegenwärtigen Partnerbeziehung.

Um die Partnerbeziehung richtig einschätzen zu können, ist es notwendig, *beide Partner einzeln* zu explorieren. Wenn zunächst nur einer der Partner erscheint, wird das Paar noch einmal gemeinsam einbestellt. Im Einzelgespräch mit dem anderen Partner muß sowohl seine Sicht des Problems als auch seine Motivation für eine Paarbehandlung abgeklärt werden.

Wenn die Einzelgespräche ergeben haben, daß eine Funktionsstörung bei einem oder beiden Partnern vorliegt, wenn beide für eine Paartherapie motiviert und auch die notwendigen Rahmenbedingungen (S. 106) gegeben sind, dann kann die *vorläufige* Indikation für die Therapie gestellt und mit den Partnern gemeinsam besprochen werden. Dabei werden auch die Therapiesettings erörtert, die für das Paar in Frage kommen.

Die Indikation muß nach den ausführlichen Einzelexplorationen von den Therapeuten nochmals überprüft werden (S. 111).

2 Vorgespräch

Das Vorgespräch ist die erste Sitzung im Rahmen der Therapie und wird von den Therapeuten durchgeführt. Bei der verteilten Therapie findet es 1 – 3 Wochen, bei der massierten 1 – 2 Monate vor den *Explorationen statt.*

a) Ziele

Das Vorgespräch dient dem gegenseitigen Kennenlernen von Patienten und Therapeuten. In dieser Sitzung werden die praktisch-technischen Voraussetzungen für die Durchführung der Therapie besprochen. Außerdem erhalten die Patienten einen Überblick über Konzept und Ablauf der Therapie und klären für sie offene Fragen.

b) Vorgehen

Die Therapeuten stellen sich vor und führen aus, daß die Paartherapie sowohl nach Ansicht des Erstberaters (namentlich nennen), als auch nach Ansicht der Therapeuten geeignet ist, die Schwierigkeiten zu beheben.

Die Therapeuten erläutern den Verlauf der Paartherapie: sexuelle Schwierigkeiten sind nicht eine „Störung" des einen oder anderen Partners, sondern ein Problem in der Beziehung. Selbst wenn nur bei einem Partner eine Funktionsstörung vorliegt, ist es doch so, daß beide davon betroffen sind bzw. darunter leiden. Dadurch wird ihr Verhalten untereinander geprägt, indem sie z. B. sexuelles Zusammensein möglichst vermeiden, wodurch wiederum die Störung gefestigt wird. Deshalb werden beide Partner behandelt.

Die Therapeuten führen weiterhin aus, daß die Therapie auf der Erkenntnis basiert, daß sexuelle Gewohnheiten und Schwierigkeiten eines Menschen von seinen Erfahrungen abhängen. Jeder Mensch hat zwar die körperlichen Voraussetzungen für Sexualität, der Umgang mit der Sexualität wird aber im Lauf des

Lebens gelernt, wie z. B. auch Sprechen gelernt werden muß. Dabei können viele Pannen auftreten.

Deshalb ist es für die Therapie zunächst wichtig, möglichst viel über beide Partner und ihre Beziehung zu erfahren. Aus diesem Grund werden in den nächsten beiden Sitzungen ausführliche Einzelexplorationen (ca. 2 h) mit jedem Partner geführt, und zwar sprechen zuerst Therapeutin und Patientin bzw. Therapeut und Patient, dann umgekehrt und in der Regel etwas kürzer.

Nach den Einzelgesprächen finden bei der *verteilten Therapie* etwa 6—8 Monate lang wöchentlich 2 Therapiesitzungen zu viert[2] statt. Bei der *massierten Therapie* finden an den ersten beiden Tagen die Explorationen statt und anschließend für die restlichen 3 Wochen täglich eine Sitzung zu viert (außer sonntags). In der ersten gemeinsamen Sitzung werden die Ergebnisse der ausführlichen Einzelgespräche besprochen.

In den folgenden Sitzungen erhalten die Partner Verhaltensanleitungen für Erfahrungen, die sie zu Hause miteinander machen und die ihnen ein Neu- und Umlernen in ihrer sexuellen Beziehung ermöglichen sollen. Dafür ist es notwendig, daß sie bereit sind, für die erste Zeit der Therapie auf Geschlechtsverkehr zu verzichten. Statt dessen werden neue Wege gezeigt, sexuelle Erfahrungen miteinander zu sammeln, die die Schwierigkeiten schrittweise beheben. In den Sitzungen werden die Erfahrungen dann ausführlich besprochen.

Bei den *verteilten Therapien* klären die Therapeuten außerdem folgende Punkte:

1) *Die Kontrazeption muß geregelt sein,* und zwar durch Pille, Minipille, Spirale Diaphragma oder Kondome, da andere – z. B. chemische – Verhütungsmittel die Erfahrungen der Partner stark beeinträchtigen können und nicht genügend Sicherheit bieten. Wenn in dieser Frage Probleme auftreten, wird die Frau gebeten, diese mit ihrem Gynäkologen zu klären.

   Auf Nachfragen können die Therapeuten erklären, daß nicht nur eine tatsächlich eintretende Schwangerschaft erfahrungsgemäß zum Therapieabbruch seitens der Patienten führt und das Erreichte zunichte macht, sondern daß auch die Möglichkeit bzw. Gefahr einer Empfängnis die angstfreie Auseinandersetzung mit den neuen Erfahrungen in der Therapie stark beeinträchtigt oder gar unmöglich macht. Dies gilt auch für solche Paare, deren Therapiemotivation von Kinderwunsch geprägt ist.

2) *Die zeitlichen Voraussetzungen* für die Durchführung der Therapie sind, daß die Partner 2mal in der Woche zu Therapiesitzungen kommen müssen und sich außerdem noch 2mal zwischen den Therapiesitzungen mindestens eine Stunde Zeit füreinander nehmen, um die Übungen zu machen. Außerdem sollten für die gesamte Therapiezeit keine längeren oder häufigeren Unterbrechungen (Kur, Dienstreise) vorkommen. Urlaub sollte nicht in die ersten 8 Wochen der Therapie fallen.

3) *Die räumlichen Voraussetzungen* bestehen darin, daß das Paar die Möglichkeit haben muß, sich ungestört zurückzuziehen. Bei Paaren, die in unter-

---

[2] Wenn einer der Kotherapeuten verhindert ist, kann die Sitzung ausnahmsweise zu dritt stattfinden. Wenn nur einer der Partner kommen kann, fällt die Sitzung aus.

schiedlichen Wohnungen leben, sollte geklärt werden, ob sie nicht für die Dauer der Therapie zusammenziehen können. Auch Partner die in Wohngemeinschaften leben, unterschätzen oft die Schwierigkeiten, die durch diese Forderungen nach Abgrenzung auf sie zukommen, und sollten aufgefordert werden, dieses Problem für sich explizit zu klären.

Bei *massierten Therapien* klären die Therapeuten folgende Punkte:

1) *Die Kontrazeption muß geregelt sein* (s. oben).
2) Im Hinblick auf *die zeitlichen Voraussetzungen* muß geprüft werden, ob die Krankschreibung bzw. Beurlaubung geregelt ist und sich das Paar für die Therapiezeit von den übrigen Verpflichtungen des Alltags (Haushalt, Kinder) freimachen kann. Letzteres ist v. a. mit Paaren, die am Ort wohnen, noch einmal ausführlich zu erörtern, da sie die Notwendigkeit dieser Bedingung oft nicht ohne weiteres einsehen. Paare von außerhalb werden darauf hingewiesen, daß die Therapie so zeitaufwendig ist, daß sich daneben kein großes Urlaubsprogramm realisieren läßt. Die Regelblutung der Frau sollte nicht in den Therapiezeitraum fallen, da dadurch die ohnehin knappe Therapiezeit praktisch noch verkürzt wird. Wenn die Frau die Pille nimmt, wird sie auf die Möglichkeit hingewiesen, den Menstruationszeitpunkt zu verschieben, und aufgefordert, diese Frage mit ihrem Gynäkologen zu klären. Besteht diese Möglichkeit nicht, muß die Therapie in den Zeitraum zwischen zwei Regelblutungen gelegt werden.
3) Für *die räumlichen Voraussetzungen* gilt das Gleiche wie bei den verteilten Therapien (s. oben). Bei auswärtigen Paaren wird die Frage der Unterbringung besprochen und darauf hingewiesen, daß die Unterkunft bei Verwandten und Freunden im Hinblick auf die räumlichen und zeitlichen Bedingungen oft problematisch ist.

Am Ende des Vorgesprächs werden dann mit den Partnern die Termine für die Einzelgespräche und auch für das erste gemeinsame Gespräch zu viert vereinbart.

3 Einzelexplorationen

a) Ziele

Patienten und Therapeuten sollen einander besser kennenlernen. Die Therapeuten sollen sich ein genaues Bild von der Situation und den Schwierigkeiten des Paares machen, damit sie sich in die Problematik einfühlen können. Es ist wichtig, detaillierte Informationen über die gegenwärtigen Schwierigkeiten, Art und Ausmaß von Vermeidungsreaktionen und die Funktion des Symptoms in der Partnerschaft zu gewinnen, so daß die Therapeuten Anhaltspunkte bekommen, auf welche Konfliktbereiche sie im Rahmen der Durchführung der Therapie besonders achten müssen. Ein Überblick über die soziosexuelle Entwicklung der Partner ermöglicht den Therapeuten Annahmen über Ursachen und Entstehung der sexuellen Störungen, die dann in der „Besprechung der Explorationsergebnisse" (S. 121) zur Entlastung der Partner erörtert werden sollen.

Eine angstfreie Kommunikation zwischen Therapeuten und Patienten über sexuelle Schwierigkeiten soll eingeleitet und damit die Grundlage für ein therapeutisches Vertrauensverhältnis geschaffen werden.

b) Vorgehen

Bei *Teamtherapien* exploriert zunächst die Therapeutin die Patientin und der Therapeut den Patienten. Diese Explorationen dauern erfahrungsgemäß zwischen 1½ und 2½ h. Dann besprechen die Therapeuten die Ergebnisse der ersten Exploration und legen gemeinsam die Schwerpunkte für die zweite, gegengeschlechtliche Exploration fest. Für diese muß man mit einem Zeitaufwand von etwa 1 – 1½ h rechnen. Diese 2. Exploration dient nicht nur dazu, offen gebliebene Fragen zu klären; sondern sie soll jedem Therapeuten ermöglichen, zu beiden Partnern eine Beziehung außerhalb der Dyade aufzunehmen. Nach Abschluß der Explorationen besprechen die Therapeuten ausführlich die Ergebnisse (S. 120).

Bei Behandlungen mit *einem* Therapeuten wird zuerst der Patient mit der manifesten Störung exploriert. In diesem Setting muß für beide Explorationen mit einem Zeitaufwand von etwa 2 h gerechnet werden.

Es ist für den Aufbau eines Vertrauensverhältnisses zum Patienten günstig, gleich zu Beginn der Exploration auf das sexuelle Problem, das das Paar ja in die Therapie geführt hat, einzugehen. Es entlastet die Patienten in der Regel zu merken, daß sie offen über ihre sexuellen Probleme reden können. Die Exploration beginnt mit der Aufforderung, das *sexuelle Problem* einfach einmal darzustellen. Im folgenden ist es wichtig, daß der Therapeut sich möglichst an konkreten Beispielen wie z. B. dem letzten Geschlechtsverkehr bzw. Geschlechtsverkehrsversuch, detailliert Verhaltensabläufe beschreiben läßt und in seinen Fragen auch Formulierungen anbietet, wie z. B. „Hat Ihre Frau Sie dann am Glied angefaßt und die Vorhaut hin- und herbewegt?", oder „Wenn Ihr Mann Sie streichelt, wo fängt er dann an, im Gesicht, an den Brüsten, zwischen den Beinen?" usw. Erst wenn die Verhaltensabläufe klar sind, können Antworten auf die Fragen nach der gefühlsmäßigen Bewertung bzw. Reaktion sinnvoll interpretiert werden. Die Besprechung der gegenwärtigen Problematik mit Schwerpunkt auf der Sexualität ist der erste der 3 großen Bereiche, die im Rahmen der Exploration behandelt werden.

Der 2. Bereich betrifft die *Vorgeschichte* der Partner; dieser Teil der Exploration soll die Erfahrungen der Patienten verständlich und nachvollziehbar machen, die zur Ausbildung des Symptoms geführt haben. Die *jetzige Partnerbeziehung*, ihre Entwicklung und die aktuelle Situation stellen den 3. Bereich dar. Dabei muß auch die Therapiemotivation der Patienten exploriert werden.

Nach diesen Gesichtspunkten geordnet haben wir im folgenden einen Fragenkatalog in Stichworten zusammengestellt, der inhaltlich die Punkte abdeckt, die zur Sprache kommen müssen; die Reihenfolge braucht jedoch nicht eingehalten zu werden. Der Therapeut sollte sich *am Gesprächsverlauf orientieren*, wie er vom Patienten strukturiert wird. Dabei muß der Therapeut jedoch immer darauf achten, ob der Patient vermeidet, sexuelle Inhalte anzusprechen, und gegebenenfalls entsprechend eingreifen.

Falls ein Partner in der Exploration Dinge anspricht, die er in der Beziehung bisher geheimgehalten hat, z. B. sexuelle Außenbeziehungen oder Selbstbefriedigung, und die für die aktuelle Situation bzw. für die Therapie von Bedeutung sind, erfragt der Therapeut die Gründe für diese Geheimhaltung und problematisiert, welche Auswirkungen das für die Beziehung und die Therapie haben kann. Er ermutigt den Patienten zu mehr Offenheit und weist darauf hin, daß die Therapiesituation eine gute Möglichkeit dafür ist.

Bei Teamtherapien soll in der 2. Exploration nicht alles ein zweites Mal besprochen werden; andererseits darf aber auch nicht die Wiederholung wichtiger Fragenkomplexe vermieden werden. Der Therapeut geht schwerpunktmäßig auf die Bereiche ein, die in der 1. Exploration nicht völlig abgedeckt werden konnten, bzw. auf Inhalte, die besonders problematisch oder unklar sind, z. B. weil sich bei der Darstellung der beiden Partner Differenzen ergeben haben. Es hat sich immer wieder gezeigt, daß bei diesen zweiten Explorationen wichtige neue Aspekte ins Spiel kommen. So werden mit dem gegengeschlechtlichen Therapeuten oft ganz andere Themen angesprochen, oder der gegengeschlechtliche Therapeut gewinnt einen ganz anderen oder ergänzenden Eindruck von dem Patienten. Die Therapeuten müssen das Konzept für die 2. Exploration ausführlich miteinander besprechen.

Voraussetzung für die Besprechung der sexuellen Symptomatik und die Durchführung der Exploration generell ist, daß der Therapeut selbst in der Lage ist, unbefangen und konkret über sexuelle Inhalte zu sprechen. Dabei muß berücksichtigt werden, daß es ein ideales „Sexualtherapeutenvokabular" nicht gibt, daß die Patienten ihrerseits einen sehr unterschiedlichen Sprachgebrauch haben und daß jeder Therapeut für sich prüfen muß, welche Sprache er sprechen kann und will.

c) Fragenkatalog in Stichworten

A Gegenwärtige Sexualität und sexuelle Störungen

1) Art der Störung

Dauer, Verlauf, Schwankungen usw.;
Appetenz;
Einzelfunktion (z. B. Erektion, Ejakulation, Lubrikation);
Orgasmus, Befriedigung;
Abhängigkeit der Störung von Partner, Praktik, Situation;
eigene Bewertung der Störung, vermutete Bewertung des Partners.

2) Gegenwärtiges Sexualverhalten

Koitus mit Partner (Häufigkeit, Techniken, Konflikte, Initiative, Phantasien);
Körperkontakt und Zärtlichkeit (Bedürfnis, Häufigkeit, Rahmen, Initiative);
Kommunikation im sexuellen Bereich (Bedürfnisse äußern, Neinsagenkönnen, stimulierendes Vokabular);
Idealvorstellungen, Präferenzen;
Abneigungen (Praktiken, Gerüche, Sauberkeit, Sekrete), Vermeidungsverhalten;
Kinderwunsch;
Antikonzeption;
Masturbation (Häufigkeit, Techniken, Konflikte, Phantasien);
homosexuelle Kontakte bzw. Wünsche;
deviante Verhaltensweisen und Phantasien.

B Soziosexuelle Entwicklung

1) Elternhaus

Beruf des Vaters, der Mutter, ökonomische Situation;
Anzahl der Geschwister, Stellung in der Geschwisterreihe;
Ehe der Eltern, Partner- und Sexualverhalten der Eltern;
Verhältnis zu Vater und Mutter, früher und jetzt;
Kommunikationsmöglichkeiten über sexuelle und persönliche Probleme in der Familie;
religiöse Bindungen;
schulische und berufliche Entwicklung.

2) Sexuelle Lerngeschichte

a) Kindheit

Frühkindliche Sexualerfahrungen (Doktorspiele, Beobachtung der Eltern, Erfahrungen mit anderen Erwachsenen);
elterliche Einstellung zur Sexualität (Nacktheitstabu, Zärtlichkeit/Körperkontakt, Verbote, Strafen);
kindliche Masturbationserfahrungen;
inzestuöse Erlebnisse;
sexuell deviante Erlebnisse mit Erwachsenen.

b) Pubertät und Adoleszenz

Aufklärung;
Menarche bzw. erste Ejakulation (Zeitpunkt, Vorbereitung darauf, Verarbeitung);
Masturbation (Häufigkeit, Verarbeitung, Techniken, Phantasien); soziosexuelle Stufen (Dating, Petting, Koitus);
erster Koitus (Umstände, Kontrazeption, Verarbeitung, initiale Funktionsprobleme);
homosexuelle Erlebnisse;
sexuell deviante Erfahrungen.

c) Partnerverhalten bis zur gegenwärtigen Beziehung

Anzahl, Dauer und Verlauf von Partnerbeziehungen (auch mit Prostituierten);
sexuelle Funktionsstörungen;
sexuelle Zufriedenheit;
Schwangerschaften, Abtreibungen;
Kinder mit anderen Partnern;
sexuell deviante Erfahrungen.

C Gegenwärtige Beziehung

1) Allgemeines

Familienstand, Ehewunsch, Zusammenleben;
Dauer der Beziehung;
Kinder, Kinderwunsch, Abtreibungen;
ökonomische Situation, Beruf, Berufstätigkeit;
körperliche Krankheiten, psychische Auffälligkeiten der Partner (einschließlich Alkohol und Drogen).

2) Entwicklung der Beziehung

Kennenlernen;
Entwicklung der sexuellen Beziehung (Probleme, Ängste, Initiative, Antikonzeption);
erstes Auftreten und Entwicklung der sexuellen Störungen;
Selbstverstärkungsmechanismen (Vermeidung, Versagensangst);

Masturbation (Auftreten in der Partnerschaft, Verarbeitung in der Partnerschaft);
sexuelle Außenbeziehungen (sexuelle Funktion, Heimlichkeit, Häufigkeit und Dauer, Art der Außenbeziehung und des Partners, Verarbeitung und Bedeutung in der festen Beziehung);

3) Gegenwärtige Beziehungsstruktur

Rollenverteilung, Dominanzstrukturen;
positive und negative Partnerkritik im sexuellen und nichtsexuellen Bereich;
Zufriedenheit mit der gegenwärtigen Situation (Wohn- und Arbeitssituation, Umgang miteinander, Rollenverteilung, Außenkontakte, gemeinsame Interessen);
Kommunikation der Partner (Formen der Auseinandersetzung, Streite, Aussprechen von Wünschen und Bedürfnissen, Äußern von Zuneigung);
Kinder (Erziehung, Beziehung zu den Kindern);
Bedeutung und Funktion der sexuellen Störung für die Beziehung;
Partner- und Sexualideologe (Liebe, Treue, Eifersucht, Autonomie der Partner).

4) Therapiemotivation

Initiative zur Therapie (einer, beide Partner);
aktueller Beweggrund für die Therapie;
Erwartungen, Hoffnung und Befürchtungen im Zusammenhang mit der Therapie (hinsichtlich Sexualität und Beziehung);
bisherige Therapieversuche (Mißerfolge, Teilerfolge), Selbsthilfeansätze.

d) Transkript[3]

Paar 38: Das Paar (Buchhalter, Sozialarbeiterin, beide Mitte 30) ist seit 8 Jahren verheiratet und konnte wegen Vaginismus und Erektionsstörungen noch nie Geschlechtsverkehr machen. Mit dem Paar wurde eine massierte Therapie durchgeführt. Das Transkript enthält Ausschnitte aus den Explorationen des männlichen Therapeuten mit beiden Partnern. Ausgewählt wurden nur diejenigen Teile der Explorationen, die auf die *sexuelle Symptomatik* zielen: Es sollen hier nur die speziellen Aspekte der Exploration bei der Paartherapie sexueller Störungen demonstriert werden.

1) Exploration mit dem Mann (Ausschnitt)

m Th: Erzählen Sie mir einfach mal, was Sie für Schwierigkeiten haben.
Mann: Ja, im Grunde ganz einfach, daß wir während unserer Ehe noch keinen Verkehr gehabt haben. Im Grunde genommen hat es vielleicht damit angefangen, daß ich vor der Ehe auch mit keinem anderen Mädchen Verkehr gehabt habe und meine Frau mit keinem anderen Mann vor der Ehe Verkehr gehabt hat. Und, naja, dann hat es also bei uns in unserer ersten Nacht nach der Hochzeit nicht geklappt. Und es stellte sich also dann raus, immer wieder wenn wir es versuchten, daß also entweder bei mir wohl die Erektion kam, in dem Moment aber, wo ich versuchte, in meine Frau einzudringen, Feierabend war. Beziehungsweise, daß vielleicht sich auch meine Frau dann manchmal ein bißchen verkrampft hat.
Und das hat sich über eine ganze Weile hingezogen. Wir waren dann ungefähr ein halbes Jahr nach unserer Hochzeit mal bei einer Frauenärztin, die meine Frau untersucht hat. Die hat ihr dann ein Medikament mitgegeben, das sie vor dem Verkehr eine halbe Stunde vorher nehmen sollte. Ich nehm' an, daß das irgendwas Krampflösendes war, weiß es aber nicht mehr genau. Und aber auch mit diesem Medikament hat es nicht geklappt. An sich hatte sie uns gesagt, dann sollten wir vielleicht nochmal wiederkommen. Na, das haben wir nicht gemacht. Das war vielleicht damals ein Fehler von uns.

---

[3] Die in den Transkripten benutzten Abkürzungen bedeuten: *m Th* männlicher Therapeut, *w Th* weiblicher Therapeut. „Mann" und „Frau" sind die Partner.

m Th: Also Sie haben eigentlich nach diesem ersten Versuch bei der Frauenärztin nichts unternommen?

Mann: Nichts.

m Th: Ja, haben Sie die Versuche, den Verkehr durchzuführen, irgendwann ganz aufgegeben oder . . .

Mann: Kann man so sagen.

m Th: Ja, wann ungefähr?

Mann: Mitte 70? Das kann ich also jetzt nur so . . .

m Th: Das genügt auch. Dann haben sie es ungefähr 2 Jahre versucht, die ersten 2 Jahre?

Mann: Ja.

m Th: Dann nie mehr?

Mann: Nee, das heißt schon noch einmal seit der Eingriff bei meiner Frau gemacht wurde[4], ja, das war jetzt im Januar. Und da wollte sie auch noch nicht so richtig. Und wir haben uns dann eben auch gesagt, bevor wir uns da noch mehr in irgendwas reinsteigern, daß wir dann also lieber die Therapie abwarten. Ansonsten stell ich fest, wenn ich meine Frau anfasse und wir zusammenliegen, normaler kann es im Grunde gar nicht sein.

m Th: Ja.

Mann: Nur eben das Entscheidende, das läuft nicht.

m Th: Dieser Versuch vor 3 Monaten — ich würde das ganz gut finden, wenn Sie das mal ganz genau beschreiben, was da passierte, wie Sie sich dabei fühlten.

Mann: Vom Ablauf her ganz ähnlich wie ganz zu Anfang, daß ich also zuerst ganz normal reagiert hab.

m Th: Und kriegten ein steifes Glied.

Mann: Ja, ja. Dann haben wir vielleicht ein bißchen zu lange gewartet und es wurde wieder schlaff. Und dann hat meine Frau es noch mal mit der Hand gereizt und dann haben wir es versucht aber dann war es vielleicht zu spät, oder wie auch immer. Jedenfalls kam dann nicht die nötige Steife zustande.

m Th: Wurde nicht so steif wie sonst.

Mann: Nee.

m Th: Ja, und haben Sie dann versucht es einzuführen? Oder haben Sie das . . .

Mann: Ja, versucht schon. Doch.

m Th: Und was passierte da?

Mann: Praktisch im Moment, als ich einführen wollte, weil wir es ein bißchen ungeschickt angestellt haben und es ein bißchen zu lange gedauert hat, da war die Erektion dann weg. Kann also fast sagen, ganz weg.

m Th: Ging das Glied überhaupt nicht rein?

Mann: Nur ganz wenig. Also nicht vollständig jedenfalls.

m Th: Ich fragte Sie schon nach den Gefühlen. Waren Sie aufgeregt dabei oder . . .

Mann: Ja, schon ein bißchen.

m Th: Schwitzten Sie, zum Beispiel?

Mann: Schwitzen, nee, kann ich an sich nicht sagen. Ist natürlich schwer, sich darauf zu besinnen nach der Zeit jetzt.

m Th: Wenn Sie die Situation, also rein vom Sichfühlen her mal vergleichen mit dem, was Sie sonst sexuell mit ihrer Frau machen.

Mann: Da war es eigentlich unangenehmer.

m Th: Ja. Inwiefern?

Mann: Das hat also für mich persönlich wieder so einen Premierencharakter. Die Gynäkologin, die den Eingriff gemacht hat bei meiner Frau, hat uns gesagt, also warten Sie jetzt nicht zu lange.

m Th: Premiere heißt Lampenfieber?

Mann: Ja, so vielleicht kann man es beschreiben.

m Th: Verliefen die Versuche früher auch so?

Mann: Ja, kann man genauso sagen.

---

[4] Die Frau hatte sich vor der Paartherapie einer Hymeninzision unterzogen.

m Th: Und in den ersten anderthalb Jahren wie oft haben Sie es ungefähr versucht?
Mann: Zwanzig, dreißigmal. Die Abstände wurden immer länger.
m Th: War das Glied auch mal, als Sie versuchten einzudringen, ganz steif und ging nicht?
Mann: Ja, das war auch, ziemlich zu Anfang mal. Da war beides. Einmal daß von vornherein einfach die Erektion richtig war bis zu dem Moment wo ich eindringen wollte und dann vorbei war und es auch passierte, ziemlich zu Anfang, wenn ich es versucht habe und auch das Glied steif genug war, daß meine Frau dann auch Schmerzen hatte und daß dann in dem Moment . . .
m Th: Ja, spätestens dann die Erektion wegging?
Mann: Ja.
m Th: Sie sagten, daß Sie andere Formen gefunden hatten. Petting wahrscheinlich?
Mann: Ja.
m Th: Wenn Sie jetzt mal an das letzte halbe Jahr denken, wie oft machen Sie das?
Mann: Das ist unterschiedlich, einmal pro Woche.
m Th: Von wem geht da so mehr die Initiative aus?
Mann: Beidseitig, gleich wechselnd.
m Th: Hm. Können Sie mir mal schildern, was Sie da im einzelnen . . .
Mann: Na, ich streichele meine Frau, Schenkel und Hals, ihre Brüste, das gefällt ihr wohl gut. Sie streichelt mich und reizt dann eben mit der Hand mein Glied bis zu meinem Orgasmus. Bei ihr ist es unterschiedlich. Manchmal hat sie wohl einen Orgasmus, aber nicht immer.
m Th: Wie machen Sie das bei ihr?
Mann: Also häufig bei ihr nur durch das intensive Küssen der Brust, gelegentlich eben auch durch das Reizen der Klitoris.
m Th: Das ist aber seltener?
Mann: Ist seltener, ja.
m Th: Haben Sie das Gefühl, Ihre Frau ist besonders an der Brust empfindlich?
Mann: Ich würde sagen ja.
m Th: Haben Sie auch schon mal versucht, das mit dem Mund zu machen?
Mann: Ja schon, aber da hat sie Vorbehalte. Obwohl, die Vorbehalte gehen also weniger davon aus, daß sie das nicht mag, sondern daß das also vielleicht auch so ein bißchen Erziehungssache ist.
m Th: Was haben Sie selber für einen Eindruck. Wenn Sie Ihre Frau am Geschlechtsteil streicheln, mag sie das nicht so gern und wird sie da so starr und steif?
Mann: Manchmal. Hab ich den Eindruck.
m Th: Ja. Können Sie das mal beschreiben?
Mann: Na ich merke manchmal, daß sie also ihre Beine geschlossen läßt, daß ich mit der Hand mit ein bißchen Druck dazwischen gehen muß, damit sie die Beine öffnet und ich hab ganz allgemein doch den Eindruck, daß sie einfach häufiger mehr davon hat und mehr Freude hat durch das intensive Berühren der Brüste mit der Hand oder mit dem Mund als durch das Berühren ihres Geschlechtsteils. Ist nicht ein direktes Sperren, so will ich das nicht nennen, aber irgendwie hab' ich den Eindruck, daß sie also doch häufiger zum Orgasmus kommt auf die andere Weise, als durch Berühren ihres Geschlechtsteils.
m Th: Sind sie beide nackt dabei?
Mann: Ja.
m Th: Faßt Ihre Frau Sie beim Petting, wenn sie Sie zum Orgasmus bringt, am Penis an?
Mann: Ja.
m Th: Merken Sie irgendwelche Vorbehalte bei Ihrer Frau, Ihr Glied anzufassen?
Mann: Nee, ich glaube nein, mit Sicherheit nicht.
m Th: Und gegenüber dem Samenerguß . . .
Mann: An sich auch nicht, nein.
m Th: Wenn Sie so Petting machen, wie lange dauert das?
Mann: Zwischen 5 und 10 Minuten.
m Th: Also geht relativ schnell vorbei.
Mann: Ja.
m Th: Kommt es dabei vor, daß Sie mal einen Finger in die Scheide Ihrer Frau einführen?

Mann: Hm, aber praktisch erst seit Januar.
m Th: Vorher ging das nicht?
Mann: Nee, es war paktisch unmöglich vor der Operation.
m Th: Und seit der Operation?
Mann: Nö, da geht es.
m Th: Haben Sie das gelegentlicht gemacht oder regelmäßig?
Mann: Gelegentlich.
m Th: Geht er relativ leicht rein?
Mann: Relativ.
m Th: Haben Sie den Finger auch mal länger dringelassen?
Mann: Hm.
m Th: Das geht auch?
Mann: Das geht auch, ja.
m Th: Wie ist Ihnen dabei selber zumute?
Mann: Ungewohnt. An sich ungewohnt, im Moment einfach; oder sagen wir ganz zu Anfang,
         Mitte Januar, nachdem das passiert war, weil ich es noch nie gemacht hatte.
m Th: Hm.
Mann: Aber ansonsten an und für sich ohne besondere Empfindung.
m Th: So das Gefühl, wenn Sie ein bißchen drin gewesen sind, Sie möchten jetzt wieder
         rausziehen.
Mann: Ja, weiß ich nicht . . .

2) Exploration mit der Frau (Ausschnitt)

m Th: Ja, Ihr Mann sagte mir, das Hauptproblem liegt darin, daß Sie eigentlich noch nie
         Verkehr machen konnten?
Frau: Genau, ja.
m Th: Haben Sie eine Vorstellung, woran das liegen mag?
Frau: Ich kann das wirklich nicht erklären, weil an sich dem gar nichts im Wege steht. Kann
         mir nur vorstellen, da eben vor der Ehe beide noch keinen sexuellen Verkehr gehabt
         haben, daß wir beide auch ein bißchen skeptisch da rangegangen sind, insgesamt.
m Th: Hm.
Frau: Und da nun wirklich Schwierigkeiten auftauchten, haben wir auch schnell resigniert,
         muß ich sagen.
m Th: Ja.
Frau: Vielleicht kommt hinzu, daß ich, weiß nicht, ich hab es schon sehr häufig überlegt,
         aber ich finde fast, daß mir das sogar angenehm war. Muß ich fast sagen. Weil ich
         irgendwie doch so ein bißchen Angst gehabt hab' davor. Wir haben zwar nie darüber
         gesprochen, aber manchmal glaube ich, daß es mir wirklich angenehmer so war. Zu-
         nächst.
m Th: Inwiefern . . .?
Frau: Ja, daß ich irgendwie vor dem Ganzen ein bißchen Angst hatte, weil in der Familie
         nie darüber gesprochen wurde und es auch mit der Aufklärung haperte.
m Th: Können Sie die Angst mal ein bißchen näher . . .
Frau: Ja, ist vielleicht schon zu scharf formuliert, Angst, aber irgendwie ein gewisses Unbe-
         hagen dem Ganzen gegenüber.
m Th: Daß so die Tatsache, daß es nicht ging . . .
Frau: Daß das vielleicht äh für mich sehr angenehm war, im Moment.
m Th: Sie davor schützte, sich mit diesem Unbehagen . . .
Frau: Genau, auseinanderzusetzen.
m Th: Wie ist das denn heute?
Frau: Ja, ich möchte schon, daß es auf jeden Fall dazu kommt und auch klappt. Auf jeden
         Fall. Weil ich ja mit den Jahren meinen Mann auch sehr viel besser kennengelernt ha-
         be und ihn damals in der Weise überhaupt nicht kannte, wie er da sein würde, ob er
         irgendwie sehr rigoros sein würde oder fordernd. Heute wunsche ich mir es auf jeden
         Fall. Das heißt, schon lange.

m Th: Wenn Sie sich das so vorstellen würden, die Erektion ist völlig okay, was würde jetzt passieren?

Frau: Würd' ich mir wirklich sehr wünschen, ganz bestimmt. Weil es meine erste Erfahrung auch wäre. Zumal ich meinen Mann auch wirklich sehr lieb habe. Deshalb glaube ich, daß es für uns beide auch sehr schön sein würde.

m Th: Ja. Das leuchtet mir auch ein. Aber Gefühle sind ja häufig nicht so eindeutig. Sie können auch so gemischt sein, das heißt, daß schon irgendwo eine Freude drauf ist, aber dann auch irgendwo noch . . .

Frau: Kann ich eigentlich nicht sagen, daß ich irgendwie Angst davor hab' oder so. Ich weiß vor allem, mein Mann ist sehr vorsichtig, also wenn es irgendwelche Schwierigkeiten gäbe, würde er bestimmt nicht weiter darauf drängen oder unbedingt fortsetzen wollen. Das weiß ich ganz genau.

m Th: Ja. Sie haben jetzt so das ganz sichere Gefühl, Sie können sich auf ihn verlassen.

Frau: Ja. Unbedingt.

m Th: Ja, können Sie denn mal noch ein bißchen genauer erzählen wie das so gewesen ist, auch am Anfang. Sie haben es das erste Mal versucht in der Hochzeitsnacht?

Frau: Ja, da kann ich mich schon drauf besinnen. Wir haben uns zunächst ausgezogen, jeder für sich und Nachtkleidung angezogen und sind ins Bett gegangen, haben dann mehr zunächst mal miteinander geschmust, gestreichelt und haben uns dann ausgezogen. Und ich hab meinen Mann gestreichelt, mein Mann hat mich auch gestreichelt. Ich fand das sehr schön alles. Und ich hab dann seinen Penis auch gestreichelt, und er wurde schon ziemlich steif. Mein Mann versuchte dann, den Penis einzuführen, und er merkte wie die Erektion nachließ.

m Th: Hm.

Frau: Und er wurde dann sofort irgendwie sehr deprimiert und sagte, wir hätten eben doch vorher mal das ausprobieren sollen, er habe eben noch nie Geschlechtsverkehr gehabt mit anderen Frauen. Und es war wahrscheinlich doch nicht richtig, daß wir es nicht mal vorher probiert haben. Und, wie ich schon sagte, ich fand das nicht so tragisch. Ich hab ihn dann auch versucht zu trösten und hab noch gesagt, daß es vielleicht doch einer Übung bedarf und daß es nicht sofort beim ersten Mal klappen kann. Er war aber gleich fürchterlich niedergeschlagen. Und wir haben es dann auch nicht gleich nochmal probiert.

m Th: Wie ging es dann weiter?

Frau: Ja, und dann verlief das wieder ganz genauso. Wir haben das allerdings, glaub' ich, erstmal wochenlang vor uns hergeschoben, ohne daß überhaupt noch mal . . .

m Th: Irgendwann haben Sie es ganz aufgegeben, nicht?

Frau: Ja.

m Th: Wann war das ungefähr?

Frau: Das weiß ich nicht genau. Kam allerdings hinzu, daß mein Mann damals auch beruflich nicht mehr in unserem Ort tätig war und dann ein halbes Jahr ganz weg war. Wir waren immer nur zum Wochenende zusammen. Und ich glaube, daß es da war, also etwa so nach einem halben Jahr oder so schon. Danach nur noch ganz gelegentlich.

m Th: Der letzte Versuch war nach der Operation.

Frau: Ja, und es klappte aber wieder nicht.

m Th: Was würden Sie sagen, wenn Sie so die ganzen Ehejahre zusammennehmen, so über den Daumen gepeilt, wie oft haben Sie es versucht?

Frau: Na, ich glaube, daß es unter 10mal war. Ja.

m Th: Gab es da auch mal Versuche, wo das Glied steif war und es trotzdem nicht ging?

Frau: Nein, soweit kam es meist erst gar nicht. Wenn mein Mann versuchte, sich über mich zu beugen, dann ließ die Erektion schon wieder nach.

m Th: Sie haben dann Petting gemacht.

Frau: Ja.

m Th: Wie oft, wenn Sie etwa so das letzte halbe Jahr sehen, machen Sie das so?

Frau: Schwer zu sagen, ist eben auch sehr unterschiedlich, weil ich manchmal abends auch etwas früher ins Bett gehe als mein Mann und dann kommt es halt gar nicht dazu. Und auch am Wochenende liegt oft so viel an. Ich würd' sagen 2- bis 3mal im Monat. Vielleicht auch mal öfter, das ist halt unterschiedlich.

m Th: Ist Ihnen das genug, oder . . .
Frau: Ich möchte schon manchmal häufiger. Aber dann ist mein Mann auch manchmal sehr müde.
m Th: Hm.
Frau: Oder wie gesagt, es kommt rein zeitlich nicht dazu.
m Th: Von wem geht da die Initiative aus?
Frau: Ich würde sagen von beiden Teilen gleich.
m Th: Können Sie mir mal so ein bißchen schildern, was dabei passiert?
Frau: Wir streicheln meist zunächst das Gesicht und den Hals, und mein Mann berührt meine Brüste und auch weiter die Scheide und ich ebenfalls den Penis und bringe ihn meist auch bis zum Orgasmus.
m Th: Mit der Hand?
Frau: Ja, mit der Hand.
m Th: Mögen Sie den Penis ganz gern anfassen?
Frau: Ja. Ist für mich eben schön.
m Th: Ja, und wenn der Samen rauskommt . . .
Frau: Ja, doch, das finde ich sehr schön, für mich auch. Nicht unangenehm, auf keinen Fall.
m Th: Bringt Ihr Mann Sie auch zum Orgasmus?
Frau: Selten, selten.
m Th: Von 10mal ungefähr wie oft?
Frau: Zweimal vielleicht.
m Th: Möchten Sie nicht häufiger oder geht es nicht öfter?
Frau: Ja, meist ist mein Mann dann schon eher soweit und ich komm' halt nicht soweit, weil mein Mann dann auch irgendwie aufhört.
m Th: Und wenn Sie zum Orgasmus kommen, wodurch kommen Sie zum Orgasmus, was ist für Sie das Erregendste?
Frau: Ja, bis jetzt muß ich sagen die Berührung der Brüste.
m Th: Und kommen Sie dann einfach durch's Berühren der Brust zum Orgasmus?
Frau: Ja.
m Th: Auch mal durch Berühren der Klitoris?
Frau: Ja.
m Th: Aber mit der Brust geht es besser?
Frau: Hm.
m Th: Können Sie ein bißchen was zur Operation sagen?
Frau: Was gemacht wurde, oder? Ja, ich hab mit der Gynäkologin gesprochen und sie hat gesagt, daß sie eben das Hymen inzidiert hat. Sonst hat sie gesagt wäre alles okay. Rein organisch also überhaupt keine Bedenken. Alles in Ordnung.
m Th: Sie waren 3 Tage stationär?
Frau: Ja.
m Th: Hat das irgendwie weh getan oder Beschwerden gemacht?
Frau: Gar nicht. Ganz bißchen Blutung, aber kaum. Sonst hatte ich keine Beschwerden.
m Th: Ja. Danach haben Sie noch einmal Verkehr versucht?
Frau: Hm.
m Th: Können Sie mir das noch mal schildern, wie das gewesen ist, möglichst genau? Das war so etwa vor 3 Monaten?
Frau: Ja. Ja, also ich war eigentlich ganz sicher, daß es eigentlich klappen müßte, weil an sich ja doch kein mechanischer Hinderungsgrund da war. Ich hab dann meinen Mann wieder gestreichelt, bis eben der Penis ziemlich steif war und mein Mann versuchte, sich über mich zu beugen und dann ließ wieder die Erektion nach. Und ich, wir haben es auch noch mal in umgedrehter Stellung versucht, was mein Mann auch gar nicht gern wollte, es klappte aber auch nicht. Ich war eigentlich überzeugt, daß es jetzt keinen Hinderungsgrund mehr geben könnte.

e) Auswertung der Explorationsergebnisse

Die Besprechung der Explorationsergebnisse (S. 121) mit dem Paar gehört zu den schwierigsten therapeutischen Interventionen der Therapie. Die Therapeuten müssen sie durch die ausführliche Diskussion der Explorationsdaten, möglichst in einem größeren Team, sorgfältig vorbereiten.

Zunächst überprüfen die Therapeuten die Indikation nach den oben (S. 106) genannten Kriterien. Wenn sie die Therapie als *nicht* indiziert ansehen, weil sich in den Explorationen neue Gesichtspunkte ergeben haben, dann besprechen sie mit den Patienten: erstens ob es Möglichkeiten gibt, die Kriterien zu erfüllen und die Therapie solange zu verschieben; zweitens ob es eine therapeutische Alternativen gibt.

Die Aufgabe der Therapeuten besteht darin, anhand der Informationen aus den Einzelexplorationen die Entwicklungsbedingungen, die zu der Entstehung der sexuellen Funktionsstörung in der Beziehung beigetragen haben können, beispielhaft anhand der konkreten Erfahrungen beider Partner (*wichtig:* auch des „nichtgestörten" Partners) herauszuarbeiten. Dabei sollen zunächst die individuellen Lernerfahrungen der Partner bis zum gegenseitigen Kennenlernen und dann die Entwicklung der Beziehung bis zum gegenwärtigen Zeitpunkt analysiert werden.

Vorgeschichte der Frau   Vorgeschichte des Mannes

Entwicklung der Beziehung
(Selbstverstärkungsmechanismus)

↓

gegenwärtige Situation

Bei der Auswertung der Vorgeschichte berücksichtigen die Therapeuten auch soziokulturelle Aspekte, um später dem Paar aufzeigen zu können, daß es sich bei seinen Schwierigkeiten und Erfahrungen nicht nur um individuelle Probleme handelt. Die Einzelheiten des Vorgehens sind im nächsten Abschnitt beschrieben. Die ausführliche Auswertung der Explorationsergebnisse ist notwendig, um den Therapeuten einen besseren Überblick über die Beziehungsstruktur des Paares und ein umfassenderes Verständnis für die vorliegende Problematik zu ermöglichen. Nur so können sie dem Paar auch Zusammenhänge einsichtig machen.

4 Besprechung der Explorationsergebnisse mit dem Paar

a) Ziele

Die Patienten sollen das grundlegende Konzept der Therapie kennenlernen: Sexualität ist weitgehend durch Erfahrungen beeinflußt. Dazu werden ihnen die Entwicklung ihrer sexuellen Schwierigkeiten und deren aufrechterhaltene Mechanismen anhand ihrer Lerngeschichte, soweit sie in den Explorationen erhoben werden konnte, einsichtig gemacht. Das dient zur Entlastung der Patienten und ermöglicht ihnen ein neues Verständnis ihrer Problematik, wodurch das therapeutische Konzept von Neu- und Umlernen für sie eher akzeptabel bzw. nachvollziehbar wird. Der Anteil des „nichtgestörten" Partners an der sexuellen Problematik soll herausgearbeitet werden, um noch einmal nachdrücklich zu zeigen, daß das Paar und nicht der „gestörte" Partner „Patient" ist.

b) Vorgehen

In dieser Sitzung besteht im besonderen Maße die Gefahr, daß die Therapeuten dem Paar einen Vortrag halten und die Partner in eine passive Rolle drängen. Um dies zu verhindern sollten die Therapeuten versuchen, die Patienten in das Gespräch mit einzubeziehen. Sie ermuntern zu Zwischenfragen und zu Stellungnahmen zu den Thesen, die sie selbst vortragen.

Die Therapeuten erläutern Sinn und Ablauf der Sitzung: es gehe zunächst darum, anhand der Informationen aus den Einzelgesprächen darüber zu sprechen, wie es zu den sexuellen Schwierigkeiten gekommen ist. Danach wird man dann noch einmal auf das Therapiekonzept und auf die ersten Therapieschritte eingehen.

Zuvor aber fragen die Therapeuten die Partner, ob sie miteinander über die Exploration gesprochen haben und ob sie noch etwas ergänzen möchten. Eventuelle Widersprüche in den Angaben beider Partner werden diskutiert und geklärt.

Um den Patienten die Bedeutung von ungünstigen Lernerfahrungen für ihre sexuellen Schwierigkeiten und das therapeutische Konzept korrigierender Erfahrungen einsichtig zu machen, werden mit ihnen die Anamnesedaten unter folgenden Gesichtspunkten besprochen:

1) disponierende Erfahrungen in der Lebensgeschichte des „Symptomträgers" bis zum Kennenlernen des Paares;
2) disponierende Erfahrungen in der Lebensgeschichte des Partners bis zum Kennenlernen des Paares;
3) Zusammenwirken dieser Faktoren bei der Entwicklung der gestörten sexuellen Beziehung des Paares;
4) verfestigende und stützende Mechanismen in der gestörten sexuellen Beziehung des Paares.

Für die Erörterung dieser Fragen sind die Explorationsdaten v. a. unter folgenden Gesichtspunkten zu behandeln:

− Haben die Partner Ängste, die dazu führen, daß sie in ihrer Sexualität verunsichert sind und/oder die intakte Funktion vermeiden (vgl. S. 38 ff.)?
− Wo bestehen bei den Partnern Lerndefizite, die die sexuelle Funktionsstörung begünstigen oder aufrechterhalten (vgl. S. 52 ff.)?
− Welche Partnerprobleme und -konflikte bestehen bei dem Paar, die die Funktionsstörungen bedingen, mitbedingen oder aufrechterhalten, welche Bedeutung hat das sexuelle Problem für die Partnerbeziehung (vgl. S. 45 ff.)?
− Wie funktioniert der Selbstverstärkungsmechanismus bei dem Paar (vgl. S. 54 ff.)?

Die Therapeuten zeigen also zunächst ungünstige Erfahrungen in der Lerngeschichte jedes der beiden Partner auf, die die Entstehung sexueller Probleme verständlich und nachvollziehbar machen. Dabei kann es sinnvoll sein, zunächst mit der Lerngeschichte des „Symptomträgers" zu beginnen; auf jeden Fall aber ist es notwendig, auch auf die ungünstigen Lernerfahrungen und Voraussetzungen beim „nichtgestörten" Partner einzugehen.

Anschließend gehen die Therapeuten auf die Entwicklung der Beziehung und zeigen auf, wie die Vorerfahrungen beider Partner den Aufbau einer befriedigenden Sexualität in ihrer Beziehung erschwert haben. Die Therapeuten gehen auch ausführlich darauf ein, in welcher Form sich die Patienten bemüht haben, ihre sexuellen Schwierigkeiten zu überwinden, und führen aus, warum dies nicht gelingen konnte. In diesem Zusammenhang erläutern sie den Selbstverstärkungsmechanismus: Sind in einer Partnerschaft erstmals sexuelle Probleme aufgetaucht, sei es aufgrund von Unerfahrenheit, Angst, Unwissenheit usw., so bemühen sich die Partner um jeden Preis, sexuelle Erregung bzw. sexuelles Funktionieren zu erzwingen, indem z. B. der „ungestörte" Partner sich um den „gestörten" Partner besonders bemüht, was den anderen natürlich unter Druck setzt. Leistungsdruck und gespannte Erwartung aber machen das Aufkommen sexueller Erregung unwahrscheinlich. Dieser Zusammenhang läßt sich recht gut am Beispiel des Einschlafens verdeutlichen: Es ist fast unmöglich, willentlich zu einem bestimmten Zeitpunkt einzuschlafen, und je stärker man das Einschlafen versucht, desto schwieriger wird es. Beide Partner geraten in eine Beobachterrolle und unter Erwartungsangst, die jeden spielerischen Umgang mit Sexualität, jede Spontaneität und Unbefangenheit verhindert. Unter solchen Bedingungen kann Sexualität weder „funktionieren" noch Spaß machen. Die Partner erleben immer wieder Mißerfolge, die dann dazu führen können, daß einer oder beide schließlich resignieren und ihre Versuche ganz einstellen. Unter diesem Blickwinkel wird deutlich, daß es nicht um fehlende Bereitschaft geht, sondern vielmehr um Hilflosigkeit, Angst, Enttäuschung usw. Es wird klar, daß es die Partner alleine gar nicht schaffen können, sich aus diesem Teufelskreis von Versagensangst, Leistungsorientiertheit, Verkrampfung und Mißerfolg zu lösen. Dies wird Aufgabe und Ziel der Therapie sein. Da beide Partner in diesen Teufelskreis verwickelt sind und zur Aufrechterhaltung der Störung beitragen, ist es unabdingbar, daß beide in die Therapie einbezogen werden.

Die Therapeuten gehen auch auf die positiven Seiten der Partnerschaft ein, beispielsweise, daß die Partner trotz der sexuellen Schwierigkeiten noch zärtlich miteinander sein können, daß sie einander vertrauen können, daß sie gemeinsame Interessen haben, daß sie sich mögen usw. Auch die Entscheidung, gemeinsam diese Therapie zu beginnen, zeigt die Bereitschaft beider Partner, sich für die Beziehung einzusetzen. Falls bisherige Therapie- oder Selbsthilfeansätze zu gewissen Erfolgen geführt haben, sollten diese als Beispiel für die Veränderbarkeit der Beziehung herangezogen werden.

Die Therapeuten entlasten die Patienten weiterhin durch den Hinweis, daß unter den soziosexuellen Bedingungen unseres Kulturkreises sehr viele Menschen sexuelle Schwierigkeiten entwickeln und daß dies kein persönliches Versagen ist.

Anschließend erläutern die Therapeuten das Konzept und die Ziele der Therapie: Die Partner haben ihre sexuellen Schwierigkeiten sozusagen gelernt, d. h. aber, daß sie sie auch wieder verlernen können. Deshalb sollen sie im

Rahmen der Therapie neue sexuelle Erfahrungen machen, den sexuellen Lernvorgang sozusagen wiederholen, aber diesmal unter günstigeren Bedingungen. Die Patienten sollen zunächst Erfahrungen mit Zärtlichkeit, Körperberührung, Streicheln und Nähe machen und lernen, in diesem wichtigen sexuellen Bereich sicher, entspannt und spielerisch miteinander umzugehen. Das wird dadurch ermöglicht, daß die Patienten nach Vorschlag der Therapeuten zu Hause miteinander bestimmte Streichelerfahrungen machen. Sexuelle Erregung und Koitus werden zunächst ausgeklammert und erst später, wenn die Patienten sicherer geworden sind, wieder einbezogen. Der ganze Lernprozeß ist in kleine Schritte aufgeteilt. Das dient einmal dazu, auftretende Schwierigkeiten genau lokalisieren und bearbeiten zu können, und zum anderen wird die Gefahr von Mißerfolg und Enttäuschung auf diese Weise reduziert bzw. werden positive Erfahrungen möglich.

Es gibt kein für alle Paare gültiges Schema der Sexualität — weder bezüglich der Häufigkeit sexueller Kontakte noch bezüglich der Dauer oder der Praktiken. Deshalb ist es wichtig, daß sich beide Partner im Verlauf der Therapie und bei der Erfahrung miteinander über ihre eigenen Wünsche und Bedürfnisse klarer werden und lernen, sich darüber zu verständigen. Nur so können sie zu einer für sie befriedigenden sexuellen Beziehung kommen.

Falls sich bei den Explorationen schon entsprechende Anhaltspunkte ergeben haben, z. B. wenn einer oder beide Partner keinerlei Masturbationserfahrungen haben, kann an dieser Stelle auch schon auf die ergänzenden Interventionen, wie sie im Abschnitt über „körperliche Selbsterfahrung" (s. S. 181/186) beschrieben sind, hingewiesen werden. Beim Vaginismus wird in dieser Sitzung schon der Wirkungsmechanismus dieser Störung erläutert, daß nämlich eine reflexartige Verkrampfung des Scheidenmuskels die Einführung des Gliedes unmöglich macht, und anhand von Abb. 1 verdeutlicht. Schon hier wird auf das entsprechende Zusatzprogramm (S. 186) hingewiesen.

Im Anschluß an die Besprechungen der Explorationsergebnisse wird in der Regel die Anleitung für das Streicheln I gegeben (S. 132).

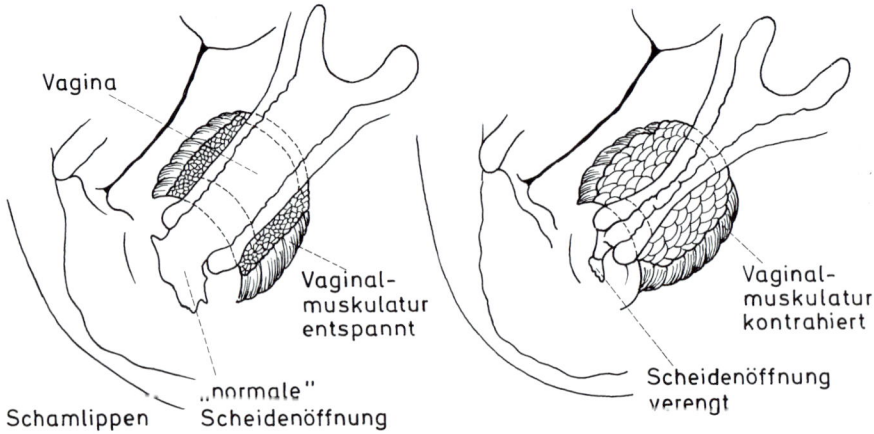

Vagina

Vaginal-
muskulatur
entspannt

Vaginal-
muskulatur
kontrahiert

Scheidenöffnung
verengt

Schamlippen   „normale"
Scheidenöffnung

Abb. 1 Die Wirkungsweise des Vaginismus. (Nach McCary 1973)

c) Transkript

Paar 39: Beide Partner sind Mitte 30, Angestellte, seit 9 Jahren verheiratet, haben keine Kinder. Der Mann hat seit seinem ersten Geschlechtsverkehr eine ausgeprägte vorzeitige Ejakulation und in den letzten Jahren zunehmend auch Erektionsschwierigkeiten. Die Frau hat noch nie einen Orgasmus beim Koitus gehabt, kommt aber beim Petting zum Orgasmus. Sie hat starkes Vermeidungsverhalten gegenüber der Sexualität, läßt den Verkehr widerwillig über sich ergehen „wenn es dann sein muß".
Mit dem Paar wurde eine verteilte Therapie mit einem Therapeuten durchgeführt.

m Th: Ja, hat sich irgendwas Neues ergeben oder ist irgendwas noch nachzutragen nach unserem letzten Gespräch?

Mann: Nein, eigentlich nicht.

m Th: Ja, es geht ja heute darum, daß wir nochmal so kurz Revue passieren lassen, was Sie mir in den Einzelgesprächen erzählt haben um zu einem Verständnis zu kommen, Ihres Problems. Wir haben so einen Glaubenssatz hier, und der lautet, daß es in Partnerschaften, in denen sexuelle Schwierigkeiten vorkommen, so etwas wie einen Partner ohne Schwierigkeiten nicht gibt, daß sexuelle Schwierigkeiten etwas sind, was zwischen zwei Leuten sich abspielt, auch von zwei Leuten nur gelöst werden können, und dafür sind Sie, glaube ich, eigentlich ein sehr gutes Beispiel. Das läßt sich an vielen Punkten demonstrieren. (Zum Mann:) Sie sind ja zunächst gekommen mit dem Problem: „Ich hab' einen vorzeitigen Samenerguß." Und das ist auch sicher ein Problem, das zunächst mal bei Ihnen bestand, denn es trat ja auch mit anderen Frauen auf. So ein vorzeitiger Samenerguß ist eigentlich immer ein Zeichen für zwei Bedingungen. Erstens eine ziemlich starke Erregbarkeit, also, wenn Sie so wollen, eher eine zu starke sexuelle Potenz als eine zu schwache. Und das zweite ist eine Unsicherheit gegenüber Frauen. Und diese Unsicherheit haben Sie selber beschrieben. Sie sagten, daß Sie eigentlich sehr schüchtern gewesen wären beim Kontaktmachen mit Frauen. Und Ihre Phantasien, die Sie mir geschildert haben, die zumindest doch bis vor kurzem sehr aggressive Inhalte gegenüber Frauen hatten, sind im Grunde auch so ein Zeichen einer Unsicherheit gegen Frauen.
Ich weiß nicht im einzelnen, woher die Unsicherheit kommt; das ist auch nicht so wichtig. Aber ich glaub' schon, daß so dieses abrupt abgebrochene Verhältnis zu Ihrem Vater eine Rolle spielt. Das heißt so mitten in der Pubertät, wo man ja seine Identität als Mann entwickelt und seine Vorstellungen davon, wie man zu sein hat.

Mann: Ja Gott, es war so, daß ich meinen Vater praktisch nur 5 Jahre kannte, weil er in Kriegsgefangenschaft war bis ich 8 war. Als er starb, war ich so um 13.

m Th: Wie Sie sagten, war er ja auch eine ganz wichtige Person für Sie. In jedem Fall mußten Sie entscheidende Jahre Ihres Lebens ohne männliche Bezugsperson leben. Ja, ich glaube, diese Unsicherheit ist die Ursache dafür, daß Sie es schwerer hatten als andere Männer so am Anfang Ihres sexuellen Lebens, das zu lernen, was jeder Mann lernen muß und jedem Mann zunächst auch schwer fällt, nämlich seine Ejakulation zu kontrollieren. Die Reizung zu dosieren und dadurch sowohl die eigene Lust aber auch die Lust seiner Partnerin zu steigern. Und wenn so ein Problem erst mal da ist, dann wird das sehr schnell so ein Teufelskreis. Dann kommt diese Angst dazu, daß es wieder nicht klappt und daß es vielleicht wieder zu früh losgeht. Die Angst vor dem Versagen kommt dann noch hinzu. Das ist etwas, was tatsächlich dann das Versagen bedingt, nämlich die zusätzliche Verspannung und Verkrampfung, die dadurch auftritt. Es kommt natürlich noch hinzu, daß auch die Enttäuschung der Partnerin und ihre sexuellen Schwierigkeiten, dieses Versagenserlebnis noch bestärken. Sie erzählten, daß sie nicht nur das Gefühl hatten, es klappt bei mir nicht richtig, sondern auch zugleich das Gefühl, wenn meine Frau jetzt keine Lust hat mit mir zu schlafen, dann liegt es eben daran, weil ich nicht richtig funktioniere.
Ja, dann bedrücken Sie in letzter Zeit die Erektionsprobleme. Auch das läßt sich zunächst erklären durch dieses ständige Enttäuschtwerden.
(Zur Frau:) Ich glaube, was da eine wichtige Rolle spielt, ist Ihre abnehmende Lust, die sicher auch wieder zum Teil auf die vorzeitige Ejakulation zurückzuführen ist, die

natürlich aber wieder zurückwirkt auf den Mann. Und es ist klar, wenn man selber keine Lust hat zur Sexualität, dann macht man das ganze auch lustlos. Und Sie haben das ja auch so geschildert und es ist ja auch kein Geheimnis, daß Sie das dann also dem Mann zuliebe tun und Sie selber sagten glaub' ich mal, Herr ..., äh Sie hätten das Gefühl, also okay, heut' kannst du, mach' bitte schnell damit. Das kann man auch verstehen, wenn man keine Lust dazu hat, ist es ja eine naheliegende Geschichte. Ein Partner der keine Lust hat, von dem geht ja kein Echo aus. Und damit ein ganz wichtiger Teil des sexuellen Reizes.

(Zur Frau:) Und so wird Ihre Lustlosigkeit sicher mit dem vorzeitigen Samenerguß etwas zu tun haben; sie wirkt dann aber zurück auf Ihren Mann und es ergab sich dieses Erektionsproblem, das in den letzten Jahren ja deutlich stärker wurde. Sie sehen daran schon, wie eng sexuelle Wirkung und Gegenwirkung verbunden sind, denn das ist ja eine Wechselwirkung. Ist das so einleuchtend?

Frau: Nee, im Grunde war mir das auch klar.

m Th: (Zum Mann:) Jetzt haben wir erst mal mehr über Sie gesprochen und mehr Ihr Problem beleuchtet; (zur Frau:) aber wir haben dabei ja nebenbei auch schon Ihr Problem behandelt. Sie sagten auch, daß Sie nie beim Verkehr einen Orgasmus bisher bekommen haben. Aber ich glaub', das ist nicht Ihr eigentliches Problem, denn beim Petting und auch bei der Selbstbefriedigung ist das ja keine Schwierigkeit, einen Orgasmus zu kriegen.

Frau: Hm.

m Th: Ich glaub', das Problem, das Sie haben, liegt in der Tatsache, daß Sie keine Lust haben. Und das wiederum könnte damit zu tun haben, daß es Ihnen einfach ein bißchen schwer fällt, Nähe oder Intimität oder Zärtlichkeit oder Zuwendung oder Zuneigung anzunehmen oder zu ertragen.

Frau: Ja, einmal das und zum anderen aber auch schwer fällt, mich so ganz hinzugeben, wollen wir mal sagen.

m Th: Sich gehenzulassen.

Frau: ... Überhaupt, das tu' ich auch sonst eigentlich im allgemeinen eben nicht. Ich laß' mich eigentlich nie gehen. Bewahre immer Haltung. Und das ist etwas, was sich da natürlich ganz auswirkt.

m Th: Ja. Das ist richtig.

Frau: Ich glaube, daß das eigentlich mein größeres Problem ist. Denn wenn man das kann und dadurch so ein Stück Genießen lernt, dann wird sich das andere wahrscheinlich von selber einspielen.

m Th: Ja. Das ist richtig, das ist ein ganz wichtiger Aspekt. Nur, ich glaube auch hier wieder sieht man die Wechselwirkung. Dieses Problem hatten Sie ja sicher auch schon, als Sie die Ehe eingingen. Aber der vorzeitige Samenerguß ihres Mannes machte es Ihnen leichter ...

Frau: Den Rückzug anzutreten.

m Th: ... den Rückzug anzutreten, der Ihnen ohnehin naheliegt bei diesen Schwierigkeiten sich gehenzulassen, die Kontrolle zu verlieren, sich, wie Sie sagten, hinzugeben.

Frau: Und schwierig wird das immer bei langfristigen Beziehungen. So bei kürzeren Beziehungen ist noch so dieses Gefühl, wissen Sie, des Entdeckens. Das war auch für mich interessant und machte auch noch irgendwo Spaß. Aber wenn das sich dann so einschleift, ... man weiß schon wie der andere reagiert, was er mag und was er nicht mag. Und dann läßt das so allmählich nach.

m Th: Wir sollten man überlegen, woher das bei Ihnen kommen könnte. Ich könnte mit vorstellen, daß Ihre unstetigen Beziehungen zu Bezugspersonen in der Kindheit da etwas mit zu tun haben. Sie haben nie eine permanente Zuwendung von einer Person bekommen. In den ersten 3 Lebensjahren oder auch später wurden Sie ziemlich viel herumgereicht. Die Mutter starb früh, der Vater etwas später. Und Sie haben eigentlich nie die Erfahrung gemacht, sich auf irgend eine Beziehung verlassen zu können. Und wenn man dieses Gefühl hat, so ganz früh, mit der Flasche sozusagen schon vermittelt bekommt, dann liegt es vielleicht nahe, je tiefer oder inniger die Beziehungen zu werden drohen, desto mehr sich zurückzuziehen. Weil man ja irgendwo die Erfahrung gemacht hat, so richtig darauf verlassen kann ich mich doch nicht. Das dicke Ende ist

bisher immer gekommen, warum soll es nicht wieder kommen. Wichtiger ist, glaub'
ich, zu sehen, daß diese Lustlosigkeit sicher nicht allein auf dieses Erektionsproblem
oder auf den vorzeitigen Samenerguß Ihres Mannes zurückzuführen ist.

Ja, und so mit dieser Problematik sind Sie hierhergekommen. (zum Mann:) Sie leiden
darunter, Sie sagen, ich möchte gern mehr Sexualität machen; ich möchte vor allen
Dingen Sexualität machen, die auch klappt, die befriedigender ist.

(Zur Frau:) Sie sagen eigentlich, ich hab' mich gut arrangiert, Sexualität brauch ich
eigentlich nicht. Im Gegenteil, diese Art unseres Zusammenlebens kommt mir eigentlich entgegen, die entspricht so durchaus meinem Wunsch nach ein bißchen Distanz,
nach Sich-nicht-gehenlassen-müssen, nach Abgrenzung gegen zuviel Intimität. Und
das heißt, Ihre Beweggründe oder Ihre Motivation, was zu ändern . . .

Frau: . . . ist ziemlich mager.

m Th: . . . ist mager. Motivation ist durchaus vorhanden, aber nur im Hinblick auf Ihren
Mann. Er soll es besser haben. Sie sagen nicht, *ich* möchte es besser haben; sondern Sie
sagen, das geht eigentlich so nicht, und aus ganz verstandesmäßigen Gründen müssen
wir das ändern. Aber Sie könnten eigentlich auch so weiterleben. Und das macht mich
skeptisch gegenüber dem, was wir hier machen. Wobei ich mir des Dilemmas durchaus bewußt bin. Wir können nicht einfach sagen, nun hab' mal den Wunsch, Dich zu
verändern, weil wenn das nicht da ist, ist das nicht da. Ich finde auch verständlich, daß
es nicht da ist, denn Ihnen fehlt ja nichts. Das Problem ist nun aber, daß sexuelle
Schwierigkeiten nur behoben werden können, wenn beide das wirklich wollen. Sexualität ist ja nicht nur so etwas, wo der eine . . .

Mann: Eine Wechselwirkung.

m Th: . . . wo der eine nur mitmacht, sozusagen als Helfer des anderen oder als, ja, als At-
trappe für den anderen. Und ich weiß nicht so recht, wie wir mit diesem Problem hier
umgehen sollen.

Frau: Ja, ich hab überhaupt wenig Vorstellung davon, wie Sie überhaupt generell damit umgehen. Ich bin auch skeptisch, ob man Lusthaben lernen kann.

m Th: Aber ich glaube das Problem liegt noch woanders, nämlich daß Sie eigentlich die
Lust, Lust zu bekommen nicht haben. Verstehen Sie?

Frau: Naja, das ist im Grunde ja ganz natürlich, wenn man nie irgendwas an Schönem erlebt
hat, woher soll man denn wissen, was schön ist, nicht?

m Th: Ich versteh' das sehr gut. Ich glaube auch, das ist nicht sowas, was man jetzt anzünden
kann wie eine Gasflamme. Und dabei werden Ihr Mann und auch ich Ihnen nicht helfen können. Das ist etwas, was in Ihrer Verantwortung auch liegt, wobei ich allerdings
gern nochmal das Problem auf eine andere Ebene bringen will. Also *ich* fühle mich
eigentlich unwohl.

Frau: Ja. Moment mal, da möcht ich nochmal darauf eingehen.

m Th: Ja.

Frau: Sie sagen, das ist einfach ein Problem, wobei Sie und mein Mann mir nicht helfen
können, wo ich also auf mich alleine angewiesen bin.

m Th: Ja.

Frau: Ich glaube, daß es mir nicht immer an gutem Willen gemangelt hat. Von daher frag'
ich mich, wie ich das alleine angehen soll. Wenn ich das alleine könnte, dann hätte ich
das ja theoretisch schon machen können, nicht?

m Th: Ich glaub', Sie verstehen mich jetzt falsch. Ich meine jetzt gar nicht die Bereitschaft,
mit Ihrem Mann zu schlafen. Ich meine die Bereitschaft, die davor liegt. Die Bereitschaft, ob Sie was ändern wollen. Alles andere was dann passiert, sexuelle Lust oder
sexuelles Verlangen, das ist dann eine Sache, die man rausfinden muß. Aber wissen
Sie, ich hab' eigentlich so ein schlechtes Gefühl für mich dabei, warum soll ich Ihnen
eigentlich Sachen andrehen, die Sie eigentlich gar nicht möchten. Sie selbst sind doch
ganz zufrieden so.

Frau: Ich für mich persönlich. Wenn ich allein leben würde, würde ich sagen, warum soll ich
da was ändern. Es drängt mich gar nichts danach, irgendwas zu ändern. Da ich aber in
meinem Mann jemanden habe, mit dem es sich ansonsten gut zusammenleben läßt,
und ich im Grunde genommen auch weiterhin mit ihm zusammenleben möchte, das
aber mit diesen Schwierigkeiten auf die Dauer nicht gehen wird, meine ich, es muß

        doch irgendeine Möglichkeit geben, daß wir beide da auf einen Nenner kommen. Wenn Sie so wollen, profitiere ich dabei ja auch ein Stück.

m Th: Welches?

Frau: Welches? Wenn wir also jetzt hier feststellen, das geht nicht, müssen wir uns überlegen, was machen wir. Und dabei herauskommen wird zweifelsohne, daß wir sagen, also war alles ja ganz schön, aber *der* Punkt haut nicht hin, wir werden uns also irgendwo trennen, und wir werden jeder den Versuch mit einem anderen Partner machen, das heißt, ich wahrscheinlich nicht, denn das wird genauso ausgehen. Mein Mann wird es vielleicht mit einer anderen nochmal versuchen. Das wäre doch die Konsequenz, die ich aber im Moment nicht will, weil ich irgendwo immer noch glaube, daß wir das doch noch mal in den Griff kriegen. Für mich persönlich entbehre ich nichts, aber ich habe doch ganz erhebliche Schuldgefühle, weil ich mich immer unter dem Druck und unter der Forderung bin, eigentlich müßtest du ja fühlen. Das ist nicht meine eigene Motivation, aber die drückt auch ganz schön.

m Th: Ja, das glaub' ich. Aber es bleibt trotzdem dann die Frage, warum sollen Sie etwas tun, was Sie nur aus Schuldgefühlen tun.

Frau: Weil mir an der Beziehung zu meinem Mann liegt. Im Augenblick zwar nicht an der sexuellen, aber an der menschlichen.

m Th: Kann man die menschliche Beziehung nicht aufrechterhalten ohne Sexualität? Muß da die Sexualität immer unbedingt eine Rolle spielen?

Frau: Ja, ich könnte das, wahrscheinlich, aber mein Mann könnte das nicht. Auf gar keinen Fall.

m Th: Sie protestieren, Herr . . .

Mann: Ja, ach Gott, was heißt protestieren. Man ist da zwar altmodisch, aber irgendwo gehört das dazu. Das ist ein Mensch den ich gern hab', den ich auch begehre oder so. Mit dem ich mich verbunden fühle. Das ist also für mich irgendwo eine große Lücke.

m Th: Hm. Na, aber wie sehen Sie das Problem, daß Ihre Frau nur Ihnen zuliebe was ändern möchte?

Mann: Ja, wissen Sie, das ist ja mein Problem eigentlich schon lange, oder unser Problem. Das hat meine Frau mir auch oft genug sehr deutlich gesagt, daß sie es eigentlich nur mir zuliebe macht. Und sie fühlt sich ja auch hier ursprünglich hergeschleift. Und ich hab' eben einfach auch ein bißchen dummes Gefühl dabei, so den Anspruch zu erheben, sie so zu irgendeinem von mir vermeintlichen Glück zu zwingen.

m Th: Vielleicht stehen Sie einfach vor der quälenden oder schmerzenden Einsicht, daß Sexualität zwischen Ihnen nicht realisierbar ist. Oder, sagen wir, so eine sexuelle Beziehung, die für beide wichtig, befriedigend ist.

Frau: Also bis jetzt nehme ich das noch nicht so hin, daß das nicht zu realisieren ist. Nur bisher bin ich davon noch nicht überzeugt. Und bevor ich das nicht bin, meine ich doch, wir sollten noch in irgendeiner Form versuchen, da einen Weg zu finden.

Mann: Wissen Sie, ich hab' also wirklich das Gefühl, daß da irgendwo ein gordischer Knoten sitzt, der meine Schwierigkeiten letztlich verursacht.

m Th: Hm. Wobei ich glaube, das ist wieder zu einseitig gesehen. Wenn es so ein Pille gäbe, die man ihnen geben könnte, und Sie könnten ab sofort den Samenerguß kontrollieren solange wie Sie wollen, und Sie könnten Erektionen kriegen, solange wie Sie wollen, das würde an Ihrer sexuellen Situation miteinander überhaupt nichts ändern.

Frau: (Zum Mann:) Guck mal, wenn das so einfach wäre, müßtest Du doch eigentlich längst im Lauf der letzten Jahre auf die Idee gekommen sein, Dir irgendeine Freundin zu suchen.

Mann: Ja, auf die Idee schon.

Frau: Naja, ich weiß, daß Du das auch mal probiert hast, aber daß das nicht hingehauen hat; ich konnte mir so eine gewisse Schadenfreude nicht verkneifen.

m Th: Hm.

Frau: Ich hoffe, daß Du mir das nachsiehst. Äh, aber im Grunde genommen hättest Du das ja mit viel mehr Intensität betreiben müssen. Hast Du aber nicht. Das kann natürlich daran liegen, daß Du Dir nie sicher warst, wie das klappt und ob Du da genau die gleichen Mißerfolgserlebnisse einstecken mußt. Wenn Du hier und da mal so ein bißchen am Rande Dich vergnügen würdest, glaube ich bestimmt, daß das Dein Verhältnis zu mir ändern würde.

Mann: Ja, da bin mir also nicht sicher.

m Th: Ich versteh das jetzt nicht richtig, möchte das nochmal in eine Frage kleiden. Würden Sie, sagen wir mal, einen Vertrag schließen, daß Sie weiter zusammen leben, aber die Sexualität draußen vor bleibt, und Ihr Mann kann sich eine Freundin nehmen, mit der . er eine sexuelle Beziehung hat?

Frau: Wissen Sie, in der Theorie ist das ganz schön. Nur das hat ja Konsequenzen. Und das kann man praktisch nicht durchführen.

m Th: Sie meinen also, das ist kein praktikabler Lösungsweg?

Frau: Nein, das sind Scheuklappen oder wie soll ich das nennen. In die eigene Tasche lügen oder wie auch immer.

m Th: Ja, ich hatte Sie eben so verstanden, daß Sie das vorschlugen mit der Freundin. Vielleicht ist Ihr sexuelles Problem ein Teil, sicher nicht alles, ein Teil des Zusammenhaltens Ihrer Ehe. So grotesk das klingt, ist das sexuelle Problem das, was Sie miteinander haben.

Frau: Ja, weil das genau in die Kerbe des anderen haut, nicht?

m Th: Genau.

Mann: Ich hätte Angst vor der Aufnahme von Beziehungen zu Frauen.

m Th: Ja, und Ihre Frau ist jemand, die Ihr sexuelles Problem akzeptiert. Sie will trotzdem mit Ihnen zusammenleben. Sie brauchen ihr nicht zu erklären, daß es Probleme gibt, Sie brauchen sich nicht vor ihr zu schämen wegen dieses Problems.
(Zur Frau:) Und andererseits, bei Ihnen ist es ähnlich.

Frau: Weil mir das sehr entgegenkommt. Denn wenn Du jetzt wirklich so ein Potenzprotz wärst, dann bin ich aufgeschmissen.

Mann: Denn du hast ja immer erklärt, daß Du Deinen Rückzug angetreten hast, als du das als Forderung von meiner Seite erlebt hast.

Frau: Da sprichst Du meines Erachtens einen Punkt an, der für mich wichtig ist, oder in meinem Verhalten wichtig ist. Solange ich selber diejenige bin, die die Aktionen startet, klappt das alles noch besser. Sobald ich aber der unterlegene Teil bin, sagen wir mal, der sich erobern lassen soll oder müßte, ist das schon ganz schlecht. Ich kann mich insgesamt schlecht unterordnen. Und ich bin sehr ungern abhängig von irgendetwas und von irgendwem. Ich begebe mich eigentlich auch sonst nicht so in Abhängigkeit. Dazu gehören natürlich auch intensive zwischenmenschliche Beziehungen, die ja auch eine gewisse Abhängigkeit bewirken, und da kommen wir wieder auf den Punkt des so ein bißchen Reserviertseins und ein bißchen Zurückhaltens, nicht?

m Th: Wollen selbständig sein, unabhängig, lieber selber erobern als . . .

Frau: Ja, und wissen Sie, unsere Beziehung zueinander, das fällt mir jetzt so auf dabei, war solange zumindest relativ in Ordnung, würde ich sagen, solange bei mir noch dieses Gefühl war.

Mann: Na, es kommt eben dann von meiner Seite hinzu, als dann die ersten Anzeichen eines Rückzugs kamen, war das sehr enttäuschend, denn ich habe das eigentlich nicht so ganz begreifen können, daß meine Frau sich immer mehr zurückzieht, so daß das dann im Laufe der Zeit immer mehr eine Forderung meiner Seite wurde. Ich begriff dann aber auch irgendwie die Welt nicht mehr.

Frau: Na ja, nun ist das Ganze ja so eine Entwicklung, die man bewußt in dem Augenblick nicht mitvollzieht. Das schleift sich allmählich ein und plötzlich ist der Zustand da.

m Th: Ja, aber wenn man jetzt diesen Prozeß rückgängig macht. (Zur Frau:) Ich weiß nicht, ob das nicht auch ein bißchen was Bedrohliches hat für Sie. Oder, daß Sie das zumindest unterschiedlich sehen. Ihr Mann sieht es so, dann bin ich diesen ganzen Quatsch mal los und dann bin ich selbstbewußter und ich kann endlich mal Sexualität haben, während Sie es doch eigentlich so erleben müßten, dann werde ich stärker bedrängt, dann muß ich vielleicht nochmal wieder Dinge machen, die ich gar nicht möchte, dann ist er mir pausenlos zu nahe, dann werd ich vielleicht abhängiger. Vielleicht hat Ihre geringe Motivation eine ganze Menge damit zu tun, daß Sie sexuelle Beziehungen erst mal eben auch tatsächlich als bedrohlich erleben.

Frau: Als bedrohlich insofern, weil für mich soviel Unsicherheit darin liegt. Rational ist mir das zwar klar, daß das ein Geschäft auf Gegenseitigkeit ist und daß ich dabei auch profitieren könnte. Hauptsache, unterm Strich bleibt für mich was. Ich sag das mal so,

	ich seh auch nicht ein, warum ich das eben beschönigen soll, das klingt sicher egoistisch . . .
m Th:	Nee, das klingt sehr gut, ich finde, nur so kommen wir weiter.
Frau:	So ein Stück Offenheit muß da schon mal sein, nicht?
m Th:	Und die Sexualität ist ja auch bedrohlich. Wenn wir uns das mal einen Augenblick vorstellen, daß Sie eine sexuelle Beziehung miteinander haben, die frei ist von Problemen, das verändert Ihre Beziehung doch völlig.
Frau:	Hm, und dann müssen die Positionen erst mal wieder neu abgesteckt werden.
m Th:	Oder sich so stark fühlen, daß Sie die Stärke Ihres Mannes ertragen können. Mit Stärke mein ich jetzt Symptomfreiheit im sexuellen Gebiet: das ist ja auch eine stärkere Position. Er ist jetzt doch immer so der, bei dem es nicht richtig klappt, der das Problem hauptsächlich bei sich sah, der sagt, ich bin eigentlich kein richtig funktionierender Mann. Ich hab immer diesen vorzeitigen Samenerguß, das haut ja alles nicht hin, das Glied wird schlaff, wenn ich eigentlich schlafen möchte mit meiner Frau. Motivation zu haben, das Problem zu bereinigen, bedeutet für Sie eben *auch*, unter anderem: bin ich selber so stark, daß ich einen so gestärkten Partner neben mir haben kann, ohne Angst zu kriegen.
Frau:	Ja, so stark bin ich nicht. Ich bin nämlich im Grunde gar nicht so, wie ich mich gern sehen möchte.
Mann:	Ja, und deswegen darf ich auch nicht stark sein.
m Th:	. . . daß Sie einfach sagen, ich kann jetzt ein Stück Stärke bei ihm und ein Stück Schwäche bei mir zulassen.
Frau:	Ich meine, das wird schon stimmen. Denn ich weiß sehr wohl, daß das ein Punkt ist, der liegt nicht nur im sexuellen Bereich, der behindert mich auch in anderen Bereichen. Ja, so als Beispiel, was mir gerade so einfällt: Es fällt mir sehr schwer, Kritik zu ertragen. Und mich kritisieren können ungestraft eigentlich nur wenige Leute.
Mann:	Ich darf's nicht.
Frau:	Doch, Du darfst es. Von guten Bekannten, Menschen von denen ich weiß, daß sie mir persönlich sehr zugetan sind, kann ich es weitaus besser ertragen, andere kritisieren mich natürlich auch und ich überleb' das auch. Aber es fällt mir weitaus schwerer.
m Th:	Hm.
Frau:	Wenn Du mich in irgendeiner Form kritisierst . . .
Mann:	Muß ich auch sehr vorsichtig sein, wenn ich das mache.
m Th:	Ich glaub' auch, daß Sie in mancher Hinsicht einen heillosen Respekt haben vor Ihrer Frau.
Mann:	Unbedingt.
m Th:	Und manchmal eher davor zurückschrecken, sich den Mund oder die Zunge zu verbrennen.
Mann:	Ja, ich möchte sie ja auch nicht bewußt oder absichtlich verletzen.
m Th:	Hm. Ja, es geht ja nicht um verletzen.
Mann:	Ja, aber . . .
m Th:	Um die Vertretung Ihrer eigenen Ansprüche.
Mann:	Obwohl ich die Kritik meist gar nicht verletzend meinte, im Gegenteil, sie war gut gemeint, aber die Reaktion war immer anders.
Frau:	Na ja, Du hast insofern Recht. Ich hatte mir, das muß ich also wirklich sagen, angewöhnt, wenn mir also irgendwas nicht paßte, so förmlich einzurasten.
Mann:	Ohne daß ich wußte weshalb.
Frau:	Und das war auch so ein Mechanismus, der hatte sich irgendwie eingespielt und der lief so ab, ohne daß ich das ganz gezielt eingesetzt habe. Ich rastete hörbar ein und dann war Funkstille.
Mann:	Manchmal eine ganze Woche lang.
Frau:	Ich verhielt mich dann so, daß mein Mann sich offenbar ganz schlecht fühlte und dachte, siehste, nun hast du sie geärgert und du hast Schuld, daß sie jetzt so eine miese Laune hat.
Mann:	Ja, das war ein Mittelding zwischen Wut und „auch was hast du nun schon wieder angerichtet". Dann habe ich versucht, es rauszukriegen. War nicht drin. Also eine Begründung war nicht zu kriegen und dann hatte ich hinterher die Wut, verdammte Ki-

ste, man kommt einfach nicht an sie ran. So irgendwie ist das ein gläserner Käfig drum rum, und da prallt man dran ab, da war gar nichts zu machen. Und dieses Nicht-an-sich-Ranlassen, das empfinde ich eben auch im Sexuellen.

Frau: Vielleicht ist ja auch dieser Rückzug, das sind ja so Bestrafungstendenzen, du warst nicht artig...

m Th: ... sprech ich nicht mit dir.

Mann: Ich habe persönlich für mich im Hinblick auf unsere Ehe nach all dem auf und ab das Gefühl, so, jetzt ist der Zeitpunkt gekommen, wo dieses sehr heikle Gebiet Sexualität auch in Angriff genommen werden kann.

m Th: Hm.

Mann: Wissen Sie, das ist einfach so ein subjektives Gefühl.

m Th: Hm. Ja, also ich bin nach wie vor skeptisch. Aber ich kann, wenn Sie das wollen, versuchen, Sie so auf die Fährte zu setzen, in der Neuarrangierung ihrer Sexualität. Ob Sie, wie Sie damit klarkommen, oder ob das...

Frau: Naja, daß wir da keinen Garantiepaß mitkriegen, das war uns ja klar.

m Th: Das liegt also weitgehend bei Ihnen, was Sie damit machen. Therapie kann ja nicht mehr sein als eine Hilfe, die man dann selber ausnutzt. Ich möchte aber bitten, zunächst mal folgende Frage miteinander besprechen, weil ich da gerne noch mal anknüpfen möchte; daß Sie sich beide mal vorstellen, wie sich Ihre Beziehung, Ihre gesamte Beziehung verändert oder verändern könnte, wenn die sexuellen Symptome weg sind.

Frau: Behoben sind?

m Th: Behoben sind. Wenn also Sie den Samenerguß kontrollieren können, die Erektion kommt, wenn Sie sie brauchen, und wenn Sie Lust haben, mit Ihrem Mann zu schlafen. Was daraus so resultieren würde, wenn Sie 2mal in der Woche miteinander schlafen und beide das befriedigend und schön finden, und Ihnen das beiden wichtig wird, mit dem anderen zu schlafen. Daß Sie sich das mal überlegen und auch miteinander besprechen. Und daß wir darüber beim nächsten Mal noch mal reden. Verstehen Sie, was ich meine?

Frau: Klar.

Mann: Ja [5].

5 Streicheln I

a) Ziele

Dieser Abschnitt soll den Partnern die Möglichkeit geben, die einseitige Ausrichtung auf sexuelle Erregung und sexuelles „Funktionieren" sowie Koitus und Orgasmus aufzugeben.

Im Vordergrund stehen Erfahrungen mit Körperkontakt und nichtgenitaler Zärtlichkeit, die den Partnern die Wahrnehmung und das Zulassen der eigenen Gefühle und Körperreaktionen, seien sie nun angenehm oder unangenehm, allmählich ermöglichen sollen. Konzentration auf sich selbst soll den Partnern die eigenen Bedürfnisse und Wünsche klarer machen. Sie können langsam lernen, diese zu akzeptieren, miteinander darüber zu reden und sich mit unterschiedlichen Wünschen und Erfahrungen auseinanderzusetzen. Als Maßstab gilt die persönliche Erfahrung der Partner, wobei es kein „richtig" oder „falsch" gibt. Jeder der beiden Partner soll allmählich erkennen, daß er für die Befriedigung

[5] Da dem Therapeuten die Therapiemotivation noch nicht hinlänglich geklärt schien, vereinbart er eine Fortsetzung der Besprechung der Explorationsergebnisse. Eine solche zweite Sitzung zur Besprechung der Explorationsergebnisse wird in Ausnahmefällen erforderlich. Im Regelfall wird am Ende der Besprechung die Verhaltensanleitung für das Streicheln I gegeben.

seiner Bedürfnisse selbst verantwortlich ist, und lernen, dem anderen Gleiches zuzutrauen, um so ein vertrauensvolles und entspanntes Umgehen miteinander aufzubauen.

b) Vorgehen

Im Anschluß an die Besprechung der Explorationsergebnisse geben die Therapeuten die Verhaltensanleitungen zum Streicheln I. Diese Anleitungen sollen folgende Punkte umfassen:

Koitusverbot. Die Patienten werden gebeten, bis auf weiteres weder Koitus zu versuchen noch durchzuführen; das gleiche gilt zunächst auch für intensives, auf sexuelle Stimulation zielendes Petting. Für diese Einschränkung gibt es 2 Gründe, die den Patienten erläutert werden:

1) Koitus und genitales Petting waren lange verbunden mit Enttäuschungen und der Angst zu versagen; der Verzicht auf Koitus und Petting macht es möglich, Zärtlichkeiten wieder angstfrei, entspannt und unbefangen zu erleben.
2) Die bisherige einseitige Ausrichtung auf genitale Reizung und Koitus führte dazu, daß die Empfindsamkeit des ganzen Körpers vernachlässigt wurde; durch den Verzicht auf den Koitus können die Partner nichtgenitale Zärtlichkeiten wieder genießen lernen.

Die Therapeuten bemühen sich, den Partnern diese Zusammenhänge einsichtig zu machen. Wenn einer oder beide Partner gegen das Koitusverbot Bedenken anmelden, weisen die Therapeuten darauf hin, daß es zunächst wichtig ist, sich den Erfahrungen auszusetzen, bevor man evtl. auftretende Schwierigkeiten sinnvoll besprechen kann. (Dauer des Koitusverbotes vgl. Übersicht auf S. 166).

Übungen. Anschließend beschreiben die Therapeuten, in welcher Form das Paar neue Erfahrungen sammeln soll: Die Partner nehmen sich bis zur nächsten Therapiesitzung 2mal 30−60 min Zeit füreinander. Dabei ist wichtig, daß sie weder unmittelbar vorher noch nachher durch Termine, etwa den Beginn des Fernsehkrimis, unter Druck geraten, sondern wirklich Ruhe haben. Sie ziehen sich ganz aus und streicheln sich im Liegen. Das Zimmer soll warm und nicht dunkel sein, so daß die Partner ohne Decke liegen und sich sehen können.

Beim Streicheln übernehmen die Partner abwechselnd für jeweils etwa 5 min die „aktive" (streichelnde) bzw. die „passive" (aufnehmende) Rolle. Der passive Partner legt sich zunächst auf den Bauch. Der aktive Partner hockt oder legt sich seitlich neben ihn. Er streichelt seinen Partner am Kopf, am Hals, an den Schultern, Armen, Händen, am Rücken, am Po, an den Beinen und Füßen, d. h. am ganzen Körper. Es können unterschiedliche Arten des Streichelns ausprobiert werden, z. B. mit den Fingerspitzen, mit der ganzen Hand, mit dem Mund, mit der Wange, mit dem Unterarm, mit den Haaren; sanft oder kräftiger; massierend und knetend.

Der passive Partner versucht, alle Empfindungen und Gefühle beim Gestreicheltwerden zuzulassen und zu erfahren. Es geht also nicht um passives „Hinnehmen", sondern um aktives Aufnehmen aller Empfindungen, ob angenehm oder unangenehm. Es geht zunächst darum, daß die Partner lernen, sich beim Streicheln zu entspannen und wohlzufühlen. In diesem Stadium sollen Erregung, Erektion und Orgasmus überhaupt keine Bedeutung haben. Begründet wird dies damit, daß Selbstbeobachtung und Leistungsorientiertheit nur überwunden werden können, wenn die sexuelle Funktion den Partnern beim Streicheln unwichtig wird. Als Hilfe dafür sollen deshalb auch Brüste und Genitalien erst einmal ausgelassen werden.

Die Partner nehmen die aktive und passive Rolle je 3mal abwechselnd ein. Beim zweiten Mal legt sich der passive Partner auf den Rücken und läßt sich von vorne streicheln, wieder am ganzen Körper, aber mit *Ausnahme der Genitalien und der Brüste der Frau*. Falls die Brustwarzen des Mannes sehr sensibel sind, sollen sie ebenfalls vom Streicheln ausgenommen werden. Beim dritten Mal liegt der passive Partner wieder auf dem Bauch. Die Therapeuten schlagen vor, wer zunächst aktiv ist (meist Partner mit der „Störung"); sie können diesen Vorschlag mit dem Paar besprechen.

Die Partner sollen sich verbal und nonverbal mitteilen, was ihnen unangenehm ist, was sie stört, was sie anders haben möchten und was sie gerne mögen. Dabei kann der passive Partner die Hand des aktiven zu den Körperteilen führen, an denen er gerade gestreichelt werden möchte, oder von denen weg, die im Moment unangenehme Empfindungen auslösen. Er kann dabei auch gleich den gewünschten Druck und den Rhythmus des Streichelns zeigen. Die Partner sollen aber auch ermutigt werden, über ihre Gefühle und Empfindungen zu sprechen.

Grundregeln für die Partnerinteraktion. Die Therapeuten erläutern die beiden Grundregeln der Therapie:

1) Die Partner sollen auf dieser Stufe der Therapie (wie auch auf allen anderen) nur das tun und es nur so lange tun, wie es ihnen beiden Spaß macht oder zumindest nicht unangenehm wird. Falls das Streicheln unangenehm wird, sollen sie dies dem Partner sagen, sich anders streicheln lassen, die Rollen vorzeitig wechseln oder aber, wenn es unangenehm bleibt, abbrechen und das Streicheln verschieben.
    Diese Regel hat 2 Gründe: Das Durchhalten unangenehmer Erfahrungen hilft nicht weiter, sondern vertieft nur die alten Erfahrungen und Enttäuschungen. Zweitens können die Partner dadurch lernen, sich über unterschiedliche sexuelle Wünsche auseinanderzusetzen, indem sie lernen, Mißfallen zu äußern, ohne Angst, den Partner zu verletzen, und die aus solcher „Verweigerung" resultierende Enttäuschung zu tolerieren.
2) Die Partner sollen beim Streicheln zunächst auf die eigenen Gefühle achten und sich nicht für Reaktionen des anderen verantwortlich fühlen, sondern bewußt selbstbezogen und „egoistisch" sein. Solange der Partner nichts anderes äußert (s. Grundregel 1), sollen sie davon ausgehen, daß er das Streicheln angenehm findet. Diese Selbstbezogenheit steigert die Wahrnehmung der eigenen Empfindungen und entlastet den Partner von unnötiger Rücksichtnahme und Verantwortlichkeit.

Allgemeine Gültigkeit der sexuellen Einschränkungen. Die Partner sollen außerhalb der Übungen nichts tun, was sie nicht auch innerhalb der Übungen tun dürfen (z. B. sich auch sonst nicht genital berühren). Diese weitere Einschränkung wird damit begründet, daß die Partner sich nicht auf die Übungen einlassen können, wenn sie hinterher noch diejenigen Zärtlichkeiten austauschen, die für sie im Augenblick noch reizvoller oder angstbesetzt sind. Die Einschränkungen betreffen übrigens nicht Mund- oder Zungenküsse.

Hinweis auf die Besprechung der Erfahrungen in der nächsten Sitzung. Die Therapeuten kündigen an, daß die Erfahrungen mit dem Streicheln zu Hause in der nächsten Sitzung zu viert besprochen werden sollen. Die Therapeuten erwarten keine „Erfolgsmeldungen": alle Erfahrungen, ob angenehm oder unangenehm, sind gleich wichtig; die Partner sollen einfach abwarten, was geschicht. An „unangenehmen" Erfahrungen kann man seine Probleme und auch ihre Ursachen oft besonders gut erkennen und bearbeiten. Sie sind deshalb ein wichtiger Bestandteil der gesamten Therapie.

c) Transkript

Paar 34: Der Mann leidet unter sekundären Erektionsschwierigkeiten. Wir haben das Paar weiter oben (S. 94) beschrieben. Eine massierte Therapie wurde durchgeführt.

m Th: Wir möchten Ihnen vorschlagen, einige neue Erfahrungen miteinander zu machen. Und diese Erfahrungen sollen zunächst nur auf dem Gebiet der Zärtlichkeit liegen. Das heißt, wir möchten zunächst mal erreichen, daß Sie wieder im Sexuellen zärtlicher und unbefangen miteinander umgehen. Und dazu möchten wir, daß es um Verkehr, um Orgasmus oder um ein steifes Glied oder Samenerguß im Augenblick gar nicht geht. Deshalb ist es notwendig, daß Sie bis auf weiteres keinen Verkehr machen oder versuchen.
Statt dessen möchten wir Ihnen etwas vorschlagen, was vielleicht einfacher ist zunächst. Und zwar folgendes: Wir möchten Sie bitten, daß Sie sich bis zum nächsten Mal etwa zweimal eine halbe bis eine Stunde Zeit nehmen, so ganz in Ruhe, also wenn die Kleine im Bett oder am Morgen schon im Kindergarten ist, und daß Sie sich dann ausziehen und ins Bett legen oder auf die Couch oder auf die Teppich, wo immer es angenehm ist und wo es einigermaß warm ist, d. h. daß Sie nackt liegen können, ohne sich zuzudecken.
w Th: . . . angenehm für Sie beide. Darüber müssen Sie sich auch unterhalten, wenn einer von Ihnen es z. B. gerne sehr warm hat und der andere eher kühl, daß Sie dann wirklich versuchen, eine Stelle zu finden, wo Sie beide sich wohlfühlen.
Mann: Ja, meine Frau mag gern warm und ich nicht so gern.
m Th: Ja, dann müssen Sie vielleicht eine Durchschnittstemperatur nehmen. Dann legen Sie sich, Herr . . . einfach hin auf den Rücken und machen die Augen zu oder auf, wie Sie wollen. Strecken Sie alle Viere von sich. Und Sie streicheln Ihren Mann, Frau . . . Im Gesicht, an den Schultern, an den Armen, an der Brust, am Bauch, an den Beinen, an den Knien, an den Füßen, wo immer, nur nicht am Penis und an den Hoden, das wird sozusagen ausgespart. Und Sie Herr . . . gucken einfach mal, was passiert, versuchen sich zu entspannen, sich wohlzufühlen. Aber wenn irgendwie negative Dinge hochkommen, lassen sie ruhig hochkommen, das muß alles mal raus, was da passiert, was da kommt an Reaktionen. Und so ungefähr nach 5 Minuten tauschen Sie. (Zur Frau:) Dann legen Sie sich hin, strecken alle Viere von sich. Und Sie streicheln Ihre Frau, auch im Gesicht, an den Schultern, an den Armen und Beinen, Bauch, nur nicht an den Brüsten und nicht an den Genitalien. Nach ungefähr 5 Minuten − nicht auf die Uhr gucken, so ungefähr − tauschen Sie wieder. (Zum Mann:) Dann sind Sie wieder passiv. (Zur Frau:) Und Sie streicheln Ihren Mann, das heißt, er legt sich auf den Bauch. (Zum Mann:) Danach kommt Ihre Frau mit Auf-den-Bauch-Legen dran. Dann noch mal jeder von vorne, so daß jeder 3mal aktiv und 3mal passiv ist. Und das Ganze dauert dann eine halbe bis dreiviertel Stunde. Kann auch länger dauern, kommt nicht

so drauf an. Wie gesagt, es geht überhaut nicht um sexuelle Erregung, um steifes Glied oder Orgasmus, sondern eigentlich nur darum, ob Sie zunächst so was wie Streicheln wieder unbefangen miteinander machen können.

Mann: Ja, das ist klar.

m Th: Das wird vielleicht nicht gleich gehen, das macht überhaupt nichts; nur daß Sie es versuchen und dabei gucken, wie Ihnen zumute ist, das ist wichtig.

w Th: Wobei Sie alle möglichen Arten von Streicheln ausprobieren können. So mit den Fingerspitzen oder mit der ganzen Hand, mit den Handballen, ganz zart oder so mehr kneten oder massieren oder auch mit dem Mund streicheln. Also die verschiedensten Dinge so mal ausprobieren und daß jeder von Ihnen dann darauf achtet, was er besser findet und was er nicht so gerne mag ist auch ganz wichtig, daß Sie auf Ihre Gefühle achten, auch wenn Sie was nicht mögen, weil wir ja dann nächstes Mal darüber sprechen wollen. Und es ist auch ganz wichtig, daß Sie uns Ihre negativen Gefühle sagen, damit wir dann auch darüber sprechen können.

Mann: Ja, ist klar.

m Th: Also wir erwarten keine Erfolgsberichte. Negative Erlebnisse, die Sie dabei haben, oder was Ihnen schwerfällt, sind zumindest genauso wichtig für den weiteren Verlauf hier wie die positiven Sachen. Dann gibt es noch eine Grundregel, die Sie wissen müssen, das gilt auch für alles weitere, was wir in den anderen Stunden machen: Wenn es für irgendeinen sehr unangenehm wird, dann her nicht nur das Recht . . .

w Th: . . . sondern sogar die Pflicht . . .

m Th: . . . abzubrechen. Also wenn Sie sich z. B. so unwohl fühlen oder es schrecklich wird . . .

Mann: . . . so richtig ekelhaft . . .

m Th: Ja, z. B., oder Sie am liebsten aus dem Bett springen möchten, dann sollen Sie das dem anderen sagen: „Komm, paß' auf, laß' uns das jetzt mal abbrechen, und versuchen wir das morgen wieder oder nachher nochmal." Negative Erfahrungen so durchzuhalten bis zum Letzten, das bringt Sie überhaupt nicht weiter. Und das ist zugleich auch mal eine gute Möglichkeit zu lernen, „Nein" zu sagen, und für den anderen, das „Nein" zu akzeptieren.

w Th: Oder aber auch, wenn Ihnen etwas anderes einfällt, was Sie statt dessen lieber machen möchten, daß Sie das dann auch Ihrem Partner sagen.

m Th: Das wäre übrigens gut, obwohl das vielleicht am Anfang ein bißchen schwierig ist, daß Sie, wenn Sie etwas gut finden, das auch sagen, so daß auch jeder weiß, was in dem anderen vorgeht.

w Th: (Zum Mann:) Also das fällt Ihnen sicher schwerer als Ihrer Frau. (Zur Frau:) Sie haben ja gesagt, daß Sie das schon mal probiert hätten, darüber zu sprechen, wie es Ihnen gerade geht und wie es Ihnen gerade gefällt. Und daß Sie auch immer so'n bißchen gewartet haben, daß Ihr Mann Ihnen mal sagt, was ihm so gefällt, damit Sie sicherer werden, ob das richtig ist, was Sie gerade machen. (Zum Mann:) Erwarten Sie also nicht, daß es Ihnen leicht fällt, das kann ganz schön schwierig werden, aber daß Sie es auf jeden Fall mal versuchen.

Mann: Ja, das ist eigentlich klar.

m Th: Ja, noch eins vielleicht: Wir möchten Sie bitten, außerhalb der Übungen nichts zu machen, was über die Übungen hinausgeht. So daß Sie nicht z. B. sagen, „so, jetzt haben wir die Übung gemacht, jetzt können wir ordentlich einen losmachen", Petting oder so. Das hat den einfachen Grund, Sie jetzt einmal einfach von dem Druck zu befreien, es könnte weitergehen, dann können Sie sich mal auf dieses Streicheln konzentrieren.

w Th: Ich weiß nicht, ob wir schon gesagt haben, daß es ganz wichtig ist, daß Sie sich dabei sehen können. Also das heißt, daß Sie es nicht unter der Decke machen. Und daß Sie, wenn Sie es abends machen, dann Licht anmachen. Ja, wie ist es Ihnen dabei zumute?

Mann: Ja, das muß man abwarten. Ich laß das mal auf mich zukommen.

Frau: Ich bin eigentlich ganz zuversichtlich. Ich glaube schon, daß das klappen wird auf diese Art und Weise.

Mann: Sicher erwarten wir keine Wunder . . . Aber mal abwarten.

w Th: Nee, das wär auch gefährlich, wenn Sie Wunder erwarten würden. Versuchen Sie einfach mal, was dabei raus kommt. Ja, dann sehen wir uns am . . .

d) Besprechung der Erfahrungen

Die Therapeuten besprechen mit den Partnern eingehend die Erfahrungen beim Streicheln. Sie versuchen zunächst, ein genaues Bild über den Ablauf des Streichelns und die Reaktion darauf zu bekommen. Sie geben den Partnern viel Raum, sich selbst zu artikulieren, und beginnen deshalb das Gespräch mit allgemein formulierten, nicht auf Details gerichteten Fragen (z. B. „Wie war es?", „Erzählen Sie doch mal, was Sie gemacht haben" oder ähnliches). Im Verlauf des Gespräches gehen die Therapeuten dann gezielt auf die einzelnen Aspekte der Aufgaben und die unterschiedlichen Erfahrungen dabei ein (Häufigkeit des Streichelns; Zeitpunkt; Initiative zum Beginn; unterschiedliche Reaktionen auf Aktivität/Passivität, Rückenlage/Bauchlage, verschiedene Streichelformen; Bevorzugungen und Abneigungen; Rückmeldung von Empfindungen, Mitteilungen von Wünschen; Signal für Abschluß oder Abbruch des Streichelns; Sichfühlen nach dem Streicheln usw.). Die Therapeuten helfen den Partnern, sich über ihre Reaktionen klar zu werden und sich nicht auf globale Äußerungen („Wir haben das so gemacht, wie Sie gesagt haben", „Es war ganz angenehm" usw.) zu beschränken.

Die Therapeuten versuchen durch akzeptierendes Zuhören und unterstützende Fragen eine Atmosphäre herzustellen, in der es den Partnern zunehmend leichter fällt, selbstverständlich und offen über ihre Sexualität zu reden. Dies ist ein erster wichtiger Schritt zur Entwicklung einer differenzierten und unbefangenen Verständigung über Sexualität zwischen den Partnern. Diese Gespräche können auch dazu beitragen, die Sexualität aus dem Zusammenhang von Heimlichkeit, Scham und Angst zu nehmen und in einen neuen Zusammenhang von Offenheit und Bejahung zu stellen. Eine Einstellungsänderung im Sinne einer stärkeren Akzeptierung der Sexualität kann dadurch in Gang gebracht werden.

Die Therapeuten ermöglichen beiden Partnern, in etwa gleichem Umfang über ihre Erfahrungen zu berichten. Sie achten darauf, daß jeder über seine eigenen Erfahrungen spricht und nicht stellvertretend für den Partner. Dadurch kann vermieden werden, daß ein Partner eine bestimmte Rolle übernimmt (z. B. „der dominante Sprecher", der „Mittherapeut", der „Patient"). So kann jeder den eigenen Anteil an dem Problem erkennen und akzeptieren, daß es in der Therapie um eine Veränderung beider geht.

Die Partner erleben das Streicheln oft schon bald als angenehm, und sie fühlen sich dabei wohl und entspannt. Die Therapeuten gehen verstärkend darauf ein. Sie betonen erneut die Bedeutung von Sichwohlfühlen und Entspannung für Zärtlichkeit und Sexualität. Wenn die Partner das Streicheln als besonders schön erlebten, dann sprechen die Therapeuten auch an, daß sie eine derart befriedigende Erfahrung nicht jedesmal erwarten können, daß es auch weniger befriedigende Erfahrungen geben wird. Diese Unterschiedlichkeit akzeptieren und tolerieren zu lernen, ist wichtig, um nicht ein neues Leistungsideal aufzubauen.

Die meisten Partner berichten zunächst über ambivalente oder negative Erfahrungen. Die Therapeuten problematisieren diese Schwierigkeit nicht sofort. Sie zeigen Verständnis und betonen, daß sich die Partner nach den langdauernden Enttäuschungen und Schwierigkeiten Zeit und Geduld zugestehen müssen. Sie versuchen zu erklären, daß auch Schwierigkeiten nützliche Erfahrungen sein können:

1) können sich die Partner durch die Schwierigkeiten klarer werden über ihre Probleme, Ängste und Konflikte;
2) können die Partner lernen, sich über solche Schwierigkeiten auseinanderzusetzen und sie zu lösen (z. B. unterschiedliche sexuelle Wünsche).

e) Transkript

Paar 40: Der Mann ist 36 Jahre alt, Arbeiter, in zweiter Ehe verheiratet; die Frau ist 38 Jahre alt, Verkäuferin und lebt in dritter Ehe. Sie sind seit 2 Jahren verheiratet. Der Mann beklagt, daß er beim Verkehr immer nur eine halbe Erektion habe und unmittelbar nach dem Einführen der Samenerguß komme. Dies sei immer so gewesen, und seine erste Ehe sei daran gescheitert. Die Frau hat Orgasmusprobleme, die sie aber auf den vorzeitigen Samenerguß ihres Mannes zurückführt; in früheren Beziehungen hat sie Orgasmen erlebt. Das Paar machte eine massierte Therapie.

m Th: Können Sie mal sagen, was Sie miteinander gemacht haben? Wie oft Sie was gemacht haben?

Mann: Ja, wir haben das so gemacht, wie Sie uns das gesagt haben, ich habe dann angefangen bei meiner Frau zu streicheln, die ersten 5 Minuten, nicht, und dann weiter abwechselnd, bis die halbe Stunde um war. An sich beim Streicheln selbst hat keiner gesagt, daß das unangenehm ist oder „Das störte mich". Also im großen und ganzen war das Streicheln sehr angenehm.

m Th: Ja. Das ist so'n Gesamteindruck, so daß Sie sagen, das war ganz angenehm?

Mann: Ja.

m Th: Und war das so für beide Male?

Mann: Ja.

m Th: Sie haben es gestern nachmittag und heute morgen...

Mann: Und heute morgen.

w Th: (Zur Frau:) War es für Sie auch so?

Frau: Ja. Ich hab' sehr gut geschlafen, und es sehr angenehm, entspannend. Wie gesagt, er hat angefangen bei mir 5 Minuten, dann also 5 Minuten abwechselnd, es war sehr angenehm. Und heute morgen auch ganz gut.

m Th: Das ist ein ganz erfreulicher Gesamteindruck.

Frau: Ja, obwohl ich sehr schlecht schlafe in den letzten 2 Jahren, bin ich danach bald eingeschlafen.

m Th: Wenn Sie das sagen, „Das war so angenehm", klingt es für mich fast so, als ob Sie überrascht sind, daß es so gut war.

Frau: Ja, es war richtig schön.

Mann: Ich hatte auch noch versucht mit dem Mund die Haut meiner Frau zu berühren.

w Th: Mit dem Mund zu streicheln, hm.

Mann: Und dann sagte sie, da wurde sie feucht unten, nicht.

m Th: Hm. Hat sie das gefreut, oder?

Mann: Ja.

m Th: Wobei es darauf jetzt gar nicht ankommt. Das ist so ein Effekt, der am Rande kommt, den Sie auch noch registrieren, weil Sie vielleicht irgendwo auch schon drauf warten. Aber darauf kommt es jetzt gar nicht an. Sie streicheln und vergessen, daß Sie Geschlechtsteile haben. Gucken erst mal, was Sie so am ganzen übrigen Körper erleben. Aber vielleicht gehen wir jetzt mal der Reihe nach alles durch. Ob wir im einzelnen rauskriegen, wo Sie noch was verbessern können. Als Sie Ihre Frau zuerst gestreichelt haben, was haben Sie da gemacht?

Mann: Ja, ich habe mit den Fingern so kreisende Bewegungen gemacht, von unten nach oben und wieder zurück, auf die Arme und wieder zurück und dann immer gleichmäßig

	weiter, nicht. Ab und zu ist das so, daß ich es bloß mit einer Hand gemacht habe, nicht. Aber dann doch wieder mit beiden Händen. Immer so kreisende Bewegungen, von den Außenseiten nach innen rein und denn nach oben hin.
w Th:	Ja. Wie haben Sie das Kreisen empfunden?
Frau:	Äh, zuerst hat es gekitzelt, aber dann nachher hab' ich mich sehr schnell daran gewöhnt. Es waren also Sekunden, und denn war es nachher ganz gut.
m Th:	War das eher so ein aufregendes Kribbeln, wie Kitzeln?
Frau:	Ja, das war ein aufregendes Prickeln, so ein bißchen.
m Th:	Ja, prickeln heißt ja schon wieder, das gefällt ganz gut.
Mann:	Ja ja, hm, ja. Nein, es war kein unangenehmes Kitzeln. Ich merkte, daß ich jetzt anfangen muß zu lachen.
w Th:	So eine ganz angenehme Aufregung. Wie ging es dann weiter?
Mann:	Ja, dann hat das gleiche meine Frau bei mir gemacht und dann haben wir das also auf dem Rücken gemacht.
w Th:	Wie waren so Ihre Bewegungen? Haben Sie es so ähnlich gemacht wie Ihr Mann oder anders?
Frau:	Ich hab also mit einer Hand nur gestreichelt.
w Th:	Ja. Und haben auch im Nacken angefangen?
Frau:	Ja. Schulter und Arme und auch hier so die Seiten. Zuerst merkte ich, daß er so eine Gänsehaut kriegte.
Mann:	Aber auch nur sekundenweise, und dann war das recht angenehm.
Frau:	Und nachher bin ich auch im Kreis rumgegangen und dann wieder zurück. Und da merkte ich auch, daß so eine Entspannung da war.
w Th:	Also daß Sie merken konnten, er wird jetzt weicher und ruhiger, schlapper.
Frau:	Ja ja, hm.
w Th:	Ich hab das Gefühl, daß das so schön für Sie war, zu spüren, wie Ihr Mann so reagiert.
Frau:	Ja, das war erfreulich, als ich das nur merkte, daß das von ihm nun alles runterfiel.
w Th:	Daß Sie ihn so entspannen konnten.
Frau:	Hm, hm.
Mann:	Ich finde das an allen Stellen gut, find ich das. Aber am meisten gefällt mir das hier oben am Kopf.
w Th:	So die Nackengegend?
Mann:	Nackengegend oder auch nur so hier. Und auf Schulter und Rücken und dann auch die Beine runter, nicht.
m Th:	Das auf der Brust hat Ihnen am wenigsten gefallen?
Mann:	Ja, gefallen schon, aber nicht so wie die anderen Stellen.
w Th:	So das Gefühl, an den anderen Stellen bin ich empfindlicher, da ist es schöner.
Mann:	Ja, schöner.
w Th:	Wie war es an den Seiten?
Mann:	Ach, an den Seiten war es auch ganz schön. Unter den Füßen fängt es gleich an zu kitzeln. Aber nur mit den einzelnen Fingern. Aber so mit der flachen Hand so reiben, das ist sehr schön.
m Th:	Kitzelig ist man ja nur, wenn was Überraschendes kommt, oder so eine kleine Bewegung. Aber wenn Sie das dann mit der Hand machen, dann hört das wieder auf. Man kann sich ja selber praktisch gar nicht kitzeln.
Mann:	Nee.
m Th:	Das heißt, man ist nicht von Natur aus kitzelig, sondern nur unter bestimmten Umständen.
Frau:	Meine Tochter gerade, die macht das dann auch so wie wir, hält ihren Arm hoch und wundert sich daß sie dann nicht lachen muß, und dann versucht sie so künstlich zu lachen. Hab ich jetzt gerade beobachtet.
m Th:	Ja, wenn es angekündigt ist und man bemerkt, der andere will einen nicht irgendwie ärgern, dann ist man gar nicht kitzelig.
w Th:	(Zur Frau:) Und gab es Stellen, wo es für Sie besonders schön war?
Frau:	Ja, hier der Bauch, hier oben, das war sehr angenehm. Sonst war alles gleich. Ach so, doch hier, diese Stelle, das war auch sehr schön, möcht ich sagen, das war noch aufregender als hier oben die Schulter, nicht.

w Th: Sie merkten plötzlich, oh, da bin ich ja ganz empfindlich, es ist schön, da gestreichelt zu werden.

Frau: Hm.

m Th: Dann wollte ich auch noch fragen, wie war es denn bei Ihnen am Po?

Frau: Ja, das war auch gut.

m Th: Sie hatten das vorhin in der Schilderung ganz ausgelassen, so daß ich mir überlegt habe, haben Sie das vielleicht ganz ausgelassen.

Frau: Nein, nein, wir haben auch da gestreichelt, und das war auch sehr angenehm.

Mann: Ja, hat sie, ja. Fand ich auch sehr schön. Angenehm.

w Th: Und das Gesicht bei Ihnen? Haben Sie Ihre Frau im Gesicht gestreichelt?

Mann: Auch nur mit der Innenkante der Fingerspitzen, auch manchmal die ganze Hand draufgelegt, so an die Wange. Und hier hinten rumgegangen.

w Th: Daß Sie so nachgefühlt haben die Konturen.

Mann: Ja, und auch mit einem Finger so die Linien nachgezogen.

w Th: (Zur Frau:) Und wie war das bei ihnen?

Frau: Ja, es war sehr angenehm. Ich merkte auch, daß ich müde wurde, so richtig entspannt, das merkte ich dann so richtig.

m Th: Hat es denn Unterschiede gegeben in der Art, wie Sie gestreichelt haben? Sie haben das beide ähnlich beschrieben, beide haben Sie mehr mit einer Hand und Sie mehr mit zwei Händen so kreisende, gleichmäßige Bewegungen auf dem Rücken gemacht. Oder hat das auch mal gewechselt, also mal fester.

Frau: Ja, also ich hab, du auch.

Mann: Wenn ich gestreichelt hab, ich hab auch mal fester und dann hat sie gesagt, also nicht zu fest.

m Th: Ja, Sie mögen es lieber leicht.

Mann: Wenn man so eben gerade die Hand auflegen tut auf die Haut und dann anfängt zu streicheln.

Frau: Ja.

m Th: Fast so drüber gleiten, das ist für Sie am schönsten. Wie ist es bei Ihnen?

Mann: Ja, also mich kann man schon fester anpacken.

m Th: (Zur Frau:) Haben Sie das dann auch so ein bißchen fester gemacht?

Mann: Ja, manchmal ja.

w Th: Aber das ist ja grad wichtig rauszufinden. (Zum Mann:) Ich hab das Gefühl, daß Sie auch ganz gern spüren würden so die Muskeln, die da drunter sitzen, nicht nur die Haut, sondern auch das drunter. (Zur Frau:) Daß Sie vielleicht auch ruhig ein bißchen reinkneten können.

Mann: Ja, manchmal schon, das könnte abwechselnd sein. Manchmal sanft und dann auch mal wieder fester.

m Th: War es ein bißchen gleichförmig, so in der Art?

Mann: Ja, der Druck als solcher war ein bißchen gleichmäßig.

w Th: (Zur Frau:) War es bei Ihnen auch so, daß Sie sich ein bißchen mehr Bewegung, Abwechslung gewünscht hätten? Oder auch mal in der Geschwindigkeit?

Frau: Nö. Das war das Schönste, so das Gleichmäßige.

m Th: Ihr Mann vielleicht anders als sie es mögen. (Zum Mann:) Was hat Ihnen denn besser gefallen, wenn Sie gestreichelt wurden oder wenn Sie streicheln sollten?

Mann: Ich möchte beinah sagen, daß das beides gleich war. Also wenn wir uns im Arm haben, daß wir uns gegenseitig streicheln. Also das würde ich als sehr schön empfinden.

m Th: Das hat Ihnen noch so ein bißchen gefehlt, daß das nicht so Hand in Hand ging.

Mann: Ja. Daß immer nur der eine gibt oder nimmt und der andere umgekehrt.

w Th: Hm.

m Th: Heißt das, wenn Sie gestreichelt wurden, konnten Sie sich gar nicht so auf sich konzentrieren, sondern dachten, Sie müßten jetzt eigentlich was zurückgeben oder Sie würden jetzt gerne was zurückgeben.

Mann: Nö, ich hab' da an sich nicht dran gedacht. Ich hab mich einfach nur so gehenlassen.

w Th: Hm. Als Sie es machten, war es eigentlich ganz schön für Sie.

Frau: Das Nehmen ohne jetzt was wiederzugeben, das war sehr gut.

m Th: Sie waren froh, daß Sie nicht gleich reagieren brauchten, sondern einfach so kriegen konnten.

Frau: Ja. Und deswegen bin ich ein bißchen erstaunt, daß mein Mann so reagierte, wenn er nun gesagt hätte, ich soll mal wieder beim Streicheln ein bißchen fester zupacken, dann hätt' ich das vielleich gleich getan, so hab' ich mir vielleicht gedacht . . .

w Th: Das hab' ich vorhin schon gedacht, daß Sie vielleicht jetzt ein bißchen schlechtes Gefühl kriegen, so „Ich habe es nicht so schön für ihn gemacht". Ein bißchen enttäuscht vielleicht.

m Th: Es ist nicht so eine Kritik an dem, was Sie machen, sondern ein Hinweis, probieren Sie es doch auch mal so, vielleicht mach' ich da auch gute Erfahrungen mit. Also so eine Ermutigung, daß Sie auch mal was anders probieren und (zum Mann:) für Sie bedeutet es sicher, sich einen Ruck geben, sowas zu sagen, weil man leicht denkt, der andere fühlt sich dadurch kritisiert oder verletzt, wenn man einen Wunsch äußert.

w Th: Es war ja für Ihren Mann schon sehr, sehr angenehm.

Frau: Ja.

w Th: Genauso für sie auch. Nur daß Sie jetzt gemerkt haben, wir haben manchmal ein bißchen unterschiedliche Wünsche und können uns das gegenseitig geben. Sie können noch ein bißchen mehr für Ihre Frau tun. Das ist eigentlich die Erfahrung.

m Th: (Zur Frau:) Mir ist noch nicht so ganz klar, was Sie schöner fanden, wenn Sie gestreichelt wurden oder wenn sie gestreichelt haben.

Frau: Äh, wenn ich gestreichelt wurde. Das fand ich schöner.

m Th: Hm. Da konnten Sie sich so richtig . . .

w Th: . . . ganz hingeben.

Frau: Ja. Ich merkte auch heute morgen, also sonst ist es morgens so unwahrscheinlich hektisch und heute morgen ist nun alles so langsam, so beim Kaffeekochen, sonst hetz' ich auch immer so ein bißchen rum. Heute morgen überhaupt nicht. Das Frühstücken ging alles so leicht.

m Th: Sie waren ausgeglichen?

Frau: Ich war sehr ausgeglichen, ja.

w Th: Das Streicheln macht Sie auch noch am Morgen zufrieden.

m Th: Das ist sehr gut gelaufen, wie Sie es miteinander gemacht haben, aber es ist ganz wichtig, daß Sie nicht sagen, beim nächsten Mal, wenn wir es machen und es wird nicht genauso wie gestern oder heute, dann ist das schlimm. Das ist nicht immer gleich. Und Sie sollten jetzt nicht gleich so eine Leistung aufbauen, es muß jetzt immer gleich toll gemacht werden. Aber das find' ich schön, daß Sie sich so darüber freuen können. Daß Sie sagen, wie sehr Sie sich darüber gefreut haben.

w Th: Das ist für Sie eigentlich auch ganz schön jetzt, zu hören, wie gut Sie das für Ihre Frau tun konnten.

Mann: Ja, das freut mich.

m Th: War es für Sie eigentlich schwer, die Grenzen einzuhalten? Grad so, wenn Sie auf dem Rücken liegen, wie es sonst immer so gegangen ist oder gleich hier hin.

Mann: Ja, manches Mal mußte ich doch aufpassen, daß ich nicht mit der Hand auf die Brust kam. Es war doch manchmal der Gedanke da, daß es gekribbelt hat, ja.

m Th: (Zur Frau:) Wie ging denn dann, haben Sie das vermißt, daß Ihr Mann da nicht angefaßt hat?

Frau: Nein, vermißt hab' ich es nicht, aber ich hab' gemerkt, daß er da beim Streicheln so rum die Kurve nicht kriegt.

m Th: Aber Sie haben es gar nicht so vermißt?

Frau: Nein, nein gar nicht. Ich war auf Entspannung eingestellt.

m Th: Fiel Ihnen das schwer, Ihren Mann nicht am Glied anzufassen?

Frau: Nein, nicht.

m Th: Wie ging Ihnen das, als Ihre Frau den Bogen gemacht hat?

Mann: Ich hab an sich gar nicht weiter darüber nachgedacht. War eben total entspannt gewesen.

m Th: Find ich ganz toll, daß Sie sich so darauf einlassen konnten.

w Th: So die alten Gewohnheiten beiseiteschieben.

Mann: Ich hab' gar nicht gedacht, daß sie mit einem Mal jetzt das Glied in die Hand nimmt oder so, der Gedanke ist mir gar nicht gekommen.

w Th: Sie waren immer mehr so bei der Hand und wo die Hand gerade war und nicht bei den Stellen, wo sie noch hätte sein können.

Mann: Ja, gerade da wo es war.

Frau: Also, wenn er so rüber gestreichelt hat und von oben runter kam, dann merkte ich richtig, aha, das ist ein Tabu, da darf ich nicht hin. Aber das war gestern, heute nicht. Heute morgen war das wunderbar. Da ging es. Da hatte ich nicht das Gefühl, daß er da also „Da möcht' ich jetzt anfassen", daß er da so gedacht hat in dem Moment.

w Th: Und Sie es auch da nicht erwartet haben.

Frau: Nein.

m Th: Ja, daß Sie nicht dachten, ich möchte jetzt mehr, mach' doch mal was anderes.

Frau: Nein, im Gegenteil. Ich bin heute sehr früh wach geworden und habe mich darauf gefreut, daß ich jetzt wieder die halbe Stunde hab', nicht, „Jetzt mußt du extra eine halbe Stunde früher wach werden" oder so, ich war sogar munter.

Mann: Ja, also ich hab das immer so laufen lassen.

w Th: So mit dem Vertrauen, sie wird es schon machen.

Mann: Ja. Wie gesagt, das festere Anfassen, das hätte ich vielleicht sagen sollen, aber ich bin nicht auf die Idee gekommen, irgendwas zu sagen.

m Th: So während des Streichelns war es ganz gut.

Mann: Ja.

m Th: Wer hat eigentlich immer gesagt: „So, jetzt ist die Zeit rum, jetzt wechseln wir."

Mann: Ja, an sich meine Frau.

m Th: Sie haben immer den Blick zur Uhr gehabt?

Frau: Ich lag da jetzt so, weil ich alles nach Uhrzeit mache, deswegen muß ich lachen.

Mann: Ich hab' weniger auf die Uhr geguckt. Ich bin auch über die 5 Minuten weggewesen beim Streicheln, wenn ich dran war.

m Th: Fanden Sie es störend, wenn Ihre Frau sagte: „So, jetzt ist die Zeit um?"

Mann: Na, störend direkt nicht. Aber angenehm war es auch nicht, immer auf die Uhr zu gucken.

m Th: Das ist jetzt am Anfang noch so eine Schwierigkeit, später machen Sie das nicht mehr so nach der Eieruhr, auf die Sekunde genau. Ist so eine Regel, daß jeder eben 3mal in beiden Rollen dran kommt. Und so eine Minute hin oder her, das kommt nicht so drauf an. Und es wär vielleicht ganz gut, wenn Sie beim nächsten Mal das so laufen lassen, ohne zu kontrollieren, ist das mit der Zeit auch richtig, daß Sie das mal probieren, Sie kümmern sich überhaupt nicht drum, Sie stellen die Uhr so hin, daß Sie sie nicht sehen. Wer hat denn heute morgen angefangen zu streicheln?

Mann: Ich.

m Th: Auch das sollte mal abgewechselt werden. Haben wir vergessen zu sagen. Also beim nächsten Mal streicheln Sie zuerst, beim übernächsten Mal wieder Sie, so daß immer der andere anfängt.

Mann: Ja, den Gedanken haben wir gestern auch schon gehabt, da habe ich ja auch angefangen und da sagten wir schon, daß heute morgen das andersrum anfangen sollte, daß ich zuerst gestreichelt werde, nicht. Aber dann ist das doch irgendwie anders gekommen, und dann hat meine Frau sich auf den Bauch gelegt und dann habe ich erst wieder angefangen.

m Th: Das soll aber auch so sein, daß Sie das immer abwechseln.

w Th: Und das ist auch wieder keine Kritik, sondern das find' ich auch so schön, daß Sie sagen, ich möcht' das jetzt haben, und es ist ja auch wichtig zu lernen, sagen zu können, ich möchte das haben.

m Th: Ja, ich finde das läuft ganz prima.

Frau: Ich habe gestern abend schon beim Einschlafen zu meinem Mann gesagt, so Kleinigkeiten können einen so zufrieden machen. Und abends, ich war je ewig ein Nervenbündel.

Mann: Ja, doch.

Frau: Und denn konnte ich nicht schlafen. Aber gerade solche Kleinigkeiten, die bringen einen regelrecht zur Ruhe. Also deswegen hab ich mich so richtig gefreut, auch heute morgen.

m Th: Tja, dann können wir eigentlich da jetzt den Vorschlag daraus ableiten, was Sie bis nächstes Mal machen sollten. Das ist ja so eine neue Erfahrung jetzt, daß wir Ihnen nicht was Großes zusätzlich geben wollen. Dann können sich die neuen Erfahrungen so ein bißchen setzen. Es wäre gut, wenn Sie das nochmal so machen und nochmal so ein bißchen mehr Gewicht darauf legen, auf die Abwechslung beim Streicheln, und daß Sie ein bißchen mehr sich trauen, Wünsche zu sagen, und rausfinden, was Sie nun stärker mögen. Es braucht nicht jedesmal das Gleiche zu sein, es kann z. B. sein, daß Ihnen heute abend was ganz Sanftes, Beruhigendes eine Zeitlang gefällt, aber Sie es dann auch mal fester mögen. Das kann wechseln. Kann auch sein, daß die Stelle am Nacken mal nicht die schönste ist, sondern vielleicht der Bauch, das ist auch nicht jedesmal die gleiche Stelle. Daß Sie einfach noch ein bißchen mehr damit experimentieren und die Stellen, die gestern und heute nicht so stark im Mittelpunkt standen, mal ein bißchen mehr nehmen und sich nicht so auf das bisherige festlegen. Wir machen es am Anfang absichtlich ein bißchen breiter und langsam, damit Sie die Gelegenheit haben, auch den Unterschied bei den einzelnen Übungen rauszufinden. Und daß Sie ganz viel Sicherheit kriegen, daß ohne die Genitalien das auch gut sein kann und befriedigend. Das haben Sie ja sehr schön erleben können diesmal. Und daß Sie Mut haben zu sagen, mach' doch mal was anderes. Man darf keine Angst haben, daß der andere einen da kritisieren will, sondern das ist ein Hinweis, da kriegen Sie was dazu. Das ist so etwas vom Wichtigsten, daß Sie das sagen können, ohne sich verletzt zu fühlen.

Mann: Ja, genau.

m Th: Man nimmt viel zuviel Rücksicht aufeinander in solchen Sachen und denkt, sowas darf ich nicht sagen, denn dann denkt der andere ja, er macht es schlecht und dann sagt man lieber gar nichts mehr und irgendwo ist man dann doch ein bißchen unzufrieden.

w Th: Und daß Sie dabei natürlich auch zeigen, da ist es besonders schön, da gefällt es mir besonders gut. Nicht nur: jetzt will ich es anders haben, sondern auch zeigen, hier ist es ganz, ganz schön, wenn du da so rüber gehst.

Mann: Ja, das ist klar.

m Th: Gut. Termin für das nächste Mal haben wir schon.

f) Vorgehen in den weiteren Sitzungen

In den weiteren Sitzungen des Streicheln I können die Therapeuten folgende Punkte ansprechen.

Erweiterung der Verhaltensanleitungen: Die Partner baden oder duschen vor dem Streicheln zusammen und/oder cremen und ölen sich gegenseitig ein. Auch dabei sind Brüste und Genitalien auszusparen. Dies ist eine Hilfe zur Entspannung und dient dem Vertrautwerden mit dem Körper des anderen. Die Partner können sich auch vor dem Streicheln zusammenlegen und dabei darauf achten, möglichst viel Hautkontakt zu haben. Dabei soll jedoch ebenfalls das Aneinanderpressen der Genitalien unterbleiben. Sie können dadurch körperliche Nähe ertragen und genießen lernen. Die Partner können auch das Streicheln mit dieser Art des Zusammenliegens beenden. Diese Erweiterung ist dann auch eine wichtige Ergänzung, wenn die Partner den engen Hautkontakt beim Streicheln vermissen.

Sexuelle Spannung, Selbstbefriedigung: Die Einschränkung des sexuellen Verhaltens bezieht sich nicht auf die Selbstbefriedigung. Sexuelle Spannungen, Unbefriedigtsein eines oder beider Partner beeinträchtigen die Möglichkeit, sich beim Streicheln wohlzufühlen. Es ist dann wünschenswert und durchaus natürlich, Selbstbefriedigung zu machen, aber nicht im Beisein des Partners. Sie sollten aber darüber sprechen und dabei auftretende Probleme (Widerwillen, „Eifersucht" oder auch „Neid", wenn nur ein Partner masturbieren kann) mit den Therapeuten besprechen. Häufig merken die Partner aber auch, daß sexuelle Spannungen nicht in dem Maße auftreten, wie sie es selbst erwartet haben. Die Therapeuten können hieran aufweisen, das Sexualität nicht nur Koitus und Orgasmus umfaßt, vielmehr können sexuelle Befriedigung und Entspannung auch durch Streicheln und durch nicht auf Erregung zielende Zärtlichkeit erreicht werden.

g) Besondere Probleme

Erfahrungsgemäß ist bei diesem Therapieabschnitt mit einer ganzen Reihe von Schwierigkeiten zu rechnen, von denen wir hier nur auf die häufigsten eingehen:

Helligkeit, Nacktheit: Die Partner genieren sich derart voreinander, daß sie die Helligkeit nicht ertragen können oder sich nicht ganz ausziehen mögen. Es werden dann verschiedene Gründe angegeben, wie z. B. „Das haben wir immer im Dunkeln gemacht", „Es war so kalt im Zimmer", „Ich fand es peinlich, so nackt ausgebreitet vor ihm zu liegen", „Wenn das Geschlechtsteil nicht mitgestreichelt werden darf, kann ich doch das Höschen anbehalten" usw.

Feuchte Küsse, Speichel: Es kann beim Küssen oder Streicheln mit dem Mund und/oder Zunge zu Ekelreaktionen kommen. Diese Reaktion, z. B. das Abwischen der feuchten Stelle, kann vom Partner als kränkend empfunden werden.

Berührungsängste: Es kann beim Streicheln zu unwillkürlichen Reaktionen kommen, wie z. B. Kitzelreaktionen, Wegzucken oder anhaltende Gänsehaut. Dies ist ein Zeichen dafür, daß Entspannung fehlt oder der Körper Berührungen überhaupt nicht mehr gewohnt ist.

Leistungsorientiertheit, Versagensängste: „Das macht anderen sicher sehr viel mehr Spaß", „Dabei muß man eigentlich eine Erektion bekommen", „Ich habe immer darauf gewartet, erregt zu werden", „Mein Partner konnte sich sofort entspannen, der hat nie Schwierigkeiten", „Ich schaffe es einfach nicht, daß mein Partner das gut findet", „Gestern war das so gut, das schaffen wir nie wieder" usw.

Kommunikationsprobleme: „Keiner mag so richtig anfangen", „Sie sagt immer, wir müssen die Hausaufgaben machen, dann habe ich schon keine Lust mehr", „Wenn sie nicht will, fühle ich mich abgelehnt", „Wenn er eine Erektion hat, kriege ich ein schlechtes Gewissen und denke, ich muß jetzt was für ihn tun" usw. . .

Regelübertretungen: Manchmal machen die Partner Geschlechtsverkehr trotz des Koitusverbots. Dies kann einfach Ausdruck der Befreiung von Leistungsdruck sein oder aber, wenn dies häufiger vorkommt, auch ein Sich-nicht-Einlassen auf die Therapie bedeuten. Der Ablauf dieses Erlebnisses wird genauso ausführlich besprochen wie das Streicheln. An den in der Regel negativen oder ambivalenten Erfahrungen beim Verkehr demonstrieren die Therapeuten nochmals den Sinn und Zweck des Koitusverbots. Es ist sinnvoll, den Partnern ausdrücklich zu sagen, daß das Verbot kein „Trick" ist, dessen Übertretung die Therapeuten heimlich erwarten.

Vermeidungsverhalten: Fast alle oben genannten Schwierigkeiten können Rationalisierungen von Vermeidungsverhalten oder verdecktes Vermeidungs-

verhalten sein. Andere direktere Formen von Vermeidungsverhalten sind: „Wir
hatten keine Zeit zum Üben", „War waren beide nicht in der richtigen Stimmung zum Üben", „Wir haben das nur einmal gemacht", „Wir sind in letzter
Zeit immer so müde", „Das war alles so schrecklich technisch" usw. . .

Oft lösen sich die Schwierigkeiten dadurch, daß sie in den Sitzungen ausführlich besprochen werden, durch Wiederholung der Übungen, durch noch-
maliges Erörtern der Regeln und des Sinnes des Streichelns, oder eventuell
durch zusätzliche Verhaltensanweisungen wie z. B. die Desensibilisierung von
bestimmten Ekelreaktionen und Mißempfindungen. Bei anhaltendem Vermeidungsverhalten bestehen die Therapeuten auf der Einhaltung der Regeln und
konfrontieren die Partner mit ihrem Vermeidungsverhalten und den dahinterstehenden Problemen. Die meisten Schwierigkeiten lassen sich mit diesen Methoden lösen. Es gibt aber auch Paare, bei denen gravierende Widerstände vorhanden sind, dann müssen die zugrundeliegenden Konflikte, soweit es dem
Therapeuten nach Ausbildung und Schulrichtung möglich ist, angesprochen
und bearbeitet werden.

Die Therapeuten fragen in den ersten Sitzungen des Streicheln I von sich
aus noch nicht nach sexueller Erregung oder sexuellen Funktionen. In der Regel
reagieren die Partner auf das Streicheln auch nicht mit sexueller Erregung.
Wenn sie dadurch verunsichert sind, dann erläutern die Therapeuten, daß es im
Augenblick auf diese Reaktionen gar nicht ankommt, sondern daß es nur darum geht, sich beim Streicheln wohlzufühlen, zu entspannen, es allmählich genießen zu können, gleichgültig, ob es dabei zur Erregung kommt oder nicht.
Wenn der „Symptomträger" über sexuelle Reaktionen berichtet, dann besprechen die Therapeuten nochmals den Zusammenhang von Entspannung und sexueller Funktion, betonen aber ebenfalls, daß es auf Erregung im Moment nicht
ankommt und daß die Partner dies auch nicht jedesmal erwarten sollen. Wenn
der „ungestörte" Partner über sexuelle Reaktionen berichtet, dann wird besprochen, wieweit dies den anderen unter Druck setzt. Er wird weiterhin ermutigt,
sich das Erlebnis des Streichelns auch einmal ohne sexuelle Erregung oder
Funktion zuzugestehen, bzw. die Erregung gelassen hinzunehmen.

h) Beendigung des Abschnitts

Das Streicheln I wird beendet, wenn das Streicheln als angenehm und entspannend erlebt werden kann und die gegenseitige Verständigung über Empfindungen und Wünsche bei den Partnern eingeleitet ist.

Für diese Stufe sind mindestens 2 Sitzungen erforderlich (vgl. Übersicht
S. 105).

6   Streicheln II

a)   Ziele

Für diesen Abschnitt gelten grundsätzlich weiterhin dieselben Ziele wie für
Streicheln I, daß nämlich die Partner lernen sollen, Streicheln und Körperkontakt entspannt und ohne Leistungsdruck zu erfahren und zu genießen. Die Erweiterung besteht darin, daß die Partner nun die Möglichkeit haben, Brüste

und Genitalien in das entspannte, zärtliche Streicheln des ganzen Körpers mit einzubeziehen. Sie sollen die Erfahrung machen, daß die Berührung dieser Körperteile nicht notwendigerweise ein Signal zum „Weitermachen", z. B. bis zum Koitus, ist. Mißempfindungen und Berührungsängste, die in diesem Zusammenhang häufig auftreten, sollen allmählich abgebaut und eine akzeptierende, nicht leistungsorientierte Wahrnehmung der eigenen Gefühle und Empfindungen auch an den Brüsten und Genitalien möglich werden. So soll die Basis erweitert werden für eine nicht nur genital zentrierte Auffassung von Sexualität.

b) Vorgehen

Nach der Besprechung der Erfahrungen aus den letzten Übungen schlagen die Therapeuten den Partnern vor, einen kleinen Schritt weiter zu gehen: Die Partner sollen sich bis zur nächsten Sitzung wieder 2mal Zeit zum Streicheln nehmen und dabei weiterhin abwechselnd die aktive und passive Rolle einnehmen, jeweils 3mal. Dabei streicheln sich die Partner jedesmal zu Beginn, d. h. in der 1. Phase, so, wie sie es bisher getan haben. Der neue Schritt besteht darin, daß die Partner in der 2. Phase die Brüste der Frau und, falls vorher ausgeklammert, auch die des Mannes sowie die Genitalien von Mann und Frau mit einbeziehen. Diese Körperstellen werden genauso gestreichelt wie die anderen Teile des Körpers: sie werden jetzt nicht mehr ausgelassen, aber auch nicht bevorzugt berührt. Die Partner streicheln Brust und Genitalien nur beiläufig und oberflächlich, d. h. der Mann streichelt nur über die Brüste hinweg und berührt die Frau noch nicht zwischen den Schamlippen; die Frau massiert den Penis noch nicht und bewegt auch noch nicht die Vorhaut über die Eichel hin und her. Brust und Genitalien werden also noch nicht gezielt stimuliert. In der 3. Phase, wenn sich die Partner wieder auf den Bauch legen, wird dann wieder gestreichelt wie bisher.

Die Therapeuten betonen, daß es wie bisher v. a. darum geht, sich beim Streicheln gut zu fühlen und zu entspannen, nun auch, wenn Brüste und Genitalien berührt werden; auf Erregung, Erektion und Orgasmus kommt es weiterhin nicht an. Genitalien und Brüste verlieren dadurch ihre negative Signalwirkung („Jetzt muß ich erregt werden", „Jetzt muß ich eine Erektion haben" usw.), und die Partner können allmählich wieder lernen, Empfindungen an den Genitalien unbefangen zuzulassen und zu genießen.

Die Therapeuten betonen, daß die beiden Grundregeln der Therapie — nur das zu tun, was beiden Spaß macht, und nur solange, wie es für beide gut ist, und selbstbezogen auf die eigenen Gefühle zu achten (vgl. S. 133) — weiterhin gelten. Auch die anderen Anleitungen bzw. Regeln des Streichelns I bleiben bestehen: Verzicht auf Koitus und Petting sowie Mitteilen der Empfindungen und Wünsche. Zusätzliche Übungen wie Duschen, Baden, Eincremen usw. können beibehalten werden.

c) Transkript

Paar 41: Die Frau ist 24 Jahre, der Mann 26 Jahre alt, beide studieren. Sie sind seit 1½ Jahren fest befreundet. Die Frau hat noch nie einen Orgasmus gehabt, weder beim Petting oder Koitus mit ihren bisherigen Partnern, noch bei der Masturbation. Der Mann, für den dies die erste längere Freundschaft und sexuelle Beziehung ist, neigt zu vorzeitiger Ejakulation und fühlt sich im Vergleich zu anderen Männeren sexuell unerfahren und inkompetent. Es wurde eine verteilte Therapie mit einem Therapeuten durchgeführt.

m Th: Und dann können wir auch ruhig eine Stufe weitergehen. Daß Sie weiterhin abwech-
         seln, daß Sie beim ersten Mal sich auch wieder ein bißchen zusammenlegen, zusam-
         menkuscheln und dann der eine den anderen streichelt.
Frau: Ach so, hmhm.
m Th: Und daß Sie beim zweiten Durchgang einfach die Brüste und die Genitalien mit ein-
         beziehen. Aber nur so mitstreicheln, nicht besonders beachten. Also nicht mehr, als
         die ausgelassenen Stellen jetzt mit dazunehmen, wobei ganz wichtig ist, daß Sie dem
         Genitalbereich und den Brüsten nicht mehr Aufmerksamkeit zuwenden als anderen
         Körperteilen. Sie sind also nicht mehr ausgeschlossen, sind aber auch nichts Besonde-
         res, sondern sind für Sie Körperteile wie Bauch, Oberschenkel usw. Wobei wichtig ist,
         (zur Frau:) daß Sie den Penis Ihres Mannes nicht massieren, die Vorhaut nicht zu-
         rückziehen, wie wenn sie ihn richtig stimulieren wollten; sondern nur so oberflächlich
         streicheln, den Penis und Hoden. Egal ob er schlapp oder steif ist. (Zum Mann:) Und
         daß Sie das Genitale Ihrer Frau auch nur so oberflächlich streicheln, daß Sie z. B.
         nicht mit den Fingern oder der Hand zwischen den Schamlippen oder im Scheiden-
         vorhof streicheln, sondern nur so oben drüber.
Mann: Hm.
m Th: Und um sexuelle Erregung geht es weiterhin überhaupt nicht, sondern einzig und al-
         lein darum, sich zu entspannen, ganz wohl zu fühlen. Der Sinn, warum wir Ihnen jetzt
         raten, die Genitalien und Brüste langsam mit einzubeziehen, ist, daß diese Körperteile
         ihren Signalcharakter verlieren. Früher war das sicher oft so, wenn da einer anfing,
         dann hieß das, „also jetzt ist das der Anfang zum Verkehr" und es stellten sich damit
         gleich wieder die Ängste ein: „Klappt es heute, klappt es nicht?", „Ach, ich würd ja
         eigentlich doch lieber nicht, weil es nicht geht oder es nicht so schön wird, wie wir uns
         das vorstellen." So diesen Alarmcharakter bei den Berührungen dieser Körperteile
         langsam zu verlernen, das ist wichtig. Und die Erfahrung: „Ich kann mich auch dabei
         voll entspannen und es schön finden."
Mann: Hm.
m Th: Das ist eigentlich der Sinn jetzt dieser nächsten Stufe. Es wäre gut, wenn Sie das 2mal
         machen, ruhig auch 3- oder 4mal, aber 2mal mindestens.
Mann: Nach oben keine Grenze.
m Th: Nach oben keine Grenze.
Mann: Ja.

d) Besprechung der Erfahrungen

Für das Besprechen der Erfahrungen gilt das für Streicheln I Gesagte (S. 136). Entsprechend der Anweisung, daß die Brüste und Genitalien nicht besonders betont werden sollen, sondern nur beiläufig und oberflächlich mit einbezogen werden dürfen, fragen die Therapeuten nicht gleich nach den Empfindungen an diesen Körperstellen, sondern lassen sich wieder ausführlich über die Erfahrungen mit der ganzen Übung berichten.

Ergänzende Interventionen: Auf dieser Stufe der Therapie sollten die Therapeuten erstmals überlegen, ob es bei dem behandelten Paar sinnvoll ist, ergänzend zu den bisher beschriebenen Übungen für beide Partner die Übung zur körperlichen Selbsterfahrung, wie sie im Teil III beschrieben werden, einem oder beiden Partnern anzubieten. Ein solches Vorgehen ist oft eine notwendige Vorbereitung für die Aufgaben der Partner im nächsten Abschnitt, dem erkundenden Streicheln (S. 147).

Bei der Vaginismusbehandlung sollten auf jeden Fall in dieser Stufe die Anleitungen für die körperliche Selbsterfahrung (S. 181) für die Frau als Vorbereitung auf die Übungen mit den Hegarstäben eingearbeitet werden.

e) Besondere Probleme

In diesem Abschnitt der Therapie treten in der Regel folgende Schwierigkeiten auf: Mißempfindungen beim Anfassen der Brüste bzw. Genitalien; Abneigung, den anderen an den Brüsten/Genitalien anzufassen; Enttäuschung über das Ausbleiben von sexueller Erregung; starke Erregung eines Partners, durch die sich der andere Partner unter Druck gesetzt fühlt. Die Therapeuten greifen diese Schwierigkeiten auf, explorieren die Verhaltensabläufe und Auslösungsbedingungen, gehen auf die dahinterstehenden Ängste ein und desensibilisieren sie mit speziellen Verhaltensanleitungen. Sie ermuntern die Partner, die Übung zu wiederholen und sich auf das Streicheln des ganzen Körpers einzulassen. Ferner ist wichtig, auf Schwierigkeiten aufgrund der unterschiedlich ausgeprägten Gefühle bei den verschiedenen Übungsteilen (aktiv und passiv) einzugehen: z. B. auf die oft unterschiedlichen Erlebnisweisen des Mannes und der Frau bei Berührungen im Genitalbereich.

Manchmal erzählen die Partner, daß sich durch das Streicheln sexuelle Spannungen aufgebaut haben, die zu Unruhe, Unbefriedigtsein geführt haben. Das kann entweder dadurch abgebaut werden, daß die Partner die Übung mit dem Streicheln „neutraler" Körperteile beenden und anschließend noch nebeneinander liegen bleiben, um die Erregung abklingen zu lassen. Ferner ist auch in diesem Abschnitt die Selbstbefriedigung erlaubt, aber weiterhin nicht in Anwesenheit des Partners.

f) Beendigung des Abschnitts

Das Streicheln II ist beendet, wenn die Partner sich bei der Berührung des ganzen Körpers, also auch der Brüste und Genitalien, wohlfühlen können, ohne daß sie auf sexuelle Erregung warten, ihre Erfahrungen austauschen können und Mißempfindungen und Spannungen beim Streicheln in der Regel nicht mehr auftreten. Für diese Stufe sind mindestens 1 – 2 Sitzungen erforderlich (vgl. Übersicht S. 105).

7   Erkundendes Streicheln im Genitalbereich

a) Ziele

In diesem Abschnitt sollen die Partner durch erkundendes Streicheln ihre Genitalbereiche besser kennen und akzeptieren lernen.

Sie sollen lernen, sich gegenseitig und auch jeder für sich im Genitalbereich ohne negative Reaktionen anzusehen. Sie sollen vertraut werden mit den unterschiedlichen Streichel- und Stimulationsmöglichkeiten im Genitalbereich und ihre Vorlieben und Abneigungen im Hinblick auf diese Möglichkeiten erkunden. Sie sollen die vielfältigen und v. a. auch von Mal zu Mal unterschiedlichen Reaktionen bei genitaler Stimulation (erregt, entspannt, wohlig, überreizt usw.)

kennenlernen und erfahren, wie wichtig es ist, sich immer wieder darüber zu verständigen.

Auf diese Weise sollen Informationsdefizite, Scham- und Angstbarrieren, Ausdrucksschwierigkeiten und Tabus langsam abgebaut und das entspannte Streicheln auf den Gentialbereich ausgedehnt werden.

b) Vorgehen

Die Therapeuten schlagen den Partnern vor, einen Schritt weiter zu gehen. Die Partner sollen sich bis zur nächsten Sitzung wieder 2mal Zeit zum Streicheln nehmen und dabei, wie bisher, abwechselnd die aktive und passive Rolle einnehmen, jeder 3mal.

In der 1. Phase liegen die Partner wieder auf dem Bauch und lassen sich auf der ganzen Rückenpartie streicheln. Dieses Streicheln dient der Entspannung und der Einstimmung zur Übung. In der 2. Phase, wenn sie wieder auf dem Rücken liegen, streicheln sie auch zunächst wieder ihren ganzen Körper unter oberflächlicher Einbeziehung der Genitalien und Brüste und gehen dann zum neuen Übungsteil über.

Dieser neue Übungsteil ist das *erkundende, nicht auf Erregung oder Orgasmus zielende Streicheln im Genitalbereich*. Die Frau streichelt den Mann zunächst wieder am ganzen Körper, dann sanft an Penisschaft, Eichel und Hoden. Sie zieht dann die Vorhaut vor und zurück und massiert den Penis mit den Fingern oder der ganzen Hand. Sie versucht herauszufinden, welche Bewegungen, welchen Druck, welchen Rhythmus ihr Partner dabei besonders gerne mag, wie er sich am Penis gerne berühren oder stimulieren läßt. Der Mann soll seiner Frau sagen oder durch Handführen auch zeigen, was er besonders gern hat. Es kommt nicht darauf an, ob bei diesem Streicheln eine Erektion auftritt oder nicht, vielmehr darauf, daß der Mann dieses Streicheln genießen kann und die Erfahrung macht, daß auch das Streicheln des schlaffen Penis lustvoll ist und ohne Angst erfahren werden kann.

Der Mann streichelt die Frau ebenfalls zunächst wieder am Körper, an den Brüsten, dann am Genitale. Er erkundet die verschiedenen Möglichkeiten des Streichelns, z. B. Spielen mit dem Schamhaar, indirektes Reizen der Klitoris durch rhythmischen Druck auf Schamlippen und Schambein, streichelnde Bewegungen vom Scheideneingang bis Klitoris, sanftes Reiben der Klitoris, kreisende sanfte Bewegungen um die Klitoris herum usw. Auch hier geht es nicht um Erregung oder gar Orgasmus, sondern darum, sich zu entspannen und sich wohlzufühlen. Die Frau versucht sich auf ihre Gefühle beim Streicheln zu konzentrieren, um herauszufinden, wann, wo, mit welchem Druck und Rhythmus sie sich gerne im Genitalbereich streicheln läßt. Sie versucht, dies ihrem Mann mitzuteilen oder durch Handführen zu zeigen. Sie gibt ihm Hinweise, wenn sie etwas Anderes wünscht.

Die Therapeuten erklären den Partnern, daß dieses Erkunden der Genitalien nicht dazu dient, eine jederzeit verfügbare Technik effektiver Stimulation herauszufinden. Der Wunsch, wie man gestreichelt werden möchte, ist nicht konstant, sondern hängt von Stimmungen und den augenblicklichen Gefühlen zum Partner ab. Wichtiger als die Suche nach einer immer anwendbaren Technik, die es ohnehin nicht gibt, ist die Entwicklung der Fähigkeit, zu sagen oder zu zeigen, was man im Augenblick haben möchte.

Die Therapeuten besprechen mit den Partnern, daß beim Mann die Eichel des Penis und bei der Frau alles, was zwischen den großen Schamlippen liegt, d. h. Scheidenvorhof, kleine Schamlippen und Klitoris, aus empfindlicher Haut besteht. Wenn die Berührungen zu grob sind, entstehen leicht Mißempfindungen. Wenn diese Häute trocken sind, dann sind oft schon leichte Berührungen unangenehm. Es ist deshalb sinnvoll und hilfreich, den Genitalbereich mit Spucke, Babyöl oder einer Gleitcreme anzufeuchten.

Die Partner können sich auch mit dem Mund im Genitalbereich erkundend streicheln. Wie bei allen „ungewöhnlicheren" Sexualpraktiken (im Verlauf der weiteren Therapie z. B. voreinander Masturbieren, Petting oder Verkehr während der Regel, ausgefallenere Koitusstellungen usw.) weisen die Therapeuten auf diese Möglichkeit hin, ermutigen die Partner, sie auszuprobieren, um zu erfahren, was sie dabei empfinden. Sie sagen aber zugleich, daß Paare unterschiedliche Ansichten über diese Praktiken haben; einige finden sie erregend und einen wichtigen Bestandteil ihrer Sexualität, andere sehen darin eine gelegentliche Ergänzung, andere mögen sie nicht oder lehnen sie ab. Es kommt darauf an, daß sie ihre eigene Einstellung dazu finden. Auf Fragen betonen die Therapeuten, daß es objektive Argumente, z. B. hygienische, gegen Mundverkehr nicht gibt.

Falls es bei dieser Form des Streichelns zur Erregung kommt, sollen die Partner die Berührung im Genitalbereich kurz unterbrechen und die Erregung wieder abklingen lassen, bevor sie mit dem erkundenden Streicheln fortfahren.

Eine wichtige Hilfe für das erkundende Streicheln ist die *Kenntnis des Genitalbereichs und der Abbau von Scham und Angst, sich in diesem Bereich zu betrachten.* Die Partner werden deshalb gebeten, sich ihre Genitalien gegenseitig zu zeigen und sie anzusehen. Der Mann soll der Frau Penisschaft, Eichel, Vorhaut, „Bändchen" und Hoden zeigen, und sie soll genau hingucken. Dann zeigt die Frau dem Mann die großen und kleinen Schamlippen, Klitoris, Scheideneingang, Harnröhrenöffnung. Dies fällt vielen Patienten zunächst nicht leicht, weil man diese Bereiche immer versteckt zu halten gelernt hat. Für diese Übungen ist es in der Regel sinnvoll, wenn die Partner sich vorher schon allein ihren Körper und ihre Genitalien angesehen haben (S. 144).

Die Partner sollen sich beim Zeigen und Betrachten über Bau und Funktionsweise des Genitales klarwerden. Sie sollen dabei auch ganz bewußt ihre Gefühle, auch die negativen wie Ablehnung oder Ekel, zulassen. Das Ansehen braucht nicht jedesmal beim Üben in diesem Abschnitt durchgeführt zu werden, sollte aber so oft wiederholt werden, bis die Partner auch visuell mit den Genitalien des anderen vertraut sind. Wenn die Partner nur unvollständige Vorstellungen von der Anatomie der Genitalien haben, dann besprechen die Therapeuten mit den Partnern Bilder von männlichen und weiblichen Genitalien.

Für die Verständigung ist es hilfreich, wenn *jeder Partner dem anderen zeigt, wie er sich selbst bei der Masturbation anfaßt und stimuliert.* Die Partner sollen nicht voreinander masturbieren, sondern sich sozusagen die „Handgriffe" zeigen. Sie können dann versuchen, diese Streichelart nachzuahmen und sich solange durch Hinweise oder Handführen korrigieren lassen, bis sie die optimalen Stimulationsarten beim Partner kennen. Diese Anleitung sollte nicht in der ersten Sitzung des erkundenden Streichelns gegeben werden.

Nach dem erkundenden Streicheln in der 2. Phase lassen die Patienten das Zusammensein ausklingen, indem sie sich in der 3. Phase wieder abwechselnd auf den Bauch legen und ohne spezielle Berücksichtigung der Genitalien auf der Rückenpartie streicheln lassen. Sie können anschließend noch eine Weile zusammenliegen. Die Therapeuten betonen, daß die beiden Grundregeln der Therapie – nur das zu tun und es solange zu tun, wie es beiden Spaß macht, und selbstbezogen auf die eigenen Gefühle zu achten (S. 133) – weiterhin gelten. Auch die anderen Anleitungen bzw. Regeln bleiben bestehen: Verzicht auf Koitus und Petting; Mitteilen von Empfindungen und Wünschen; Umgang mit sexuellen Spannungen. Die zusätzlichen Übungen wie Duschen und Baden können die Partner beibehalten.

c) Transkript

Paar 36: Der Mann hat sekundäre Erektionsschwierigkeiten, die Frau Orgasmusprobleme. Wir haben dieses Paar weiter oben ausführlich beschrieben (S. 95). Eine massierte Therapie mit 2 Therapeuten wurde durchgeführt.

m Th: Es wäre jetzt ganz wichtig, daß Sie sich selber im Genitalbereich noch ein bißchen kennenlernen. Da möchten wir Ihnen folgendes vorschlagen: daß Sie sich wieder ausziehen und sich die ersten 5 Minuten wieder so streicheln wie bisher, zur Einstimmung und Entspannung.

Frau: Ja.

m Th: Und daß dann beim zweiten Durchgang, wenn Sie Ihren Mann streicheln, sich zunächst einmal gemeinsam seinen Penis angucken.

Mann: Hm.

m Th: Egal ob schlapp oder steif, das spielt gar keine Rolle. Daß Sie mal die Hoden angukken und anfassen, und daß Sie dann mal die Vorhaut des Penis zurückziehen und (zum Mann:) Sie Ihrer Frau dann mal zeigen, das ist die Eichel, die Vorhaut, das Bändchen, so richtig ein bißchen Anatomie. Und wenn Sie das so richtig alles gesehen haben, daß Sie dann mal ausprobieren, was man alles mit machen kann, mit dem Penis und mit den Hoden.

Frau: Hm.

m Th: Wie kann man die Hoden so in die Hand nehmen, wie man die streicheln oder drükken kann, daß es angenehm ist. Und vor allen Dingen aber auch, daß Sie den Penis anfassen, entweder mit 3 Fingern oder mit der ganzen Hand; mal gucken, wie weit man die Vorhaut zurückziehen kann, wieviel Druck Sie ausüben dürfen. Und (zum Mann:) Sie sagen Ihrer Frau, wie Sie es mögen „mach mal ein bißchen intensiver oder mach ein bißchen weniger stark".

Frau: Ja, ich glaub', das hat du mir schon irgendwie beigebracht.

m Th: Dann gucken Sie einfach noch mal. (Zum Mann:) Und daß Sie dann auch ganz einfach mal selber Ihre eigene Hand nehmen und sagen, wenn ich das selber mache, dann mach' ich das so. Und daß Sie den Penis nehmen und dann nicht vor Ihrer Frau onanieren, aber Ihrer Frau mal die Bewegung zeigen. Also nur die Handgriffe sozusagen. (Zur Frau:) Und daß Sie dann mal versuchen, das nachzumachen.

Frau: Hm.

m Th: Dabei geht es nicht um Steifwerden oder um Erregung, sondern sozusagen um die Erkundung des Genitales, mit den Augen und mit den Händen.

Frau: Ja.

w Th: Und zwar so ganz bewußt. Sie haben das bestimmt bei Ihrem Mann schon gesehen. Aber daß Sie sich wirklich mal darauf konzentrieren, auch alle Fragen stellen, die sonst vielleicht mal runtergeschluckt wurden, was das ist oder ob es an der Stelle noch weitergeht, oder ob man da noch stärker machen kann oder sachter, oder ob es überhaupt gut ist, da angefaßt zu werden. Daß Sie beide herausfinden, wie es besonders schön für ihn ist. Sie können dann zwischendurch auch mal wieder den ganzen Körper streicheln, und wenn Sie merken, das wird schwierig, das wird zu erregend, dann machen Sie einfach mal eine Pause oder streicheln Sie das Gesicht oder den Arm oder was auch sonst.

Frau: Hm.

w Th: Ja, und dann, wenn Sie wechseln, dann gucken Sie Ihre Frau an, das heißt Sie gucken sich zusammen an. Sie setzen sich hin und machen die Schamlippen ein bißchen auf, zeigen Ihrem Mann, was Sie selber gesehen haben, als Sie sich gestern selbst ansahen. Zeigen Sie ihm, hier die Klitoris, hier den Scheideneingang und hier die kleinen Schlamlippen. Und gucken sich das gemeinsam richtig an. Wenn Sie wollen, können Sie also auch einen Spiegel dazu nehmen.

Frau: Ja, ich glaube das wär' mir lieber.

Mann: Das wird jetzt für mich insoweit lustig, wie soll ich sagen, ja, ich muß den Eindruck, den ich hab' schildern. Das ist lustig für mich insoweit, weil ich also weiß, daß meiner Frau das mit Sicherheit nicht gefallen wird. Sie hat das nicht gerne. Ich hab das schon mal so gemacht und nur so aus Spaß, „komm laß mich mal gucken", dann wird sie ganz verrückt und wird ganz nervös, nicht?

Frau: Ja, das stimmt, ich hatte das nicht gern. Wenn wir das vielleicht jetzt versuchen, dann ist mir das nicht so unangenehm.

m Th: Sie haben ja auch gesehen, daß Sie jetzt, wenn Sie sich selber angucken, plötzlich gar nicht mehr . . .

Frau: Ja, aber vielleicht, wenn ich einen Zuschauer dabei habe, ist mir vielleicht nicht so angenehm; da stimme ich zu, ja.

m Th: (Zum Mann:) Aber es kann ja sein, daß es Ihnen viel schwerer fällt als ihr.

Mann: Ich möchte gern.

m Th: Und wenn es schwierig ist, dann wär' es so ganz hilfreich, glaub' ich, wenn Sie einfach so ein bißchen Verständnis dafür hätten, und sie nicht dafür auslachen.

Mann: Ja, auslachen tu ich sie überhaupt nicht, das denkt sie immer. Ich lach' sie nur an. Mach' nur Spaß.

w Th: Vielleicht wär' es dann ganz gut, wenn Sie in der Situation jetzt nicht versuchen, das so ein bißchen lustig zu machen, sondern eher so sehen, daß das für Ihre Frau schwierig ist und daß sie sich, auch wenn Sie das nicht so meinen, sehr schnell verunsichert fühlt. Und (zur Frau:) dann legen Sie sich hin und (zum Mann:) Sie streicheln Ihre Frau in diesem Bereich, also im Bereich des Geschlechtsteils. Aber auch nicht mit dem Ziel, sie zu erregen, sondern um zu erkunden, wie man sie da unten anfassen kann. Zum Beispiel können Sie so streichelnde Bewegungen von Scheideneingang hoch zur Klitoris machen; oder Sie können so um die Klitoris herumstreicheln; oder Sie können, ohne die Schamlippen auseinander zu machen, so mit der Handfläche Druck auf die Klitorisregion ausüben. Einfach mal probieren, was gut ist. (Zur Frau:) Sie sagen dann, „also das ist schön jetzt, das mußt du sanfter machen, oder da mußt du ein bißchen mehr drücken". Nicht mit dem Ziel, daß Sie jetzt sozusagen den Knopf finden, den man dann immer drücken kann, um später einen Orgasmus bei Ihrer Frau auszulösen; sondern vielmehr, daß es ganz selbstverständlich wird, daß Sie sich darüber verständigen. Denn was Sie da gut finden, das kann sich von einem Tag zum anderen ändern.

Frau: Ja, das hab' ich auch bemerkt.

w Th: Uns geht es also wie gesagt mehr darum, daß Sie einfach lernen, sich jedes Mal wieder zu verständigen. Man muß immer wieder darüber reden und gucken, wie es heute ist. Und (zur Frau:) daß Sie dann vielleicht auch mal einfach zeigen, wie Sie es machen, wenn Sie sich selbst befriegen.

Frau: Dann kann ich nicht!

m Th: Nein, Sie sollen sich nicht vor ihm selbst befriedigen.

Frau: Nee, aber das kann ich von vornherein nicht. Ich kann mich vor meinem Mann nicht anfassen. Im Moment nicht, vielleicht geht es in zwei, drei Tagen besser.

w Th: Ich sag' Ihnen nur mal, worum es geht. Wenn es Ihnen heut' noch zu schwer fällt oder morgen, tun Sie es übermorgen. Nur im Prinzip wäre es gut, wenn Sie mal sagen würden, also paß' mal auf, ich mach' das so: Ich nehm' die Hand hier hin, und ihm dann zeigen, wie Sie sich berühren. Und (zum Mann:) daß Sie es dann mal genauso versuchen, es sozusagen nachahmen.

Mann: Hm.

m Th: Und daß Sie dabei auch weiter Hinweise geben, „stärker, nicht zu doll, hier mehr, da mehr" usw. Das ist sicher sehr schwierig, aber Sie haben jetzt so oft erlebt, wenn man sich mal traut, ist es nicht so schwierig, wie man glaubte.

Frau: Ja, das stimmt.

m Th: Aber sie selber sollen bestimmen, wann Sie sich bereit fühlen oder wann Sie sich diesen Ruck geben können, es das erste Mal zu machen.

w Th: Und vielleicht fällt es Ihnen ja noch leichter, so als Einstieg, daß Sie seine Hand auch mal führen.

Frau: Ja, ich meine auch. Wenn ich seine Hand führe, vielleicht ja.

w Th: Das ist ein guter Übergang, ja. Obwohl es nicht so einfach ist, das so gut zu zeigen, wie wenn man das mit der eigenen Hand macht. Aber es fällt Ihnen vielleicht erst mal leichter. Und noch etwas: (Zur Frau:) Sie haben zwar berichtet, daß Sie oft feucht wurden; aber es geht ja nicht darum, daß Sie sich erregen. Deshalb geben wir Ihnen noch so eine Creme mit. Nehmen Sie die bitte, wenn Sie nicht feucht sind, und machen Sie damit Ihr Geschlechtsteil feucht, sonst kratzt es, das sind ja empfindliche Häute.

d) Besprechung der Erfahrungen

Obwohl die Partner in der Phase oft gleich anfangen, von den neuen Erfahrungen zu berichten, achten die Therapeuten zunächst darauf, sich einen Eindruck vom gesamten Übungsverlauf zu verschaffen, bevor sie auf die neuen Übungselemente eingehen. Die Prinzipien von Streicheln I und II bleiben dabei weiter wichtig. Es ist hier, wie auch in allen weiteren Phasen der Therapie, nötig, daß sich die Therapeuten nicht vor Wiederholungen scheuen, z. B. aus der Befürchtung heraus, die Patienten zu langweilen, um dem Paar modellhaft zu verdeutlichen, daß durch neue Übungsteile die vorhergehenden nicht an Bedeutung verlieren, sondern immer wieder wichtige Erfahrungen ermöglichen.

Erst anschließend wird auf die neuen Erfahrungen eingegangen, und zwar zunächst unter dem Gesichtspunkt, was die Partner überhaupt gemacht haben, dann was sie davon schon kannten, ob ihnen neues aufgefallen oder Fragen aufgetaucht seien, auf die dann jeweils eingegangen wird. Bei der Besprechung der Gefühlsreaktionen greifen die Therapeuten zunächst die positiven Erfahrungen verstärkend auf, bevor sie ablehnende Reaktionen näher explorieren, um Ansatzpunkte für die Bearbeitung zu finden. Zum Schluß werden die positiven Ergebnisse noch einmal resümiert.

e) Transkript

Paar 40: Es handelt sich um das Paar, das wir schon im Transkript auf S. 137 beschrieben haben. Es wurde wegen einer Erektionsstörung des Mannes im Rahmen einer massierten Therapie behandelt.

Mann: Ja, wir haben gestern abend angefangen, das was Sie uns erzählt haben, auf Entdeckungsreise gehen und so weiter. Das war interessant. War schön, fand ich jedenfalls. Ja und das übliche Streicheln auch wieder.

m Th: Ja.

Mann: Also ich fand es schön, meine Frau auch, als wir uns ausgesprochen haben. Ohne Überreizung, nicht?

m Th: Sie konnten gestern das mal so erleben, wie wir es beschrieben haben.
Frau: Ja. So daß es ganz normal ist. Wir haben uns gar nichts dabei gedacht.
w Th: Wie haben Sie es gemacht. In der ersten Runde des Streichelns wie immer?
Frau: Ja, mit dem Rücken angefangen, nicht.
w Th: Wer war denn erst dran gestern?
Mann: Gestern abend Du und heute morgen hab ich Dich zuerst gestreichelt. Ja also, die Geschlechtsteile haben wir uns auch erst bei der zweiten Runde angeguckt.
Frau: Ja, stimmt.
Mann: Dann auf dem Rücken, vorher hatte sie ja auf dem Bauch gelegen, da ist das ja nicht so, kann man zwar auch, aber das ist doch ein bißchen anstrengender, finde ich. Geht auch, aber ist ein bißchen komplizierter.
w Th: Es war ja auch wichtig für Sie, mit einfachem, gleichmäßigem Streicheln anzufangen und bei der zweiten Runde erst die neue Übung zu machen.
Mann: Ja, genau. Also die großen und kleinen Schamlippen hab ich so vorn mit zwei Fingern auseinandergehalten. Das klappte schon ganz gut.
m Th: Haben Sie denn da neue Sachen entdeckt, wo Sie nun so genau angeguckt haben, wo Sie nie so unbefangen rangegangen sind?
Mann: Och, befangen bin ich da eigentlich noch nie rangegangen. Denn ich hatte das ja vorher auch gemacht. Nicht so bewußt wie jetzt, aber eben doch mir alles genau angeguckt. Also ich hab' eigentlich keine Veränderung gesehen.
m Th: Ja. Mehr so dieses gemeinsame Sich-darauf-Einlassen, oder? Ohne dabei sexuell erregt zu werden.
Mann: Ja.
w Th: Und Sie konnten das auch einfach so geschehen lassen?
Frau: Ja, also ich hab' gar keine sexuellen Gedanken gehabt.
m Th: Ohne daß Sie dachten, was noch danach kommt.
Frau: Ja, ich hab' daran überhaupt nicht gedacht.
w Th: Was im Moment geschah, das war richtig und gut.
Frau: Ja, also, wie ich das so gestern festgestellt habe, war ich ganz locker und auch gestern abend merkte man nachdem noch, also ich hab' mir überhaupt nichts dabei gedacht, ich war richtig frei. Und heute morgen auch, das ist jetzt so, das gehört dazu und das ist ganz normal.
m Th: Sie nicken immer ganz bestätigend, so als geht es Ihnen ganz ähnlich.
Mann: Ja, das stimmt auch. Also wir sind nun so von anderen Gedanken eingenommen, daß ich vielleicht andere Gedanken hab', gar nicht. Nur eben mal dann längsfahren und mir die Sache begucken und ohne irgendwelche Gedanken zu machen.
m Th: Vielleicht sollten wir Ihre Erfahrungen noch im einzelnen besprechen. Sie haben schon angefangen zu erzählen, was Sie gemacht haben. Sie sind die Schamlippen, großen und kleinen, entlaggefahren.
Mann: Ja.
m Th: Auch mal so am Kitzler hin?
Mann: Ja.
m Th: Und auch mal so hin wo es zum Hinterteil geht?
Mann: Nee, da nicht.
m Th: Können Sie beschreiben, was Ihr Mann gemacht hat, was für Sie da am angenehmsten war, wenn man das abstufen kann?
Frau: Ja, im allgemeinen war das alles angenehm. Also ich hab ja im Spiegel zugeguckt. übern Kitzler ist er so langsam rübergefahren, das war auch sehr angenehm und dann hat er das so mehr ein bißchen untersucht. Ich kann jetzt nicht sagen, was mir am angenehmsten war. Es war also alles angenehm.
m Th: Manche Frauen mögen es nicht so gern, wenn sie zum Beispiel direkt am Kitzler angefaßt werden. Oder manche mögen es nicht, wenn sie an den Schamlippen direkt angefaßt werden. Sie konnten das gut haben.
Frau: Ja, ich konnte das gut haben.
m Th: War das denn auch sanft, wie Ihr Mann . . .
Frau: Ja, sehr sanft.
m Th: Fest oder richtig mit Druck?

Frau:	Nee, das war richtig so angenehm, wie ich es gerne haben möchte.
w Th:	War das an allen Stellen der Scheide und Schamlippen und Kitzler gleich, oder gab es Stellen, wo Sie noch sanfter ...
Frau:	Also das war so richtig, wie ich es gerne haben möchte. Doch, eins muß ich sagen, da ist er dann runtergegangen und dann tat es weh. Aber das war auch nur ein Moment.
m Th:	Haben Sie es gesagt und dann haben Sie es (zum Mann:) anders gemacht?
Mann:	Ja, ja.
w Th:	Haben Sie dann fester angefaßt oder sind Sie über die Stelle rübergefahren?
Mann:	Nö, ich hab dann die ganze Hand genommen, die flache, vorher hatte ich die Fingerspitzen gehabt, nicht. Und dann bin ich mit der ganzen flachen Hand raufgegangen, und ich hab dann wieder gestreichelt.
m Th:	Sehr gut.
Frau:	Ja, genau, merk' ich ein Zucken und dann leg ich die ganze Hand drauf, und dann ist es gleich wieder weg.
w Th:	Geht ganz schnell vorüber.
Mann:	Ja.
m Th:	Was haben Sie denn bei Ihrem Mann gemacht so im Bereich vom Geschlechtsteil?
Frau:	Ja, ich hab die Vorhaut zurückgezogen und hab' das mal alles genau angeguckt, auch übern die Eichel gestreichelt.
m Th:	Ja.
Frau:	War auch sehr angenehm, auch der Hodensack, genau erst angeguckt. Und dann bin ich wieder streichelnd weitergegangen und dann habe ich es mir noch mal angeguckt.
w Th:	Haben Sie auch probiert, wie sich das alles bewegen läßt?
Frau:	Ja. Ja und dann normal weitergestreichelt, und ich hab' das Gefühl, daß meinem Mann das auch sehr gut gefallen hat.
Mann:	Es war angenehm; aber ich hätte bald Samenerguß gehabt, aber ich hab' den Gedanken gleich wieder abgeschaltet und hab' mich da wieder so entspannt hingelegt und das ist an sich dann dabei geblieben. Und dann war es wieder vorbei, nicht.
m Th:	Hatten Sie das Gefühl, so drei-, viermal hin und herbewegen, das hätte schon gereicht, damit Sie ...
Mann:	Ja.
m Th:	Früher ging das wohl eigentlich nicht so schnell, Sie hatten früher immer gesagt, so schnell kam es eigentlich nie.
Mann:	Ja, doch, es kam dann vor allem, wenn eine kürzere Zeitspanne dazwischen war, dann kam es auch ziemlich schnell, nicht.
m Th:	Und was mochten Sie denn am liebsten, wie Ihre Frau da angefaßt hat?
Mann:	Ja, also wie sie den Hodensack so ein bißchen in der Hand hatte und die Vorhaut ein bißchen vor und zurückgeholt hatte.
m Th:	Mochten Sie die Berührung direkt auf der Eichel?
Mann:	Ja, mochte ich auch.
m Th:	Konnten Sie auch gut ab?
Mann:	Kann ich ab, ja.
m Th:	Weil das bei vielen Männern wiederum so was ist, was sie irgendwie überreizt, die möchten da nicht so direkt angefaßt werden. Aber das mögen Sie?
Mann:	Das mag ich, ja.
m Th:	Und so der Druck, den Ihre Frau so an den Hoden hatte?
Mann:	Ja, es könnte etwas eine Idee kräftiger sein.
m Th:	Ja.
w Th:	Am Hoden oder?
Frau:	Ich hab Angst, daß ich ihm weh tu' oder was.
w Th:	Der Druck am Hoden könnte etwas kräftiger sein?
Mann:	Nee, am Penis.
m Th:	Aja. Da können Sie sich ruhig trauen. Das Glied ist ziemlich unempfindlich, wenn es dann steifer wird, mit Blut ziemlich stark angefüllt, also wie ein Wasserkissen. Und da kann man ganz fest draufdrücken. Also je steifer es ist, desto fester können Sie drücken und auch wenn es schlaff ist, kann man relativ fest anfassen. Wenn nicht, wird Ihr Mann sagen, nun reicht es aber. Aber daß Sie das ruhig mal auspobieren. Da geht

man als Frau vielleicht auch so vorsichtig ran, weil man das nicht so von allein wissen kann, wie fest mag es der Mann eigentlich. Sieht ja nicht so robust aus, ein Penis. Und da ist es ganz wichtig, daß Sie sich darüber verständigen. Wir haben die Brüste als „Geschlechtsteile" völlig vernachlässigt bei unserer Frage.

Mann: Ja, also die Brustwarzen waren schon etwas steif gewesen, aber dann hab ich auch unten am Brustansatz gestreichelt. Angenehm war es für meine Frau allerdings nur, wie ich auf den Brustwarzen selber war.

Frau: Es tat weh, da hast du mich falsch verstanden, da hast du ein bißchen draufgedrückt, das tat weh. Also es war nicht erregend, es tat richtig ein bißchen weh.

m Th: Auf den Brustwarzen oder wenn er die . . .

Frau: Ja, er hat die ganze Hand draufgelegt gehabt. Und so der Druck war ein bißchen stark.

m Th: Aja. Was ich nicht verstanden hab, ob Ihnen leichtes Streicheln an den Brüsten gefallen hat . . .

Frau: Ja.

m Th: . . . oder ob für Sie überhaut die Brustwarzen ein nicht so ganz geheures Gebiet sind.

Frau: Nein, das Leichte und Zarte, das kann ich ab. Aber es ist auch nicht immer, daß es weh tut. Vielleicht hat er das unbewußt ein bißchen toll gemacht, ich weiß es nicht.

m Th: Oder vielleicht waren Sie gestern etwas empfindlicher. Das kann auch sein.

Frau: Heute morgen war wieder alles in Ordnung.

w Th: Mit dem Mund und mit der Zunge haben Sie sich nicht gestreichelt?

Mann: Ja. Einmal bin ich mit der Nase über den Schamhaaren gewesen. Aber nur ganz kurz. Aber sonst mit dem Mund weiter noch gar nicht.

w Th: Wie war das so, als Ihr Mann mit dem Gesicht ganz nah an den Schamhaaren war?

Frau: Ja, ich hab da einen kleinen Schreck bekommen, es war unangenehm, für einen Moment aber nur.

w Th: Daß es Sie ein bißchen überrascht hat?

Frau: Ja, ich war überrascht, weil ich die Augen zu hatte. Also ich war richtig überrascht. Aber sonst, ich hab' mich damit abgefunden. Ich hab' ihm das gesagt, und dann hat er das auch nicht wieder gemacht. Ich hätte mich vielleicht daran gewöhnen können, wenn er noch etwas länger da geblieben wär.

m Th: Es ist ja vorher auch eine ziemliche Beschränkung, nur den Körpern streicheln zu dürfen, wenn man es nicht gewohnt ist. Und wie wird es erst, wenn man da wieder anfaßt. Und ich finde es gut, daß Sie jetzt gleich zu Anfang sehr intensiv die Erfahrung machen konnten, es ist schön, sogar so direkt anfassen, so „massiv" anfassen und Sie sind gar nicht enttäuscht nachher, wenn es nicht weitergeht.

Mann: Nein.

m Th: Sondern finden es in sich rund und zufriedenstellend. Wir hatten Sie dann gestern noch so angesprochen mit den Wörtern, die Sie gegenseitig benutzen. Wenn Sie da mal versuchen zu beschreiben wie Sie es benennen.

Frau: Ja, ich sag eigentlich Penis und mein Mann sagt Scheide.

Mann: Ja, große Schamlippen, kleine Schamlippen, da ist der Kitzler und ich sag', hier ist der Eingang der Harnröhre.

m Th: Ja.

Mann: Äh, das hab ich gesagt. Bei mir hat sie gesagt Hodensack und auch die Sacknaht und Penis, Eichel, Vorhaut.

m Th: Ja. Hatte das ein bißchen was Peinliches, darüber zu reden?

Frau: Nein, gar nicht.

m Th: Dann hatten wir noch angesprochen die Möglichkeit, wenn Sie Lust haben, auch mal außerhalb der Übungen sich zum Höhepunkt zu bringen, dann können Sie es machen.

Mann: Nö, da haben wir gestern nachmittag drüber gesprochen. Ich habe da gar kein Verlangen nach, ich möchte lieber das gar nicht machen, vielleicht kommt das irgendwann mal wieder vor, aber ich habe gar kein Verlangen nach, mich selbst zu befriedigen.

m Th: Im Moment sind Sie so ausgefüllt. Nun machen Sie ja auch am Tag zweimal 'was, sind dabei glücklich, so daß es ganz verständlich ist, was Sie jetzt sagen. Auf der anderen Seite kann das trotzdem noch was Gutes sein, das ist auch eine eigene Möglichkeit, sich sexuell zu betätigen, die auch bleibt, wenn man sich in der Partnerschaft gut versteht. Vielleicht nicht so häufig wie vorher, aber Sie sollten es nicht nur als Ersatz sehen, sondern als was, was zur Verfügung steht. Und wenn Sie jetzt unter Druck stehen, oder das Gefühl haben, jetzt möchten Sie mal, dann können Sie das ruhig auch machen.

Frau: Ich habe früher Selbstbefriedigung gemacht.

Mann: Ich war doch überrascht, als ich hier hörte, daß sie sich selbst befriedigte. Hab' ich gar nicht mit gerechnet, nicht? Denn ich habe es ja auch gemacht. Normalerweise hätte ich mir ja selbst sagen können, eine Frau muß das ja auch haben, wenn sie nicht zur Befriedigung kommt durch Geschlechtsverkehr.

w Th: Sie brauchen es auch nicht nur so einschätzen, daß Ihre Frau das macht, wenn sie nicht zur Befriedigung kommt. Die Frauen machen das auch, wenn sie zur Befriedigung kommen.

Mann: Die machen das trotzdem.

m Th: Und Männer machen es auch, wenn sie mit einer Frau zusammen sind. Also das ist nicht was, was man ausspielen kann.

w Th: Das ist ein anderes Stück von Sexualität, das man mit sich ganz allein haben kann.

m Th: Find' ich aber sehr gut, daß Sie darüber reden, daß Sie es mal so ansprechen konnten. Es hat seinen Geheimnischarakter verloren. Sie haben sich ein Stück mehr kennengelernt, Sie wissen, da spielt sich was ab, und das ist nicht gegen Sie gerichtet.

w Th: So, zu morgen sollten Sie diese Stufe ein bißchen ausbauen, innerhalb des Streichelns ein bißchen zeitlich ausdehnen, daß Sie ruhig mal zum Beispiel den Druck ausprobieren, den Ihr Mann am Glied haben möchte, so von ganz leicht bis ganz kräftig, nochmal die Vorhaut zurückziehen und ruhig so ein bißchen knuddeln da die Gegend. Und daß Sie (zum Mann) umgekehrt das auch so machen. Es soll nicht mehr so flüchtig sein, sondern richtig so vor sich gehen, wie sie am Anfang das Gesicht ausführlich gestreichelt haben. Ohne daß Sie den anderen „auf Touren" bringen wollen oder erregen wollen, sondern einfach so alles anfassen, richtig in die Hand nehmen, wieder loslassen, nochmal anfassen, nochmal anders anfassen, drüber streichen. Daß es ein ganz selbstverständlicher Teil wird, den Sie genau so intensiv anfassen können wie Ellbogen oder Wange.

Mann: Jaja, genau.

m Th: Und dann wär es ganz gut, wenn Sie auch mal ruhig probieren so mit den Lippen zu streicheln, das mögen viele ganz gerne. Und Sie scheinen es ja auch zu mögen, daß Sie das ruhig auch mal machen.

Mann: Ja.

m Th: An den Schamlippen oder zwischen den Beinen mit den Lippen oder der Zunge und daß Sie es umgekehrt beim Glied auch so machen.

w Th: Daß Sie rausfinden, wie ist es denn mit den Lippen und der Zunge. Denn das sind ja sehr sehr empfindliche Körperteile, auch für den, der streichelt.

Mann: Ja.

m Th: Und nicht erst hochkitzeln oder so. Ich mein' das kann sein, daß trotzdem beim anderen, der jetzt geküßt wird, daß es ganz schön ist oder daß Sie merken, daß das Glied ein bißchen steifer wird, können Sie vergessen. Einfach so wie es halt kommt. Was so passiert. Sie können sich darauf verlassen, der der streichelt, wird dann schon wieder weitergehen, daß Sie sich nicht verkrampfen, weil Sie denken, „Gefühle dürfen nicht kommen", ist überhaupt nicht gefragt. Also das muß überhaupt nicht sein. Das bedeutet eher, daß Sie es als selbstverständliche Sache ansehen. Nicht ganz so banal wie Händewaschen, bißchen angenehmer, aber genauso unkompliziert.

f) Besondere Probleme

Anatomische Unklarheiten. Besonders die weiblichen Partner werden oft durch die Konfrontation mit ihrem eigenen Körper und speziell mit ihrem Genitalbereich verunsichert. Irritiert durch Unkenntnis scheuen sie zunächst davor zurück, Fragen zu stellen. Gleiches gilt oft auch für die Männer. So stellt sich manchmal erst nach mehreren Sitzungen heraus, daß z. B. einer oder beide

Partner den Scheideneingang für die Harnröhrenöffnung halten oder die Klitoris nicht finden können. Die Therapeuten sollten dann nicht davor zurückscheuen, mehrfach die notwendigen Informationen, auch anhand von Abbildungen, durchzusprechen. Sie weisen die Partner darauf hin, daß genau wie bei Männern Unterschiede hinsichtlich der Länge, Dicke usw. des Gliedes bzw. der Hoden bestehen, es auch bei Frauen beträchtliche Unterschiede gibt, was z. B. Lage und Größe der Klitoris, Länge der äußeren und inneren Schamlippen, Farbe usw. betrifft.

Verletzungsängste bei Berührungen im Genitalbereich. Wenn die Frau sich nicht traut, das Glied des Mannes so fest anzufassen wie er es wünscht, muß dieser Punkt zunächst genauer exploriert werden. Oft ist es dann sinnvoll, mit beiden Partnern zu besprechen, daß die Frau versuchen soll, beispielsweise den Penisschaft so fest zu drücken, wie es ihr möglich ist, oder die Vorhaut so weit wie möglich zurückzuziehen. Sie soll sich darauf verlassen, daß ihr Partner ihr Bescheid gibt, sobald es schmerzhaft für ihn wird; so kann sie die Schmerzschwelle kennenlernen.

Wenn der Mann es vermeidet, die Frau im inneren Genitalbereich, d. h. zwischen den großen Schamlippen, zu berühren, oder sie selbst Angst davor hat, z. B. durch Fingernägel verletzt zu werden, müssen diese Ängste auch wieder genau exploriert werden. Es kann hilfreich sein, noch einmal zu betonen, daß diese Haut ja tatsächlich in trockenem Zustand sehr reizempfindlich ist, daß aber durch Verwendung von Speichel, Gleitcreme oder ähnlichem die Haut gleitfähiger wird und Berührungen dadurch angenehm werden. Der wiederholte und nachdrückliche Hinweis auf diese zusätzlichen Hilfsmittel ist übrigens auch wichtig, um die Frau hinsichtlich der Lubrikation nicht unter Leistungsdruck zu setzen.

Scheu und Ekel können beim intensiven Betrachten des Genitales auftreten, wobei das Unbekannte des Anblicks, Farbe, Hautbeschaffenheit, Form, Falten usw. wichtige Auslöser sein können. Oft reagieren die Partner auch mit Ekel und Widerwillen im Zusammenhang mit Körpersekreten und -gerüchen. Nachdem die Therapeuten die jeweilige Auslösesituation mit dem Partner ausführlich besprochen haben, ermutigen sie die Partner, sich der Erfahrung erneut auszusetzen, um damit vertrauter zu werden, erinnern aber auch daran, daß jeder unterbrechen soll, wenn es tatsächlich wieder unangenehm wird. Oft lösen sich diese Probleme dann schon nach wenigen Sitzungen mit zunehmender Sicherheit bei dem Paar. Falls notwendig suchen die Therapeuten gemeinsam mit dem Paar nach Zwischenschritten, die eine Annäherung erleichtern.

In diesem Therapieabschnitt wird deutlich, daß viele Paare das sexuelle Zusammensein während der Menstruation ablehnen. Die Therapeuten betonen, daß es keine objektiven Gründe für eine solche Zurückhaltung gibt, daß Paare mit dieser Frage sehr unterschiedlich umgehen, daß jedes Paar hier seinen eigenen Weg finden muß. Die Therapeuten ermutigen aber das Paar, sich der Erfahrung — Streicheln während der Menses — einmal auszusetzen.

Umgang mit auftretender Erregung. Oft reagieren Paare irritiert, wenn während der Übung einer oder beide Partner erregt werden. Die eigene Erregung kann ihnen peinlich sein, weil sie glauben, etwas falsch gemacht zu haben, oder sie versuchen, den Partner zu überreden, sich über die Regeln hinwegzusetzen und Petting bzw. Koitus zu machen, um die Erregung auszunutzen. Die Erregung des Partners kann sie unter Druck setzen, so daß sie ein schlechtes Gewissen haben, wenn sie anweisungsgemäß die stimulierenden Berührungen unterbrechen; oder sie fühlen sich aufgefordert, nun auch mit Erregung zu reagieren. In diesem Zusammenhang betonen die Therapeuten, daß Erregung „erlaubt" ist und auch ruhig genossen werden soll, wenn sie auftritt. Sie stellen aber gleichzeitig klar, daß im Moment das erkundende Streicheln im Vordergrund steht und daß es in diesem Zusammenhang eine wichtige Erfahrung sein kann, Erregung auch wieder abflauen zu lassen. Sie gehen auch darauf ein, daß die Reaktion, sich von Erregung unter Druck setzen zu lassen oder sie ausnutzen zu wollen ja gewissermaßen ein Rückfall in die alten problematischen Verhaltensweisen ist.

g) Beendigung des Abschnitts

Das Ziel des erkundenden Streichelns im Genitalbereich ist erreicht, wenn das intensive, explorierende Berühren von Brüsten und Genitalien wiederholt als entspannend und angenehm erlebt wurde. Sexuelle Erregung, Erektion und Lubrikation sind in diesem Stadium nicht erforderlich.

Das Ziel dieser Stufe ist frühestens nach 3 Sitzungen zu erreichen (vgl. Übersicht S. 105).

8 Stimulierendes Streicheln. Das Spiel mit sexueller Erregung

a) Ziele

Ziel dieses Therapieabschnitts sind der Ausbau und die Erweiterung der Streichelerfahrungen im Hinblick auf angstfreies, spielerisches Umgehen mit angenehmen genitalen Empfindungen und sexueller Erregung: die Partner sollen vertraut werden mit den Möglichkeiten, sich stimulierend zu streicheln. Sie sollen das stimulierende Streicheln im Genitalbereich genußvoll und ohne Erwartungsängste zulassen. Durch einen spielerischen Umgang mit sexuellen Empfindungen – absichtlich abklingen lassen, erneut wieder aufbauen – sollen sie ihrer sexuellen Reaktionen sicherer werden. Sie sollen weiterhin lernen, das Ausbleiben sexueller Erregung gelassen zu akzeptieren.

Wenn den Partnern nach mehreren Erfahrungen mit dem stimulierenden Streicheln freigestellt wird, sich gegenseitig zum Orgasmus zu bringen, können ie ihre Reaktionen und Ängste im Zusammenhang mit dem Orgasmus kennenlernen. Sie können die Erfahrung machen, daß Petting mit und ohne Orgasmus für sich befriedigend sein kann und nicht immer den Übergang zum Geschlechtsverkehr darstellen muß.

b) Vorgehen

Die Therapeuten fordern die Partner auf, sich zunächst wieder ausführlich am ganzen Körper und ohne spezielle Berücksichtigung der Genitalien zu streicheln. Das soll ihnen die Möglichkeit geben, sich zu entspannen und sich auf die neuen Streichelerfahrungen einzustimmen. Dann werden dem Paar zwei

„Stellungen" vorgeschlagen, die für den neuen Schritt erfahrungsgemäß besonders geeignet sind.

Der Mann streichelt die Frau in der Sitzstellung. Die Therapeuten erklären dem Paar die Stellung anhand der Abb. 2. Der Mann lehnt sich mit dem Rücken an das Kopfende des Bettes (an eine Wand etc.) und spreizt die Beine. Er polstert sich den Rücken aus, um bequem aufrecht sitzen zu können. Die Frau setzt sich zwischen die Beine des Mannes und schlägt ihre Schenkel über die des Mannes, damit dieser ihr Geschlechtsteil streicheln kann; sie kann den Kopf an seine Schulter legen. Die Stellung hat den Vorteil, daß sich viele Frauen in ihr besonders geborgen und wenig beobachtet fühlen. Der Mann beginnt

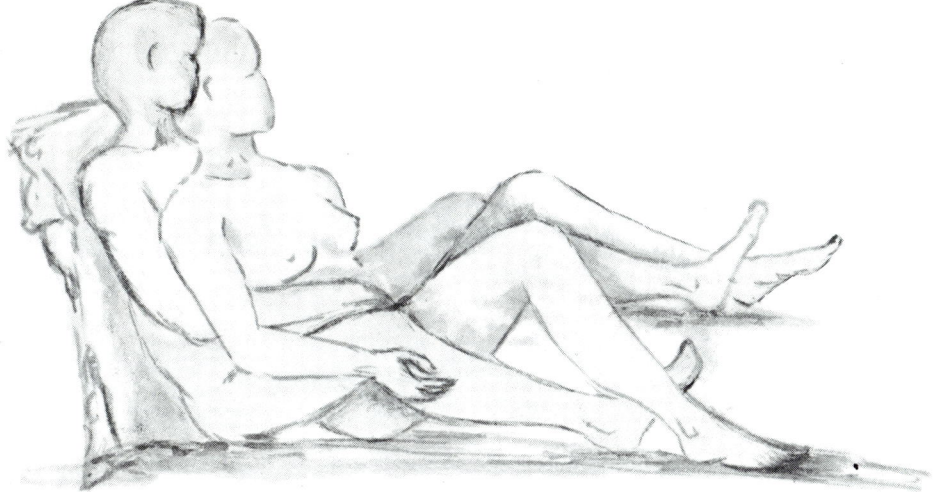

Abb. 2 Zum Therapieabschnitt „Stimulierendes Streicheln"

dann, die Frau zu streicheln, und zwar zunächst in einer Art „X-Form", wobei der Genitalbereich der Frau den Schnittpunkt darstellt: er streichelt die Brüste, dann den Genitalbereich und dann die Schenkel. In der gleichen Weise streichelt er wieder nach oben. Wenn er dies einige Zeit gemacht hat, bezieht er den Genitalbereich intensiver mit ein, d. h. er streichelt die Schamhaare, die inneren Schamlippen, die Klitoris, den Scheideneingang usw. Dabei kann er im Hinblick auf Druck, Rhythmus usw. auf seine Erfahrungen aus dem vorausgegangenen „erkundenden Streicheln" zurückgreifen. Die Frau konzentriert sich auf ihre Empfindungen und teilt dem Mann mit, was sie als angenehm und/ oder erregend erlebt, führt gegebenenfalls seine Hand oder zeigt ihm, wie sie sich bei der Selbstbefriedigung anfaßt. Es muß auch hier dafür gesorgt sein, daß der Genitalbereich der Frau feucht ist, wenn nötig durch Gleitcreme oder ähnliches.

Wenn die Frau erregt wird, soll sie noch nicht bis zum Höhepunkt weiter stimuliert werden. Sie bittet vielmehr ihren Partner, die Stimulation kurz zu unterbrechen, um die Erregung wieder abklingen zu lassen. Wenn die Frau es wünscht, kann der Mann sie während der Unterbrechung außerhalb des Genitalbereiches weiter streicheln. Ist die Erregung abgeklungen, dann streichelt der Mann die Frau wieder stimulierend, bis sie wieder erregt ist. Darauf läßt sie die Erregung wieder abklingen, und dieses Spiel mit der Erregung wird 3- oder 4mal wiederholt. Kommt es *nicht zu sexueller Erregung*, dann soll dieser spielerische Umgang auch mit angenehmen genitalen Empfindungen geübt werden.

Wichtig ist, daß die Frau bei unangenehmen Berührungen den Mann sofort bittet, die Stimulationsform zu ändern. Das gilt hier besonders für Berührungen im Genitalbereich, z. B. bei vielen Frauen für die direkte Stimulation der Klitoris, die zunächst angenehm sein kann, aber manchmal nach kurzer Zeit zu einer Überreizung führt.

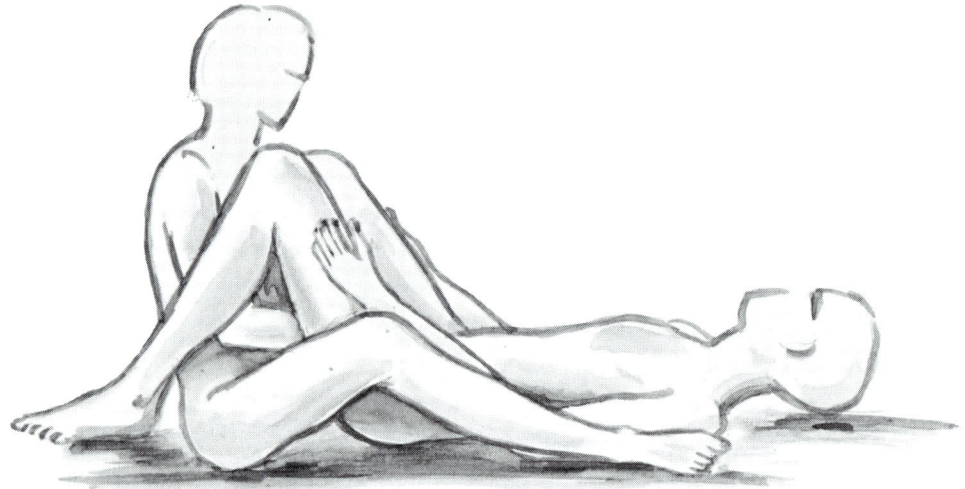

Abb. 3 Zum Therapieabschnitt „Stimulierendes Streicheln"

Die Frau streichelt den Mann in der Rückenlage. Die Therapeuten erklären dem Paar die Stellung anhand der Abb. 3. Entscheidend ist, daß der Mann entspannt auf dem Rücken liegt und die Beine weit genug gespreizt hat, damit sich die Frau bequem dazwischen setzen kann. Die Frau streichelt den Mann mit beiden Händen ebenfalls „X-förmig", vom Oberkörper über den Bauch bis zu den Schenkeln und wieder zurück. Dann geht sie zur intensiven Reizung des Penis über. Der Mann sagt ihr, was ihm angenehm ist und was nicht, und führt gegebenenfalls die Hände der Frau, zeigt ihr beim Reizen des Penis Druck und Rhythmus, wie er es von der Selbstbefriedigung her kennt und mag. Die Stimulation wird nicht bis zum Samenerguß weitergeführt, sondern der Mann gibt der Frau vorher ein Zeichen, die Stimulation abzubrechen.

Die Partner sollen also nach dem einstimmenden, allgemeinen Streicheln abwechselnd die beiden Stellungen einnehmen und die oben beschriebenen Erfahrungen machen. Die Therapeuten weisen darauf hin, daß trotz der intensiven Stimulation im Genitalbereich zunächst oft keine Erregung auftritt. Es geht ja auch zunächst darum, daß die Partner mit dem neuen Übungsschritt vertraut werden, herausfinden, welche Form der Stimulation sie wie lange genießen können, wie sie mit dem Wechsel von intensiver Stimulation und allgemeinem Streicheln zurecht kommen usw. Sie sollen also auf keinen Fall, z. B. durch Ausdehnung der Stimulationsphase, versuchen, die Erregung zu erzwingen. Das Streicheln in den einzelnen Stellungen sollte auch nicht länger als jeweils 5 – 10 Minuten dauern.

Abschließend sollten sich die Partner dann noch einmal am ganzen Körper ohne besondere Berücksichtigung der Genitalien streicheln.

c) Transkript

Paar 42: Die Partner (Handwerker, Verkäuferin) sind Ende 30, seit 11 Jahren verheiratet, ohne Kinder. Seit 8 Jahren leidet er an vorzeitiger Ejakulation und Erektionsproblemen; sie klagt über sexuelle Lustlosigkeit. Das Paar hat seit einem Jahr keine sexuellen Beziehungen mehr gehabt. Eine verteilte Therapie mit einem Therapeuten wurde durchgeführt.

m Th: Die Anleitungen sind im großen und ganzen dieselben. So beim ersten Mal streicheln wie bisher. Und beim zweiten Mal kommt das Neue. (Zum Mann:) Sie setzen sich so hin, daß Sie sich irgendwo anlehnen können, vielleicht auch mit einem Kissen hinten auspolstern. Dabei machen Sie die Beine auseinander. (Zur Frau:) Sie setzen sich zwischen die Beine Ihres Mannes, so daß er Sie so ganz umarmen kann. Genauso wie hier auf diesem Bild. Wichtig ist, daß Sie ihre Arme locker nach außen haben, daß Ihr Mann so durchgreifen kann, manchmal greifen die Männer auch außen rum, und dann sind die Frauen so eingeklemmt, das soll eigentlich nicht sein. (Zum Mann:) Und daß Sie dann Ihre Frau streicheln. Sie können ja dann mit Ihren Armen überall rankommen. So um die Brust rum und an den Seiten, die Schenkel von innen und dann am Geschlechtsteil. (Zur Frau:) Und daß Sie einfach mal sich zurücklehnen an Ihren Mann und die Augen zumachen und mal so sehen, ist es angenehm, ist es nicht so angenehm. Vielleicht, daß Sie ihm die Hand führen. Daß Sie mal so ein bißchen gucken, was regt Sie an und was regt Sie nicht so an. Und wenn so ein angenehmes Gefühl dabei kommt oder Sie erregt werden, dann sagen Sie ihm, er soll Sie woanders streicheln, damit das angenehme Gefühl im Genitalbereich oder die Erregung wieder abklingt. Dann soll ihr Mann sie wieder im Genitalbereich streicheln, und sie gucken mal, ob angenehme Gefühle oder Erregung wiederkommen. Dies Auf und Ab machen Sie, wenn es geht, drei- oder viermal. Wenn Sie Ihren Mann streicheln, machen Sie das so: Er legt sich auf den Rücken, Beine schön breit, und Sie setzen sich mal so zwischen die Beine Ihres Mannes, daß Sie Ihren Mann angucken, wie hier auf diesem Bild.

Frau: Ja.

m Th: Und daß Sie ihn dann auch streicheln. Sie brauchen sich ja nur so ein bißchen vorzulehnen, an der Brust und an den Beinen. Und dann spielen sie gezielt mit dem Glied, auch unter seiner Anleitung gucken, ob mehr am Schaft oder weiter oben und auch mal am Hodensack. (Zum Mann:) Und sie sagen, was angenehm oder was nicht so angenehm ist. Und wenn Sie merken sollten, der Samenerguß macht sich bemerkbar, nicht, das kennen Sie ja sicher, das Gefühl, es kommt gleich. Es soll ja so sein, daß Sie den Samenerguß ein bißchen rauszögern können, daß er nicht so schnell kommt.

Mann: Hm.

m Th: Wenn Ihre Mann Ihnen ein Zeichen gibt, dann streicheln Sie Ihn woanders. Und dann gehen Sie zurück zum Glied, wenn das Gefühl, daß es gleich kommt und die Erektion zurückgegangen sind, und streicheln wieder gezielt den Penis, bis Sie wieder den Punkt erreicht haben, und dann lassen Sie es wieder abklingen. Dieses Auf und Ab wiederholen Sie drei- oder viermal. Sie sollen dabei nicht zum Samenerguß kommen, (zur Frau:) und auch Sie sollen sich noch nicht bis zum Orgasmus streicheln lassen. Sondern Sie beenden die Übung, indem Sie sich wiederum am ganzen Körper streicheln, ohne daß Sie die Genitalien gezielt reizen, und das ganze so abklingen lassen. Ist Ihnen der Ablauf soweit klar?

Mann: Ja, soweit.

m Th: Nicht, daß Sie erstmal wie immer anfangen und dann die neue Übungen durchführen
        und sich anschließend noch mal, wie gehabt, am Rücken streicheln.
Frau: Ja.
m Th: Gut, wenn Sie dazu keine Fragen mehr haben?
Frau: Nee, ich nicht.

d) Besprechung der Erfahrungen

Die Therapeuten lassen das Paar zunächst erzählen. Wenn die Partner gleich
auf die neuen Erfahrungen zu sprechen kommen, sollen die Therapeuten eingreifen und zunächst nach dem Streicheln fragen, um zu zeigen, daß es auf die
Erfahrung der gesamten Übung ankommt und nicht nur auf die jeweils letzten
Erweiterungen. Sie sollten auch bei den „schon bekannten" Übungsteilen wie
dem nichtgenitalen Streicheln positive Erfahrungen der Partner verstärkend
aufgreifen, z. B. wenn einer oder beide sich trotz des bevorstehenden neuen
Schrittes gut entspannen und das Streicheln genießen konnten. Bei der Besprechung des neuen Schrittes sollten sie sich den genauen Ablauf in den beiden
Stellungen schildern lassen, wie die Paare mit den Stellungen zurecht gekommen sind, wie sie angefangen haben zu streicheln, in welcher Form sie sich stimuliert haben, wie sie die gezielte Stimulation erlebt haben, welche Stimulationsformen besonders angenehm waren, ob dabei Erregung aufgetreten ist
oder nicht, wie es ihnen mit dem Wechsel von stimulierendem und allgemeinem Streicheln, mit dem spielerischen Umgehen mit sexueller Erregung oder
mit ausbleibender Erregung ergangen ist. Auch auf die Erfahrung beim abschließenden Streicheln am ganzen Körper und auf die Stimmung hinterher
wird eingegangen.

e) Weiteres Vorgehen

Beim weiteren Vorgehen in diesem Abschnitt der Therapie müssen die speziellen therapeutischen Interventionen bei den verschiedenen Funktionsstörungen,
wie sie in Teil III (S. 181) ausgeführt sind, berücksichtigt werden.
    Bevor weitergegangen wird, sollte das Paar die Übungen mehrfach anwei-
sungsgemäß durchgeführt und beide Partner die Erfahrung gemacht haben,
daß sich bei angemessener Stimulation Erregung einstellt, bei Unterbrechung
der Genitalberührung abklingt und durch erneute Stimulation wieder aufgebaut werden kann. Wenn die Partner sich bei diesem „Spielen mit der Erregung" sicher fühlen, stehen sie nicht mehr unter dem Druck, jede auftretende
Erregung „ausnützen", d. h. bis zum Orgasmus oder Koitus weiterführen zu
müssen. Dann schlagen die Therapeuten dem Paar folgendes vor: Wenn sie die
aufgetretene Erregung mindestens einmal wieder haben abklingen lassen, stimulieren sie sich solange sie wollen, d. h. bis sie keine Lust mehr haben, bis
zum Orgasmus/Samenerguß, oder bis die Erregung trotz anhaltender Stimulation ohne Orgasmus wieder abklingt.
    Falls die Partner in den folgenden Sitzungen immer wieder berichten, sie
hätten keine Lust gehabt, weiter zu streicheln, muß genau exploriert werden, ob
es sich um Vermeidungsverhalten handelt, versucht z. B. durch Angst vor Mißerfolg oder Kontrollverlust, Ekel vor Körpersekreten, ungeschickte Stimulation
usw. (s. „Besondere Probleme").

f) Besondere Probleme

Das Paar läßt sich nicht auf die neuen Erfahrungen ein. Die neuen Verhaltensanleitungen machen soviel Angst, daß wieder das alte Vermeidungsverhalten auftritt. Die Partner schrecken vor dem gezielten Stimulieren zurück, da es sie zu sehr an ihre problematischen Erfahrungen mit Petting und Koitus erinnert. Sie verlieren vor diesem Hintergrund den Spaß, die Lust, fühlen sich müde, finden keine Zeit zum Üben oder zeigen psychosomatische Beschwerden, die als Hinderungsgründe angegeben werden. Hier verdeutlichen die Therapeuten die Unterschiede zu früheren Erfahrungen, die z. B. darin bestehen, daß die Partner, sobald sie unangenehme Erfahrungen machen, das Streicheln unterbrechen sollen, und daß darüber hinaus ja auch noch durch das Koitusverbot ein anderer Rahmen geschaffen ist. Sie ermutigen das Paar, sich auf die neuen Übungen einzulassen, da nur so die Ängste und Schwierigkeiten deutlich und einer Bearbeitung zugänglich werden.

Das Paar kommt mit den Stellungen nicht zurecht. Es kommt manchmal vor, daß ein Paar die Stellungen so unbequem oder komisch findet, daß es sich in diesen Stellungen nicht entspannt streicheln kann. Das Paar soll dann zunächst die Stellungen noch einmal „ausprobieren" oder „üben", ohne sich dabei gleich zu stimulieren. Die Therapeuten erläutern nochmals die Vorteile der Stellungen und schlagen nicht sofort Alternativen vor. Falls das Paar oder einer der Partner sich aber auch nach einigen Versuchen nicht auf die Stellungen einlassen kann, dann empfehlen sie dem Paar, das stimulierende Streicheln in der Stellung durchzuführen, die sie auch sonst beim Streicheln einnehmen.

Das Paar konzentriert sich ganz auf die gezielte Stimulation, d. h. das einleitende und ausklingende Streicheln werden weggelassen. Oft können die Therapeuten hier an unbefriedigenden Erfahrungen der Partner aufzeigen, wie wichtig das allgemeine Streicheln zur Einstimmung und zum Ausklingenlassen für ein befriedigendes körperliches Zusammensein sein kann, bzw. daß ein derartiges Vorgehen quasi einen Rückfall in alte, als unbefriedigend erkannte „Hauruck-Praktik" bedeutet. Möglicherweise zugrundeliegende Leistungsorientiertheit und Genitalfixierungen werden problematisiert und in diesem Zusammenhang die Ziele dieses Abschnitts noch einmal ausführlich dargestellt.

Das Paar kann nicht mit der eintretenden Erregung umgehen. Die Partner haben Schwierigkeiten, die einmal eingetretene Erregung wieder abklingen zu lassen. Sie reizen sich zu stark, erschrecken dann über ihre Reaktionen, brechen das Streicheln bzw. die Stimulation ab und verbleiben in einem unangenehmen Erregungszustand. Die Folge ist ein Spannungszustand, der mit Gefühlen von Unbefriedigtsein und Enttäuschung verbunden ist. Dem Paar wird deutlich gemacht, wie wichtig es ist, die Stimulation der Genitalien rechtzeitig zu unterbrechen und andere Körperpartien zu streicheln, damit die Erregung zurückgeht. Hier kann auch nochmals auf die Möglichkeit der Selbstbefriedigung hingewiesen werden.

Das Paar lehnt Petting bis zum Orgasmus grundsätzlich ab. Einer oder beide Partner halten Petting für eine unbefriedigende, kindische Ersatzhandlung, für unanständig, ekelhaft, erniedrigend usw. Die Therapeuten müssen hier die zugrundeliegenden Ängste und Befürchtungen sehr genau explorieren, um Ansätze für eine zumindest teilweise Bearbeitung herauszufinden. Eine derartige Haltung steht in der Regel in engem Zusammenhang mit der Aufrechterhaltung des Symptoms. Deshalb ist es problematisch, sie einfach als persönliche Werthaltung zu respektieren und unbearbeitet zu lassen. Gute Ansatzpunkte ergeben sich oft bei Informationsdefiziten, Unsicherheiten, Ekelgefühlen usw. Die Therapeuten können darauf hinweisen, daß es wichtig ist, sich dieser Erfahrung zumindest zeitweilig auszusetzen, um die Vorbehalte kennenzulernen. Später könne das Paar dann ja wieder darauf verzichten.

Ekel vor Körpersekreten. Oft treten in dieser Phase erstmalig Lubrikation, Vorsekret und Samenerguß auf, und die Partner reagieren irritiert oder auch angewidert. Hier ist es wichtig, Einstellung und Reaktion beider Partner genau zu explorieren. Falls notwendig, werden anschließend mit dem Paar Desensibilisierungsschritte besprochen.

Fehlende Lubrikation. Oft glauben Frauen, sie seien nicht erregt, bloß weil sie bei sich keine oder nur wenig Lubrikation wahrnehmen. Oder aber der Partner glaubt ihnen nicht, wenn sie angeben, erregt zu sein. Hier muß ausführlich besprochen werden, daß Lubrikation bei der Frau kein „Beweis" für Erregung ist. Viele Frauen lubrizieren auch in hohen Erregungsstadien nur sehr wenig; bei anderen kann die Lubrikation unter bestimmten Bedingungen, wie z. B. Müdigkeit, ausbleiben. In diesem Zusammenhang sollte immer wieder auf die Bedeutung zusätzlicher Hilfsmittel wie Gleitcreme oder Speichel hingewiesen werden. Nach der „Freigabe" des Orgasmus taucht manchmal die Frage nach dem „Samenerguß" der Frau auf, und muß besprochen werden.

Nur ein Partner hat Orgasmus. Solchen Paaren wird deutlich gemacht, daß der beiderseitige Orgasmus nicht dazu da ist, anschließend „quitt" zu sein, und daß der Partner mit Orgasmus nicht der bessere, gesündere, normalere ist. Das Paar hat die Gelegenheit, damit umgehen zu lernen, wenn einer der Partner mal keinen Orgasmus oder auch keine Lust hat, sich entsprechend stimulieren zu lassen. Unter Umständen müssen Konkurrenzprobleme, die sich daraus ergeben, besprochen werden.

Vermeidung des Orgasmus aus Angst vor Kontrollverlust. Dieses Problem tritt bei Frauen mit Orgasmusproblemen auf, die noch nie in Gegenwart ihres Partners zum Höhepunkt kamen. Nach genauer Exploration kann es hilfreich sein, der Frau vorzuschlagen, in Gegenwart ihres Partners und mit dessen Wissen einen „wilden" Orgasmus zu simulieren, um ihre Ängste abzubauen. Eine andere Möglichkeit ist, mit den Partnern unter Bezugnahme auf körperliche Selbsterfahrung (S. 181) zu besprechen, ob es für sich nicht erleichternd sei, zunächst voreinander zu masturbieren, um die Schwellenangst abzubauen.

Das Paar hält sich nicht an das Koitusverbot. Macht das Paar nach dem intensiven Streicheln Geschlechtsverkehr, muß nachdrücklich, aber ohne zu dramatisieren, auf die negativen Auswirkungen hingewiesen werden, die sich daraus ergeben können: sie können dadurch wieder unter Druck geraten, jede sexuelle Erregung zu Geschlechtsverkehr ausnutzen zu müssen. Dadurch können die alte Leistungsorientierung und das ängstlich verkrampfte Warten auf die sexuelle Erregung wieder wachgerufen werden

g) Beendigung des Abschnitts

Dieser Abschnitt ist beendet, wenn das Paar wiederholt die Erfahrung gemacht hat, daß sich sexuelle Erregung in einer angstfreien Situation spielerisch herstellen läßt, daß sie bei Unterbrechung der Stimulation wieder abklingt und erneut herbeigeführt werden kann. Die Therapeuten überlegen, ob sie die Anleitungen für den nächsten Schritt (Einführung des Penis) geben, auch wenn sich bei den Partnern Orgasmus noch nicht oder noch nicht zuverlässig eingestellt hat. Dadurch kann ein neuer Leistungsdruck bei dem Paar vermieden werden. Voraussetzung ist, daß die Erfahrungen der Partner auch nach „Freigabe" des Orgasmus genau exploriert sind, und die angenehmen Anteile überwiegen und dies dem Paar aufgezeigt wird.

Für die Bearbeitung dieses Abschnitts sind erfahrungsgemäß mindestens 3 Sitzungen erforderlich (vgl. Übersicht S. 105).

9 Einführen des Penis

a) Ziele

Das Ziel dieser Stufe ist, daß die Partner das Einführen des Penis nicht mehr als Beginn der „eigentlichen" Sexualität erleben, sondern als Fortführung des Streichelns.

Sie sollen lernen, auch das Einführen des Penis in die Scheide ohne Leistungsdruck und Versagensängste zu erleben. Der Abbau dieser Ängste spielt hier eine besondere Rolle, da die Einführung des Gliedes stärker mit früheren Koituserfahrungen assoziiert ist als jede vorherige Stufe. Das Paar kann auf diese Weise die erleichternde Erfahrung machen, daß das Einführen nicht notwendigerweise das Signal zum „Weitermachen" bedeuten muß, sondern daß schon allein das Einführen ohne weitere Bewegungen eine angenehme körperliche und innere Nähe zum Partner herstellen kann, die beide ohne „Vollzugszwang" genießen können.

b) Vorgehen

Die Therapeuten erläutern dem Paar den nächsten Schritt der Übung. Die Partner sollen sich bis zum nächsten Mal wieder 2mal Zeit nehmen, um die Übungen in der bekannten Art durchzuführen, wobei die einzige Veränderung in der Einführung des Gliedes besteht. Die Therapeuten weisen darauf hin, daß dies eine Erweiterung der Übung bedeutet, d. h. daß alle bisherigen Teile im vollen Umfang beibehalten werden sollen.

Für die Einführung schlagen die Therapeuten die Hockstellung (Abb. 4) vor. Sie befragen das Paar nach Vorerfahrungen mit dieser Stellung und erläutern technische Einzelheiten anhand der Abbildung. Zunächst streichelt sich das Paar abwechselnd am ganzen Körper und geht dann wieder zum stimulierenden Streicheln über. Wenn der Mann passiv ist, stimuliert die Frau ihn eine Zeitlang und kniet sich dann in Hüfthöhe über ihn. Dann nimmt die Frau den erigierten Penis des Partners in eine Hand, mit der anderen öffnet sie die großen und kleinen Schamlippen, damit der Scheideneingang leichter zugänglich ist, und führt das Glied langsam ein. Um die Einführung zu erleichtern, empfehlen die Therapeuten dem Paar wieder den Gebrauch von Speichel oder Creme. Wenn der Penis eingeführt ist, macht keiner der Partner Bewegungen. Beide verharren ruhig in dieser Position und konzentrieren sich auf die eigenen Gefühle wie z. B. Ungeduld, Wunsch nach Koitusbewegungen, Genießen der körperlichen Nähe, Wärme usw. Wenn nach einem kurzen Moment der Ruhe bei einem der Partner der Wunsch nach zusätzlichen Zärtlichkeiten auftaucht, sollte er dem anderen mitteilen, wie und wo er gestreichelt werden möchte. Außerdem kann die Frau, wenn sie nach dem Einführen das Bedürfnis nach mehr Körperkontakt verspürt oder die aufrechte Sitzhaltung unbequem findet, sich soweit vorbeugen, bis ihr Oberkörper entspannt auf dem des Mannes liegt.

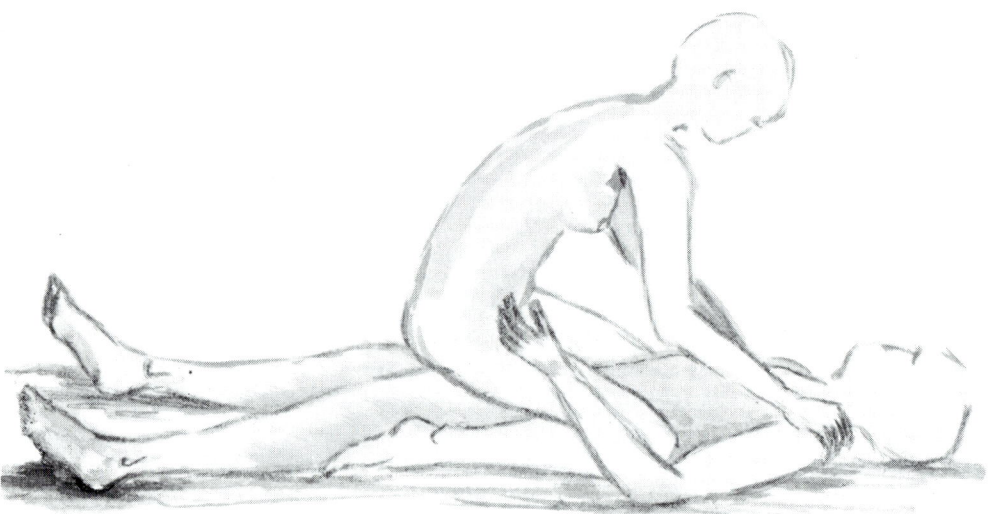

Abb. 4 Zum Therapieabschnitt „Einführen des Penis"

Das Glied wird nach kurzer Zeit wieder ausgeführt, wenn es nicht bereits vorher durch die mangelnde Stimulation in der Bewegungspause schon herausgeglitten ist. Wichtig ist hier der ausdrückliche Hinweis für den Mann, daß ein Erschlaffen des Gliedes in dieser Phase zu erwarten ist.

Die Partner streicheln sich dann weiter, und die Frau führt das Glied noch 1- bis 2mal ein, wie oben beschrieben. Danach verständigen sich die Partner darüber, ob sie sich gegenseitig manuell oder oral zum Orgasmus bringen, zusammen masturbieren oder die Erregung einfach wieder abklingen lassen wollen.

Wenn die Frau als erste stimulierend gestreichelt wird, dann kann sie sich auch schon vor dem Einführen zum Orgasmus bringen lassen, da dadurch die Möglichkeit der Einführung ja nicht beeinträchtigt wird. Auch für diese Phase gelten weiterhin die Grundregeln der Therapie.

c) Transkript

Paar 36: Es handelt sich hier um das Paar, das wir schon oben (S. 95, S. 150) beschrieben haben und das wegen Erektionsstörung mit einer massierten Therapie behandelt wurde.

m Th: Das nächste, was wir machen wollen, ist, daß wir das Verbot, Verkehr zu machen, teilweise aufheben und sozusagen ein kleines bißchen Verkehr erlauben. Das sieht folgendermaßen aus: daß Sie sich wieder streicheln sollen, ausführlich. Also erst mal ein bißchen zusammenliegen und dann sich gegenseitig streicheln. (Zur Frau:) Und dann nehmen Sie sich Ihren Mann so ein bißchen stärker vor.

Frau: Hm.

m Th: Und wenn Sie sich ganz wohl dabei fühlen und das Glied steif ist, dann führen Sie das Glied ein. Aber nehmen Sie sich Zeit dafür. Nicht so hasten, das muß nicht innerhalb von 2 Minuten passieren, sondern sich ruhig so 20, 25 Minuten Zeit nehmen, wenn Sie das probieren. Und Sie machen dabei, wie gesagt, das Glied mit der Hand steif, und dann führen Sie das Glied in der Hockstellung ein, wie auf diesem Bild. Das heißt, Ihr Mann liegt einfach da, auf dem Rücken, Sie spielen am Glied und dann hocken Sie sich auf ihn drauf, im Reitsitz, so daß Sie Ihr Gesicht seinem Gesicht zuwenden, nehmen das Glied in die rechte Hand und machen mit der linken Hand vielleicht so die Schamlippen ein bißchen auseinander.

Frau: Hm.

m Th: . . . und führen dann selbst das Glied ein. Das ist ganz wichtig, daß Sie sozusagen Ihre Scheide um den Penis tun.

Frau: Hm.

m Th: Sie müssen dabei nur aufpassen, daß Sie sich nicht einfach gerade auf ihn draufsetzen, sondern so ein bißchen schräg.

w Th: Das kann man vielleicht noch besser an dem Bild zeigen. (Zum Mann:) Und was wichtig ist, daß das nicht an Ihnen liegt, wenn es dazu kommt, sondern daß Ihre Frau das jetzt in ihrer Hand hat. Daß Sie sich einfach sozusagen zur Verfügung stellen. Das ist auch ein bißchen ungewohnt wahrscheinlich.

Mann: Aber nach vorne gebeugt.

w Th: Nein, aufrecht zuerst, beim Einführen muß sie ja erst mal so ein bißchen hantieren, einfädeln.

Mann: Nee, normalerweise braucht sie das nicht.

m Th: Soll sie aber ruhig machen.

Mann: Hm.

w Th: Das ist ganz gut, gibt auch Ihrer Frau mehr die Anteilnahme an dieser ganzen Geschichte.

m Th: Und dabei braucht der Penis ja gar nicht ganz steif zu sein, sondern so wie er ist und wenn das diesmal nicht funktioniert, dann später. Ein Vorschlag wäre, daß Sie es machen können, aber es nicht gleich klappen muß. (Zur Frau:) Und wenn der Penis dann drin ist, dann setzen Sie sich ganz still hin, beugen sich vielleicht so ein bißchen nach vorne, so wie Sie es auf dem Bild gesehen haben, oder auch noch weiter nach vorne.

w Th: Sie können sich auch mal richtig auf den Oberkörper Ihres Mannes drauflegen, wenn Sie das gerne mögen.

Frau: Ja.

w Th: Und machen gar nichts. Bewegen sich nicht. Weder Sie sich, noch Sie sich. Und dabei wird der Penis schlaff, und das soll er. Und wenn er schlaff ist, vielleicht sogar selber rausrutscht, dann nehmen Sie ihn wieder in die Hand, streicheln ihn, bis die Erektion so nach einer Zeit wieder kommt. Und dann führen Sie das Glied wieder ein, bewegen sich aber wieder nicht.

Mann: Streicheln oder direkt reiben?

m Th: Direkt reiben. Und dann bleiben Sie wieder so sitzen, und dann geht die Erektion wieder weg. Dann nehmen Sie den Penis wieder raus nach einer Zeitlang. Wenn der Penis drin ist, konzentrieren Sie sich einfach darauf, daß der Penis in der Scheide ist. Und versuchen sich dabei in dieser Situation zu entspannen. Das war ja früher immer so verbunden mit dem Gefühl, na, bleibt er nun steif und wie wird das mit dem Samenerguß. Jetzt können Sie diese Situation, Penis ist in der Scheide, so ganz entspannt und als eine Form von Zärtlichkeit genießen, egal was passiert.

w Th: Wenn der Penis wieder schlapp wird, ist das auch eine ganz klare Sache, da Sie sich nicht bewegen. Und Sie merken, dann kommt nicht die große Enttäuschung, sondern das ist Absicht sozusagen.

m Th: Ja, und wenn Sie das zweimal gemacht haben, dann können Sie machen was Sie wollen: Petting bis zum Orgasmus bei beiden oder bei einem. Oder Sie können auch einfach sagen, jetzt kuscheln wir noch ein bißchen. Was immer Sie wollen. Also was Sie hinterher machen, ist Ihre Sache.

Mann: Nur keinen Geschlechtsakt?

m Th: Nur keinen Geschlechtsakt.

Frau: Ich hab eine Frage dazu. Wenn ich also den Penis von meinem Mann einführe, soll die Vorhaut weggezogen werden oder kann das normal bleiben.

Mann: Zieht sich doch von alleine weg.

w Th: Ja, es ist schon wie Ihr Mann sagt, die schiebt sich ja von alleine zurück durch das Eindringen in die Scheide. Wobei es gut wäre, wenn Sie einfach sicherheitshalber vorher die Gleitcreme benutzen. Daß Sie so ein bißchen von der Creme auf dem Penis verreiben, sich selbst damit so ein bißchen einschmieren, damit das auch so richtig schön rutscht.

Mann: Und keinerlei Bewegung.

w Th: Auch wenn Sie so erregt sind und denken, das wird jetzt ganz toll klappen, daß Sie einfach so sagen, wir gucken mal wie es ist und wollen uns nicht bewegen.

d) Besprechung der Erfahrungen

Die Therapeuten machen bei der Exploration der Erfahrungen wiederum deutlich, daß bei den „bekannten" Übungsteilen immer noch neue Erlebnismöglichkeiten auftauchen können, indem sie die Partner zunächst über die ersten Stufen berichten lassen. Sie versuchen herauszufinden, ob der bevorstehende neue Schritt das entspannte Genießen erschwert hat, ob die sonst vorhandene Erektion ausblieb. Die Therapeuten besprechen mit dem Paar nicht nur die Veränderungen, sondern auch gleichbleibende Erfahrungen, und gehen erst dann zum Besprechen des neuen Übungsteils über.

Sie fragen zunächst nach technischen Schwierigkeiten wie z. B.: Hatten Sie Schwierigkeiten mit der Stellung? Wußten Sie, in welcher Höhe Sie sich über Ihren Mann knien mußten? Haben Sie den Scheideneingang gleich gefunden? Hätten Sie sich noch eine „dritte Hand" gewünscht? War die Stellung bequem/anstrengend? Mit diesen oder ähnlichen Fragen beginnen die Therapeuten nach dem Bericht des Paares ein gemeinsames Gespräch über den neuen Teil der Übung. Dadurch wird dem Paar deutlich, daß ein erfahrungsgemäß enttäuschender Verlauf des ersten Einführungsversuchs nichts mit Versagen zu tun hat, sondern zu diesem Zeitpunkt eigentlich zu erwarten ist.

Häufig bleibt in dieser Phase der Übung die Erektion beim Mann aus, auch wenn sie sich bei vorhergehenden Übungen verläßlich einstellte. Das gilt auch für Paare, die wegen einer sexuellen Funktionsstörung der Frau in Behandlung sind und bei denen der Mann vorher noch nie über Erektionsprobleme klagte. Das ist zurückzuführen auf den Leistungsdruck, unter der den Mann gerät: er trägt nun, da die Einführung des Gliedes den nächsten Schritt im Therapieprogramm darstellt, scheinbar die ganze Verantwortung für den weiteren Verlauf, da ohne Erektion keine Einführung möglich ist. Die Therapeuten verdeutlichen dem Paar diesen Zusammenhang und betonen, daß die Einführung ab jetzt „erlaubt", aber kein Muß ist. Wenn das Glied nicht steif wird, kann die Frau in der Hockstellung das Glied an den Scheideneingang legen oder sich mit dem Glied im Genitalbereich streicheln. Auf diese Weise können sich die Partner auch ohne Erektion mit diesem Schritt vertraut machen.

e) Besondere Probleme

Erwartungsangst und Leistungsdruck treten wieder auf. Diesen neuen Teil der Übung erleben die Partner bei den ersten Malen häufig als spannungsgeladener als die vorhergehenden Schritte, weil durch das Einführen des Penis stärker als bisher Assoziationen an negative Erlebnisse im Hinblick auf Koitus oder Koitusversuche geweckt werden. Sie empfinden zum Teil das Wiedererwachen von Ängsten und Leistungsdruck, die sie schon überwunden glaubten, als Rückfall („Jetzt ist alles wieder wie früher, das hat ja doch alles keinen Zweck, Streicheln ist halt keine Sexualität" usw.). Der Mann mit Erektionsstörung wird von Panik befallen, wenn die Erektion nicht ausreicht oder nach der Einführung zurückgeht; die Frau mit der Orgasmusstörung ist verzweifelt, weil ihre Erregung durch die Einführung nicht weiter gesteigert wird.

Die Therapeuten gehen in der Besprechung von sich aus auf die Gefühle von Enttäuschung und Resignation nicht weiter durch Nachfragen ein. Sie explorieren im Gegenteil die kleinen Fortschritte, die das Paar am Rande erwähnt, z. B. daß das einleitende Streicheln trotz des bevorstehenden neuen Schrittes schön war, daß die Situation zunächst entspannt war, daß die Partner miteinander über ihre Enttäuschung sprechen konnten usw.

Es ist wichtig, daß die Therapeuten sich nicht von der Panik des Paares anstecken lassen. Sie sollten beispielsweise, wenn sich eine Erektion beim Mann über mehrere Übungen hinweg nicht einstellt, gemeinsam mit dem Paar nach Zwischenschritten suchen, um die entstandene Spannung zu lösen. Das Paar wird aufgefordert, den spielerischen Umgang mit der Erregung in den Vordergrund zu stellen und eine auftretende Erektion absichtlich verstreichen zu lassen, ohne sie zum Koitusversuch auszunutzen. Oder sie führen das Glied nur ein kleines Stück ein, soweit es bei der teilweise vorhandenen Erektion möglich ist.

f) Beendigung des Abschnitts

Die Therapeuten können zum nächsten Schritt übergehen, wenn das Einführen des Gliedes mehrfach möglich war und beide Partner es entspannt als angenehm erleben konnten. Das Ziel dieses Abschnitts ist erfahrungsgemäß nach frühestens 2 Sitzungen zu erreichen (vgl. Übersicht S. 105).

10 Koitus mit erkundenden und stimulierenden Bewegungen

a) Ziele

Die Partner sollen Erfahrungen mit verschiedenen Arten von Beckenbewegungen beim Koitus machen. Sie sollen sich über ihre Vorlieben und Abneigungen dabei klar werden und allmählich Sicherheit gewinnen, sowohl gefühlsmäßig als auch im Hinblick auf die Technik. Sie sollen lernen, die Beckenbewegungen als eine Fortsetzung bzw. eine spezielle Form des Streichelns zu erleben und entsprechend entspannt und ohne Leistungsdruck damit umzugehen.

b) Vorgehen

Die Patienten werden angewiesen, alle Phasen des Streichelns wie bisher durchzuführen. Dann erläutern die Therapeuten den nächsten Schritt: Wenn die Patienten die Hockstellung eingenommen haben und das Glied des Mannes eingeführt ist, soll nach einer kurzen Ruhepause die Frau ganz langsam und vorsichtig das Becken auf und ab bewegen, insgesamt 3- bis 5mal. Sie kann sich dabei mit den Händen abstützen. Der Mann bleibt ganz ruhig liegen und konzentriert sich auf seine Empfindungen. Dann hält die Frau inne und führt nach einer kurzen Pause nochmals Bewegungen in der gleichen Form durch. Sie soll dabei auch ausprobieren, wie weit sie das Becken anheben kann, ohne daß der Penis aus der Scheide rutscht. Dann wird das Glied ausgeführt und die Partner liegen zusammen oder streicheln sich. Nach einer kurzen Pause wird das Glied wieder eingeführt und die Übung in der oben beschriebenen Form nochmals durchgeführt. Den Partnern wird erläutert, daß sie bei den Bewegungen Sicherheit gewinnen sollen. Sie sollen die Bewegungen allmählich entspannt als Bestandteil des Streicheln genießen lernen. Sie können sich mit der für viele ungewohnten Rollenverteilung beim Koitus — der Mann mit der passiven und die Frau mit der aktiven Rolle — vertraut machen. Die Hockstellung hat den Vorteil, der Frau besonders viel Bewegungsfreiheit zu ermöglichen. Es geht hier auch wieder nicht um optimale Stimulation oder Höhepunkt; im Gegenteil, wenn einer der Partner merkt, daß er stark erregt wird, soll er die Bewegung unterbrechen, bis die Erregung wieder abgeklungen ist. Das Glied bleib während dieser Zeit in der Scheide. Anschließend können die Bewegungen wieder aufgenommen werden. Wenn dieser Übungsteil beendet und das Glied wieder ausgeführt ist, können die Partner entscheiden, ob sie sich noch gegenseitig zum Höhepunkt stimulieren oder voreinander masturbieren oder lieber das Zusammensein im nichtgenitalen Streicheln oder Zusammenliegen ausklingen lassen wollen. Wichtig dabei ist, daß der neue Übungsschritt nicht am Ende steht, sondern in das Streicheln integriert ist.

c) Besprechung der Erfahrungen

Zunächst werden wieder die bekannten Übungsteile besprochen, die Situationen, in der das Streicheln stattgefunden hat, Stimmung dabei usw. Dann fragen die Therapeuten, ob die Patienten mit den Anweisungen klargekommen sind, ob die Patientin sich habe gut bewegen können, ob das Glied auch mal rausgerutscht sei usw. Der Mann wird gefragt wie es ihm in der zudiktierten passiven Rolle ergangen sei. Mit beiden wird besprochen, wie sie sich dabei gefühlt haben, wie sie die Bewegungen erlebt haben (warm, schmerzhaft, angenehm, weich, enttäuschend usw.) und ob es Unterschiede gegeben habe zwischen längeren und kürzeren Bewegungen. Gegebenenfalls wird die Reaktion der Partner bei unbeabsichtigtem Herausrutschen des Gliedes besprochen und darauf hingewiesen, daß das im Rahmen dieser Übung sehr häufig passiert. Wenn die Patienten Enttäuschung äußern, z. B. die Bewegungen hätten „nicht richtig geklappt", schon die Einführung sei jetzt wieder schwierig gewesen, die Erregung habe sich nicht gesteigert bzw. sei im Vergleich zur Stimulationsphase zurückgegangen usw., dann gehen die Therapeuten darauf eher beschwichtigend ein, weisen darauf hin, daß die Patienten erst noch mehr Erfahrungen machen müssen, um sicherer zu werden, und daß es hier ja auch nicht um eine intensive gezielte Stimulation geht, das Abflauen der Erregung also ganz erklärlich ist. Sie zeigen auch hier den Patienten wieder auf, was trotzdem an positiven Erfahrungen möglich war.

d) Weiteres Vorgehen

In den folgenden Sitzungen soll die Frau die verschiedenen Möglichkeiten, sich zu bewegen, z. B. kreisende Beckenbewegungen, Auf und Ab, schnelle, langsame, kurze, lange, rhythmische Bewegungen ausprobieren, jedoch immer wieder von kurzen Pausen unterbrochen und ohne daß es bei einem der Partner zum Höhepunkt kommen soll. Wenn die Partner sich dabei relativ sicher fühlen, sollen sie anfangen, sich abwechselnd zu bewegen: zunächst bewegt sich wieder die Frau einige Male; dann, nach einer kurzen Pause, hebt sie das Becken ein wenig an und der Mann führt einige Bewegungen aus usw. Die Partner können auch versuchen, die Bewegungen wechselseitig nachzuahmen, zu „spiegeln".

Wenn sie sich auch dabei sicher fühlen, können sie zu gleichzeitigen Bewegungen übergehen. Dabei weisen die Therapeuten darauf hin, daß die gleichzeitigen Bewegungen keineswegs grundsätzlich die „beste" Form darstellen, sondern daß die Partner im Rahmen dieser Phase wieder Vorlieben und Abneigungen herausfinden sollen und danach über die verschiedenen Möglichkeiten entscheiden. Wenn die Patienten sich bei dieser Übung sicher fühlen, können sie, nach 1- bis 2maligem Innehalten, die Bewegungen bis zum Höhepunkt bzw. Samenerguß weiterführen. Spätestens hier müssen die Therapeuten nochmals erläutern, daß in der Regel die Bewegungen bei eingeführtem Glied für den Mann eine stärkere Stimulation darstellen als für die Frau, daß es also meistens zum Samenerguß kommt, bevor die Frau einen Höhepunkt hat, bzw. daß viele Frauen durch den Koitus allein überhaupt nicht zum Höhepunkt kommen können (S. 18). Orgasmus ist also kein Maßstab für das Gelingen der Übung. Die Frau wird dann ermuntert, sich vorher oder nachher manuell oder oral zum Orgasmus stimulieren zu lassen, oder auch bei eingeführtem Glied sich zusätzlich vom Partner mit der Hand stimulieren zu lassen oder sich selbst zu stimulieren.

e) Besondere Probleme

Die Einführung ist nicht mehr möglich. Wenn die Partner berichten, daß es im Gegensatz zu den vorherigen Malen gar nicht erst zur Einführung gekommen ist, explorieren die Therapeuten den genauen Ablauf. Dabei läßt sich meistens aufzeigen, daß die Patienten im Zusammenhang mit dem neuen Übungsschritt, sei es aus Übereifer oder aus Ängstlichkeit, die anderen wichtigen Übungsteile, d. h. sowohl das nichtgenitale Streicheln als auch die genitale Stimulation, vernachlässigt haben bzw. sich dabei wieder unter Leistungsdruck gesetzt haben. Dieser Zusammenhang wird den Partnern erläutert und sie werden ermuntert, die Übung unter Berücksichtigung dieser Gesichtspunkte zu wiederholen.

Samenerguß bei den ersten Bewegungen. Auch Paare, bei denen ursprünglich keine vorzeitige Ejakulation vorlag, berichten manchmal, daß es schon bei den ersten Bewegungen zu einem Samenerguß gekommen ist. Darauf gehen die Therapeuten eher beschwichtigend ein, sie erläutern, daß nach so langer Enthaltsamkeit der Reiz der Bewegung für den Mann besonders stark ist. Wenn dies wieder geschieht, soll das Paar nach dem Samenerguß und einer Ruhepause das Glied nochmals stimulieren und einführen. Mit zunehmender Sicherheit werde sich das Problem erledigen.

Enttäuschung über das Ausbleiben der Erregung. Manchmal sprechen die Partner – meistens die Frau – ihre Enttäuschung darüber an, daß trotz der Bewegungen beim Koitus ihre Erregung nicht stärker wird bzw. sogar zurückgeht. Die Therapeuten führen dann aus, daß es besonders im ersten Abschnitt dieser Phase mehr um spielerisches Ausprobieren geht, und gar nicht um optimale Stimulation. Sie fordern die Patienten auf, sich auf angenehme Gefühle wie Wärme, Nähe usw. zu konzentrieren und nicht auf Erregung zu warten. Auch hier kann auf die Möglichkeit der zusätzlichen manuellen Stimulation der Frau durch den Partner oder sie selbst während des Koitus hingewiesen werden.

f) Beendigung dieses Abschnitts

Das Ziel dieses Abschnitts ist erreicht, wenn die Partner den Koitus ohne technische Probleme durchführen und lustvoll erleben können; es geht nicht darum, daß sie dabei auch zum Höhepunkt kommen. Sie sollen aber in der Lage sein, sich gegenseitig ihre Wünsche, Vorlieben und Abneigungen hinsichtlich der unterschiedlichen Bewegungs- und Stimulationsmöglichkeiten beim Koitus mitzuteilen.

Zur Erreichung dieser Ziele sind erfahrungsgemäß mindestens 3 Sitzungen erforderlich (s. Übersicht, S. 105).

Bei der verteilten Durchführung der Therapie gehen die Therapeuten zum nächsten und abschließenden Schritt über. Bei der massierten Form wird in der Regel, bedingt durch die begrenzte Zahl der Sitzungen, der nächste Schritt nur im Rahmen des Abschlußgesprächs (S. 175) mit dem Paar besprochen.

11 Koitus in verschiedenen Stellungen

a) Ziele

Die Partner sollen die positiven Erfahrungen im sexuellen Zusammensein, die sie bisher gemacht haben, auch auf andere Koituspositionen übertragen lernen und dabei auch im Hinblick auf die sexuelle Funktion allmählich sicherer werden. Sie können Vorlieben und Abneigungen im Hinblick auf die Variationen des Koitus klären, Ängste, die mit früheren Mißerfolgen verbunden waren, und Vermeidungsverhalten weiter abbauen und den Spielraum, in denen sie Sexualität miteinander genießen können, erweitern. Die Partner können sich damit auseinandersetzen, daß Frauen oft durch Bewegungen beim Koitus nicht optimal stimuliert werden, auch wenn sie sie als angenehm erleben. Das Paar kann Erfahrungen mit Koitusstellungen machen, bei denen eine zusätzliche manuelle Stimulation der Frau gut möglich ist, oder auch herausfinden, ob es Stellungen gibt, die für die Frau besonders stimulierend sind.

b) Vorgehen

Auf dieser Therapiestufe sagen die Partner oft von sich aus, daß sie auch mal andere Stellungen ausprobieren möchten. Die Therapeuten ermutigen sie dazu, weisen aber darauf hin, wie wichtig es ist, das Streicheln nicht zu vernachlässigen. Paare, die das Thema nicht von sich aus ansprechen, ermuntern die Therapeuten, andere Stellungen auszuprobieren. Gegebenenfalls machen die Therapeuten selbst Vorschläge und besprechen sie mit dem Paar. Die Therapeuten machen deutlich, daß es nicht darum geht, beim Zusammensein eine Vielzahl verschiedener Stellungen zu exerzieren, sondern daß unterschiedliche Stellungen der Befriedigung bestimmter Bedürfnisse, wie z. B. viel Körperkontakt oder möglichst große Bewegungsfreiheit, entgegenkommen. Maßstab sind immer die Erfahrungen der Partner. Wichtig ist auch immer wieder zu betonen, daß die Partner, wie bei allen neuen Schritten, sich über ihr Vorgehen verständigen müssen. Die Therapeuten warnen die Patienten vor der Annahme, daß gleich der erste Versuch gelingt. Sie verweisen auf die bisherigen positiven Erfahrungen im Umgang mit Schwierigkeiten bei neuen Schritten.

Wenn die Frau bisher beim Koitus noch nicht zum Höhepunkt gekommen ist, können die Therapeuten auch eine Stellung vorschlagen, bei der die Frau mit angewinkelten Beinen auf dem Rücken liegt und der Mann von schräg seitlich das Glied einführt (Abb. 5). In dieser Position oder in der Seitenlage, in der der Mann unter der Frau liegt, ist die zusätzliche manuelle Stimulation der Frau während des Koitus sowohl durch sie selbst als auch durch ihren Partner gut möglich, und das Paar wird ermuntert, auch damit Erfahrungen zu machen. Die Therapeuten können auch darauf eingehen, daß die indirekte Stimulation der Klitoris durch die Wahl der Stellung beeinflußt werden kann. Für viele Frauen haben unterschiedliche Stellungen deshalb einen sehr unterschiedlichen Stimulationswert. Es kann daher sinnvoll sein, daß die Partner auch in dieser Richtung ihre Erfahrung sammeln.

Abb. 5 Zum Therapieabschnitt „Koitus in anderen Stellungen"

c) Besprechung der Erfahrungen

Die Therapeuten gehen wie bisher zunächst auf die Häufigkeit des Zusammenseins und auf die Erfahrungen beim Streicheln und bei der Stimulation ein, bevor sie nach den Erfahrungen mit den anderen Stellungen fragen. Wenn das Paar den Geschlechtsverkehr in neuen Positionen ohne Schwierigkeiten durchführen konnte, weisen die Therapeuten darauf hin, daß diese Übertragungen der bisherigen Lernerfahrungen die wachsende Sicherheit und Entspannung im sexuellen Umgang anzeigt. Wenn ein Paar sich schon nach 1–2 Versuchen auf eine bevorzugte Stellung festlegt, ohne daß bei der Exploration Ängste und Hemmungen deutlich werden, die für ein Vermeidungsverhalten sprechen, dann sollten die Therapeuten diese Entscheidungen des Paares respektieren.

Die Therapeuten fragen auch nach den Erfahrungen bei der zusätzlichen manuellen Stimulation der Frau, ob sie es selbst gemacht habe oder der Partner, verstärken positive Erfahrungen und ermuntern zu Geduld und weiteren Übungen.

d) Besondere Probleme

Frühere Symptome treten wieder auf (mangelnde Erektion, Scheidenkrampf usw.). Wenn die Partner berichten, daß bei dem Versuch, den Koitus in einer neuen Stellung durchzuführen, das Glied gar nicht erst steif geworden oder die Einführung des Gliedes durch eine Verkrampfung des Scheidenmuskels unmöglich gewesen sei, explorieren die Therapeuten zunächst, ob die Partner überhaupt ausführlich gestreichelt bzw. sich gegenseitig stimuliert haben, bevor sie die neue Stellung ausprobiert haben. Außerdem weisen sie darauf hin, auf welche Art und Weise die Partner es in früheren Abschnitten der Therapie geschafft haben, derartige Schwierigkeiten zu bewältigen. Sie ermahnen das Paar immer wieder zu Geduld und ermuntern sie zu weiterem Üben.

Vermeidung der zusätzlichen manuellen Stimulation der Frau. Wenn die Frau eigentlich gerne beim Koitus zum Höhepunkt kommen möchte, aber die Partner wiederholt berichten, daß sie die zusätzliche manuelle Stimulation nicht durchgeführt haben, müssen die Therapeuten Vorbehalte auf seiten beider Partner explorieren. Es könnte z. B. sein, daß der Mann sich gekränkt fühlt, wenn er „zusätzliche Handarbeit" leisten muß, um seine Frau zum Höhepunkt zu bringen. Andererseits können aber auch moralische Vorbehalte auf seiten der Frau oder eine tiefverwurzelte falsche Vorstellung vom „reifen vaginalen Orgasmus" ein Hemmnis darstellen. In solchen Fällen wird mit beiden Partnern nochmals ausführlich die Bedeutung klitoridaler Stimulation für Erregung und Orgasmus der Frau besprochen.

Falls eine Frau die Beckenbewegung beim Koitus auch ohne besondere Erregung oder ohne Höhepunkt genießen kann und das Paar eine zusätzliche manuelle Stimulation ablehnt, kann das von den Therapeuten akzeptiert werden.

e) Beendigung des Abschnitts

Das Ziel dieses Abschnitts ist erreicht, wenn die Partner die Erfahrung gemacht haben, den Koitus in verschiedenen Stellungen befriedigend erleben zu können, und wenn die Partner auch mit gelegentlichen Unlustgefühlen, ausbleibender Erregung/Erektion usw. gelassen umgehen können. Die Therapeuten kündigen dann das *Abschlußgespräch* (s. u.) an und damit das Ende der Therapie. Sie tun dies auch, wenn noch einige Details unbearbeitet geblieben oder die ursprünglichen Therapieziele speziell im Hinblick auf die sexuelle Funktion noch nicht ganz erreicht sind. Das ist besonders häufig bei Orgasmusstörungen der Fall, wenn das Paar das sexuelle Zusammensein und den Koitus als angenehm erleben kann, die Frau aber bisher noch nicht zum Höhepunkt gekommen ist.

Die Therapeuten weisen schon hier darauf hin, daß sich erfahrungsgemäß die eingeleiteten positiven Veränderungen nach Abschluß der Therapie noch fortsetzen. Es kann für die Paare entlastend sein, wenn die Therapie „ausgeschlichen" wird: die Therapeuten besprechen mit den Partnern, die letzten 2 – 3 Sitzungen bis zum Abschlußgespräch beispielsweise in 14tägigem Abstand durchzuführen. In diesen letzten Sitzungen können auch Ängste des Paares im Hinblick auf das Ende der Therapie, vor Rückfällen usw. bearbeitet werden. Die Therapeuten weisen auch schon darauf hin, daß sie dem Paar nach Abschluß der Therapie im Bedarfsfall zu Gesprächen zur Verfügung stehen.

Die Therapeuten neigen erfahrungsgemäß dazu – besonders wenn sich im Verlauf der Therapie eine gute Beziehung zu dem Paar entwickelt hat – ein überhöhtes Anspruchsniveau im Hinblick auf die Therapieziele zu haben. Deshalb ist es sinnvoll, den Abschluß einer Therapie in der Supervisionsgruppe zu besprechen.

12 Das Abschlußgespräch

a) Ziele

Die Partner sollen die Möglichkeit erhalten, zum Therapieergebnis Stellung zu nehmen und offene Fragen bzw. Ängste und Befürchtungen hinsichtlich der Zeit nach Abschluß der Therapie anzusprechen. Die Therapeuten sollen das Therapieergebnis aus ihrer Sicht zusammenfassen und erläutern, welche Verhaltensänderungen besonders wichtig sind für die veränderte sexuelle Beziehung des Paares. Das Angebot der Therapeuten, bei Bedarf auch nach Abschluß der Therapie zu weiteren Gesprächen zur Verfügung zu stehen, soll das Paar entlasten. Weiterhin soll mit dem Paar besprochen werden, wie sie ihre Erfahrungen in den ersten Wochen nach der Therapie in den Alltag integrieren können.

b) Vorgehen

Die Therapeuten besprechen zunächst wie bisher mit den Partnern die Erfahrungen, die sie seit der letzten Sitzung gemacht haben. Anschließend gehen sie auf die Reaktionen der Partner auf den bevorstehenden Abschluß der Therapie ein. Dabei sollten folgende Punkte angesprochen werden:

Wie zufrieden sind die Partner mit dem Ausgang der Therapie, was von den ursprünglichen Therapiezielen wurde erreicht, was muß noch weiter bearbeitet werden?

Welche Erwartungen oder Befürchtungen bzw. Pläne haben die Patienten hinsichtlich der Zeit unmittelbar nach Abschluß der Therapie?

Die Therapeuten erläutern den Partnern nochmals, daß sich die positiven Veränderungen auch nach Abschluß der Therapie oft noch fortsetzen, wenn die Patienten die wichtigen Regeln für den Umgang miteinander, die sie in der Therapie gelernt haben, weiter beachten (wie z. B. offen über die gegenseitigen Gefühle und Bedürfnisse reden; nichts nur dem Partner zuliebe tun; nicht versuchen, bestimmte − sexuelle − Reaktionen zu erzwingen usw.). Die Therapeuten weisen darauf hin, daß auch nach einem erfolgreichen Therapieabschluß immer wieder Probleme auftauchen werden, auch im Hinblick auf die sexuelle Funktion. Aber auch dies sei nicht weiter problematisch, wenn die Partner in der Weise mit diesen Problemen umgehen, wie sie es in der Therapie gelernt haben.

Es ist häufig so, daß die Partner zugunsten der Therapie andere Interessen zeitweilig zurückgestellt haben, die nach dem Abschluß der Therapie verständlicherweise wieder mehr Raum einnehmen. Das sollte aber unter keinen Umständen dazu führen, daß die Partner das sexuelle Zusammensein über längere Zeit hinweg ganz vernachlässigen, da das Paar erst noch sicherer werden muß. Das Paar wird ermuntert, nach der Therapie weiterhin regelmäßig sexuell zusammenzukommen und dabei das Prinzip des „offenen Endes" anzuwenden: sie sollen sich in diesem Fall regelmäßig streicheln und dann sehen, wie weit sie gehen wollen und wozu sie Lust haben. Es sei hilfreich für sie, ausschließliches Streicheln, Petting oder Koitus als gleichrangige Alternativen anzusehen.

Wenn ein Kinderwunsch vorliegt − besonders wenn das der eigentlich Anstoß für die Therapie war − muß mit dem Paar besprochen werden, daß eine Schwangerschaft direkt nach Abschluß der Therapie das bisher Erreichte wieder gefährden kann, da sich die positiven Erfahrungen erst noch festigen müssen. Es ist also sinnvoll, mit dem Absetzen der Verhütungsmittel noch mindestens etwa ein halbes Jahr zu warten.

Abschließend wiederholen die Therapeuten dem Paar gegenüber das Angebot, sich jederzeit wieder an die Therapeuten zu wenden, wenn sie das Gefühl haben, mit einem Problem nicht allein klar zu kommen. (Erfahrungsgemäß machen nur wenige Paare von diesem Angebot Gebrauch.)

c) Transkript

Paar 24: Es handelt sich um das Paar mit Erektionsstörung des Mannes, das wir schon auf S. 73 beschrieben haben. Eine verteilte Therapie mit 2 Therapeuten wurde durchgeführt.

Mann:	Wir haben weiter so gemacht wie bisher, zweimal. Ja, mit Streicheln, allem Drum und Dran.
w Th:	Und die Einführung so in der Seitenlage?
Mann:	Ja. Ja.
w Th:	Sie hatten ja das letzte Mal so kurz angesprochen mit anderen Stellungen. Da sagten Sie, Sie hätten von früher her noch Erfahrungen mit einer anderen Stellung, nicht?
Mann:	Ja.
w Th:	Haben Sie dazu Lust gehabt, die mal zu probieren?
Mann:	Nee, das war auch nicht so das Wahre, also.
Frau:	Nee, wir sind nicht . . .
Mann:	. . . da nicht so zurechtgekommen.

w Th:	Also Sie haben doch was ausprobiert?
Mann:	Nein, wir haben jetzt den Versuch nicht gemacht.
w Th:	Aja.
Mann:	Wahrscheinlich sind da irgendwelche Abneigungen oder Hemmungen noch vorhanden, die einen oder uns daran hindern, da eben einfach zu experimentieren, wie Sie so schön sagten.
m Th:	Wenn Sie daran denken, dann tauchen diese alten Enttäuschungen wieder auf?
Mann:	Genau, genau.
w Th:	Das will man wahrscheinlich vermeiden.
m Th:	Ich kann mir das noch nicht so genau vorstellen. Wann kommt denn bei Ihnen beiden der Wunsch auf, eine andere Stellung auszuprobieren?
Mann:	Ach Gott, wir haben darüber gesprochen, aber . . .
w Th:	Außerhalb der Übung?
Mann:	Ja. Aber wir sind auf keinen Nenner gekommen.
Frau:	Wir wissen auch nicht, ob das unbedingt sein muß, ob das unbedingt erforderlich ist.
m Th:	Ja, das wollt' ich nämlich grad rausfinden, ob Sie sich fragen, vielleicht erwarten unsere Therapeuten, daß wir noch eine andere Stellung ausprobieren.
Mann:	Ja.
Frau:	Auch nicht wissen wie und was, und ob das überhaupt erforderlich ist. Ich zumindest von mir aus.
w Th:	Also Sie haben gar nicht so von sich aus das Bedürfnis?
Frau:	Nicht unbedingt.
w Th:	Ich glaub' das ist halt so ganz wichtig, daß es keine Regel gibt, was erforderlich ist.
Mann:	Ja.
w Th:	Ist ja auch nicht erforderlich, miteinander zu schlafen, man kann sich auch mit der Hand zum Höhepunkt bringen.
Mann:	Ja, genau.
w Th:	Und daß das jeder nach seinem Geschmack rauskriegen muß. Und Sie haben im Moment auch noch gar keine so große Lust zu einer anderen Stellung gehabt, oder . . .
Frau:	Vielleicht schon, aber man weiß ja nicht, ob das unbedingt sein muß.
m Th:	Ich glaub', das ist das Entscheidende. Dadurch, daß Sie sich fragen, ob das erforderlich ist, sein sollte oder nicht, in dem Moment ist es ja keine spielerische Entscheidung mehr, sondern sowas wie den letzten Rest der Hausaufgaben auch noch zu machen.
Mann:	Ja, so könnte man es . . .
Frau:	Ja, in etwa, hm.
m Th:	In dem Moment sind sie eigentlich schon nicht mehr entspannt, sondern fangen Sie an, sich zu beobachten, wie Sie sich nun hinlegen müssen, was erforderlich ist, und dann klappt es gar nicht mehr.
Frau:	Oder ob wir uns so wohler fühlen, daß wir im alten Fahrwasser bleiben.
Mann:	In dem jetzt so gewohnten Fahrwasser.
m Th:	Sie stehen dann unter dem Leistungsanspruch, etwas anderes auszuprobieren, weil wir hier „herumexperimentieren" gesagt haben.
Mann:	Genau. Ganz ehrlich, das ist wie eine psychische Blockade.
m Th:	Möchten dem nachkommen, merken aber, daß das in dem Moment gar nicht ihr Bedürfnis ist.
Mann:	Genau.
m Th:	Ja, ich glaube dann sollten wir doch ausdrücklich sagen, daß es nicht erforderlich ist. Das gilt auch für später. Vielleicht haben Sie ja tatsächlich mal von sich aus den Wunsch, und dann könnten Sie es ja machen.
Frau:	Aber im Moment würde uns auch die Phantasie fehlen, also mir jedenfalls. Wir haben uns damit auch nicht mehr belastet dann, also ich jedenfalls nicht. Wir haben darüber gesprochen.
w Th:	Das finde ich sehr gut, daß Sie miteinander darüber sprechen.
Frau:	Uns fehlte eben, wie gesagt, die Phantasie dazu.
Mann:	Ja, und vor allem eins, wie Sie schon sagten. Wir haben darüber gesprochen und haben das dann praktisch eben ad acta gelegt, um es Ihnen vorzutragen, was Sie dazu meinen.

w Th: Vielleicht auch noch so eine ganz wichtige Sache, daß viele Paare, die verschiedene Stellungen ausprobieren und auch problemlos durchführen können, daß viele im Endeffekt dann doch so eine Standardstellung haben, welche das ist, bleibt dahingestellt. Das ist sehr unterschiedlich, in welcher sie sich am wohlsten fühlen.

Mann: Ja, ja.

w Th: Aber bei den Malen, während sie zusammen waren, hat es Spaß gemacht?

Mann: Ja.

w Th: Keine Probleme?

Mann: Nein.

m Th: Sie haben Geschlechtsverkehr gehabt?

Mann: Ja, ja.

m Th: Mit Samenerguß in der Scheide?

Mann: Ja.

m Th: (Zur Frau:) War es bei Ihnen wieder so, daß Sie beim Geschlechtsverkehr oder beim Streicheln anschließend einen Orgasmus hatten.

Frau: Nee, beim Verkehr.

m Th: Beim Verkehr. Gibt es da so Ihrem Erleben oder auch in Ihrer Bewertung Unterschiede, ob der Orgasmus durch den Geschlechtsverkehr kommt oder durch das Streicheln?

Frau: An sich nicht, wüßte ich nicht.

m Th: Sie mögen beides gleich gerne?

Frau: Ja.

m Th: Ich glaub' das ist was ganz Wichtiges, daß Sie so von sich aus sagen, das ist gleich schön und nicht das eine als minderwertiger anzusehen.

Frau: Nee.

Mann: Nee, also das kann man nicht sagen, daß man jetzt das eine als wichtig hervorhebt und das andere nur sekundär betrachtet, so würde ich das auf keinen Fall hinstellen. Also auch für mich nicht.

w Th: Daß Sie so für sich entscheiden können, wann Sie zusammen sein wollen und in welcher Form.

Mann: Ja, ja.

w Th: Darüber reden können, wie wer was haben will.

Mann: Genau. Das sind eben Dinge, über die wir früher so gut wie gar nicht gesprochen haben, nicht, und wie gesagt, ich sagte es Ihnen ja schon das letzte Mal, daß sich auch das ganze Spektrum unseres Daseins wesentlich erweitert hat, und daß wir Dinge, die wir früher als nichtig betrachtet haben, daß die heute voll durchgesprochen werden. Knatsch und Ärger also das ist irgendwo, ich weiß nicht, unter „ferner liefen".

m Th: Hm.

Mann: Würde ich sagen, nicht.

m Th: Ja. Ich hätt gern noch einen Punkt angesprochen, und zwar den Zeitpunkt des Samenergusses bei Ihnen.

Mann: Das ist sehr unterschiedlich.

m Th: Können Sie uns mal schildern, wovon der so in Ihrer Wahrnehmung abhängig ist? Zum Beispiel ob es mal Situationen gibt, wo Sie sehr erregt sind und sich gar nicht mehr kontrollieren können . . .

Mann: Nee, nee, also nicht mehr. Das war früher so. Heute nicht mehr, also da ist praktisch doch ein ziemlicher Unterschied würde ich sagen. Wodurch das gekommen ist . . .

m Th: In dem Sinne, daß es länger geht.

Mann: Ja.

m Th: Daß Sie auch beide mehr vom Geschlechtsverkehr haben?

Mann: Ja, ja. So würde ich es sagen, ich weiß nicht, ob meine Frau es auch so empfindet.

Frau: Hm, hm.

Mann: Aber für mich würde ich es so sagen. Also früher, da ist es passiert, daß praktisch ein Samenerguß innerhalb von Sekunden erfolgte.

w Th: Also, daß es mal langsamer und mal schneller geht. Auch daß wenn es mal schneller geht, das noch so in dem Rahmen ist, daß Sie es genießen können?

Mann: Eins möchte ich mal dazu sagen. Ich kann noch nicht immer, aber mitunter wesentlich hinauszögern.

m Th: Wie machen Sie denn das?

Mann: Ja, wie soll ich sagen, indem ich praktisch einen Block aufbaue und sage, also noch nicht.

m Th: Sie geben sich also selber so eine Art Anleitung?

Mann: Ja.

m Th: Und diese Anleitung, die läßt Sie dann erst mal so ein bißchen abkühlen.

Mann: Genau.

m Th: Dann sind Sie nicht mehr so erregt.

Mann: Ja.

m Th: Hören Sie dann auch in dem Moment mit den Beckenbewegungen auf?

Mann: Nein, das nicht. Ich kann das doch wesentlich mehr bewußt steuern, als daß ich es früher überhaupt für möglich gehalten habe.

w Th: Also daß Sie sich so in dem gesamten Ablauf sicherer fühlen?

Mann: Ja, ja. Ja vor allem wissen Sie, um es mal ganz kraß zu sagen, ich hab mich früher nicht geschämt, aber mir war das mitunter furchtbar peinlich, also wenn es so wahnsinnig schnell zum Samenerguß kam. Und irgendwie wußte ich dann auch, daß meine Frau nicht befriedigt war. Da war dann doch wahrscheinlich ein gewisser Schuldkomplex vorhanden, und der hat sicher auch eine wesentliche Rolle mitgespielt.

m Th: Daß es immer wieder eintrat?

Mann: Ja.

m Th: Weil Sie schon von vornherein sich dafür fürchteten.

Mann: Ja.

Frau: Dann warst Du böse.

Mann: Dann war ich böse, ja.

m Th: (Zur Frau:) Sie doch wohl auch, wenn ich das richtig in Erinnerung habe?

Frau: Nicht so stark wie mein Mann.

m Th: Ach so.

Frau: Der war dann beleidigt und eingeschnappt.

w Th: Also richtig so ein schönes Hochschaukeln.

Frau: Genau.

w Th: Sie hatten Angst davor, daß es passiert, und dann passierte es prompt. Und dann sind Sie beide böse.

Mann: Ja, ja.

w Th: Dann kann das ja gar nicht mehr richtig gehen.

Mann: Eben. Heute kann man darüber bloß lachen.

Frau: Heute ja. Früher hast Du Dich umgedreht vor lauter Wut.

Mann: Jaja, so ungefähr, jaja.

w Th: Also daß Sie beide auch ganz anders rangehen und sich dabei sicherer fühlen.

Frau: Ja, das muß ich sagen.

Mann: Ich würde sagen, das ist ein Unterschied gegen früher wie Tag und Nacht.

w Th: Hm.

Mann: Ich meine einmal auf dem sexuellen Gebiet, aber auch sonst so. Unser ganzer Umgang ist ein ganz anderer geworden. Nicht mehr so furchtbar verbissen. Diese Verbissenheit, die ist doch zum ganzen Teil gewichen. Oder wenn sie mal aufkommt, irgendwie mal Diskrepanzen sind, dann wird eben darüber gesprochen und dann wird es ausdiskutiert und man kommt zum Kompromiß. Also es ist nicht mehr so, daß man aneinander vorbeimarschiert.

w Th: Sie sind nicht mehr gereizt, wenn mal ein Problem auftaucht, sondern Sie haben gemerkt, Sie können ja auch gemeinsam Probleme meistern.

Mann: Ja. Eins der jüngsten Beispiele will ich Ihnen jetzt sagen, was uns früher wirklich vom Fenster gehauen hatte, wie man hier so schön sagt. Der Unfall unseres Jungen und dieser Beinbruch. Na gut, meine Frau hat geweint, das ist logisch gewesen.

Frau: Aber ich muß auch dazu sagen, früher hat mein Mann solche Dinge grundsätzlich auf mich abgewälzt, immer. Ob das kleine oder größere waren. Diesmal hat er alles selbst in die Hand genommen. Darüber hab' ich mich doch gefreut, nicht? Brauchte mich um fast nichts kümmern. Er ist zur Schule gegangen, er ist hier mit ihm zur Poliklinik gefahren. Früher mußte ich das alles. Ohne daß überhaupt darüber gesprochen wurde, das war eben selbstverständlich. „Och nee, mach' Du man, ich mag nicht." Heute ist das umgekehrt, zumindest wechseln wir uns ab.

Mann: Naja, um es mal so zu sagen, wie Du es schon ausgedrückt hast, ich habe Dir praktisch die Führungsrolle überlassen und auch zugespielt.

w Th: Zugeschoben wohl.

Frau: Ja, weil Du auch gar nichts unternommen hast. Einer muß dann ja was tun, man kann ja nicht alles so vor sich hinschieben.

w Th: Daß Sie jetzt eigentlich partnerschaftlich mit solchen Dingen umgehen. Was ich dabei wichtig finde, daß Sie sich einerseits so im Umgang miteinander sehr viel sicherer fühlen und entspannter, auch liebevoller miteinander umgehen, rücksichtsvoller; aber daß Sie auch so von sich aus aufzeigen, wir haben auch gelernt mit Problemen umzugehen, und die werden immer auftauchen.

Mann: Ja.

Frau: Daß ja nicht jeden Tag die Sonne scheint, nicht? Aber doch nicht mehr so wie das früher war, daß wir uns anöden und jeder jedem aus dem Weg geht. Wenn der eine nicht will, na gut, dann hat er schlechte Laune, dann geht es eben nicht.

w Th: Hm.

Mann: Naja, nun, da kann man aber ruhig noch sagen, warum ist die schlechte Laune.

Frau: Die hat meistens ja auch einen Grund.

Mann: Daß man auch darüber spricht.

w Th: Also nicht mehr so viel unter den Teppich gekehrt wird.

Mann: Nee. Nach Möglichkeit nicht.

Frau: Oder wenn er Ärger hat in der Firma, gut da reden wird darüber; hab' ich welchen, reden wir auch darüber. Hast du das richtig oder hast du das falsch gemacht, oder hättest du das und das vielleicht so gemacht.

m Th: Aber wichtig ist eben, daß Sie mit dem Stand im Moment ja nicht immer so rechnen können, sondern daß Sie auch mal wieder genervter sein werden oder auch mal vor einem Problem wieder eher verzagen.

Mann: Nee, nee, da möchte ich Ihnen ganz klar widersprechen.

m Th: Hm.

Mann: Sicher gibt es schwere Probleme, die mal auf uns zukommen können, denen kann man nicht ausweichen, bloß man kann versuchen, das Beste daraus zu machen.

m Th: So daß Sie im Moment auch realistisch sind, daß wir Sie gar nicht vor Rückschlägen warnen müßten.

Frau: Die werden immer wieder kommen.

Mann: Die werden immer wieder kommen, darüber bin ich mir ganz klar.

m Th: Sie sollen nur keine Angst haben, davon aus den Socken gehauen zu werden.

Mann: Nein.

m Th: Sondern relativ gelassen versuchen, das Problem zu erkennen und dann miteinander zu bearbeiten. Daß Sie nun ganz optimistisch sein können, daß Sie den Weg finden können.

w Th: Trotz allem, falls sich irgendwann mal Probleme auftun sollten, die Ihnen doch sehr schwierig erscheinen, können Sie uns immer wieder anrufen.

Frau: Ja.

Mann: Das ist nett.

m Th: Denn gerade diese Zeit so nach einer systematischen Therapie ist ja auch eine Zeit, wo das Paar dann sich sozusagen arrangieren muß, also allein sein eigener Therapeut sein muß.

Mann: Genau, und den Weg weiter allein finden muß, wenn ich Sie richtig verstehe.

m Th: Genau das. Und das kann manchmal zu so einer anfänglichen Verunsicherung führen, muß aber nicht. Aber wenn Sie irgendwie so den Eindruck haben, Sie verrennen sich in irgendwas, dann rufen Sie an und dann reden wir entweder am Telefon oder daß Sie auf einen Sprung vorbeikommen.

Frau: Gut.

w Th: Ich habe auch so den Eindruck, schon das letzte Mal, sie nehmen den Gedanken, daß jetzt die regelmäßigen Gespräche so ausgelaufen sind, also dieses das Abschlußgespräch ist, so ganz gelassen hin und daß Sie ganz optimistisch die nächste Zeit angehen.

Frau: Ja ich muß sagen, darüber habe ich mir gar keine Gedanken gemacht. Überhaupt nicht darüber nachgedacht.

Mann: Ja, ich will nicht sagen keine Gedanken gemacht. Aber, wie Sie schon beim letzten Mal sagten, wenn eben mal scheinbar unüberbrückbare Probleme auftauchen, ich sage wohlgemerkt scheinbar und es gibt ja keine unüberbrückbaren Probleme, dann melden wir uns.

m Th: Ich meine aber nur, Sie sollten jetzt auch wirklich nicht so den ganzen großen Ehrgeiz haben, mit allem allein fertig zu werden, sondern . . .

Frau: Das auch nicht.

Mann: Nein.

w Th: Wenn Fragen auftauchen . . .

Frau: . . . rufen wir an. Das ist ein beruhigendes Gefühl. Das ist am Anfang schon ganz wichtig.

Mann: Daß man da praktisch noch ein Sicherheitsventil hat, das ist doch, muß auch ich sagen, ein sehr beruhigendes Gefühl.

III. Zusätzliche Interventionen

Im folgenden werden einige zusätzliche Interventionen beschrieben, deren Anwendung sich im Rahmen unserer Arbeit bei bestimmten Problemen als sinnvoll erwiesen hat. Es handelt sich dabei — wie der Name schon sagt — nicht um Alternativen zur Grundform der Therapie, sondern um Ergänzungen, die die Therapeuten in die zuvor beschriebene Grundform einarbeiten, wenn es der Indikationsstellung bzw. der individuellen Problematik entspricht.

1 Körperliche Selbsterfahrung: Frauen

a) Überlegungen zur Indikation

Anleitungen zur körperlichen Selbsterfahrung sind eine wichtige Ergänzung des Grundprogramms bei Patienten, die mit ihrem eigenen Körper und seinen Reaktionen nicht vertraut sind, ihren Körper nicht akzeptieren und/oder keine Erfahrungen mit Selbstbefriedigung haben.

Wie intensiv und bis zu welchem Schritt (s. unten) im Bereich „körperliche Selbsterfahrung" bearbeitet werden soll, muß im Einzelfall entschieden werden. Wir haben die Erfahrung gemacht, daß besonders die ersten Schritte (Ansehen des Körpers und der Genitalien, erkundendes Berühren der Genitalien) auch bei den Partnerinnen von Symptomträgern, die selbst keine sexuelle Funktionsstörung haben, sehr hilfreich sind, um Informationsdefizite und Hemmungen abzubauen. Das gleiche gilt für Frauen mit Vaginismus, auch wenn sie bei Petting oder Selbstbefriedigung zum Orgasmus kommen können. Bei ihnen ist die genaue Kenntnis des eigenen Körpers die Grundlage für die speziellen Übungen mit den Stäben (S. 187). Bei Frauen mit primären Erregungs- und Orgasmusstörungen setzen wir die Anleitungen zur körperlichen Selbsterfahrung *generell* als Ergänzung des therapeutischen Vorgehens ein, wenngleich auch hier nicht immer alle Stufen. Sinnvoll können die Übungen zur körperlichen Selbsterfahrung auch bei Frauen sein, die nur durch besondere Masturbationstechniken (z. B. Schenkeldruck, Anpressen der Genitalregion an Gegenstände, Manipulation über der Kleidung usw.) zum Orgasmus gelan-

gen. Die ersten Schritte des Programms sind in jedem Fall ein wichtiges dia-
gnostisches Instrument, bei denen oft viele vorher nicht explorierbare Ängste
und Hemmungen erkennbar werden.

b) Ziele

Generell soll die Frau ihren Körper und seine Reaktionen einschließlich des
Genitalbereiches besser kennen und akzeptieren lernen. Ohne Leistungsdruck
und durch Annäherungsschritte soll die Frau die Erfahrungen machen, wie sie
auf unterschiedliche Berührungs- bzw. Stimulationsformen reagiert und so lernen, mit ihrem Körper vertraut zu werden. In diesem Zusammenhang deutlich
werdende Selbstwertprobleme bzw. Zweifel an der eigenen „Weiblichkeit" sollen bearbeitet werden. Die Möglichkeit, im Rahmen der körperlichen Selbsterfahrung ohne den Partner neue Erfahrungen zu machen, kann ihr ein neues Gefühl von Autonomie im sexuellen Bereich vermitteln und ihr die Bearbeitung
von Sexualängsten, v. a. die Angst vor Kontrollverlust, erleichtern.

c) Vorgehen

Die körperliche Selbsterfahrung wurde bei uns zunächst parallel zur Paartherapie von der Therapeutin *mit der Patientin allein* bearbeitet, und zwar in etwa
20minütigen Einzelsitzungen, die jeweils den gemeinsamen Vierersitzungen
vorangestellt wurden. Inzwischen sind wir zunehmend dazu übergegangen, diesen Teil der Therapie in die Vierersitzung zu integrieren. Das hat sich auch deshalb als günstig und möglich erwiesen, da wir immer häufiger die Anleitungen
zur Selbsterfahrung auch beim Mann für notwendig halten. Dieser Therapieteil
sollte nicht vor dem Streicheln II begonnen werden, damit das Paar zunächst
einige gemeinsame Erfahrungen machen kann. Das Vorgehen basiert auf dem
Konzept von LoPiccolo u. Lobitz (1972)[6].

Der Patientin wird anhand von Beispielen aus ihrer eigenen Lerngeschichte
aufgezeigt, daß ihre gegenwärtige Situation das Ergebnis bestimmter Sozialisa-
tionsbedingungen ist, die in unserem Kulturkreis überwiegend körper- und se-
xualfeindlich sind, und zwar besonders im Hinblick auf die Sexualität der
Frau. Es handelt sich also nicht um ein individuelles Versagen „als Frau", und
sie steht mit ihrem Problem keineswegs allein. Darüber hinaus ist für die meisten Frauen die Kenntnis des eigenen Körpers und speziell des Genitalbereichs
noch durch die anatomischen Gegebenheiten erschwert, da sie im Gegensatz
zum Mann nicht zwangsläufig mit dem Anblick des eigenen Genitales konfrontiert werden.

Die Therapeutin exploriert die Einstellungen der Frau zu diesem Bereich
und bespricht mit ihr, daß Erfahrungen und Sicherheit im Hinblick auf den
eigenen Körper eine wichtige Voraussetzung für eine befriedigende sexuelle
Beziehung in der Partnerschaft ist.

---

[6] Es ist oft eine hilfreiche Ergänzung für die körperliche Selbsterfahrung, wenn die Frauen die
Bücher Barbach LG (1982) For yourself, Die Erfüllung weiblicher Sexualität, Ullstein, Berlin,
oder Meulenbelt A (1982) Für uns selbst. Körper und Sexualität aus der Sicht der Frauen,
Frauenoffensive, München, lesen.

Dann wird die Patientin aufgefordert, sich bis zur nächsten Sitzung 1- bis 2mal Zeit zu nehmen. Wenn sie ungestört ist, soll sie sich, z. B. nach dem Baden oder Duschen, nackt in einem möglichst großen Spiegel von allen Seiten betrachten, und dabei darauf achten, was sie an sich mag und was nicht. Anschließend soll sie sich bequem hinlegen, die Beine leicht anwinkeln und spreizen und sich mit Hilfe eines Handspiegels auch im Genitalbereich genau anschauen und versuchen, die einzelnen Teile des Genitales wie Klitoris, große und kleine Schamlippen, Scheideneingang, Damm und Harnröhre zu erkennen. Die Therapeutin bespricht mit der Frau eine Abbildung des weiblichen Genitales und erläutert Lage und Funktion der einzelnen Teile. Es ist oft hilfreich, der Frau eine solche Abbildung mit nach Hause zu geben.

d) Besprechung der Erfahrungen

Bei der Besprechung der Erfahrungen geht die Therapeutin zunächst darauf ein, wie der Frau zumute war, ob es ihr schwer gefallen sei, die Übung durchzuführen, wie oft sie sich dafür Zeit genommen hat usw. Anschließend exploriert sie die einzelnen Reaktionen, sowohl beim Anblick des ganzen Körpers als auch des Genitales, und greift besonders Ansätze bei der Frau, sich positiv zu sehen, verstärkend auf. Wenn die Frau die einzelnen Teile bei sich nicht erkennen konnte, z. B. die Klitoris nicht gefunden hat, wird nochmals ausführlich die Abbildung besprochen und auf individuelle Variationen hinsichtlich der Größe, Färbung usw. hingewiesen.

e) Weiteres Vorgehen

Wenn sich die Patientin auf diese Weise mit dem Anblick ihres Körpers und ihres Genitalbereichs vertraut gemacht hat, wird sie aufgefordert, sich beim nächstenmal auch anzufassen und dabei mit den Fingern Schamlippen, Klitoris usw. zu fühlen. Sie soll dazu ruhig weiter Spiegel und Abbildung als Hilfe benutzen. Um bei der Durchführung dieser Übungen Mißempfindungen zu vermeiden, wird der Frau die Benutzung von Speichel oder Creme empfohlen. Außerdem soll die Patientin gelegentlich die Beckenbodenmuskulatur willkürlich anspannen und entspannen (Kegelübung) und die dabei auftretenden Veränderungen im Genitalbereich im Spiegel beobachten.

Im nächsten Schritt setzt die Frau die manuelle und visuelle Exploration des Genitalbereichs fort und achtet jetzt darauf, inwieweit die Berührung von Klitoris, Schamlippen, Scheideneingang und Dammbereich unter unterschiedlichem Druck und Rhythmus zu unterschiedlichen Empfindungen führen, was für sie angenehm und was eher unangenehm ist. Die Therapeutin ermutigt die Patientin zu einer spielerischen Experimentierhaltung und weist darauf hin, wie wichtig es ist, den gesamten Scham- und Dammbereich zu untersuchen und nicht bestimmte Areale auszuklammern, um mit allen Reaktions- und Erlebnismöglichkeiten vertraut zu werden und eventuelle Ängste abzubauen.

Wenn die Frau für ihre unterschiedlichen Empfindungsmöglichkeiten im Genitalbereich sensibilisiert ist, wird sie aufgefordert, diese Kenntnisse bei den nächsten Übungen einzusetzen und sich so zu streicheln, wie sie es als besonders angenehm erlebt. Falls dabei Erregung auftritt, soll sie zunächst nicht bis zum Orgasmus weiter stimulieren, sondern die Erregung wieder abflauen lassen und dann durch stimulierendes Streicheln wieder herstellen, ganz entsprechend dem „Spiel mit der Erregung" (S. 158). Anschließend kann sie dann weitermachen, bis „etwas passiert", bis zum Höhepunkt oder bis sie keine Lust mehr hat.

Falls es notwendig erscheint, können die bisherigen Anleitungen anschließend noch intensiviert und modifiziert werden. Beispielsweise kann die Therapeutin, − nach der Besprechung möglicherweise ambivalenter Phantasieinhalte − die Patientin ermutigen, anregende Phantasien (oder auch Bild- und Textvorlagen) bei der Selbststimulation einzusetzen. Die Vorführung und gemeinsame Besprechung eines Masturbationsfilms oder die Anleitung, einen „wilden Orgasmus" zu spielen, können beim Abbau von Angst vor Kontrollverlust hilfreich sein. Bei Frauen, die im Verlauf der verschiedenen Schritte zwar gelernt haben, ihren Körper einschließlich des Genitalbereichs zu akzeptieren und die sich bei der Selbststimulation wohl fühlen und erregt werden können, aber weder vor der Therapie noch im Verlauf der körperlichen Selbsterfahrung zum Höhepunkt kamen, kann ein durch besonders intensive Stimulation − wie sie z. B. durch den Gebrauch einer Handdusche oder eines Vibrators möglich ist − hervorgerufener Orgasmus einen Durchbruch im Hinblick auf emotionale Barrieren bedeuten. Dieses Vorgehen ist nur sinnvoll, wenn auf seiten der Patienten und auch auf seiten der Therapeutin mögliche Vorbehalte gegen diese apparative Stimulation („Künstlichkeit", „Notlösung" usw.) ausgeräumt werden können und kein neuer Leistungsdruck entsteht. Das erstmalige Erleben eines Orgasmus kann die Frau von der Angst entlasten, funktionell nicht intakt zu sein. Diese Erleichterung führt oft dazu, daß sie sich bei der manuellen Selbststimulation bzw. beim Petting mit dem Partner bedeutend besser entspannen kann und auch dabei hohe Erregungsstufen bzw. Orgasmus erlebt. Oft ist es aber notwendig, daß die Therapeutin die Frau schrittweise anleitet, diese Erfahrungen auch auf andere Stimulationsformen zu übertragen: Sie schlägt ihr vor, sich zunächst mit Handdusche oder Vibrator zu stimulieren, bis die Erregung sehr stark ist, und dann mit der Hand weiterzumachen usw.

f) Besondere Probleme

Massives Vermeidungsverhalten. Besonders beim ersten Schritt kommt es häufig vor, daß die Frauen keine Zeit für die Übungen finden, keine Lust haben oder sich schlichtweg weigern, die Übungen durchzuführen, weil sie sie einfach „doof" finden. Damit sollte die Therapeutin so umgehen, wie es auch bei der Paartherapie beschrieben ist (S. 158). Außerdem kann die erste Anleitung auch in 2 Schritte aufgeteilt werden, und die Frau kann zunächst nur ihren nackten Körper betrachten.

Ekel vor dem eigenen Genitale. Viele Frauen erleben den Anblick oder die Berührung des eigenen Genitales als unangenehm, ekelig usw. als eine Art Wunde, die Verletzungsängste mobilisiert. Sie schaffen es oft nicht, diesen Bereich in ihr Körperschema zu integrieren. Oft erledigt sich dieses Problem durch die zunehmende Vertrautheit der Frau mit ihrem Körper schon nach wenigen Sitzungen. Für viele Frauen ist es in diesem Zusammenhang hilfreich, von der Therapeutin die funktionsgerechte Form des Genitales erklärt zu bekommen: daß die rötliche Färbung wie bei den Lippen durch die starke Durchblutung bedingt ist, daß die faltige Haut erst die für den Geburtsvorgang erforderliche Flexibilität ermöglicht. Wenn Frauen angeben, trotz Verwendung von Gleitmitteln auch sanfte Berührung als schmerzhaft zu erleben, handelt es sich oft um eine falsche Einordnung ungewohnter Empfindungen. Das Problem kann abgebaut werden, indem die Therapeutin der Patientin gegenüber diese Empfindungen umdeutet bzw. neu benennt.

Was heißt Erregung bzw. Höhepunkt? Viele Frauen haben völlig unrealistische Vorstellungen davon, wie sich Erregung und Orgasmus körperlich äußern und können ihre eigenen Empfindungen damit in keiner Weise in Übereinstimmung bringen. Dieses Problem taucht meistens dann auf, wenn sie aufgefordert werden, sich gezielt so zu streicheln, daß sie sich dabei wohlfühlen. Übersteigerte Erwartungen führen dann zu massiver Enttäuschung. In diesem Fall fragt die Therapeutin ganz detailliert nach den Empfindungen während der Übung, z. B. ob die Patientin ein Wärmegefühl im Unterleib oder ein angenehmes Kribbeln erlebt habe oder ob sie bei sich während der Übung Veränderungen wahrgenommen habe (dunklere Färbung oder Anschwellen von Klitoris und Schamlippen). Die Therapeutin erläutert, daß dies Ausdruck von Erregung sei, die aber aufgrund übersteigerter Erwartung oft als solche nicht erkannt wird. Sie spricht ausführlich mit der Frau die große Variationsbreite, in der Erregung und Orgasmus erlebt werden können, und zwar nicht nur inter- sondern auch intraindividuell. In diesem Zusammenhang kann aufgezeigt werden, daß es sinnvoll ist, das subjektive Empfinden statt des objektiven körperlichen Funktionierens als Maßstab zu nehmen.

Kurz vor dem Höhepunkt „bricht die Erregung ab". Manche Frauen berichten, daß sie zwar stark erregt werden, wenn sie sich stimulieren, daß diese Erregung dann aber plötzlich abbricht, ohne daß sie die Stimulation geändert haben oder zum Höhepunkt gekommen sind. Wenn die Frauen nicht aufgrund übersteigerter Erwartung ihren Höhepunkt „übersehen", bespricht die Therapeutin nochmals ausführlich mit der Frau, daß es im Moment darauf ankommt, sich wohl zu fühlen. Sie fordert die Frau auf, mit der Erregung zu spielen (S. 158). Erst anschließend kann die Frau sich weiter stimulieren solange sie Lust hat, soll dabei aber nicht damit rechnen, zum Höhepunkt zu kommen. Es muß auch abgeklärt werden, ob das Abbrechen der Erregung etwa mit angstauslösenden Phantasieinhalten oder mit Angst vor Kontrollverlust zusammenhängt.

g) Integration in die Paartherapie

Sowohl in den Einzelsitzungen als auch in den gemeinsamen Sitzungen mit dem Paar wird besprochen, wie die Frau ihre Erfahrung mit sich selbst in die gemeinsame Übung einbringen kann: so kann sie im Rahmen des erkundenden Streichelns dem Mann Lage und Funktion von Klitoris, Scheideneingang usw. erläutern und beim stimulierenden Streicheln Wünsche äußern, wie sie am liebsten gestreichelt werden mag, und seine Hand führen. Auch das Spielen eines Orgasmus im Beisein des Partners sowie die Erfahrung, sich vor dem Partner bis zum Höhepunkt zu stimulieren, können bei Frauen mit Orgasmusproblemen wichtige Zwischenschritte im Rahmen des Grundprogramms sein. Auch bei den weiteren Abschnitten des Grundprogramms nach der Einführung des Gliedes kann die Frau immer wieder auf ihre Erfahrung bei der körperlichen Selbsterfahrung zurückgreifen und z. B. Wünsche hinsichtlich der Stimulation äußern.

2   Körperliche Selbsterfahrung: Männer

Wir haben die körperliche Selbsterfahrung für Männer nicht als systematische Ergänzung der Partnertherapie angewendet, weil wir die bei fast allen Männern vorhandene Masturbationskompetenz mit körperlicher Selbsterfahrung verwechselt haben und deshalb die Notwendigkeit entsprechender Übungen lange Zeit nicht sahen.

Wir haben bei einigen Männern Selbsterfahrungsübungen bei besonderen Problem angewendet:

Manche Männer befürchten aufgrund phantasierter oder realer körperlicher Gegebenheiten (z. B. Phimose) Schmerzen beim Berühren oder Stimulieren ihrer Genitalien. Sie mögen sich deshalb nicht anfassen und können dies auch nicht von seiten ihrer Partnerin zulassen. Das erkundende Streicheln mobilisiert bei diesen Männern große Verletzungsängste, die − wenn sie unerkannt oder unbearbeitet bleiben − zur Stagnation der Therapie führen können. Ein stufenweises Abbauen der Ängste ist durch Selbsterfahrungsübungen (Ansehen der Genitalien, Berühren des Penis und der Eichel) möglich.

Viele Männer masturbieren mechanisch und ohne Phantasiebeteiligung. Sie haben sich nie bei der Masturbation vorgestellt, den Penis in die Scheide einzuführen oder in die Scheide einen Samenerguß zu haben. Bei Männern mit Erektionsstörungen und vorzeitiger Ejakulation kann es hilfreich sein, Erektion und Ejakulationskontrolle in der Phantasie beim Masturbieren „zu üben".

Viele Männer haben jahrelang heimlich und schnell masturbiert, um mit einem Minimum an zeitlichem Aufwand zum Orgasmus zu kommen. Dahinter steckt oft eine verunsicherte Haltung gegenüber der Sexualität. Diese Männer trainieren auf diese Weise eine hastige Sexualität, die beim Geschlechtsverkehr zur Frustration beider Partner führt. Das Erlernen des spielerischen Umgangs mit der Erregung bei der Selbstbefriedigung kann bei diesen Männern hilfreich bei der Therapie sein.

Aufgrund der oben genannten Erfahrungen ist es wichtig, die Masturbationsphantasien und -praktiken der männlichen Partner, seien sie nun die Symptomträger oder nicht, sorgfältig zu explorieren, gegebenenfalls zu besprechen und durch Verhaltensanleitungen zu modifizieren.[7]

3   Spezielle Interventionen beim Vaginismus

Bei Paaren, die sich wegen eines Vaginismus der Frau behandeln lassen, wird dieser Zusatz bereits bei der Besprechung der Explorationsergebnisse vorbereitet, indem die Therapeuten dem Paar die Wirkungsweise des Vaginismus

---

[7] Als hilfreiche Ergänzung empfehlen wir den Männern das Buch von B. Zilbergeld „Männliche Sexualität" (Deutsche Gesellschaft für Verhaltenstherapie, Tübingen 1983).

durchschaubar machen. Das Zusatzprogramm wird ab dem Abschnitt „Erkundendes Streicheln" in das Grundprogramm integriert. Vorher sollte sich die Patientin im Rahmen der körperlichen Selbsterfahrung (S. 181) mit dem eigenen Körper, speziell dem Genitalbereich, vertraut gemacht haben.

a) Ziele

Die Frau soll durch einen stufenweisen Abbau der reflexartigen Verkrampfung bei vorgestellten oder realen vaginalen Einführungen in die Lage versetzt werden, sich entspannt und ohne Angst vor Schmerzen auf die Einführung des Gliedes einlassen zu können.

b) Vorgehen

Die Therapeuten knüpfen an die Besprechung der Explorationsergebnisse an und erläutern die Anwendung der Hegar-Stäbe.[8] Die Stäbe haben *nicht* die Funktion, die Scheide zu weiten, sondern es geht darum, die Scheide daran zu gewöhnen, daß etwas in sie eingeführt und darin belassen werden kann. Zur Verdeutlichung erläutern die Therapeuten noch einmal Abb. 1, worauf zu erkennen ist, daß nicht die Scheide „zu eng" ist, sondern daß die Verkrampfung des Scheidenmuskels einen Engpaß herstellt, der aber durch Entspannung beseitigt werden kann.

Die Therapeutin gibt dann der Patientin den dünnsten der 5 Stäbe in die Hand und exploriert deren Gefühle beim Betrachten und Anfassen des Stabes. Die Therapeutin erörtert mit der Patientin, ob sie den Stab im Beisein ihres Partners oder zunächst allein einführen möchte. Für die meisten Frauen ist es erleichternd, das Einführen alleine vorzunehmen; einige wenige fühlen sich aber durch die Anwesenheit des Mannes (als passiver Zuschauer) unterstützt.

Die Patientin soll sich zusätzlich zu den gemeinsamen Streichelübungen 2mal Zeit nehmen. Die Therapeutin empfiehlt der Patientin für die Einführung, sich mit leicht gespreizten und angewinkelten Beinen auf den Rücken zu legen und (wie bei der körperlichen Selbsterfahrung) mit der einen Hand die inneren und äußeren Schamlippen so auseinander zu halten, daß der Scheideneingang freiliegt. Dann kann die Patientin alleine bzw. im Beisein ihres Mannes den mit der Hand angewärmten und mit Gleitcreme eingeriebenen Stab in die Scheide einführen. Zuvor verteilt sie ebenfalls am Scheideneingang ausreichend Gleitmittel. Die Therapeutin erläutert, wie die Frau den Stab anfassen soll (die Krümmung nach oben), und den Winkel, den der Stab zum Scheideneingang haben sollte (nicht steil von oben oder unten).

Bei der langsamen Einführung achtet die Patientin auf ihre Empfindungen in der Scheide; treten Mißempfindungen oder Schmerzen auf, führt sie den Stab nicht weiter ein, zieht ihn aber auch nicht wieder heraus, sondern beläßt

---

[8] Wir benutzen einen Satz von 5 Hegar-Stäben. Diese Stäbe sind aus Stahl, innen hohl, der Scheidenform angepaßt und können leicht desinfiziert und erwärmt werden. Sie haben folgende Durchmesser: 10, 13, 18, 21 und 26 mm. Sie können in Spezialgeschäften für ärztlichen Bedarf bestellt werden.

ihn so weit eingeführt. Sie versucht sich zu entspannen und führt nach einer Weile den Stab weiter ein.

Ist der Stab soweit wie möglich, d. h. etwa 10 cm, eingeführt, sollte er für etwa 10 min in der Scheide bleiben. Die Frau konzentriert sich in dieser Zeit stark auf sich selbst, auf ihre Gefühle: ob sie entspannt ist, erleichtert, daß es nicht weh tut, ob sie Schmerzen hat, Druck empfindet, oder sich ihre Empfindungen über die Zeit hinweg verändern o. ä.

Finden die ersten Einführungsversuche im Beisein des Partners statt, verständigt sich das Paar darüber, ob bei einem der beiden ein Bedürfnis zu streicheln oder gestreichelt zu werden vorhanden ist. Wenn ja, kann das Paar sich sowohl während der Stab eingeführt ist als auch danach streicheln und/oder küssen.

c) Transkript

Paar 43: Die Frau ist Ende 20, Serviererin, der Mann Anfang 30, Büroangestellter. Sie sind seit 8 Jahren verheiratet und konnten wegen Vaginismus noch nie Geschlechtsverkehr machen. Beide haben keine sexuellen Erfahrungen mit anderen Partnern. Mit dem Paar wurde eine massierte Therapie mit 2 Therapeuten durchgeführt.

w Th: Wir haben ja schon mal darüber gesprochen, daß diese Angst, es könnte weh tun, die Angst, es könnte nichts eingeführt werden, die Schmerzen und Verspannungen auch sehr verstärken, daß Sie sich vor lauter Angst verkrampfen. Und das Gefühl haben, da geht nichts rein. Das ist natürlich nicht so, die Scheide paßt sich dem an.
Frau: Ja natürlich, sonst wäre Geschlechtsverkehr ja auch nicht möglich.
w Th: Vorne am Scheideneingang ist ein Muskel, der sich anspannt und entspannt. Man kann ihn willkürlich anspannen und lernen, ihn zu entspannen. Und wir wollten Ihnen jetzt mal die Möglichkeit geben, das auszuprobieren, d. h. etwas in die Scheide einzuführen, ohne daß es weh tut, ohne daß Sie sich verkrampfen, also die Erfahrung machen, daß auch was in die Scheide eingeführt sein kann, ohne daß es weh tut und ohne daß Sie sich verspannen.
Frau: Hm.
w Th: Und wir haben dafür so Stäbe, die Sie vielleicht schon beim Arzt gesehen haben, ich zeige Ihnen mal einen. Der sieht so aus. Können Sie ihn vielleicht einmal anfassen? Der ist ja noch relativ klein, dünner auch als Tampons z. B. Der ist sehr glatt, also rutscht er auch sehr gut. Und ich möchte Sie bitten, mal zu probieren, den Stab einzuführen.
Frau: Was??
m Th: Ihn vorher ein bißchen mit der Hand anzuwärmen . . .
Frau: Was, dieses Ding??
w Th: Ich erkläre es ihnen nochmal ganz genau. Also Sie wärmen den Stab mit der Hand an, dann ist das einfach angenehmer. Haben Sie noch Gleitcreme?
Frau: Ja, habe ich da.
w Th: Dann sollten Sie den Stab damit einschmieren, so richtig dick. Dann ist er richtig schön glatt. Und jetzt ist es so die Frage, wie Sie es machen wollen: lieber alleine, wenn ihr Mann nicht dabei ist, oder ob Sie es wollen, wenn Ihr Mann dabei ist, oder ob Sie möchten, daß ihr Mann das macht.
Frau: Nee, nee!
w Th: Also daß Sie es erstmal alleine probieren.
Frau: Und wann muß ich damit fertig sein?
w Th: Was heißt fertig sein?
Frau: Ich mein, wieviel Zeit hab' ich da, wenn es nicht klappt?
w Th: Sie haben endlos Zeit, Sie sollten es einfach nur probieren. Sie müssen nicht gleich in Panik geraten, wenn es nicht gleich geht. Und zwar genauso, wie Sie ihn jetzt halten, das ist wichtig. Sie legen sich auf den Rücken und versuchen die Beine zu spreizen

und so mit einer Hand die Schamlippen ein bißchen auseinanderziehen, ja? Und dabei auch ein bißchen fühlen, wo der Scheideneingang ist. Sie haben sich da ja schon angesehen und angefaßt. Und daß Sie dann versuchen, den Stab einzuführen.

Frau:	Kann ich dabei nichts kaputt machen?
w Th:	Sie brauchen keine Angst haben.
Frau:	Daß ich irgendwo einhake?
w Th:	Nein, können Sie nicht.
Frau:	Ja ich mein nur so, daß ich irgendwo so durch den Magen gehe.
m Th:	Durch den Magen?
Frau:	Naja, ich meine durch die Blase oder so.
w Th:	Die Scheide ist so lang, daß Sie wirklich den Stab bis zu zwei Drittel einführen können. Also alles was sie spüren beim Einführen, das sind die Muskelverspannungen, aber nichts, was Sie kaputt machen können.
Frau:	Nicht, daß ich da irgendwas . . .
m Th:	Nein, Sie brauchen sich keine Sorgen zu machen.
Frau:	Ist das denn hart? Ich meine den Scheideneingang, da wo es reingeht da unten.
w Th:	Das ist eigentlich ganz weich.
Frau:	Ja, ich meine, kann das nicht kaputt gehen, daß es zerreißt oder . . .
m Th:	Nein, da kann wirklich nichts kaputt gehen. Sie müssen es nur versuchen.
Frau:	Ja, und wenn der Mann denn nun so stark ist, ich mein', ist das denn nun eine dünne Röhre, wie eine Luftröhre, meine ich.
w Th:	Ein Schlauch, der sich anpaßt.
Frau:	So wie Gummi, also kann man da so durch?
w Th:	Machen Sie es ganz langsam. Führen Sie den Stab so ein Stückchen ein. Wenn Sie merken, das kann schon sein, daß Sie sich sehr verspannen, weil Sie auch Angst haben, oder wenn Sie merken, es tut ein bißchen weh oder es drückt, oder Sie merken Widerstand, dann hören Sie auf. Ziehen Sie den Stab aber nicht wieder raus, sondern lassen Sie ihn drin und versuchen Sie sich ein bißchen zu entspannen. Dann versuchen Sie den Stab ein bißchen weiter einzuführen. Wenn sie merken, es ist vielleicht wieder ein bißchen Widerstand, dann hören Sie wieder auf, und so weiter. Wenn Sie ihn dann eingeführt haben, also so wenn Sie es bis zur Hälfte schaffen, dann ist das toll.
Frau:	Ja! Aber nicht gleich ganz.
w Th:	Nein.
	Probieren Sie es so weit Sie es können. Und wenn Sie das haben, lassen Sie ihn eingeführt. Lassen Sie ihn ungefähr 10 Min. . . .
Frau:	So lange?
w Th:	. . . drin. Und legen Sie sich ganz bequem hin.
Frau:	Nachher kriege ich ihn nicht mehr raus!
w Th:	Das ist kein Problem. Sie sollen ihn ungefähr so ein Stück einführen. Sie können ihn auch festhalten.
Frau:	Ich meine nur, es kann ja sein, daß man erschrickt und dann ist er weg.
w Th:	Das kann auch nicht passieren. Können Sie nochmal wiederholen, was Sie machen sollen, die einzelnen Schritte.
Frau:	Ja, ich soll erst mal streicheln. Und wenn ich dann so feucht bin . . .
w Th:	Wenn Sie es nicht sind, probieren Sie es trotzdem, deswegen sollen Sie den Stab einschmieren.
Frau:	Ja, denn flutscht es von ganz alleine. Und wenn ich dann so schön entspannt habe, dann sollte ich das mal versuchen. Du hältst mir Händchen oder guckst nach, und ich mach das dann allein. Und soll ich dann so oder so?
w Th:	Probieren Sie es mal.
Frau:	Wenn es weh tut und verkrampft, dann soll ich mich entspannen. Dann soll ich bis zur Hälfte einführen, und dann 10 Min. ruhig liegen.
w Th:	Und das ist jetzt ganz wichtig. Der Stab ist nicht da, um die Scheide zu weiten oder zu dehnen!
Frau:	Nein, nein, die weitet sich ja von ganz allein.
w Th:	Es geht nur darum, daß Sie einfach mal die Erfahrung machen können, etwas in die Scheide einzuführen, ohne daß es weh tut.

Frau:	An sich muß ich sagen, finde ich es enorm, daß so etwas möglich ist. Das ist ja ganz normal, wenn das wirklich nicht weh tut, und ich glaube Ihnen das auch.
w Th:	Sie können sicher sein, daß nichts kaputt geht. Aber es kann schon sein, daß es ein bißchen drückt, oder Sie auch ein bißchen Widerstand merken. Dann liegt es daran, daß Sie sich verspannen. Also ich kann Ihnen nicht sagen, es wird ganz leicht gehen.
Frau:	Nee, nee.
w Th:	Aber Sie werden dann überrascht sein, wie einfach es geht. Und wenn Sie irgend etwas merken, sind es Muskelspannungen.
Frau:	Wie beim Zahnarzt, wenn ich mich verspanne, weil ich auf den Schmerz warte.
w Th:	Genauso.
Frau:	Du bist dabei.
Mann:	Ich bin bestimmt dabei.
w Th:	Das probieren Sie bitte zweimal, aber vernachlässigen Sie das Streicheln nicht, ja. Wenn Sie das Gefühl haben, das irritiert Sie ein wenig beim Streicheln, dann machen Sie diese Übung losgelöst vom Streicheln. Wenn Sie vielleicht mit den Gedanken schon dabei sind und Ihnen unbehaglich ist, dann machen Sie es so.
Frau:	Worüber ich eigentlich neugierig bin, gewisse Neugierde ist ja auch bei mir. Wie das wohl ist, wenn mein Mann einen Orgasmus hat und das bei mir drin ist. Ich meine, kommt es wieder raus, oder wie ist das?
w Th:	Zum Teil läuft es wieder raus.
Frau:	Wo bleibt der Rest?
m Th:	Wird von den Scheidenwänden resorbiert.
w Th:	Sie werden spüren, wenn Sie das erste Stück eingeführt haben, geht der Rest des Stabes viel einfacher.
Frau:	Wenn Sie mir das sagen, glaube ich Ihnen das. Ich vertraue Ihnen (lacht). Das ist schon mal sehr schön.

d) Besprechung der Erfahrungen

Die Therapeuten lassen sich zunächst über die Streichelübung berichten. In jedem Falle — ob das Paar von negativen Veränderungen spricht oder nicht — fragen sie danach, ob der neue Übungsteil die vorangegangenen überschattet hat bzw. er ihnen bevorgestanden hat.

Bei der Exploration des neuen Übungsteiles geben sie sich mit globalen Schilderungen wie „und dann ist er einfach reingeflutscht" oder „und dann ging er einfach nicht weiter rein" nicht zufrieden. Sie fragen nach den dabei auftretenden Gefühlen, z. B.: „Das klingt, als seien Sie selbst ganz verwundert, daß es so leicht ging" oder „Versuchen Sie mal, genauer zu beschreiben, warum es nicht weiter ging; war da ein Druck in der Scheide oder ein Brennen? Hatten Sie Angst, daß es weh tut?" Sie versuchen herauszufinden, inwieweit bei auftretenden Schwierigkeiten technische Fehler im Spiel waren, gehen darauf ein und bestärken die Frau in den positiven Erfahrungen.

Auch die Gefühle des Mannes sind zu explorieren; ob er sich ausgeschlossen fühlte, wie er den Stab findet, ob er zugesehen hat, ob er sich unsicher fühlte etc. Die Inhalte der Nachfragen richten sich danach, ob der Mann bei der Einführung anwesend war oder nicht. Während des gesamten Zusatzprogramms ist zu beachten, daß sich der Schwerpunkt innerhalb der Sitzungen nicht zu weit zu der Frau hin verlagert.

e) Besondere Probleme

Viele Therapeuten haben Vorbehalte gegen die Verwendung der Stäbe, wenn sie das erste Mal das Zusatzprogramm bei Vaginismus durchführen. Es ist wichtig, daß die Therapeuten sich über diese Vorbehalte klar werden und bei sich akzeptieren. Erfahrungsgemäß werden diese Vorbehalte im Verlauf der Therapie weitgehend abgebaut, wenn die Therapeuten sehen, daß die Stäbe es der Patientin ermöglichen, ein Stück Autonomie mit ihrem Körper zu erleben, und die Stäbe kein Dehnungsinstrument sind.

Häufig ist es so, daß die Frauen bei der Vorstellung dieser Aufgabe oder vor dem ersten Einführungsversuch von einer leichten Panik befallen wird, dann jedoch ganz überrascht ist, wie unkompliziert dieser erste, dünne Stab einzuführen ist. Wenn der Stab sich nicht oder nur sehr schwer einführen läßt, klären die Therapeuten, ob die Frau den Stab falsch hält (die leichte Biegung nach unten oder in steilem Winkel von oben oder unten), ob sie den Scheideneingang nicht findet oder ob der Stab nicht genug eingecremt ist. All dies ist gegebenenfalls nochmals detailliert zu besprechen. Eine zusätzliche Hilfe beim Einführen kann die Anspannung der Bauchmuskeln sein (Bauchpresse), da sich dadurch die Scheidenmuskulatur entspannt.

Wenn der Stab das erste Mal eingeführt ist, fühlt sich die Frau häufig noch zu unsicher, um sich zu bewegen oder um sich streicheln zu lassen. Sie wird ermuntert, bei den nächsten Malen die Beine etwas anzuziehen oder sich auf die Seite zu legen, wenn der Stab eingeführt ist.

Viele Frauen berichten auch etwas angstvoll, daß der Stab sich herumdreht, wenn sie in loslassen. Dies können die Therapeuten dazu nutzen, darauf hinzuweisen, wie weit die Scheide im hinteren Teil ist.

f) Weiteres Vorgehen

Wenn der kleinste Stab ohne Schwierigkeiten eingeführt werden kann, erhält die Frau den nächstgrößeren. Sie führt zunächst wieder den kleinen Stab 3–4 min lang ein, nimmt ihn heraus und führt den größeren ein und läßt ihn mindestens 10 min drin. Je nach Sicherheit und Bedürfnis der Frau wird der Mann früher oder später an dem Vorgang des Einführens beteiligt. Die Therapeuten besprechen mit dem Paar die einzelnen Zwischenstufen (z. B. der Mann sieht zu; der Mann legt seine Hand auf die der Frau, wenn sie den Stab einführt; die Frau legt den Stab vor den Scheideneingang, der Mann führt ihn ein). In jedem Fall hält die Frau die Schamlippen auseinander und korrigiert Richtung und Schnelligkeit des Einführens.

Das Paar bekommt nach und nach alle Stäbe, und zwar jeweils den nächst dickeren, wenn der vorhergehende sich ohne Schwierigkeiten einführen läßt. In jeder Übung müssen die beiden vorangegangenen (dünneren) Stäbe nacheinander eingeführt werden, die ersten nur kurz, der jeweils dickste am längsten, damit die Frau sich entspannen und an Sicherheit gewinnen kann. Falls das Einführen der Stäbe keine größeren Schwierigkeiten macht, ist es ausreichend, wenn die Patientin nur jeweils den vorhergehenden Stab vor dem neuen noch einmal kurz einführt. Wenn die Frau die ersten Stäbe einführen kann, schlagen die Therapeuten dem Paar vor, daß die Frau einen Finger in die Scheide einführt. Wenn dies ohne Probleme möglich ist, soll der Mann versuchen einen Finger einzuführen. Dabei müssen etwaige Vorbehalte des Mannes und angstbesetzte Phantasien des Mannes in bezug auf das weibliche Genitale exploriert und gegebenfalls bearbeitet wird.

Wenn der 4. Stab ohne Schwierigkeiten eingeführt werden kann, schlagen die Therapeuten der Frau vor, die Einführung der Stäbe nun einmal in der Hockstellung (Abb. 7) auszuprobieren, aber allein, d. h. ohne sich dazu über den Partner zu hocken. Sie machen sie darauf aufmerksam, daß es in der neuen Position möglicherweise anfänglich etwas schwieriger wird als auf dem Rücken liegend, da die Bein- und Beckenmuskulatur angespannter ist.

Die Therapeuten ermuntern die Frau, die sog. „Kegelübung" in dieser Stellung auszuprobieren, d. h. die Frau soll die Gesäßmuskulatur anspannen, damit sie (zunächst durch Fühlen mit dem Finger am Scheideneingang) bewußt erleben kann, daß sie Kontraktionen im Scheideneingang willkürlich herbeiführen kann und sich den Reflexen der Scheide nicht mehr so hilflos ausgesetzt fühlt.

Wenn die Frau auch den dicksten Stab ohne Probleme einführen kann, geben die Therapeuten die Anleitung zum Einführen des Penis (S. 165). Vor der Einführung des Penis sollte die Frau den dicksten Stab noch einmal eingeführt haben.

Häufig ist die Patientin beunruhigt, da der Penis größer als die Stäbe ist. Die Therapeuten erinnern an vorangegangene Erfahrungen mit den Stäben (Anpassungsfähigkeit der Scheide ohne Reflex) und weisen darauf hin, daß der Penis weicher und elastischer ist als der Stab.

Die Einführung des Penis macht vielen Paaren über mehrere Übungen hinweg Schwierigkeiten. Die Partner schaffen es nicht gleich, die Erfahrungen mit den Stäben auf das Einführen des Penis zu übertragen. Die technischem Probleme werden immer wieder geduldig mit dem Paar besprochen. Neben den technischen Schwierigkeiten beachten die Therapeuten die Beziehung des Paares. Sollten Schmerzempfindungen der Frau beim Einführen des Gliedes über eine Vielzahl von Übungen bestehenbleiben oder das Glied gar nicht einzuführen sein, explorieren die Therapeuten dahinterliegende Ängste (z. B.: Ist der Kinderwunsch zwischen den Partnern geklärt und hat die Frau Angst vor Schwangerschaft? Tauchen bei dem Mann Kastrationsängste − „zuschnappende Vagina" − auf? Möchte die Frau überhaupt Geschlechtsverkehr mit ihrem Partner?).

g) Beendigung des Abschnitts

Von der Benutzung der Stäbe kann abgesehen werden, wenn das Glied ohne Mißempfindungen in die Scheide eingeführt werden kann, frühestens jedoch nach 8 Sitzungen. Die Therapeuten gehen dann weiter vor mit dem allgemeinen Programm („Bewegungen bei eingeführtem Glied", S. 169).

4 Spezielle Interventionen bei vorzeitiger Ejakulation

Die speziellen Interventionen bei vorzeitiger Ejakulation beziehen sich auf die Abschnitte „Stimulierendes Streicheln" (S. 158) und „Koitus mit erkundenden und stimulierenden Bewegungen" (S. 169). Sie stellen lediglich Modifizierungen dieser Abschnitte dar.

a) Ziele

Durch genauere Kenntnis und differenzierte Wahrnehmung seiner Körperreaktion soll der Mann lernen, den Zeitpunkt des Samenergusses weitgehend selbst zu bestimmen und Berührungen und genitale Stimulation ohne Angst vor Versagen zu genießen. Mit zunehmender Sicherheit des Mannes wird die Frau von „prophylaktischen" Maßnahmen entlastet und kann sich ihren Bedürfnissen entsprechend weniger kontrolliert verhalten.

b) Vorgehen

Die Therapeuten schlagen vor, daß der Mann, wenn er beim stimulierenden Streicheln passiv ist, darauf achtet, wie „weit weg" oder wie „nahe" der Samenerguß ist. Hat er seiner Partnerin z. B. vorsichtshalber das Zeichen zur Beendigung der Stimulation gegeben, als er noch weit vom Samenerguß entfernt war, oder ist es ihm gerade eben noch rechtzeitig gelungen? Die Therapeuten raten ihm zunächst, der Frau sehr früh das Zeichen zu geben, um die Wahrnehmungen des Mannes stärker auf die verschiedenen Erregungsstadien zu richten. Je differenzierter der Patient wahrnimmt, desto sicherer fühlt er sich. Er kann sich beim stimulierenden Streicheln durch den spielerischen Umgang mit der Erregung vorsichtig immer näher an den Zeitpunkt kurz vor dem Samenerguß „herantasten".

c) Besprechung der Erfahrungen

Die Besprechung erfolgt wie beim stimulierenden Streicheln. Bezüglich der Stimulation beim Mann versuchen die Therapeuten zu erfahren, ob einer der beiden Partner unsicher war, ob z. B. die Frau „vorsichtshalber" die Stimulation abgebrochen hat, ohne das Zeichen ihres Partners abzuwarten. Sie betonen, daß der Mann den Zeitpunkt des Stimulationsabbruches bestimmen soll, um die unterschiedlichen Stufen seiner Erregung besser kennenzulernen.

Die Therapeuten nehmen dem Paar die Angst vor einem ungewollten Samenerguß durch den Hinweis, daß es für den Mann auch eine wesentliche Erfahrung sein kann, den Zeitpunkt, an dem es zu spät ist bewußt zu erleben.

Die Therapeuten achten darauf, daß die Besprechung nicht zu sehr um das Thema Samenerguß und Erregung kreist, sondern auch die Streichelerfahrung und die Gefühle der Frau ausführlich besprochen werden.

d) Besondere Probleme

Viele Paare haben Schwierigkeiten, die Kette der zwischen ihnen seit langem praktizierten vorbeugenden Maßnahmen zu unterbrechen: Die Frau ist beispielsweise übertrieben rücksichtsvoll und bricht von sich aus die Stimulation des Gliedes ab, oder der Mann läßt sich nur sehr vorsichtig stimulieren. Sie behalten ihr „schonendes Verhalten" trotz der Vorschläge der Therapeuten bei, um sich Mißerfolgserlebnisse zu ersparen. Die Therapeuten besprechen mit dem Paar, daß durch diese Vorsicht verhindert wird, daß sich die Wahrnehmung des Mannes verbessert und er an Sicherheit gewinnt.

Häufig hat die Frau in dieser Phase das Gefühl als „Onaniermaschine" benutzt zu werden, da sie sich bei der Stimulation ihres Partners weitgehend nach dessen Wünschen richtet. Es ist daher wesentlich, darauf hinzuweisen, daß auch hier die Grundregel gilt, d. h. die Frau den Mann nur so lange stimuliert, wie sie innerlich dazu bereit ist. Die Gefühle der Frau beim Streicheln sind genau zu explorieren, z. B. ob es ihr schwergefallen ist, mit der Stimulation auf Kommando aufzuhören, ob sie es akzeptieren konnte den Mann über eine so lange Zeit zu stimulieren, und ob sie dafür sorgen konnte, daß sie bei der Übung insgesamt auf ihre Kosten kam.

Einige Therapeuten empfehlen, bei der vorzeitigen Ejakulation die „Squeeze"-Technik anzuwenden (Masters u. Johnson 1973). Diese Technik scheint uns jedoch nur in den seltensten Fällen angemessen, da die Anwendung des stimulierenden Streichelns die Ejakulationskontrolle im gleichen Maße verbessert, bei weitem nicht so technisch und für das Paar angenehmer ist.

e) Weiteres Vorgehen

Wenn der Mann das Gefühl hat, den Zeitpunkt des Samenergusses steuern zu können, und wenn er mit der Zeitspanne zufrieden ist (frühestens nach 4 Sitzungen), kann der Mann die Frau bitten, ihn zum Abschluß des stimulierenden Streichelns bis zum Samenerguß zu streicheln.

Wenn dies problemlos möglich ist, geht das Paar zum Abschnitt „Einführen des Penis" (S. 165) über. Vor dem Einführen stimuliert die Frau den Mann manuell 1- bis 2mal bis kurz vor den Samenerguß.

Wenn das Paar das Einführen entspannt erleben kann und der Mann dabei nicht zum Samenerguß kommt, gehen die Partner zum Abschnitt „Koitus mit erkundenden und stimulierenden Bewegungen" (S. 169) über. Dabei werden ergänzend zu dem allgemeinen Vorgehen die Prinzipien beachtet, die wir als Ergänzung zum stimulierenden Streicheln beschrieben haben. Auch in diesem Abschnitt stimuliert die Frau den Mann vor dem Einführen 1- bis 2mal mit der Hand bis kurz vor den Orgasmus.

5 Spezielle Interventionen bei ausbleibender Ejakulation

Die speziellen Interventionen bei ausbleibender Ejakulation sind Modifikationen der Therapieabschnitte „Stimulierendes Streicheln" und „Koitus mit erkundenden und stimulierenden Bewegungen". Außerdem können bei dieser Problematik Anleitungen zur Selbstbefriedigung sinnvoll sein.

a) Ziele

Der Mann soll Erfahrungen im Umgang mit seinem Körper und seinen Reaktionen bei gezielter manueller Stimulation sammeln. Er soll lernen, wie er allein und zusammen mit seiner Partnerin auf verschiedene Stimulationsarten reagiert, unter welchen Umständen Verspannungen und Leistungsdruck auftreten und wann Entspannung und Wohlbefinden ihm die Möglichkeit geben, Ängste und Kontrollen aufzugeben. Dadurch lernt das Paar durch optimale Stimulation den Zeitraum bis zur Ejakulation bei Petting und Geschlechtsverkehr zu beeinflussen, d. h. zu verkürzen. Dazu muß der Mann seine Masturbationstechniken der Partnerin mitteilen und demonstrieren können, damit diese ihn besser kennenlernen und ihr eigenes Verhalten so verändern kann, daß blockierende Ängste nicht mehr auftreten.

b) Vorgehen

Das Vorgehen richtet sich nach dem Ausprägungsgrad der Störung.

1) Besteht ein total ausbleibender Samenerguß (der Mann kommt weder durch Selbstbefriedigung noch durch Petting, noch durch Koitus zum Orgasmus) und ist eine organische Ursache durch eine somatische Untersuchung ausgeschlossen worden, wird der Mann ab Streicheln II ermutigt, allein d. h. zunächst nicht im Beisein seiner Partnerin, Selbstbefriedigung zu machen. Die Therapeuten leiten ihn an, Möglichkeiten intensiver sexueller Stimulation zu erkunden. Er kann dabei sexuell erregende Bilder und Texte benutzen und alle sexuellen Phantasien zulassen. Das Vorführen und Besprechen eines Films, der die Masturbation eines Mannes zeigt, kann hilfreich sein. Um einer Überreizung des Penis vorzubeugen, wird die Anwendung eines Gleitmittels empfohlen. Da die Bewältigung dieses Schrittes die Voraussetzung für das weitere Vorgehen im Ergänzungsprogramm darstellt, müssen die Therapeuten darauf achten, daß der Patient mehrfach und verläßlich für sich allein zum Samenerguß gekommen ist.

2) Kommt der Mann bei der Selbstbefriedigung zum Samenerguß, wird er gebeten, während des Zusammenseins mit seiner Partnerin − zunächst ohne daß sie ihn dabei beobachtet, dann auch mit Hinschauen ihrerseits − bis zum Samenerguß zu masturbieren. Wichtig ist dabei, daß die Therapeuten schon beim Vorstellen dieser Möglichkeit auf die Gefühle beider Partner sorgfältig eingehen. Dabei spielen beim Mann v. a. Ängste vor Kontrollverlust eine Rolle; bei der Frau oft Enttäuschung, „es" beim Mann nicht zu schaffen, Ängste, abgelehnt zu werden, oder auch Ekel vor dem Samenerguß. Kann der Mann in Gegenwart seiner Partnerin Samenerguß haben, zeigt er ihr beim erkundenden Streicheln, wie er seinen Penis bei der Masturbation anfaßt, und führt ihr beim Streicheln die Hand, damit sie ein Gespür dafür bekommt, was für ihn besonders erregend und angenehm ist.

Im Abschnitt „Stimulierendes Streicheln" geht es auch bei der ausbleibenden Ejakulation um den spielerischen, nicht auf Orgasmus gerichteten Umgang mit Erregung. Erst wenn die Partner das Spiel mit der Erregung ohne Leistungsdruck genießen können, kann die Frau den Mann zum Orgasmus bringen. Dabei kann es hilfreich sein, wenn der Mann sich schon vorher bis zu einem hohen Erregungsniveau selbst gereizt hat und die Frau ihn erst dann bis zum Samenerguß weiter stimuliert.

c) Besprechung der Erfahrungen

Die Therapeuten explorieren Vorlieben und Abneigungen bei der Stimulation. Sie stellen eine Atmosphäre her, in der der Mann angstfrei über Phantasie, Praktiken und Hilfsmittel (z. B. Bilder, Texte) berichten kann, die ihn stimulieren. Kontrollängste und die Furcht vor dem Sichgehenlassen als ein Kennzeichen des ausbleibenden Samenergusses werden erörtert. Im Hinblick auf die Frau ist v. a. darauf zu achten, mit welchen Gefühlen und Einstellungen sie auf ihren Partner eingeht. Es ist wichtig, daß die Therapeuten immer wieder die Wichtigkeit des vorangehenden Streichelns betonen, das Paar für Wohlbefinden und Entspannung verstärken und dem Paar helfen, nicht ungeduldig auf den Samenerguß zu warten.

d) Weiteres Vorgehen

Wenn die Partner sich beim stimulierenden Streicheln wohl und sicher fühlen und es dabei auch wiederholt zum Samenerguß kam, gehen die Partner zum „Einführen des Penis" (S. 165) über. Für diesen Abschnitt bestehen keine Modifikationen zum allgemeinen Vorgehen.

Beim „Koitus mit erkundenden und stimulierenden Bewegungen" (S. 169) erproben die Partner zunächst besonders stimulierende Bewegungsformen. Wenn sie sich hierüber verständigen können (frühestens nach 3 Übungen), stimuliert die Frau den Mann (oder er sich selbst) bis kurz vor den Samenerguß. Dann führt die Frau das Glied in der Hockstellung ein, und das Paar bewegt sich in der bevorzugten Art. Ist es nach mehreren Versuchen dabei nicht zum Samenerguß gekommen, kann es sinnvoll sein, dem Mann vorzuschlagen, das Zeichen zum Einführen des Gliedes erst dann zu geben, wenn der Samenerguß nicht mehr willkürlich kontrollierbar ist. Dadurch kann die „Schwellenangst" im Hinblick auf den Samenerguß in der Scheide abgebaut werden. Wichtig ist, die Partnerin auf die Grundregel hinzuweisen; sie soll nichts tun, was ihr unangenehm ist, z. B. eine für den Mann stimulierende, für sie aber sehr anstrengende Form der Beckenbewegung nicht bis zur Erschöpfung durchführen. In solchen Fällen soll das Paar nach möglichen Alternativen suchen. Sie soll auch darauf achten, was sie besonders gern hat, damit sich das Paar in seiner Sexualität nicht krampfhaft auf die Auslösung der Ejakulation ausrichtet.

Ist diese Übung mehrfach für das Paar befriedigend verlaufen, führt das Paar den Penis schon auf einem relativ niedrigen Erregungsniveau des Mannes ein.

e) Besondere Probleme

Zusätzlich zu den sonst schon wiederholt genannten Schwierigkeiten kann in diesem Abschnitt als besonderes Problem eine Erektionsstörung eintreten. Da dieser Behandlungsabschnitt nur dann „erledigt" werden kann, wenn der Mann eine Erektion bekommt, geraten die Männer in einen enormen Leistungsdruck. Weiterhin kann es vorkommen, daß der Samenerguß nicht oder nur nach sehr langer, erschöpfender Stimulation eintritt. In diesen Fällen ist es wichtig, daß die Therapeuten behutsam auf die Ängste und Schwierigkeiten eingehen, gegebenenfalls zusammen mit dem Paar zusätzliche Zwischenstufen ermitteln.

f) Beendigung des Abschnitts

Das Zusatzprogramm kann abgeschlossen werden, wenn der Mann bei Petting und Geschlechtsverkehr in einer für beide Partner akzeptablen Zeit zum Samenerguß kommen kann.

Literatur

Abraham K (1917) Über Ejaculatio praecox. Int Z Psychoanal 4:171−186

Abraham K (1969) Psychoanalytische Studien zur Charakterbildung und andere Schriften. Fischer, Frankfurt, S 43−60

Arentewicz G (1977) Verhaltens- und Kommunikationstherapie bei Orgasmusstörungen: Erfahrungen mit 73 Paaren. Dissertation, Universität Hamburg

Arentewicz G, Schmidt G (eds) (1983) The treatment of sexual disorders. Concepts and techniques of couple therapy. Basic Books, New York

Arentewicz G, Bulla R, Schoof-Tams K, Schorsch E (1975) Verhaltentherapie sexueller Funktionsstörungen. Erfahrungen mit 23 Paaren. In: Schorsch E, Schmidt G (Hrsg) Ergebnisse zur Sexualforschung. Kiepenheuer & Witsch, Köln, S 154−223

Arentewicz G, Schorsch E. Schorsch EM (1976) Therapieabbrüche bei der Behandlung von Orgasmusstörungen der Frau. Sexualmed 5:38−42

Arentewicz G, Höflich B, Eck D (1978) Therapie soziosexueller Ängste von Männern. Erste Erfahrungen mit einer verhaltenstherapeutisch orientierten Gruppentherapie. Sexualmed 7:639−644

Auerbach R, Kilmann PR (1977) The effects of group systematic desensitization on secondary erectile failure. Behav Ther 8:330−339

Baker LD, Nagata FA (1978) A group approach to the treatment of heterosexual couples with sexual dissatisfactions. J Sex Educ Ther 4:15−18

Bancroft J (1970) Disorders of sexual potency. In: Hill OW (ed) Modern trends in psychosomatic medicine. Butterworth, Bristol, pp 246−261

Bancroft J (1985) Grundlagen und Probleme menschlicher Sexualität. Enke, Stuttgart

Barbach LG (1974) Group treatment of preorgasmic women. J Sex Marital Ther 1:139−145

Becker N (1980) Psychoanalytische Ansätze bei der Therapie sexueller Funktionsstörungen. In: Sigusch V (Hrsg) Therapie sexueller Störungen. Thieme, Stuttgart, S 13−26

Benedek T (1974) Sexual functions in women and their disturbances. In: Arieti S (ed) The foundations of psychiatry. Basic Books, New York (American handbook of psychiatry, vol 1, pp 569−591)

Bennett AH (ed) (1982) Management of male impotence. Williams & Wilkins, Baltimore London

Bergler E (1937) Die psychische Impotenz des Mannes. Huber, Bern

Bergler E (1944) The problem of frigidity. Psychiatr Q 18:374−390

Bieber I (1974) The psychoanalytic treatment of sexual disorders. J Sex Marital Ther 1/1: 5−15

Blakeney P, Kinder BN, Creson D, Powell LC, Sutton C (1976) A short-term, intensive workshop approach for the treatment of human sexual inadequacy. J Sex Marital Ther 2:124−129

Brady JP (1966) Brevital-relation treatment of frigidity. Behav Res Ther 4:171−177

Brand T (1980) Untersuchungen zur sexualmedizinischen Versorgung in Hamburg. Bedarf und Patienten. Med. Dissertation, Universität Hamburg

Brindley G (1984) Pharmacology of erection. Vortrag auf dem 10th Annual Meeting der Academy for Sex Research, Cambridge

Buddeberg C (1983/1987) Sexualberatung. Eine Einführung für Ärzte, Psychotherapeuten und Familienberater (1./2. Aufl.). Enke, Stuttgart

Burt JC (1977) Preliminary report of an innovative surgical procedure for treatment of coital anorgasmia. Vortrag auf dem 3rd Annual Meeting der International Academy of Sex Research, Bloomington, USA

Buvat J, Buvat-Herbaut M, Lemaire A, Marcolin G, Quittelier E (1990) Recent developments in the clinical assessment and diagnosis of erectile dysfunction. Annual Rev Sex Res 1:265−308

Caird W, Wincze JP (1977) Sex therapy. A behavioral approach. Harper & Row, New York

Clement U (1980) Sexual unresponsiveness and orgasmic dysfunctions: An empirical comparison. J Sex Marital Ther 6:274−281

Clement U (1986) Sexualität im sozialen Wandel. Enke, Stuttgart

Clement U, Pfäfflin F (1980) Personality changes among couples subsequent to sex therapy. Arch Sex Behav 9:235−244

Clement U, Schmidt G (1986) Therapieergebnisse. In: Arentewicz G, Schmidt G (Hg) Sexuell gestörte Beziehungen (2. Aufl). Springer, Heidelberg

Collins GF, Kinder BN (1984) Adjustment following surgical implantation of a penile prosthesis: A critical overview. J Sex Marital Ther 10:255−271

Cooper AJ (1963) A case of fetishism and impotence treated by behavior therapy. Br J Psychiatry 109:649−652

Cooper AJ (1968) A factual study of male potency disorders. Br J Psychiatry 114:719−731

Cooper AJ (1969 a) An innovation in the „behavioral" treatment of a case of non-consummation due to vaginism. Br J Psychiatry 115:721−722

Cooper AJ (1969 b) Outpatient treatment of impotence. J Nerv Ment Dis 149:360−371

Cooper AJ (1969 c) Disorders of sexual potency in the male: A clinical and statistical study of some factors related to short-term prognosis. Br J Psychiatry 115:709−719

Crowe MJ, Gillan P, Golombok S (1981) Form and content in the conjoint treatment of sexual dysfunction: A controlled study. Behav Res Ther 19:47−54

D'Ardenne P, Riley A (1992) Investigation of male erectile dysfunction. Sexual Marital Ther 7:227−229

Decker J, Everaerd W (1983) A long-term follow up study of couples treated for sexual dysfunctions. J Sex Marital Ther 9:99−113

Deutsch H (1965) Frigidity in women. In: Deutsch H (ed) Neuroses and character types. Clinical psychoanalytic studies. International University Press, New York, pp 358−362

Devereux G (1967) Angst und Methode in den Verhaltenswissenschaften. Hanser, München

Dickes R, Strauss D (1980) Adverse reaction of the apparently healthy partner in response to improvement of the overtly dysfunctional partner. J Sex Marital Ther 6:109−115

Dicks HV (1967) Marital tensions. Routledge & Kegan, New York

Eicher W (1975) Die sexuelle Erlebnisfähigkeit und die Sexualstörungen der Frau. Fischer, Stuttgart

Ellison C (1968) Psychosomatic factors in the unconsummated marriage. J Psychosom Res 12:61−65

Ellison C (1972) Vaginism. Med Aspects Hum Sex 6/8:34−54

Erikson EH (1957) Kindheit und Gesellschaft, Klett, Stuttgart

Ersner-Hershfield R, Kopel S (1979) Group treatment of preorgasmic women. Evaluation of partner involvement and spacing of sessions. J Consult Clin Psychol 47:750−759

Evans MD, Zilbergeld B (1983) Evaluating sex therapy. A reply to Kolodny. J Sex Res 19:302−306

Everaerd W (1977) Comparative studies of short-term treatment methods for sexual inadequacies. In: Green R (ed) Progress in sexology. Plenum, New York

Faulk M (1971) Factors in the treatment of frigidity. Br J Psychiatry 119:53−56

Fenichel O (1974) Psychoanalytische Neurosenlehre, Bd 1. Walter, Olten

Fisher S (1976) Orgasmus. Sexuelle Reaktionsfähigkeit der Frau. Hippokrates, Stuttgart

Fleck L (1969) Die Beurteilung der orgastischen Kapazität der Frau und ihrer Störungen aus psychoanalytischer Sicht. Psyche (Stuttg) 23:58−74

Flowers JV, Booraem CD (1975) Imagination training in the treatment of sexual dysfunction. Couns Psychol 5:50−51

Fordney-Settlage DS (1975) Heterosexual dysfunction: Evaluation and treatment procedures. Arch Sex Behav 4:367−387

Frank RT (1948) Dyspareunia: A problem for the general practicioner. JAMA 136:361−365

Frankl VE (1975) Theorie und Therapie der Neurosen. Reinhardt, München

Freud S (1905) Drei Abhandlungen zur Sexualtheorie. Deuticke, Leipzig Wien. Ges. Werke, Bd V, S 27−145 (1949)

Freud S (1908) Die „kulturelle" Sexualmoral und die moderne Nervosität. Sexual-Probleme. Mutterschutz 4:107−129. Ges. Werke, Bd VII, S 141−167 (1941)

Freud S (1916) Vorlesungen zur Einführung in die Psychoanalyse. Heller, Leipzig Wien. Ges. Werke Bd XI (1940)

Freud S (1926) Hemmung, Symptom und Angst. Intern. Psychoanal. Deuticke, Leipzig Wien. Ges. Werke, Bd XIV, S 111−205 (1948)

Frick V (1973) Frigidität und Anorgasmie. Sexualmed 2:58−61

Friedman DE (1968) The treatment of impotence by brietal-relaxation therapy. Behav Res Ther 6:257−261

Friedman LJ (1962) Virgin wives: A study of unconsummated marriages. Tavistock, London. Friedman LJ (O.J.) Virginität in der Ehe. Kindler, München

Gagnon JH (1974) Scripts and the coordination of sexual conduct. In: Cole JK, Dienstbier R (eds) Nebraska Symposion on motivation. University of Nebraska Press, Lincoln, pp 27−59

Gagnon JH (1975) Sex research and social change. Arch Sex Behav 4:111−141

Gagnon JH, Simon W (1973) Sexual conduct. Aldine, Chicago

Garfield AH, McBreaty JF, Dichter M (1968) A case of impotence successfully treated by desensitization combined with in vivo operant training and thought substitution. In: Rubin R, Franks CM (eds) Advances in behavior therapy. Academic Press, New York, pp 97−103

Gebhard PH (1966) Factors in marital orgasm. J Soc Iss 22/2:88−95

Giese H (1962) Die angemessene Resignation. In: Giese H (Hrsg) Psychopathologie der Sexualität. Enke, Stuttgart, S 592−598

Giese H, Schmidt G (1968) Studenten-Sexualität. Verhalten und Einstellung. Rowohlt, Reinbek

Golden JS, Price S, Heinrich AG, Lobitz WC (1978) Group vs. couple treatment of sexual dysfunctions. Arch Sex Behav 7:593−602

Gutheil EA (1959) Sexual dysfunctions in men. In: Arieti S (ed) The foundations of psychiatry. Basic Books, New York (American handbook of psychiatry, vol 1, chap 36)

Haslam MT (1965) The treatment of psychogenic dyspareunia by reciprocal inhibition. Br J Psychiatry 111:280−282

Hastings DW (1971) Common sexual dysfunctions: I. Impotence, II. Ejaculatio praecox, III. Lack of female response. Psychiatr Ann 1/4:10−31

Hertoft P (1989) Klinische Sexologie. Deutscher Ärzteverlag, Köln

Hitschmann E, Bergler E (1936) Frigidity in women. Its characteristics and treatment. Nerv. Ment. Dis. Publ. Comp., New York

Hogan DR (1978) The effectiveness of sex therapy: A review of the literature. In: LoPiccolo J, LoPiccolo L (eds) Handbook of sex therapy. Plenum, New York

Husted JR (1975) Desensitization procedures in dealing with female sexual dysfunctions. Couns Psychol 5:30−37

Johnson J (1965) Prognosis of disorder of sexual potency in the male. J Psychosom Res 9: 195−200

Johnstone RW (1944) Dyspareunia. Practitioner 152:142

Kaplan HS (1974a). The new sex therapy. Brunner & Mazel, New York

Kaplan HS (1974b) The classification of the female sexual dysfunctions. J Sex Marital Ther 1/2:124−138

Kaplan HS (1977) Training of sex therapists. In: Masters WH, Johnson VE, Kolodny RC (eds) Ethical issues in sex therapy and research. Little Brown, Boston, p 182

Kaplan HS (1981) Hemmungen der Lust. Neue Konzepte der Psychosexualtherapie. Enke, Stuttgart

Kaplan HS, Kohl RN (1972) Adverse reactions to the treatment of sexual problems. Psychosomatics 13:185−190

Kaplan HS, Kohl RN, Pomeroy WB, Offit AK, Hogan B (1974) Group treatment of premature ejaculation. Arch Sex Behav 3:443−452

Kaufman G, Krupka J (1975) A sexual enrichment program for couples. Psychotherapy 12 3:317−319

Kieseritzky I von (1978) Trägheit oder Szenen aus der Vita activa. Klett − Cotta, Stuttgart

Kilmann PR (1978) The treatment of primary and secondary orgasmic dysfunction: A methodological review of the literature since 1970. J Sex Marital Ther 4:155−178

Kilmann PR, Auerbach R (1979) Treatments of premature ejaculation and psychogenic impotence: A critical review of the literature. Arch Sex Behav 8:81 – 100

Kilmann PR, Julian A, Moreault D (1978) The impact of marriage enrichment program on relationship factors. J Sex Marital Ther 4:298 – 303

Kinsey AC, Pomeroy WB, Martin CE, Gebhard PH (1954) Das sexuelle Verhalten der Frau. Fischer, Berlin Frankfurt

Kinsey AC, Pomeroy WB, Martin CE (1955) Das sexuelle Verhalten des Mannes. Fischer, Berlin Frankfurt

Kockott G (1982) Behavior therapy in groups of patients without partners and couples suffering from sexual dysfunction. In: Boulougouris JC (ed) Learning theory approaches to psychiatry. Wiley, Chichester New York

Kockott G, Dittmar F, Nusselt L (1973) Systematische Desensibilisierung, eine kontrollierte Studie. Schweiz Arch Neurol Neurochir Psychiatr 113:313 – 324

Kockott G, Dittmar F, Nusselt L (1975a) Ergebnisse einer Untersuchung zur systematischen Desensibilisierung von Erektionsstörungen. In: Sigusch V (Hrsg) Therapie sexueller Störungen. Thieme, Stuttgart, S 41 – 53

Kockott G, Dittmar F, Nusselt L (1975b) Systematic desensitization of erectile impotence: A controlled study. Arch Sex Behav 4:495 – 500

Kohlenberg RJ (1974) Directed masturbation and the treatment of primary orgasmic dysfunction. Arch Sex Behav 3:349 – 356

Kolodny RC (1981) Evaluating sex therapy: Process and outcome at the Masters & Johnson Institute. J Sex Res 17:301 – 318

Kraft T, Al-Issa I (1967) Behavior therapy and the treatment of frigidity. Am J Psychother 21: 116 – 120

Kraft T, Al-Issa I (1968) The use of methohexitone sodium in the systematic desensitization of premature ejaculation. Br J Psychiatry 114:351 – 352

Langer D, Hartmann U (1992) Psychosomatik der Impotenz. Enke, Stuttgart

Lauritzen C, Müller P (1977) Pathology and involution of the genitals in the aging female. In: Money J, Musaph H (eds) Handbook of sexology. North Holland, Amsterdam London New York, pp 847 – 857

Lawrence JSS, Madakasira S (1992) Evaluation and treatment of premature ejaculation. A critical review. Int J Psychiat Med 22:77 – 97

Lazarus AA (1963) The treatment of chronic frigidity by systematic desensitization. J Nerv Ment Dis 136:71 – 79

Lazarus AA (1965) The treatment of a sexually inadequate man. In: Ullmann LP, Krasner L (eds) Case studies in behavior modification. Holt, Rinehart & Winston, New York, pp 243 – 245

Leiblum SR, Ersner-Hershfield R (1977) Sexual enhancement groups for dysfunctional women: An evaluation. J Sex Marital Ther 3/2:139 – 152

Leiblum SR, Rosen RC, Pierce D (1976) Group treatment format: Mixes sexual dysfunctions. Arch Sex Behav 5:313 – 322

Lidberg L (1970) Somatische Krankheiten bei Patienten, die an Impotenz und Ejaculatio praecox leiden (schwedisch). Nord Psychiatr Tidsskr 24:293 – 298

Lobitz WC, LoPiccolo J (1972) New methods in the behavioral treatment of sexual dysfunction. J Behav Ther Exp Psychiatr 3:265 – 271

Lobitz WC, LoPiccolo J, Lobitz G, Brockway J (1974) A closer look at the simplistic behavior therapy for sexual dysfunction: Two case studies. In: Eysenck HJ (ed) Case studies in behavior therapy. Routledge & Kegan, London

LoPiccolo J, Lobitz WC (1972) The role of masturbation in the treatment of orgasmic dysfunction. Arch Sex Behav 2:163 – 171

LoPiccolo J, Lobitz WC (1973) Behavior therapy of sexual dysfunction. In: Hammerlynck LA, Handy LC, Mash IJ (eds) Behavioral change: Methodology, concepts and practice. Research Press, Champaign, pp 343 – 358

LoPiccolo J, LoPiccolo L (eds) (1978) Handbook of sex therapy. Plenum, New York London

LoPiccolo J, Miller VH (1975a) A program for enhancing the sexual relationship of normal couples. Couns Psychol 5:41 – 45

LoPiccolo J, Miller VH (1975b) Procedural outline sexual enrichment groups. Couns Psychol 5:46 – 49

LoPiccolo J, Steger JC (1974) The sexual interaction inventory: A new instrument for assessment of sexual dysfunction. Arch Sex Behav 3:585−595

Madsen CH, Ullmann LP (1967) Innovations in the desensitization of frigidity. Behav Res Ther 5:67−68

Malleson J (1942) Vaginismus: Its management and psychogenesis. Br Med J II:213−216

Marks IM (1981) Review of behavioral psychotherapy. II: Sexual disorders. Am J Psychiatry 138:750−756

Marquis J (1970) Orgasmic reconditioning: Changing sexual object choice through controlling masturbation phantasies. J Behav Ther Exp Psychiatr 1:262−271

Martino MF de (ed) (1963) Sexual behavior and personality characteristics. Citadel, New York, pp 302−320

Masters WH, Johnson VE (1966) Human sexual response. Little, Brown, Boston. Dtsch. Ausg. (1970) Die sexuelle Reaktion. Rowohlt, Reinbek

Masters WH, Johnson VE (1970) Human sexual inadequacy. Little, Brown, Boston. Dtsch. Ausg. (1973) Impotenz und Anorgasmie. Goverts, Krüger, Stahlberg, Frankfurt/Main

Masters WH, Johnson VE (1979) Homosexuality in perspective. Little, Brown, Boston. Dtsch. Ausg. (1981) Homosexualität. Ullstein, Frankfurt Wien

Matussek P (1971) Funktionelle Sexualstörungen. In: Giese H (Hrsg) Die Sexualität des Menschen. Enke, Stuttgart (Handbuch der medizinischen Sexualforschung, S 786−828)

Mayer MD (1932) Classification and treatment of dyspareunia. Am J Obstet Gynecol 24: 751−755

McCarthy BW (1973) A modification of Masters and Johnson sex therapy model in a clinical setting. Psychotherapy 10:290−293

McCary JL (1973) Human Sexuality. v. Norstrand, New York

McGovern KB, McMullen RS, LoPiccolo J (1975) Secondary orgasmic dysfunction. I. Analysis and strategies for treatment. Arch Sex Behav 4/3:265−275

McGovern KB, Kirkpatrick CC, LoPiccolo J (1976) A behavioral group treatment program for sexual dysfunctional couples. J Marr Fam Couns 2:397−404

McWhirter DP, Mattison AM (1978) The treatment of sexual dysfunction in gay male couples. J Sex Marital Ther 4:213−218

Mears E (1958) Dyspareunia. Br Med J XVI:443−445

Menninger KA (1935) Impotence and frigidity from the standpoint of psychoanalysis. J Urol 34:166−183

Meyer A-E (1971) Psychoanalytische Aspekte. In: Giese H (Hrsg) Die Sexualität des Menschen. Enke, Stuttgart (Handbuch der medizinischen Sexualforschung, S 981−996)

Meyer JK, Schmidt CW, Lucas MJ, Smith E (1975) Short-term treatment of sexual problems: Interim report. Am J Psychiatry 132:172−176

Mills KH, Kilmann PR (1982) Group treatment of sexual dysfunctions. A methodological review of the outcome literature. J Sex Marital Ther 8:259−296

Mirowitz J (1966) The utilization of hypnosis in psychic impotence. Br J Med Hypn 17:25−32

Money J, Ehrhardt AA (1975) Männlich, weiblich. Die Entstehung der Geschlechtsunterschiede. Rowohlt, Reinbek

Moore BE (1961) Frigidity in women. J Am Psychoanal Assoc 9:571−584

Obler M (1973) Systematic desensitization in sexual disorders. J Behav Ther Exp Psychiatr 4:93−101

Obler M (1975) Multivariate approaches to psychotherapy with sexual dysfunctions. Couns Psychol 5:55−56

Obler M (1982) A comparison of a hypnoanalytic behavior modification technique and a co-therapist-type treatment with primary orgasmic dysfunctional females: Some pre-liminary results. J Sex Res 18:331−345

O'Connor JF (1976) Sexual problems, therapy, and prognostic factors. In: Meyer JK (ed) Clinical management of sexual disorders. Williams & Wilkins, Baltimore

O'Connor JF, Stern LO (1972) Developmental factors in functional sexual disorders. NY State J Med 72/14:1838−1843

Pfäfflin F, Clement U (1981) Sexualstörungen. In: Baumann U, Berbalk H, Seidenstücker G (Hrsg) Klinische Psychologie. Trends in Forschung und Praxis, Bd 4. Huber, Stuttgart Bern Wien, S 287−307

Pfäfflin F, Hauch M, Wickert J (1986) Weiterbildung in Paartherapie. In: Arentewicz G, Schmidt G (Hg) Sexuell gestörte Beziehungen (2. Aufl.). Springer, Heidelberg

Pocs O, Godow AG (1976) The shock of recognizing parents as sexual beings. (Hektogr. Mskr.)

Price SC, Heinrich AG, Golden JS (1980) Structured group treatment of couples experiencing sexual dysfunctions. J Sex Marital Ther 6:247−257

Price SC, Reynolds BS, Cohen BD, Anderson AJ, Schochet BV (1981) Group treatment of erectile dysfunctions for men without partners. A controlled evaluation. Arch Sex Behav 10:253−268

Raboch J (1970) Two studies of male sexual impotence. J Sex Res 6:181−187

Raddatz FJ (1978) Kontakt-Sperre. Zeit 43:33−36

Rainwater L (1965) Family design. Aldine, Chicago

Rainwater L (1966) Some aspects of lower class sexual behavior. J Soc Iss 22/2:96−108

Reding G, Ennis B (1964) Treatment of a couple by a couple. Br J Med Psychol 37:325−330

Reich W (1927) Die Funktion des Orgasmus. Deuticke, Wien

Reiche R (1981) Buchbesprechung: „Sexuell gestörte Beziehungen − Konzept und Technik der Paartherapie". Psyche 35:376−380

Renshaw DC (1975) Impotence in diabetics. Dis Nerv Syst 36:369−371

Reynolds BS (1977) Psychological treatment models and outcome results for erectile dysfunction: A critical review. Psychol Bull 84:1218−1238

Reynolds BS, Cohen BD, Schochet BV, Price SC, Anderson AJ (1981) Dating skills training in the group treatment of erectile dysfunction for men without partners. J Sex Marital Ther 7:184−194

Rieber I (1979) Die chirurgische Implantation von Penisprothesen bei Männern mit Erektionsstörungen. Eine kritische Bestandsaufnahme. In: Sigusch V (Hrsg) Sexualität und Medizin. Kiepenheuer & Witsch, Köln, S 177−203

Röbbeling G, Clement U (1983) Sexualberatung in der klinisch-psychologischen Praxis. Psychiatr Prax 10:153−157

Ruitenbeek HM (ed) (1966) Psychoanalysis and female sexuality. College & University Press, New Haven

Salzman L (1968) Systematic desensitization of a patient with chronic total impotence. In: Rubin R, Franks CM (eds) Advances in behavior therapy. Academic Press, New York, pp 131−137

Sarrel PM, Sarrel LJ (1978) The significance of medical conditions among patients presenting for sex therapy. Vortrag auf dem 4th Annual Meeting der International Academy of Sex Research, Toronto

Schill WB, Przibilla B (1983) Arzneimittelnebenwirkungen auf Sexualverhalten und Fertilität des Mannes, Internist 24:346−355

Schmale H, Schmidtke H (1966, 1967) Manuale zum Berufs-Eignungstest BET. Huber, Bern Stuttgart

Schmidt G (1983) Motivationale Grundlagen sexuellen Verhaltens. In: Thomä H (Hrsg) Psychologie der Motive. Hogrefe, Göttingen (Motivation und Emotion der Enzyklopädie der Psychologie, Bd 2, S 70−109)

Schmidt G, Arentewicz G (1977) Sexuelle Funktionsstörungen. In: Pongratz LJ (Hrsg) Klinische Psychologie. Hogrefe, Göttingen (Handbuch der Psychologie, Bd 8/2, S 2269−2312)

Schmidt G, Sigusch V (1971) Arbeiter-Sexualität. Luchterhand, Neuwied

Schmidt G, Arentewicz G, Schorsch E (1975) Therapie sexueller Funktionsstörungen: Konzept und Ergebnisse. Vortrag auf der 12. Wissenschaftlichen Tagung der Deutschen Gesellschaft für Sexualforschung, Braunschweig

Schnabl S (1972) Funktionelle Sexualstörungen. In: Hesse PG, Tembrock G (Hrsg) Sexuologie, Bd 1. Hirzel, Leipzig, S 368−414

Schnabl S (1974) Intimverhalten − Sexualstörungen − Persönlichkeit. VEB Deutscher Verlag der Wissenschaften, Berlin

Schneidman B, McGuire L (1976) Group therapy for nonorgasmic women: Two age levels. Arch Sex Behav 5:239−247

Schoof W (1975) Ein Jahr sexologische Poliklinik. In: Schorsch E, Schmidt G (Hrsg) Ergebnisse zur Sexualforschung. Kiepenheuer & Witsch, Köln, S 123−153

Schorsch E, Brand T, Schmidt G, Spengler A (1977) Zur Versorgung von Patienten mit sexuellen Störungen, Sexualmed 6:585–590

Schorsch E, Schmidt G, Clement U, Dorsch M, Galedary G, Hauch M, Kleber RA (1984) Sexualberatungsstelle der Abteilung für Sexualforschung der Psychiatrischen und Nervenklinik der Universität Hamburg. Konzept und Ergebnisse 1979–1984. (Hektogr. Mskr.) Hamburg

Schorsch E, Galedary G, Haag A, Hauch M, Lohse H (1985) Perversion als Straftat. Dynamik und Psychotherapie. Springer, Berlin Heidelberg New York Tokyo

Schwartz MF, Masters WH (1984) The Masters and Johnson treatment program for dissatisfied homosexual men. Am J Psychiatry 141:173–181

Schwartz MF, Kolodny RC, Masters WH (1980) Plasma testosterone levels of sexually functional and dysfunctional men. Arch Sex Behav 9:355–366

Segraves RT (1977) Pharmacological agents causing sexual dysfunction. J Sex Marital Ther 3 3:157–176

Semans JH (1956) Premature ejaculation: A new approach. South Med J 49:353–357

Shainess N (1968) The therapy of frigidity. In: Masserman J (ed) Current psychiatric therapies. Grune & Stratton, New York, pp 70–79

Shainess N (1975) Authentic feminine orgastic response. In: Adelson ET (ed) Sexuality and psychoanalysis. Brunner & Mazel, New York, pp 145–160

Shapiro B (1943) Premature ejaculation: A review of 1130 cases. J Urol 50:374–379

Sharpe R, Meyer V (1973) Modification of „cognitive sexual pain" by the spouse under supervision. Behav Res Ther 9:285–287

Sherfey MJ (1974) Die Potenz der Frau. Kiepenheuer & Witsch, Köln

Sigusch V (1970) Exzitation und Orgasmus bei der Frau. Enke, Stuttgart

Sigusch V (1973) „Diagnose" Orgasmus. Sexualmed 2:10–17

Sigusch V (Hrsg) (1980a) Therapie sexueller Störungen, 2. Aufl. Thieme, Stuttgart

Sigusch V (1980b) Sexuelle Funktionsstörungen: Somatischer Anteil und somatische Behandlungsversuche. In: Sigusch V (Hrsg) Therapie sexueller Störungen, 2. Aufl. Thieme, Stuttgart, S 74–116

Sigusch V, Maack T (1976) Ejakulationsstörungen. Ein Überblick. Sexualmed 5:23–32

Sigusch V, Schmidt G (1973) Jugendsexualität. Dokumentation einer Untersuchung. Enke, Stuttgart

Snyder A, LoPiccolo L, LoPiccolo J (1975) Secondary orgasmic dysfunction. II. Case study. Arch Sex Behav 4:277–283

Sotile WM, Kilmann PR (1977) Treatments of psychogenic female sexual dysfunctions. Psychol Bull 84/4:619–633

Starke K, Friedrich W (Hrsg) (1984) Liebe und Sexualität bis 30. VEB Deutscher Verlag der Wissenschaften, Berlin

Stekel W (1920) Die Impotenz des Mannes. Urban & Schwarzenberg, Berlin

Stekel W (1921) Die Geschlechtskälte der Frau. Urban & Schwarzenberg, Berlin

Stoller JR (1979) Perversion. Die erotische Form von Haß. Rowohlt, Reinbek

Strauß B, Gross J (1984) Auswirkungen psychopharmakologischer Behandlungen auf die sexuellen Funktionen. Fortschr Neurol Psychiatr 52:293–301

Vogt HJ (1974) Anorgasmie des Mannes. Sexualmed 3:116–118

Wagner G, Green R (1981) Impotence – physiological, psychological, surgical. Diagnosis and treatment. Plenum, New York

Walczak L, Schlaegel J, Schoof-Tams K (1975) Sexualmoral Jugendlicher. Sexualmed 4: 306–325

Wallace DH, Barbach LG (1974) Preorgasmic group treatment. J Sex Marital Ther 1:146–154

Walthard M (1909) Die psychogene Ätiologie und die Psychotherapie des Vaginismus. Münch Med Wochenschr 56:1998–2000

Watzlawick P, Weakland JH, Fisch R (1974) Lösungen. Huber, Bern Stuttgart

WHO-Report (1975) Education and treatment in human sexuality: The training of health professionals. Genf

Wickert J, Thiessen-Liedtke G, Schmidt G (1986) Paargruppen. In Arentewicz G, Schmidt G (Hg) Sexuell gestörte Beziehungen (2. Aufl.). Springer, Heidelberg

Willi J (1975) Die Zweierbeziehung. Rowohlt, Reinbek

Willi J (1978) Therapie der Zweierbeziehung. Rowohlt, Reinbek

Willi J (1981) Therapie von Sexualstörungen — Paartherapie oder Sexualtherapie. Familien-dynamik 6:248—259

Wish PA (1975) The use of imagery-based techniques in the treatment of sexual dysfunction. Couns Psychol 5:52—55

Wolpe J (1958) Psychotherapy by reciprocal inhibition. University Press, Stanford

Zeiss RA, Christensen A, Levine AG (1978) Treatment of premature ejaculation through male-only groups. J Sex Marital Ther 4:139—148

Zilbergeld B (1975) Group treatment of sexual dysfunction in men without partners. J Sex Marital Ther 1:204—214

Zilbergeld B, Evans M (1980) The inedaquacies of Masters and Johnson. Psychology Today 8:29—43

Sachverzeichnis

Bücher zum Thema: